JN155450

SKAT.16

SENDENKAIGI AWARD TEXT

宣伝会議賞は、
広告界の専門誌『宣伝会議』通巻100号を記念して
1962年に創設された公募広告賞です。
広告クリエイターの登竜門として、
歴代受賞者には第一線で活躍するクリエイターが名を連ねます。
今回は36社にご協賛いただき、
応募作品は40万2986点を数えました。

「SKAT.16 SENDENKAIGI AWARD TEXT」には、
第54回の一次審査通過以上の作品、計4852点を収録しています。
広告界の第一線で活躍するクリエイターによって選ばれた
秀逸な広告コピー・CMアイデアを一冊にまとめたテキストです。
業種別の広告コピーのアイデアや、
商品・サービスのコンセプトを考える際のヒントを得たり、
次回宣伝会議賞の傾向と対策を練るなど、お役立てください。

各賞受賞作品

100人の審査員による一次〜四次審査を経て、
23のファイナリストが選出されました。
その中から、最終審査会での白熱した議論ののち、
最高賞のグランプリ、コピーゴールド・CMゴールド、
眞木準賞、そしてシルバーが決定しました。
応募総数40万点の頂点に輝いた受賞作品を、
喜びのコメントや選評と合わせてご覧ください。

グランプリ

日清オイリオグループ　日清オイリオの食用油を使って、揚げ物をつくって、おいしく食べて、元気になる！そんなキャッチフレーズ。　キャッチフレーズ

子どもが苦手なものは一度揚げてみる。

平山瑞帆（26歳）インサイト・ディレクション

対人スキルとお酒の強さ。これが広告に携わる者として欲しかったもので、言い換えれば私の欠点です。大人になってから「実は人見知りで…」と呟くことの恥ずかしさ。さらに「下戸でして…へへ」と笑って誤魔化す時の気まずさ……何度体験しても辛いものです。でも欠点を埋めようと躍起になるより、持っているものを生かす方が案外良いのかもしれないと気付いたのは最近のこと。このコピーが生まれた背景には、揚げ物信者であるわが家の「とりあえず揚げとけ」というモットーがあります。知らないものは書けないけれど、自分を通して知っているものは書きやすいし、共感できる。平凡な日常にも、まだ言葉にされていない共感の種はたくさん転がっていることでしょう。食に対する異常な関心、料理上手な母、そして何てことのない体験談。これらは強みとは違いますが、今回私をグランプリへと導いてくれたものです。今あるものを生かし、何でも体験してみること。映画や漫画、最近ではSNSでも「そうなんだ」と思わされることが多いので、疑似体験でも良いはず。去年の夏、群馬県のみなかみ町でバンジージャンプに挑戦し、「人生において本当に不要な体験だった」と恨み言をこぼしましたが、そんなものさえ武器にしながら、この先も邁進していきたいです。そしてお母さま方からいただいた「わかる！」というお言葉、とても嬉しかったです。皆さま、本当にありがとうございました。

選評

ニンジン、タマネギ、ピーマン。栄養があるのに子どもがなかなか食べてくれない母親の悩み。でも何とか工夫して食べさせたい想い。そんな心の内が手に取るように見えてくるコピーです。だから説得力がある。このコピーに、わかるわかる、と強く共感する母親は多いはず。ちょっとした提案性もある。しかも健康を考えた商品の特性にしっかりつながっている。何より愛があるところがいい。洞察力が光る作品だと思います。（石川英嗣）

コピーゴールド

ニチバン
キャッチフレーズ

もっとたくさんの人が「ワザアリテープ」を使いたくなるような広告アイデア

日付を書き込むだけで、余り物は作り置きになる。

速石 光

(32歳) バウコミュニケーションズ

この度は素晴らしい賞をいただきありがとうございます。名前を呼ばれた直後はアカデミー賞の誤発表が頭をよぎりましたが、自分の名前が書かれた賞状をいただいて驚き、今ようやく実感できているところです。営業の頃から応募を始めて約8年。書き続けることと、考え続けること。コピーライターにはこれしかないことを宣伝会議賞に教えてもらったような気がします。宣伝会議賞に携わるすべての方々、コピーの師匠である西尾さんと会社のみんな、コピーゴールドにふさわしい名前を付けてくれた両親に感謝です。

選評

「この商品はどのように使われるだろう」だけでなく「この商品で毎日の何が変わるだろう」まで考えられたコピーです。捨てられる食べものが減ってゆく。冷蔵庫の中の風景が変わる。小さなことかもしれないけれど、そんな変化への予感がこのコピーにはあり、評価につながったと思います。何かを説明するのではなく、何かを変えるコピーのほうが強い。コピーの基本を改めて教えてくれました。(磯島拓矢)

CMゴールド

福島工業
ラジオCM

これからの100周年に向けて、福島工業の魅力を伝えるアイデア

「鮮度実感」篇

男：「きれいな顔してるだろ、死んでるんだぜ。」

女：「ウソでしょ・・・。」

NA：「生きてるみたいに鮮度がいい。福島工業の冷蔵庫。」

吉賀 星斗（27歳）会社員

贈賞式の直後、元上司から突然電話がかかってきました。「俺も会場おるで！」なんということでしょう。世間は思っていたよりも狭かったのです。そこから私がコピーでお世話になった方へ連絡がいき、挙げ句の果てには、有給を使って東京にいることが職場の方々にも芋づる方式でばれました。良い報告だから良かったのですが、今後も悪いことだけはしないでおこうと心に決めました。高校生の頃、バンドで作詞していたこと、大学でマーケティングを学んだこと、営業配属の予定が社長の鶴の一声でクリエイティブ配属になったこと、他の人から見れば何もつながっていないように見えるかもしれませんが、私にとってはすべてがつながった、そんな1日でした。ありきたりな言葉かもしれませんが、人生に無駄なことなんてないんだなと、素直にそう思えました。大人になってからこんなにも褒められることがなかったので、今回いただいた賞を励みにこれからも鮮度の高いコピーやアイデアを生み出せるよう精進いたします。審査員の方々や宣伝会議の方々、協賛企業の方々、そして私を支えてくれたすべての方々、本当にありがとうございました。

選評

短い秒数の中でアイデアが光るキレのよさに尽きると思います。ＣＭ企画では、最後のオチを効かせるために、前半でタメをつくったりストーリー展開を考えたりしますが、そうした過程を一切省いて最小限のコピー量でつくっている。そうすることで逆に、受け手にいろいろ想像させる効果を生んでいます。俳句ではありませんが。アイデアに意外性もある。サスペンスの香りとユーモア。商品の特性にもしっかり落ちている。鮮やかな企画です。（石川英嗣）

眞木準賞

サントリー　ペプシストロング5.0GVを飲みたくなるようなアイデア
キャッチフレーズ

「ソフトドリンク」とは
言いにくい。

金澤 孝弘（30歳）会社員

宣伝会議賞の存在は以前から知っていましたし、自分なりにコピーをつくってはいましたが、挑戦したのは今回が初めてでした。大変権威ある賞をいただけたことに、驚きと喜びを日々噛みしめています。普段、私は広告業界とはまったく異なる業種に身を置いています。組織規模の関係から、事業周知用のポスターなどは自分たちでデザインをしなければいけないのですが、素人がつくるものですから、でき上がりも知れたものでした。とはいえ、事業の魅力を一人でも多くの人に明確に伝えたいという思いは非常に強くありました。どのような考え方・視点を持てば受け手にストンと落ちるような伝え方ができるのか。そんな時に出会ったのが、この宣伝会議賞でした。今回のキャッチフレーズは、元々炭酸飲料が好きだったことをきっかけに飲み物のジャンルを分けるところから考えていきました。店頭で並んでいても周囲を寄せ付けないほどの刺激、お酒の席であっても他者を圧倒するようなインパクトのある炭酸、そんな思いで作成しました。今回の賞は、キャッチフレーズを考えることの楽しさや魅力を教えてくださった方々、言葉一つひとつがあったおかげだと感じています。

選評

「ソフトドリンクとは言いにくい」。このコピー。もしオリエンがあったとしたら、その場でクライアントさんから出た言葉だったのではないでしょうか。またはオリエンを聞きながら最初にちょこちょこっとメモした言葉だったのではないでしょうか。そしてそれからコピーライターは何案も何十案も何百案も考えて、どうもしっくりこないなとオリエンペーパーを見直したらそこにあった言葉が実はこのコピー。そんな物語を想像しました。論や理屈ではないファーストアイデアの言葉は強いです。いわゆるダジャレ型ではない、歴代の眞木準賞の中でも新しいカタチのコピー。シンプルイズベストな一行はまさに眞木準さんの得意技。お見事なコピーです！（門田陽）

シルバー

アサヒグループ食品

キャッチフレーズ

フリーズドライ食品を一度買ってみたくなるようなコピー

仕事から帰ってすぐに料理の仕度なんて、残業みたいなものです。

郡司 嘉洋（38歳）
東京都 アーツ

強い広告表現は、心の小さな叫び声に耳を傾けたり、日常生活の小さな発見を大切にしたりすることから、生まれてくるように思います。長年チャレンジしてきた宣伝会議賞で、シルバーを受賞でき、とても嬉しいです。選んでいただいた皆さま、協賛企業の皆さま、そして書けない私を育ててくれた皆さま、本当にありがとうございました。まだまだ未熟ではありますが、コトバの力で世の中を少しでも楽しく、元気にできたらと思っています。何か力になれることがありましたら、Ｆａｃｅｂｏｏｋへ気軽にメッセージをください。

シルバー

エステー　シャルダンの魅力を表現するコピー
キャッチフレーズ

見えないものは、かくせない。

狩野　慶太（30歳）
東京都　会社員

宣伝会議賞には、あまり良い思い出がありません。ファミレスにこもり「宣伝会議」をひろげ、店員さんと女子高生に笑われながら、こなくそと書いていた2カ月が浮かんでくるのです。「もう諦めてしまおう」と最後のジンジャエールを汲んできた帰り道。窓際の隅の席に、私とまったく同じことをしている女性を発見しました。「こんなことがあるのか、じゃあもう10本だけ」と、嘲笑される時間を延ばしたことを覚えています。嘘みたいな話ですが、今回受賞したコピーは、その10本のうちの1本でした。不躾で恐縮ですが、この場をお借りして御礼を申し上げます。「宣伝会議賞を良い思い出に変えてくれて、ありがとう、女性。」

シルバー

霧島酒造
テレビCM

100周年を迎え、新たなスタートに立った霧島酒造を表すコピー

「挨拶」篇

彼女の親に挨拶に行く男性。
土下座しながら、お願いしている。
男性：お父さん、僕に、僕に、
おかわりをください。
（商品カット）
NA：霧島酒造

向井 正俊（31歳）
大阪府 トナカイ

会場で飲ませていただいたお酒、美味しかったです。霧島酒造さん直々に選んでくれた…、あれ、名前なんでしたっけ。すいません、来年聞きにいきます。

シルバー

クレディセゾン　生活をするうえでの支払いを100%カードにしたくなる！しなくては！と思わせるような広告アイデア　キャッチフレーズ

俺に大金を持たせるのは不安だ。

北川 秀彦（33歳）
東京都　電通テック

Special Thanks：言葉の力を教えてくれた桜井さん、ヒロト。倹約大学生の金銭感覚を破壊したhedi。27歳のポンコツ大学院生にチャンスをくれた良一塾長とCR塾講師の皆さま。自称CR仲間のクニちゃん、元さわいちゃん。インターンで自信をつけてくれた澤本さん、磯島さん、高崎さん。いつも公募賞にふりまわされてくれる三宅さん。CR異動を強力に後押ししてくれた菊池さん、児島さん、リンリンさん。関西から拾ってくれた石井さん、大内さん、松村さん。ここまでくるのにお世話になった書ききれない多くの方々。そして、ワガママを応援し支えてくれるおかん。PS．おとん、ちょっと遅なって、ごめん。散々、心配させたけど、たぶん大丈夫やから、チャンと見てな。

シルバー

クレディセゾン　生活をするうえでの支払いを100%カードにしたくなる！しなくては！
と思わせるような広告アイデア　ラジオCM

「コンビニにて」篇

コンビニ店員
「お会計1000円です」
「1000円ちょうどお預かりします」
「5円のお返しです」

（上記を何回も繰り返し）

ナレーション
「1000円支払うごとに5円分のポイントが
返ってくる。セゾンカード」

堀江　亮太（37歳）
富山県　会社員

10年挑戦して今回初めて一次審査に残りました。正直言えばそれで充分満足です。しかし、それどころか二次三次審査、ファイナリスト、シルバー受賞と、贈賞式から数日経った現在も事実に思考と感情が追い付いておりません。そして、この感情を表現する言葉を持ち得ないところが、10年一次落ちであった原因ではないかとも自己分析しております。この度のシルバー受賞は、まぐれとはいえ今までの人生で何者にも認められず、曖昧な存在であった私にわずかばかりの輪郭を与えてくれました。広告業界の人間ではない門外漢に過分な賞をいただき光栄です。ありがとうございました。

シルバー

まめプラス推進委員会
キャッチフレーズ

新スイーツ「ティラティス」の魅力が伝わるアイデア

脳はスイーツだと思っている。体は大豆だと思っている。

三島 直也（37歳）
東京都 会社員

今年はスルスルと審査に通って、意外な気持ちでした。このコピーは、素案はすぐにできたものの、言葉のチョイスでかなり迷った記憶があります。迷ったときは、普段使わない言葉を選ぶようにしていて、それが功を奏したのかもしれません（グランプリはとれていないので、奏していない可能性もありますが）。毎年、脳を絞るようにして全力で挑んでいますが、ぶ厚い壁はなかなか打ち破れませんね。でも、あきらめたら、あきらめない人が勝ってしまうので、あきらめずに次回も書きます。

シルバー

Yogibo Japan 日本中の皆さんがYogiboに座りたい、欲しいと思うアイデア

ラジオCM

「ダメな人を、ちょっとマシにする」篇

NA：Yogiboは、人をダメにするソファ。
じゃあ既にダメな人は、どうなるか？
ダメな人A「気持ちいい…不倫より、気持ちいい…」
ダメな人B「動きたくない…ギャンブル依存症だけど……パチンコ行くの面倒くさいや」
ダメな人C「ストーキングは休んで、Yogiboと一緒にいたい…」
NA：ダメな人を、ちょっとマシにするソファ。
場合によっては、救世主。

竹中 夕貴（25歳）
東京都 日広通信社

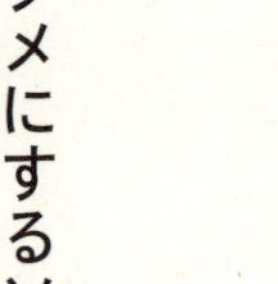

「社会問題を楽に解決する」というテーマで書きました。日々流れてくる歯がゆいニュースを受けて書いたので、このCMが賞をいただいて嬉しいです。ここまで導いてくださった方々に、深く感謝申し上げます。CMの中では「ダメな人」だなんて書きましたが、誰しも弱ることがあると思います。私自身も、周囲の方が支えてくださったお陰で、宣伝会議賞に打ち込むことができました。そして、書くこと自体がとても楽しく、自分の弱い部分を上手く活用できる行為だと感じました。今回の受賞で達成感は得たものの、まだ何も成し遂げていないので、今後は誰かの力になることを目標に頑張ります。この度は、本当にありがとうございました。

ファイナリスト

惜しくも受賞はならなかったものの、
ファイナリストは、応募総数40万点の中で
厳しい審査を勝ち抜いてきた、
いわば「最終ノミネート」作品です。
広告界の最前線で活躍するトップクリエイターが認めた
秀作の数々をご紹介します。

アサヒグループ食品　キャッチフレーズ

うちの旦那は
まだ食べたことがないと
思っています。（52歳 主婦）

片塩宏朗　東京都

エステー　ラジオCM

「きょうだい」篇

中学生男子1：うわ、お前の部屋、めっちゃいい匂いするー。
姉ちゃんと部屋一緒なの？姉ちゃんって美人？
中学生男子2：いや、兄ちゃんだけど。
NA：美人の部屋の、香りがする。シャルダン。

金 紗愛　東京都

霧島酒造　テレビCM

「100周年」篇

デジタルカウンターの数字が増えていく。

「998」

「999」

「0」（100にはならず、0になる）

NA＋S：初心を忘れない。

100周年の霧島。

三島直也　東京都

サントリー　ラジオCM

「超刺激体験」篇

女性：（鼻歌）
SE：バンッ
女性：うおおおおおお・・・！
NA：ペプシストロング5.0GVの強炭酸は、
タンスの角に小指をぶつけるような超刺激体験です！
女性：それならペプシが良かった・・・
NA：サントリー

柴田賢一　茨城県

セメダイン　テレビCM

「地球防衛軍」篇

宇宙から円盤のようなものが攻めてくる
各地で報道され、地球はパニックになる。
円盤が、地上に降りる。
地球防衛軍の隊員たちが、円盤の扉に何かを塗る
宇宙船からの声：なに、開かない！（宇宙語）
得意げに「セメダイン」を持ち、笑う地球防衛軍
ナレーション：進化は、宇宙を超えた。「セメダイン」

小笠原清訓　千葉県

テンピュール・シーリー・ジャパン　テレビCM

「宅飲み」篇

男の部屋で、女と男がお酒を飲んでいる。
男の寝室にはすこし大きいベッドが。
女は少しドキドキしている。
男「眠くなってきたなー、そろそろ寝ようかな」
女「う、うん」
男「でも、ベッド1つしかないんだよね。困ったな。…もし、よかったらだけど」
女「うん！」
男「帰ってくれないかな？」
女「え？」
商品カット＆NA「独り占めしたくなるほど気持ちいいマット、テンピュール」

長井　謙　東京都

ニチバン　キャッチフレーズ

わが家の管理体制は、
お店なら不祥事だ。

福田俊平　滋賀県

パナソニック　キャッチフレーズ

髪の汚い美人を、
見たことがありますか？

塚田智幸　東京都

ピカ コーポレイション　テレビCM

「満天の星空」篇

満天の星が広がる夜空を眺める男女。
女性「キレイだね」
男性「うん。あの一番光っている星、プレゼントしよっか?」
女性「え?」
どこからともなく、はしごを持ってきて登り出す男性。上に手を伸ばし、何かを掴んでポケットにしまう。はしごから降り、ポケットから何かを出す。
男性「はい、これ」
男性の手には、ダイヤモンドがキラリと光る指輪。
男性「僕と結婚してください」
NA:手の届かないものがある限り。ピカ コーポレイション。
結婚式場でウエディングドレスとタキシード姿で見つめ合う二人。

島崎 純　長野県

北陸電力　ラジオCM

「夢と電気は止まらない」篇

(SE 部屋を荒々しく開ける)

(18歳、金沢市出身 歌手志望の独白)

上京して3ケ月。

誰も俺の歌に足を止めてくれない。

(SE ギターを弾きながら)

今月ガスと水道は止まった。

でも電気だけは止まらない。

母ちゃん、有難う。

NA:ご家族のおまとめ払いも。2016年4月より首都圏エリアで北陸電力、開通。〟

中田国広　埼玉県

Yogibo Japan　キャッチフレーズ

おれホイホイ。

柴本 純　東京都

よしもとクリエイティブ・エージェンシー　テレビCM

「会議」篇

とあるオフィス。

会議中である。

ひとりの女子社員が不意に思い出し笑いする(周囲には気づかれない)。

すぐに真剣な表情に戻り、会議に集中する女子社員。

S:ジャルジャルは、二度笑える。

齋藤義之　東京都

協賛企業賞
各課題 入選作品

協賛企業賞とは、
一次審査通過作品の中から
協賛企業36社がそれぞれ選出した、
各課題の優秀作品です。
提示された課題に対し、的確な答えを導き出したアイデア、
「そうきたか!」と協賛企業を唸らせた
秀逸なアイデアに贈られる賞です。

※本年は「主催者特別課題」も出題、優秀作品1点を選出しました。

アマノフーズ

フリーズドライ食品を一度買ってみたくなる、コピーを大募集！

フリーズドライは、アマノフーズ。

【 課 題 】 フリーズドライ食品を一度買ってみたくなるようなコピーを募集します。

【ジャンル】 自由

【参考資料】 http://www.amanofoods.co.jp/

フリーズドライって、普通のインスタントとは少し違います。
お値段はちょっと高いけれど、その本当の価値・おいしさを知って欲しい。

アマノフーズは、フリーズドライのパイオニアです。
アマノフーズはフリーズドライ食品の世界を、
もっともっと進化させたいと考えています。
（フリーズドライ食品は、みそ汁・スープだけじゃないんです）

Asahi アサヒグループ食品

※「アマノフーズ」商品はアサヒグループ食品株式会社が販売しています。

アサヒグループ食品（アマノフーズ）

フリーズドライ食品を一度買ってみたくなるようなコピー

［キャッチフレーズ／テレビCM／ラジオCM］

アサヒグループ食品（アマノフーズ）

協賛企業賞

田中智仁（27歳）東京都　日本経済広告社

手間暇かけて、簡単にしました。

▼協賛企業のコメント

アサヒグループ食品
アマノ事業本部
アマノマーケティング部　担当部長
渡辺誉昌さん

この度は、協賛企業賞の受賞おめでとうございます。今回の受賞作は、フリーズドライ食品の価値である簡単・簡便に着目して、「アマノフーズ」ブランドのおいしさへのこだわりを端的に且つ、ユニークさをまじえて表現されている点を評価し、選考させていただきました。ある意味で、私どもアサヒグループ食品の企業理念にもある「おいしさ＋αを、もっと身近に。」を別の形で表現いただいたものと感じております。最後に、受賞者の方をはじめ、「アマノフーズ」ブランドに関心を寄せてご応募頂きました皆さまに心からお礼を申し上げますと共に、今後のますますのご活躍をお祈りいたします。

あと一品は作れないけど、あと一品は食べてほしい。

佐藤 日登美 東京都

真子 千絵美 千葉県 テレビCM

【お袋の味】篇

飾りっ気のない部屋で、男は一人暮らし。
お椀に入った味噌汁を飲みながらひたすら涙を流している。

味噌汁を飲み終え、男が一言

「お袋…負けんなよ……」

NA 「お袋の味よりもうまかったりする、フリーズドライはアマノフーズ。」
（嬉しそうにアマノフーズの味噌汁の袋を開ける男のカット）"

長橋 好美 滋賀県 テレビCM

夫：こ、これは!?お袋の味だ!!すごいよ!料理上達したな!

妻：ありがとう。

妻（心の声）そりゃあそうよ。お母様からいただいたんだから。
NA：誰が作っても本格的で家が簡単！おいしい！アマノフーズ

二次審査通過作品

伊良原 領 北海道
じっくり煮込んで30秒。

田畑 亮 埼玉県
便利だから美味しくないという理屈はおかしい。

大原 結 東京都
作りすぎない、つまり、食べ過ぎない。

春日井 智子 東京都
パスポート、よし。
お味噌汁、よし。

黒木 俊太郎 東京都
今朝は、時間がなかったので、親子丼にしました。

齋藤 大樹 東京都
みそ汁の作り方より、
まずはみそ汁の美味しさを知ってほしい。

達橋 亜希 東京都
作ってあげられないので、送ります。

玉熊 文乃 東京都
こういうのって、美味しくないと思ってた。

冨田 有沙 東京都
ごはんがおいしく炊けるあなたは、
必ずおいしい親子丼つくれます。

中江 啓太 東京都
年を取ると食事が簡素になるのは、
作れないからでもある。

林 次郎 東京都
10秒チョーリ。

小林 鴻世 神奈川県
作ってはやれないからと、母が送ってくれた。

伊藤 康統 愛知県

カツ丼を、ウエストポーチに。

上野 由加里 大阪府

我が家の「ただいま」は、バラバラだから。

北川 秀彦 大阪府

ひとり暮らしのわたしにとって、自炊は残業だ。

宮本 真由美 大阪府

何もしたくない日に限って、
ちゃんとご飯が食べたくなる。

伊禮 大地 沖縄県

「コトコト煮込む、一晩寝かせる」を60秒で。

石井 雅規 千葉県 テレビCM

両家の初顔合わせ。
【シーン1】
彼女の父:「結婚の決め手はなんだったんだい?」
男:「風邪で弱ってたとき、母さんと同じ味の温野菜スープを作ってくれたことです。」
男の父と彼女の父は、納得納得という表情。
女性陣(彼女、男の母、彼女の母)の3人はハッと視線を合わせる。
【回想シーン】
女性陣がそれぞれキッチンでフリーズドライのスープにお湯を注ぐシーン。
※男性陣はフリーズドライと気付いていない。

【シーン2】
視線で会話をしている女性陣。
彼女の心の声:「私たちは今日、家族の絆より固い秘密の共有で結ばれた。」
NA:「お湯を注ぐだけなのに、罪深い美味しさ。フリーズドライ食品はアマノフーズ。」

田中 未来里 東京都 テレビCM

『つるの恩返し』篇
□恩返しのために、お爺さんの家を訪ねた鶴。
鶴:助けていただいたお礼に、今晩食事を作らせてください。でも、決して料理している姿を覗かないでください。
□そう言って台所に姿を消す鶴。
□数分後、おいしそうな料理が次々と出てくる。
お婆さん:まあなんて美味しいんでしょう。
□しかし、やはり料理の様子が気になるお爺さんとお婆さん。
お婆さん:爺さんや、おいしいけれど、料理をすると言ったのに台所からは全然音がしないよ。
お爺さん:本当だ。少し覗いてみよう。
□我慢できず、台所を覗く二人。
鶴:はっ!
□鶴はちょうどお湯を注いでいるところで二人と目が合う。3人とも驚きで固まる。
NA:恩返しには、簡単すぎるけれど。アマノフーズ。

那須 法明 東京都 テレビCM

【不器用な父】篇
○会社から出て、息を切らしながら道を走る父親。
○料理教室に到着し、女性に交じり料理を勉強する父親。
○一人ダイニングテーブルの椅子に座り、寂しげに父親の帰りを待つ小学生の娘。

テーブルの上には亡き母の写真。
○料理教室から出て、再び道を走る父親。
○スーパーで買い物をする父親。
○買い物袋を提げた父親が玄関を開ける。
笑顔を見せる娘。
父親「ごめんな、遅くなって、すぐに晩御飯作るからな」
○キッチンで晩御飯を作る父親。
鍋でやけどする父親。焦げる鍋。焦げる食材。頭を抱える父親。
テーブルの上の亡き嫁の写真を見て、涙ぐむ。
○洗面所で涙をぬぐい、顔を洗う父親。悔しくて洗面台をこぶしで叩く。
○キッチンでお湯を沸かす娘。
○父親がキッチンに戻ってくる。テーブルの上を見て面食らう。テーブルには完成したアマノフーズのフリーズドライ食品が沢山並んでいる。
娘「お父さんもお母さんの真似したほうがいいよ」
NA「手間をかけない美味しいがあります」

三武 信夫　東京都　テレビCM

歴史ある日本旅館。
新人の仲居さんがお膳の料理をせわしくお部屋へ運ぶ。
つい慌ててしまい、最後の椀物を廊下でこぼしてしまう。
困り果てた仲居は給湯室へ立ち寄り、
アマノフーズの味噌汁にお湯を注いでお届けする。
客はいかにも料理にうるさそうな年輩のご夫婦。
ひと口、味見するご主人。
ご主人：「さすが、老舗の旅館だ。出汁がきいているね。お前もいただいてごらん」
奥様：「ホント、上品なお味ですこと」
新人の仲居：ホッとした様子で笑顔が戻る。
NA：美味しさはウソをつかない。アマノフーズ。

松下 晃平　三重県　テレビCM

机に置き手紙。
「先に寝ます。お湯は沸かしておきました」
NA：最小限の愛情で、夫に栄養を。
夫：…おいしい。
NA：アマノフーズのフリーズドライ。

柴田 さゆり　東京都　ラジオCM

息子：ママ、
お～
な～
か～
す～
い～
SE：カチッ（ストップウォッチを止める音）
NA：はい、10秒。言ってる間にもう出来た。
お湯を注いで10秒でおいしい、アマノフーズ。

長井 謙　東京都　ラジオCM

○悲劇篇
女「どう、この親子丼」
男「美味しいよ！」
女「え？」
男「いつもより美味しい！」
女「うそでしょ」
男「本当だよ！いつもより断然美味しい！」
女「バカ！」
SE「パチン」（ビンタの音）
男「え？なんで…」
NA「嫉妬するほど美味しいインスタント食品。アマノフーズのフリーズドライ」

福井 康介　東京都　ラジオCM

「お見合い」
SE：カーン（ししおどしの音）
男：ゆみこさん、ご趣味は。
女：料理を。
男：おお！得意料理は。
女：アマノの（小声で）
　親子丼と
　アマノの（小声で）
　クリームパスタと
　アマノの（小声で）
　ビーフシチューです！
男：えっ、どれも大好物です！
NA：お湯だけで、相手の胃袋つかむなら。
　本格フリーズドライ食品ならアマノフーズ

石井 優一　静岡県　ラジオCM

夫「いただきます。」
夫「ん〜!!今日の夕飯はどれも旨いなぁ。腕が上がったんじゃないか?」
妻「…、全部、フリーズドライ食品ですけど。」（低めのトーンで）
夫「えっ、…。」
NA「夫もフリーズするおいしさ。アマノフーズです。」

一次審査通過作品

小船井 香織　北海道

一人で味噌汁をつくると、2日目は「できたて」が食べられない。

佐藤 秀峰　北海道

今日は疲れたから、
炙り秋鮭と五目の炊き込みご飯、
それから鶏つみれと白菜のおみそ汁でいい？

佐藤 秀峰　北海道

ノー・モア・ジャンクフード。

佐藤 秀峰　北海道

マイボトルに、お湯を入れよう。

松田 佳子　北海道

こんな広いキッチンで何するの？

松田 佳子　北海道

「どんな味？」と聞かれたら、
「そのままの味」と答えるしかない。"

中村 敬　山形県

ひとり暮らしの息子に。ひとり暮らしの親に。

新井 翔太　埼玉県

食べてくれる人がいない日は、
どうも作る気がしない。

池内 健太　埼玉県

去年の旬も、今日の食卓に。

川村 章平　埼玉県

お湯を注いだだけなのに、ほめられた。

斎藤 稜生　埼玉県

おいしく楽をする方法。

嶌田 紀章　埼玉県

和・洋・中・宇宙。

鈴木 一真　埼玉県

本日、母は定休日です。

砂田 大輔　埼玉県

いつ、あなたがびしょ濡れで
玄関に立っていてもいいように

アサヒグループ食品（アマノフーズ）

高橋 操　埼玉県
絶対に見ないでくださいねと、
彼女は2分で朝食を用意した。

高橋 操　埼玉県
母はいらないのでお湯ください。

橋場 仁　埼玉県
3分間クッキングで10品つくれる。

岩﨑 あかね　千葉県
レパートリーを増やす確実な方法。

大内 敦史　千葉県
今度はどの水で作ろうかな。

大重 恵里　千葉県
自炊代行

菊地 将哉　千葉県
時短は、最大の調味料になる。

堤 博文　千葉県
家事だって超過勤務は禁止です

山内 敬介　千葉県
田舎から、おふくろが届いた。

青野 友香　東京都
閉じ込めてあるのは、
料理が作られた瞬間

秋元 舞乃　東京都
「もう1品ないの？」と言われたら、
熱湯ぶっかけてやりましょう。

芥川 順哉　東京都
1人暮らしの息子の食卓が心配なお母さんに。

芦澤 直孝　東京都
地球の裏側でも、うらぎらない味。

阿部 希葉　東京都
今日は、メインをがんばるから。

阿部 希葉　東京都
時をかけるかつ丼。

阿良 聖路　東京都
非常時に食べたくなるのは非常食ではない。

荒井 麻子　東京都
ポケッタブル、おかん。

荒砂 義治　東京都
手づくりに勝るものもある。

新谷 建人　東京都
単身赴任でも、できたてが待っている。

石井 浩二　東京都
1食即卓。

石塚 勢二　東京都
決して台所をのぞかないでください。

板垣 外　東京都
給湯室さえあれば、社食なんていらない。

市村 大祐　東京都
スーツケース、通勤バッグ、非常袋。
どんなバッグにも入れられます。

一法師 智恵子　東京都
こんなに上手に作れちゃったら、
普段がちょっと困る。

伊藤 大樹　東京都
めんどくさいが、
健康への近道に。

伊藤 大樹　東京都
お金は送らないけど、
本当は甘やかしたい。

伊藤 大樹　東京都
避難所で、
味噌汁もつけてくれなんて、言えない。

伊東 美貴　東京都
北極、南極、
エベレストの探検隊にも選ばれた、
プロ仕様です。

伊藤 渉　東京都
毎日がんばろうとするから、
自炊がつづかないんです。

伊藤 渉　東京都
自炊も休み休みやれ。

植村 明弘　東京都
あなたの悩みを、お湯が解決します。

内田 清香　東京都
いちばん食べたい瞬間を閉じ込めました。

ア

アサヒグループ食品（アマノフーズ）

大江 智之　東京都
わかった、今日は俺がやっとくから。

大原 結　東京都
言えない。妻の手づくりより好きなんて。

片岡 奈々子　東京都
「おいしさ」をいつでも、どこででも、いつまでも

片塩 宏朗　東京都
母の仕送りから、野菜が消えた。

片塩 宏朗　東京都
作りたてを作っています。

片塩 宏朗　東京都
本物みたいなのは、本物だからです。

狩野 慶太　東京都
料理上手は、料理しない。

河原 康宏　東京都
給湯室を調理室に。

河本 拓也　東京都
料理は苦手な私でも、お湯は沸かせる。

桐ヶ谷 あすみ　東京都
旦那の帰宅時間が分からなくても、まったく焦らなくなった。

黒田 毅　東京都
幼稚園の娘が作る、お袋の味。

郡司 嘉洋　東京都
フリーズドライがおいしいのは、フリーズドライになる前から、おいしいからです。

慶本 俊輔　東京都
非常にうまい食。

慶本 俊輔　東京都
ママは料理上手で、30秒で親子丼をつくります。

國分 足人　東京都
お湯を注ぐだけなのに、インスタントと呼ばれていません。

國分 足人　東京都
湯気にも、ダシが効いている。

國分 足人　東京都
お湯を注ぐと、ジュワーって音が聞こえた気がした。

小坂 悠来　東京都
手間はかけてあるので、お湯だけかけてください。

小島 翔太　東京都
奥の手料理。

後藤 裕彦　東京都
妻が手抜きしたおかげで、手抜きしていない料理を味わえた。

木場 晴香　東京都
おいしさが蘇る

小林 潤　東京都
お湯だけあれば、フルコース。

小宮山 玄一　東京都
まずい。妻には朗報だ。

佐藤 秀祐　東京都
手の込んだ手抜き料理。

椎谷 篤　東京都
山頂でフルコース

塩田 泰之　東京都
忙しくたって、不器用だって、お湯ぐらい沸かせる。

柴 遼太郎　東京都
さぁ召し上がれ状態。

柴本 純　東京都
さいわい、おいしい料理を食べて、作り方を聞いてくる夫や子供は、そんなにいない。

島村 航多　東京都
作るのはめんどくさいが、お湯をかけるのはめんどくさいと感じたことがない。

清水 香実　東京都
手抜きというな、文化と言え。

ア

アサヒグループ食品（アマノフーズ）

清水香実　東京都
スーツケースに日本のかけら。

杉井すみれ　東京都
たべる、じゃなくて、いただく

鈴木康平　東京都
人を救うために生まれました。
人を豊かにするために進化しています。

住野充洋　東京都
彼がつくると、キッチンはきれいだ。

芹澤高行　東京都
ママが活躍できる社会を、
食卓からつくりたい。

髙木浩平　東京都
外国人が日本の味として持ち帰っても
大丈夫かどうか、確かめて下さい。

髙木守　東京都
作りすぎちゃった、ということがない。

髙木守　東京都
手間のかわりに、お湯をかけることにした。

鷹巣仁哉　東京都
朝は時計の針が早い。

日月雅人　東京都
山の幸も、海の幸も、お湯の幸。

田中佳　東京都
ずるいよそんなに早くておいしいの

田中圭一　東京都
夫が何時に帰ってくるのか、
気にならなくなった。

田中健太郎　東京都
お母さんのみそ汁には敵わないと知っている。

田中智仁　東京都
当時の姿が、お湯で現代に甦ります。

田中智仁　東京都
手間暇かけて、簡単にしました。

丹野美里　東京都
おいしさが眠っています。

塚田智幸　東京都
時間がない時って、栄養が必要な時だ。

塚原靖　東京都
備えあれば、おかずあり。

手代森修　東京都
スマップに、お湯をかけても、
こうは戻らない。

戸塚理恵子　東京都
つくる時間を子どもにそそいだ。

長井謙　東京都
ねぇ？褒める料理、違うよね？

中川悟　東京都
手を抜いた朝ほど、
よくダンナに褒められる。

中川朋子　東京都
手作りできない朝もある。

中川朋子　東京都
こんなところにも、未来が来ている。

中川直樹　東京都
手抜き？いえいえ、手際です。

中川美沙　東京都
一人暮らしは、賞味期限との戦いだ。

中島優子　東京都
「カレーも、パスタも、親子丼も食べたい」
を数分で叶える。

中島優子　東京都
急いでいるのに、ついゆっくり食べてしまう。

中辻裕己　東京都
私じゃなくてもこの味が出せるなんて、
言えない。

永妻英剛　東京都
「いつも」の味は、「もしも」の支えになる。

中村れみ　東京都
これっくらいのお弁当箱に、
フリーズドライをちょいと入れて♪

庭田怜子　東京都
仕上げは私がやりますね！

ア アサヒグループ食品（アマノフーズ）

沼田 晃佑　東京都
いい水を使いたくなる。

根本 曜　東京都
買いすぎちゃっても、
ムダにもジャマにもならなかった。

根本 曜　東京都
あ、できたてになっちゃった。

幟立 大樹　東京都
いっしゅん嫁がいる気がした。

幟立 大樹　東京都
東京でも売っているのに、
決まって母は送ってくる。

野村 京平　東京都
家で、おいしい。
職場で、ホッとする。
海外で、懐かしい。
山頂で、生き返る。
避難所で、救われる。

橋本 知慧美　東京都
インスタントって、
体に悪いものだと思ってた。

橋本 真聖　東京都
多忙な日本人へそそぐ。

早坂 あゆみ　東京都
86歳の母に火は使わせたくない。

早坂 あゆみ
東京都　2日間煮込んだビーフシチューが、
60秒のビーフシチューに負けるなんて。
食べてみて、そう思った。

早坂 あゆみ　東京都
主人がおいしそうに食べているのを見ると、
ちょっと複雑。

林 次郎　東京都
朝は、秒だ。

原 おうみ　東京都
あまのできたて。

平嶋 さやか　東京都
手間はかけない、お湯をかけるだけ。

藤田 卓也　東京都
おふくろの味も、おふくろには出せない味も。

星合 摩美　東京都
手をかけた料理より、
お湯をかけたほうが美味しいなんて。

細田 純　東京都
ご馳走にも非常食にもなる。

牧 寛之　東京都
おいしさの伸びしろで出来ている。

真鍋 光輔　東京都
作りたいけど作れない、を作りました。

三上 真惟子　東京都
今までの広告の仕方が、下手だったんだな。

三木 小夜子　東京都
手を抜けないあなたのために、
たくさん凝っておきました。

皆川 真麻　東京都
豚汁も、皿うどんも、とんかつの卵とじも、
全て同じレシピです。

味村 伊澄　東京都
ハードルをうんと高くして、
お召し上がりください。

宮上 駿　東京都
丼もパスタも、
お湯をかけるだけ。

宮崎 創　東京都
そして、時は再び動き出す。

森岡 賢司　東京都
姑の手料理にもなじむ味。

森岡 賢司　東京都
いつか、
この味を越える女性が現れますように。

森岡 賢司　東京都
ひさしぶりに、自炊の味がした。

森本 祥司　東京都
たまには、そそぐ愛も。

ア

アサヒグループ食品（アマノフーズ）

森本 祥司　東京都
手ぬきじゃなくて、息ぬきね。

山崎 海　東京都
さしすせそゆ

山田 沙子　東京都
ポケットにキムチ鍋、入ってんねん。

山田 沙子　東京都
さあ でかけよう ひときれのパン と
カレーとパスタとカツ丼とキムチ鍋
かばんにつめこんで

山田 沙子　東京都
給湯室が、レストラン。

山本 真梨子　東京都
お湯だけ割烹、お湯だけ飯店、
お湯だけビストロ。

吉村 圭悟　東京都
忘れられない夜食になった。

吉村 圭悟　東京都
ナマモノだけが、新鮮なわけじゃない。

吉村 圭悟　東京都
妻のねぎらい方を、スーパーで見つけた。

石井 倫太郎　神奈川県
作り方だけ、インスタント。

岩佐 祥子　神奈川県
美味しいって言ったら負けだ、
みたいな顔しないで。

岩佐 祥子　神奈川県
「手軽」と「手抜き」は
必ずしもイコールじゃないから。

岡野 萌夏　神奈川県
お湯をかけると、手間をかけた味になる。

織田 翼沙　神奈川県
レンジでチンするあたたかさとは、
少し違ったあたたかさがあります。

栗田 一平　神奈川県
まるで、というか、そのもの。

鈴木 亜都子　神奈川県
美味しい保存食

野田頭 弘修　神奈川県
楽をしたいお母さんと、
美味しいものが食べたいお父さんが、
我が家にはいる。

橋本 龍太朗　神奈川県
お湯をかければ、キャンプがグランピングに。

長谷川 功併　神奈川県
時間はなかった。お湯はあった。

浜岡 由文　神奈川県
実は、ステーキも考えています。

深瀬 大　神奈川県
あなたは食べてもびっくりしないでしょう。
しかしフリーズドライと聞いたとき、
びっくりするでしょう。

八ツ橋 哲也　神奈川県
宇宙飛行士が健康な理由が分かったよ。

柳元 良　神奈川県
出来上がってないのに、
「ごはんよ～」と言った。

山下 英夫　神奈川県
「驚き」も、おいしさの一部だと思う。

山本 晃久　神奈川県
妻が忙しい日の飯が美味い。

野村 慶介　石川県
献立に迷ったら、選ぶだけ。

安福 千恵　岐阜県
ああ、私たぶん、コンビニの味に疲れてる。

與嶋 一剛　岐阜県
一年寝かせたカレーが美味い。

與嶋 一剛　岐阜県
最後の一手間で、あなたの料理になる。

與嶋 一剛　岐阜県
焼く
炒める
煎る
揚げる
燻す
蒸す

ア

アサヒグループ食品（アマノフーズ）

煮る
茹でる
戻す↑New!

大井 慎介　静岡県
もう、料理なんてできなくてもいいような
気がしてきた。

矢部 陽子　静岡県
溶け出したのは、美味しさだけじゃない

伊藤 美幸　愛知県
ひとり暮らしの食事は割高だ。

伊藤 美幸　愛知県
一人暮らしだと、食材を余らせてしまう。

佐野 貴浩　愛知県
手を抜かずに
手間を抜く。

甚沢 雅之　愛知県
この中にひとつフリーズドライ商品が
あります。正解率12％の問題です。

髙橋 真一　愛知県
終電帰りのもう一品。

田畑 卓也　愛知県
手を抜いたら誉められた。

萩原 雄樹　愛知県
お湯を注ぐ姿が見られなければ、
ただの料理上手。

飛田 哲志　愛知県
ポケ丼GO

福井 悠太　愛知県
創るのに70年。作るのに10秒。

松田 綾乃　愛知県
「栄養とりなさい」と言うよりも、
フリーズドライを贈るほうが確実です。

見田 英樹　愛知県
100食分詰め込んでも、約2kg！

柳 晃太　愛知県
母よ、忙しいときのほうが、なぜうまい。

山口 良美　愛知県
おかん、たまにはちゃんとした
手抜き料理を作ってくれよ。

山中 彰　愛知県
何もしたくない日も、ごはんは食べたい。

堤 晴菜　三重県
ママの救世主

桂田 圭子　滋賀県
次のCMで、ごはん作るね。

木内 恭兵　京都府
あと一品、もう一分

高津 裕斗　京都府
3分待てない現代人。
グルメにうるさい現代人。

仲西 陽子　京都府
どこにも寄りたくない。
だけど、おいしいものが食べたい。
がんばりたくない。
だけど、おいしいものは食べたい。

三島 直也　京都府
献立は1秒で変えられる。

青木 詩穂　大阪府
もてなせる、インスタント。

上野 由加里　大阪府
手料理に大切なのは、
「いま、つくりましたよ」感です。

上野 由加里　大阪府
この世でいちばんおいしい料理は、
できたてです。

上野 由加里　大阪府
それでも、お母さんの手作りがいちばんです。

上野 了　大阪府
山頂が、料亭に。

奥村 伸也　大阪府
家事が減った。育児にかける時間が増えた。

貝渕 充良　大阪府
会社には、
キッチンはないが、
給湯室はある。

ア

アサヒグループ食品（アマノフーズ）

北川 秀彦　大阪府
カップラーメンができるころには、
もう食べおわっている。

北川 秀彦　大阪府
お母さんの帰りが遅くなって、
お父さんの帰りが早くなった。

北川 秀彦　大阪府
忙しくなくても、食べたくなる。

河野 稜佑　大阪府
さすが軍隊。公務員だけあって食事は贅沢だ。

國井 裕弥　大阪府
インスタに載せない方の、お気楽ご飯。

田中 昌宏　大阪府
生ごみが出ない家、増えています。

中澤 翔　大阪府
まごころを固めました

西岡 あず海　大阪府
日本人は、忙しいグルメ人である

西岡 あず海　大阪府
女性の敵か、味方か

西岡 あず海　大阪府
ダイエットの秘訣は、満足感でした

西岡 あず海　大阪府
ママが手抜きした日のごはんもおいしい

福本 剛士　大阪府
一瞬で旬

牧野 千春　大阪府
愛情は、注ぐっていうもんな。

松尾 健介　大阪府
本気の料理は、
好きな人のためにとっておく。

三宅 幸代　大阪府
災害の時こそ、栄養のある物を。

三宅 幸代　大阪府
栄養保存食品

宮崎 響　大阪府
ママ、みそ汁が生き返った！

村井 佑次　大阪府
大変お手数ですが、
お湯だけ沸かしてください。

米倉 聡志　大阪府
料理はひとりの時間。
食事はふたりの時間。

中島 正顕　兵庫県
母の手料理がどれかわからなくなった。

中村 駿作　兵庫県
宇宙飛行士の息子をもつお母さん、
仕送りに使ってください。

萩原 慎哉　兵庫県
パパ、そればっかり褒めたら怒られるよ。

萩原 慎哉　兵庫県
どうしよう、お義母さんが作り方を
知りたがってる。

松原 基耶　兵庫県
おかあさんの裏技。

密山 直也　兵庫県
食べにいくのは面倒くさい。
料理するのも面倒くさい。

宮崎 喜久子　兵庫県
一杯のお湯から、
ディナーが生まれることもある。

由里 進一　兵庫県
お湯をかけてうまいのは、
もともと美味しいからだ。

東山 秀樹　奈良県
「もうすぐご飯」の「もう」をなくしました。

三吉 学　岡山県
袋の中が、厨房だ。

幸松 寛伸　広島県
お母さんは
手抜きしてるんじゃありませんよ。

井手 葉子　福岡県
いでよ、食材。

川本 秀作　福岡県
手作りだよ、私の手じゃないけど。

川本 秀作　福岡県
美味しい防災袋にしよう。

鶴田 裕二　福岡県
一人で作る時間より、
みんなで食べる時間を大切にしました。

丸形 佳之　福岡県
手抜きが、うまい。

大城 昂　佐賀県
美味しいものは手抜きと言われない。

松本 亮　長崎県
愛しているけど、時間がないの。

阿南 安紀　熊本県
母の味を凝縮してみた

伊禮 大地　沖縄県
手作りがちゃんと、生きている。

伊禮 大地　沖縄県
1人暮らしの息子に「主婦力」を。

伊禮 大地　沖縄県
具材に合わせて味噌を変える。
こだわりは主婦以上です。

伊藤 孝浩　北海道　テレビCM
勘違い編
（夫が仕事から帰ってくる。）
夫：ただいまー。
嫁：お帰りなさい。早かったのね。
夫：明日が会社の飲み会で遅くなるから、
今日は、早めにって思ってさ。
嫁 心の声：げっ！会社の飲み会、今日だと
思ってたー。
夫：腹減ったなー。ゴハンの準備頼むよ。
嫁：は、はーい。
嫁 心の声：こんな時は！
SE：（その後、すぐに料理を出す）ゴトッ
夫：おっ！今日は、カレーか。（食べて）うん、
おいしい。あさってもコレ、頼むよ！
嫁：よかった。
嫁 心の声：じゃあ、あさっては空いた時間
で、久しぶりにネイル行ってこよ！
NA：ピンチは、チャンス！フリーズドライ
のアマノフーズ

武田 陽介　宮城県　テレビCM
リビングのソファで見つめ合う男女。
目をつぶりキスをする。
女性（オフナレ）：本当は料理をつくるは
ずの時間でした。
テロップ：おいしさと、自由をあげる。
NA：アマノフーズのフリーズドライ。

柴田 賢一　茨城県　テレビCM
独身女性の部屋。
部屋着姿の女性がベッドに入ろうとする。
何かを思い出したように起き上がると、
食器とフリーズドライ食品が載ったお盆と
お湯の入った電子ケトルをテーブル置き、
電気を消して眠りにつく。
暗転。
S：朝の1分は、夜の10倍以上の価値があ
ると思う。
フリーズドライなら、アマノフーズ。
商品画像。
CI：アマノフーズ
CI：アサヒグループ食品

本荘 裕樹　茨城県　テレビCM
【15秒CM：ボルトと対決】
（1画面に2つのシーン：ボルト vs フリーズ
ドライ味噌汁）
On your mark, get
set...Bang!
ボルト9.98秒
味噌汁10秒
ほぼ、世界最速。
（美味しそうに味噌汁をすすするカット）
Na：美味しく、早い。アマノフーズのフリー
ズドライ

鈴木 遼平　埼玉県　テレビCM
【単身赴任】篇
夫の単身赴任の朝。玄関前
妻「しばらく会えなくなるわね。」
夫「ああ。」
子供「パパー。」
夫「ははは。パパ頑張るからな。」
子供の頭をなでる。
夫「お前のうまい手料理もしばらく食べられ
なくなるな…。」
妻「それは、大丈夫よ。」
夫「え？」
おいしさ、どこでも、アマノフーズ。

アサヒグループ食品（アマノフーズ）

石井 雅規　千葉県　テレビCM

【シーン1】

ラフな練習着を着て、クラシックバレーの練習をしている女。

伸ばした腕が美しい印象を与える、ひたむきな練習シーンが流れる。

【シーン2】

大きな舞台でクラシックバレーを踊る女。

手にヤカンを持っている。

クラシックバレーを踊りながら、優雅な姿勢、優雅に伸ばした腕。

手に持ったヤカンで、床に置かれた茶碗にお湯を注ぐ。

茶碗にはフリーズドライ食品が入っている。

観客のスタンディングオベーション。

NA：「これからの時代、料理の腕より、お湯を注ぐ腕が求められる。かも。」

「お湯を注ぐだけで美味しい、フリーズドライ食品ならアマノフーズ。」

石井 雅規　千葉県　テレビCM

キッチンで女性が味噌汁を作っている。

そのキッチンは、離れてみるとキッチンのセットだった。

キッチンのセットが工場のベルトコンベヤーに流れて大きな機械に吸い込まれていく。

長い長い機械の出口から出てきたのは、小さなフリーズドライの塊。

ナレ：ご家庭の味を詰め込んでいます。

伊藤 大樹　東京都　テレビCM

シーン1　（自室で寝ている中学生くらいの少年が映っている）
母「ゆうた起きなさい!ごはんできたわよ!」↑声だけ
母「ゆうた!おーきーなーさーーーい!ご飯冷めちゃうわよー!」
ゆうた「起きた起きたーーー!」↑寝ながら言っている。
シーン2　お母さんも実は一回の寝室で寝ながら、目をつぶりながら、叫んでいる。
母「あんたねぇ、そう言ってからが長いのよ!早く起きなさい!」
ゆうた「分かったよ!!」
ドンという二階での物音を確認してから身体を起こす母。
茶碗にご飯もる、
味噌汁の器と小皿にフリーズドライを入れる。
ティファール的な早いやつでお湯を沸かす。
ゆうた、下りてくる
超眠たそうなお母さん
母「ほら、ご飯、食べなさい。」
ゆうた、できている料理と母の眠そうな顔への違和感を持つ
ゆうた「、、、今起きた?」
母「ま、、まさか。」
NA　お母さんにも、二度寝を。アマノフーズのフリーズドライ。

伊藤 大樹　東京都　テレビCM

「沸かすまでは同じなのに、、編」

場所　友達の家（学生二人で寝転がっている）

学生A「あーあ、腹減ったなぁ。」

学生B「なんか食べよう。お湯沸かすよ。」

（立ち上がってキッチンに向かう。火が付く音）

学生A「おう、ありがとう。」

（学生A、学生Bに背を向けて寝転がる）

学生A（心の声）「あー、カップ麺とかだよな、、昨日も食ったな、、まぁしょうがないか、、」

学生B「できたよー」

学生A（起きてテーブルに向かいながら）

「おー、ありが、、」

（テーブルに広がる和定食）

学生A（心の声）「なんだこれ、え、あの短時間で?!お湯しか沸かしてなかったよな?!え、?!

もしかして、こいつ、、」

学生A「お前、、超能力者か、、?」

NA「いいえ、これが現代のフリーズドライの実力です。汁物からメインまで。アマノフーズフリーズドライ。」

学生A（食べながら）「これで起業しようぜ。」

学生B「いや、もうあるから。」

大原 結　東京都　テレビCM

妻「おかえり、早かったね」
夫「飲み会中止になって帰って来ちゃった。悪いけどうどんでも作ってもらえる?」
妻「・・ビーフシチューかとんかつなら早いんだけど」
夫「えっ」

妻「30秒待っててね」

夫「えっ」

NA：手早く、豪華な食卓を。アマノフーズ

奥村明彦　東京都　テレビCM

夫が帰宅

妻：あら、今日遅くなるんじゃなかったの？
…食事にする、お風呂にする？

夫：う〜ん、風呂！

風呂につかっている夫

夫：あぁ、いい湯だなぁ

キッチンの妻、フリーズドライの食品にお湯をかけてる

妻：あぁ、いい湯だなぁ

NA：生き返る、おいしさフリーズドライのアマノフーズ

北川哲　東京都　テレビCM

森の中を歩く、幼い兄妹

妹「お兄ちゃん、お腹すいたよ」

兄「グレーテル、もう少し我慢しな」

ふと、森が開けてお菓子で出来た家が眼の前に広がる

妹「お兄ちゃん、見て！」

兄「す、すごい、ここなら…ここなら」

妹「ここなら、ゆっくりご飯を食べられるね！」

兄が懐からフリーズドライ食品を出し、妹がお湯が入った魔法瓶と器を取り出し、お菓子の家の前でカツ丼やお味噌汁を食べ始める。

NA「お湯だけあれば、どこでも簡単本格ご飯
アマノフーズのフリーズドライ食品。」

北川哲　東京都　テレビCM

中世フランス 民衆が暴動を起こして王宮に詰めかけている。

民衆1「贅沢三昧の王族め、出てこい！」

民衆2「俺たちは、もう食べる物も無くて、お湯をすすって生きてるんだ！」

王宮の窓が開き、華美な服装をした20代くらいの王女が顔を出す。

テロップ「マリーアントワネット」

マリー「お湯があるなら、カツ丼を食べればいいじゃない。」

民衆「え？」

N「お湯があればどこでもどこでも本格ご飯 アマノフーズのフリーズドライ食品」

北川哲　東京都　テレビCM

将棋の対局のシーン。向かい合う二人の棋士。

記録係「10秒ー」

みじんも動かない二人の棋士。

記録係「20秒ー」

小刻みに体を前後に動かす2人の棋士。

記録係
「1，2，3，4，5，6，7，8，9」

カウントが進むに連れて体の動きが大きくなる。

記録係「10」

一人の棋士は、脇に置かれたお椀を手に取りお味噌汁を食べ始め、
もう一人は脇に置かれたお皿を手に取り、パスタを食べ始める。

N「お湯をかけて30秒で本格ご飯。アマノフーズのフリーズドライ食品」

紺谷知宏　東京都　テレビCM

自宅。帰宅してきた夫。

夫：おまえが熱を出したっていうから、急いで帰って来たよ。

妻：ごめんね、心配かけて。

夫：今日はオレが料理を作るから。

妻：いや、私が…

夫：無理するなって。ええっと、包丁はどこにあったかな。
あれ無いな。まな板は？フライパンは？
どこにも何にもないぞ？

夫が料理道具を探している間、妻が器にお湯を注いでいる。

妻：はい、雑炊作ったわよ。

夫：あれ？もう？どうやって？

机の上には使用済みのフリーズドライの袋。

妻：だから、私が作るって言ったじゃない。

夫：まさかおまえ…今までずっとこれで…

NA：時間も、包丁も、必要なし。アマノフーズのフリーズドライ。

佐々木貴士　東京都　テレビCM

『山登り篇』（30秒）

（山登りに来ているカップル）

男女「頂上ついた〜」

（お湯を沸かしてカップラーメンを作る）

女「やっぱり、頂上で食べるカップラーメンはおいしいね〜」

アサヒグループ食品（アマノフーズ）

男A「だよね、お湯注ぐだけだしね」
（そこへ登山家風の男Bが登場。カップルの横でごそごそし始める）
男B「よし、牛すき丼でも食べるか」
（怪訝な顔して）女「え、何言ってるのかしら・・・」
（男B、アマノフーズの牛すき丼をマウンテンジャケットの左ポケットから取り出し、お湯を注ぎ、かき混ぜて完成。右ポケットからおにぎりを取り出してそれにかけて食べ始める）
男女「え!?」
コピー（テロップ）「もはや、丼ぶりはポケットから取り出せる時代に」
男B「うん、うまい」
NA「ポケット牛すき丼は、アマノフーズ」

塩見 勝義　東京都　テレビCM

「取り調べ室」篇
取調室での刑事と容疑者
刑事：「いい加減、吐いたらどうなんだ!」
容疑者：「なんかお腹空いちゃったなー」
刑事：「これでも食え」
カツ丼が差し出される
容疑者：「味噌汁も欲しいなー」
刑事：「ほれ」
味噌汁が差し出される。
容疑者：「え?」
刑事：「どうなんだ!」
容疑者：「リ、リゾットも食べたいなー」
刑事：「ほれ」
リゾットが差し出される。
容疑者：「ど、どうなってんだよ!?」
NA：お湯を注ぐだけで、本格料理。フリーズドライは、アマノフーズ。

田中 未来里　東京都　テレビCM

『汚れない』篇
□コンロにフライパンや鍋をおき、料理を始めようとする彼女。
□後ろから彼氏が抱きつく。
彼氏：何つくってくれんの?
彼女：いいから、向こうで待ってて。
彼氏：はーい。
□リビングで待つ彼氏。
□ティファールのカチッという音が響く。
彼女：できたよ～。
彼氏：やった!
□食後
彼氏：うまかった～。じゃあ洗い物は俺がするよ。
彼女：え!いいよいいよ!私がやるよ!
彼氏：作ってもらったから俺がやるよ。
彼女：いいのいいの!全然汚れてないし…
あっ。
□映るキッチン。フライパンも鍋も、まったく汚れていない。まな板も包丁も出ていない。
NA：汚れないのも、困ったものかも。アマノフーズのフリーズドライ。

谷口 智香　東京都　テレビCM

若い男女が道端で話している。
女：もうあなたとは付き合えない。
男：そ、そんな!またお前のうまい手料理食わせてくれよ!
女：いやよ!さよなら!
男：そ、そんなあ!
場面変わって、自分の部屋でフリーズドライの味噌汁にお湯を注ぎ、食べる男。
男：あ、こっちの方がうまい。
NA：フリーになったあなたのそばに。アマノフーズのフリーズドライ。

谷口 智香　東京都　テレビCM

銭湯にやってきたおばあちゃんがお湯につかる映像。
上がるときには美女に変わっている。
驚いて声が出ない周りの人達。
NA：お湯さえあれば。アマノフーズのフリーズドライ。

長井 謙　東京都　テレビCM

○サービス篇
□テロップ
NA「美味しいたまごスープの作り方」
□料理解説
NA「フリーズドライをお椀に入れます」
NA「お湯を入れてかき混ぜます」
NA「できあがり」
□テロップ
NA「時間が余ったので、サービス映像をご覧ください」
□水着のアイドルがはしゃぐ映像
男の声「フリーズドライのCMで、よかった」
NA「簡単に料理を済ませるなら、アマノフーズのフリーズドライ」

藤丸 直紀　東京都　テレビCM
『プロ野球 練習』編
プロ野球のコーチと選手の練習風景。
コーチ「よーし！いいぞ！自分の持ち味を忘れるな」
選手「はい！」
コーチ「よーし！いいぞ！その状態、その感触をそのまま覚えとけよ」
選手「はい！」
コーチ「よーし！いいぞ！その調子を長い間キープだ。わかったな？」
選手「はい！」
実況席に切り替わる
アナウンサー「しかし、そんなうまくいくでしょうか？」
解説「そうですね、ふつうならむずかしいところですね。ですが、フリーズドライなら、味や香り・食感はそのままなんです。それに、長期保存も可能ですよ」
アナウンサー「なんの話でしょうか？」
解説「えっ？」
フリーズドライは、
できたての味を忘れない。
アマノフーズのロゴ
終わり

三浦 知子　東京都　テレビCM
とあるマンションの1室
帰宅した20代彼氏が玄関から部屋へ。適齢期彼女が迎える。
男「ただいま～、いや～全然仕事終わらなくて」（ネクタイをゆるめながら）
女「おかえりなさい」（モコモコパジャマに笑顔）
男「ねてよかったのに。めしって、あったりする？」
女「もちろん！急ぐね」
男に背中を向け、鍋に湯をわかす。
白いごはんに味噌汁（豚汁）をプラスチックトレイに載せて運ぶ女。
女「お仕事お疲れ様」
夫「サンキュー。」
くつろいだ様子で味噌汁を飲む男。
女「お野菜にも、お肉にも、調味料にもこだわって作ったんだよ～」
男「うまい・・・。ひろみ、俺考えたんだけど、俺たちそろそろ・・・」
女の目が光る
男「一生ひろみが作ったうまい味噌汁が飲みたいよ。」
舞台が変わって翌日朝
出勤のため駅へ向かう女の手元にはデコられたスマホが。
画面を操作している様子。アマノフーズのサイトでスクロールする手元。
注文をクリック。
女「ふ～、これで1ケ月分は確保・・・と」
・・・最後にコピー・・・
アマノフーズはこだわりに、こだわりを重ねて一生懸命作りました
ひろみさんもちょっとだけ頑張って作りました。
あの人との心を近づけるアマノフーズ、フリーズドライ

石居 くるみ　神奈川県　テレビCM
【愛妻弁当篇】
オフィスのお昼休み、自分のデスクで課長が弁当を広げようとしている。
隣の部下がコンビニ弁当を食べながら話しかけてくる。
部下：先輩はいいッスよね、いつも豪華な愛妻弁当。
課長：まあな。でも今日は・・・。
弁当のフタをあけると中身は白飯だけ。
部下：え、それだけ？
課長：いや、あとはこれ。
カバンからフリーズドライの親子丼を取り出す。
課長：奥さんにたまには、楽してもらいたくて。
部下：デキる男は違うな～
NA：だから、愛されている。フリーズドライは、アマノフーズ。
出来上がったホカホカの親子丼弁当のカット。

大塚 正之　神奈川県　テレビCM
【わがまま女にデキる女】篇
友人（A子）が家に遊びに来ている。
A子「げっ。．お酒しか入ってないじゃん。あんたん家の冷蔵庫」
「ねぇお腹すいた～。なんかない～？」

アサヒグループ食品（アマノフーズ）

B子「んー焼きなすとトマトのクリームパスタならすぐできるけど…」
A子「えっ？？」
お湯を沸かしてフリーズドライ商品をお皿に
A子「おいしい〜！！」
NA「必要なのはお湯だけ。簡単出来立て料理はアマノフーズのフリーズドライ」
食べてるA子に対して
B子「3種のチーズリゾットもできるけど…」
驚く表情のA子

片岡 佳史　神奈川県　テレビCM
【わがままな彼氏】篇
1Kのマンションにて。
一人暮らししている男の部屋に、女が遊びに来ている。
部屋でTVを見ている男。
キッチンに立つ女。
男「なぁ、うまいパスタが食べたい」
女「はい」
食卓に、おいしそうなフリーズドライのパスタ。
男「なぁ、うまいカレーが食べたい」
女「はい」
食卓に、おいしそうなフリーズドライのカレー。
男「なぁ、うまい親子丼が食べたい」
女「はい」
食卓に、おいしそうなフリーズドライの親子丼。
男「なぁ、うまいおしるこが食べたい」
女「はい」
食卓に、おいしそうなフリーズドライのおしるこ。
男「なぁ、、オレと結婚してくれ」
女「はい」
結婚式のシーン。鳴り響く鐘の音。女はにっこりとピースサイン。さまざまなフリーズドライ商品のカット。
NA「おいしいフリーズドライ、あります」

栗田 一平　神奈川県　テレビCM
取調室で質疑応答する、刑事と容疑者。
刑事：そろそろはいたらどうなんだ。
容疑者：俺はやってないって。
刑事：おなか減ったろ。カツ丼あるぞ。
容疑者：別に、カツ丼好きじゃねーし。
刑事V：じゃあ、親子丼は。
刑事：じゃあ、野菜カレーは。
容疑者：どんぶり嫌いなんだよ。
容疑者：お米嫌いなんだよ。
刑事：じゃあ、クリームパスタは。
容疑者：それなら食うわ。
NA：圧倒的な品数も、一瞬で作っちゃう。

福島 理紗　神奈川県　テレビCM
【夫の子どものお留守番】篇
玄関で話す夫婦と小さな子ども二人。妻の傍らには小さめのキャリーケース。
妻「いってきます。」
夫「おう、たまには旅行を楽しんでこい！」
子ども「いってらっしゃーい！！」
台所に入ってくる夫。
夫「どうしようかなぁ・・・」
台所の電気ポットの隣にフリーズドライの親子丼が3つと「お湯を入れるだけです。ストックもあります。」というメモ。
棚を開けると、色々な種類のフリーズドライ食品が並んでいる。
夫「やっぱりしっかりしてるなぁ・・・」
夫が見守る中電気ポットからお湯を入れる子どもたち。
夫「熱いから気をつけろよー」
食卓に座る夫と子どもたち。
夫「いただきます」
子ども「いただきます！」
親子丼を食べる。
NA「できたてが出せない時も、できたてを食べさせたい。」
夫「（ちょっと驚いたように）うまいな」
子ども「おいしー！」
商品ラインナップと企業ロゴ。
NA「フリーズドライは、アマノフーズ。」

矢木 幹男　神奈川県　テレビCM
タイトル「おいしい未来になってます。」
映像
昭和三〇年代お茶の間の白黒テレビのアップ、「宇宙家族ジェットソン」風のアニメが映っている。
箱を取り出し、機械の中に入れてスイッチを押すとお湯が出て、
ごちそうになって出てくる。

ア

アサヒグループ食品(アマノフーズ)

映像
そのテレビをちゃぶ台の前で見ている男の子、新聞を読んでいる父親
お母さんが、親子丼をちゃぶ台に持ってきて夕食の支度
男の子セリフ「未来はお湯の出る機械でごちそうがでてくるんだって!」
母親セリフ「あらそう、すごいわね。お家もご飯だよ、今日は親子丼だよ。手を洗っといで。」
子どもセリフ「は〜い。」
映像
手を洗いに行く子どもを追ってフェードアウト
映像現代(カラー)
フリーズドライの親子丼の親子丼を見ている初老の男
親子丼を見ながら、心の中でつぶやく初老の男セリフ「母ちゃん、いつの間にか未来になってたよ。」
ナレーション「おいしい未来になってます。」

山下 英夫　神奈川県　テレビCM

(番組オープニングの音楽が流れる)
NA:アマノ1分クッキング〜♪
アシスタント:みなさん、こんにちは。アマノ1分クッキングの時間です。先生、今日のメニューは?
先生:はい、今日は「チキンカツのおろしポン酢」と「具だくさん豚汁」をつくります。
アシスタント:おいしそうですね!で、でも、1分でできますか?
先生(アシスタントにかぶるように)材料はこちらです。
(画面に「<材料>・お湯:100ml・お湯:160ml」とだけ表示される)
アシスタント:先生…お湯だけですか…?
先生:お湯だけです。
アシスタント:で、ではお願いします…。
先生:はい。まず、メニューごとにお湯の量を計ってください。
アシスタント:は、はい、計りました。
先生:では、食器に盛ったフリーズドライの上にかけてください。
アシスタント:は、はい、かけました。
先生:出来上がりです。
アシスタント:は、はい、出来上がりました……え…?
NA:材料、お湯だけ。アマノフーズのフリーズドライ。
アシスタント:う、美味い!

土屋 憲佑　山梨県　テレビCM

鍋パーティー。
穴から湯気が出ている鍋を囲む若者達。
男性A:さ、始めよう!
みんな、食べたいもの持って来た?
男性B:もちろん!ほら!!
すると、男性がフリーズドライの親子丼と味噌汁を出す。
女性A:私はパスタ!
女性B:私はリゾット!
男性C:俺は中華丼とにゅうめん!
男性A:じゃあ食べよっか!
男性Aが鍋のフタを開ける。
中には煮えたぎったお湯のみが入っている。
全員:頂きま〜す!
それぞれがお湯をかけ始める。
NA:お湯だけあれば、余裕でパーティー。フリーズドライ食品は、アマノフーズ。
全員:美味しい〜♪

與嶋 一剛　岐阜県　テレビCM

「速い」篇
朝。味噌汁をつくるボルト。遅い。
アマノフーズの味噌汁をつくる主婦。完成。
N:誰もが1秒を争う朝に。フリーズドライのアマノフーズ

加藤 彩花　静岡県　テレビCM

(一人暮らしの女性が母と電話をしながら)
あ、もしもしお母さん、
この前ね、彼にお前の味噌汁は早くて旨いなって言われたよ、
うん、うん、もちろん知らないよ?
このストックの数
(キッチンの棚の中にある大量のアマノフーズ商品アップ)

今泉 香奈　愛知県　テレビCM

【小料理屋 編】
上司のなじみの小料理屋。つれてこられた部下。メの雑炊を頼む二人。
上司「ママの雑炊は日本一なんだよ。ちょっとトイレ。」

アサヒグループ食品（アマノフーズ）

（トイレに席を立つ上司。雑炊を作り始める女将。カウンターに残される部下。）

（女将が、フリーズドライの雑炊にお湯をかけているのを見てしまう部下。）

（人さし指を口にあて、ウインクしながら「しーっ」のポーズをする女将。）

（上司がトイレから戻り、雑炊が出されている。並んで食べる上司と部下。）

部下「（淡々と、感心したように）・・・ほんとに、おいしいっすね。」

上司「（得意気に）だろ〜！」

岸部 沙衣子　愛知県　テレビCM

ーお見合いの席にてー
向かい合う男女と仲人
女性「得意料理は、親子丼です」
男性「家庭的ですね」
仲人達「まぁ素敵ね」
シーンが変わりすっぴんジャージの女性の部屋で女性がやかんからお湯を注ぎ、ご飯にのせ
女性「できた！おいし〜」
おいしそうに食べる女性。
笑顔で
「嘘はついてないもんねっ」
NA「お湯さえあれば。アマノフーズ」

松谷 信吾　京都府　テレビCM

熟年の夫婦、会話もなく家庭の空気は冷めきっている
夫「ただいま、、」
妻は背を向けたまま話す
妻「そこの、、適当に解凍して食べといて」
夫　無言でフリーズドライ食品にお湯をかける
夫「、、、、！！」
妻「！」
妻「あなた！！愛してるわ！！」
夫「俺もだよマイスウィートハニー！」
情熱的に抱き合う2人
テロップ
あっというまにアッツアツ。
フリーズドライはアマノフーズ

岡 真一郎　大阪府　テレビCM

S1、旦那が仕事から帰ってくる。
旦那「ただいまー」
妻「お疲れ様、あなた！早速だけど、お風呂を沸かした方がいい？
それともお湯を沸かした方がいい？」
S2、旦那が食卓でフリーズドライ食品を食べている
NA「お湯を沸かすだけで、美味しい出来立てがアマノフーズのフリーズドライ食品」

國井 裕弥　大阪府　テレビCM

『1分もあれば』篇
会議室に駆け込む若手社員。
若手社員：はあはあ…。すいません、会議の時間ギリギリになってしまいました！
上司：バカヤロウ！1分遅刻してるじゃないか！
若手社員：しまった、1分だけ遅れちゃいました…
上司：1分『も』だろ？1分もあれば、パスタができるんだぞ？
若手社員：え？
上司：カレーもできる！どんぶりも！雑炊も！シチューだって！ボルシチ！クラムチャウダー！リゾット！…
NA：『1分で、いろいろできちゃう。』アマノフーズ

國井 裕弥　大阪府　テレビCM

『アマノ1分クッキング』篇
料理人：こんにちは。今日は「焼きなすとトマトのクリームパスタ」をご紹介します。

まずは、アマノフーズの「焼きなすとトマトのクリームパスタ」を用意します。

中身をうつわに入れ、熱湯を100ml注ぎます。よくかき混ぜて、60秒待てば完成です。

熱湯を注ぎ、かき混ぜる料理人。

アシスタント：材料のご紹介です。アマノフーズの「焼きなすとトマトのクリームパスタ」が一袋。熱湯100ml。以上です。

料理人：あとは待つだけですね。

アシスタント：これって先生必要ですかね？

料理人：はい、完成しました。ぜひ、お試しください。

出来上がった料理のアップにテロップ。

『だれでも作れる本格料理。

「焼きなすとトマトのクリームパスタ」』

アサヒグループ食品（アマノフーズ）

松原 政夫　大阪府　テレビCM

＜ポリグラフ（ウソ発見器）につながれた男性と捜査官＞
捜査官がフリーズドライ食品をパパっとつくり、それを口にする男性。
捜査官「すべて、いいえで答えてください」
男性「…………」
捜査官「このフリーズドライ食品は、
　奥さんが作った料理より、美味しい」
男性「いいえ」
＜ポリグラフの針が激しく反応（ウソを示す）＞
捜査官「奥さんが手間ひま掛けて作った料理より、ぜんぜん美味しい」
男性「いいえ」
＜ポリグラフの針が激しく反応（ウソを示す）＞
捜査官「奥さんが愛情込めて作った料理より、だんぜん美味しい」
男性「いいえ」
＜ポリグラフの針が激しく反応（ウソを示す）＞
NA　ウソかホントか、フリーズドライ。
　試してみらるなら、アマノフーズ。
男性「いいえ」
＜ポリグラフの針が激しく反応（ウソを示す）＞

小野 諒佑　兵庫県　テレビCM

【しんどい日に】篇
妻：ごめん、ちょっと今日しんどいから
　お昼これで我慢して
渡されるお弁当とジャー
夫ふしぎそうな顔でお弁当とジャーを振ってみる
SE：ガサガサ、カランカラン
夫にやつく
妻：なんで嬉しそうなのよ（すこし怒る
NA：栄養たっぷり、愛情のこもった手抜きです
アマノフーズのフリーズドライ

酒井 彬帆　兵庫県　テレビCM

「新学期」編
春から大学生になり、一人暮らしを始めた。「自炊してみたw」とツイートしている子がたくさんいる。私もツイートしてみたいけど自炊するのは正直めんどくさい。そういえば母から送られてきた段ボールにフリーズドライ食品入っていた気がする。フリーズドライ食品で晩御飯を作りＴｗｉｔｔｅｒにアップする。
（※冒頭部）「自炊してみたw」とツイートしている子がたくさんいる。の前：Ｔｗｉｔｔｅｒを見ると

SE：ピロンッ（携帯の通知音）
友達1：「えー!○○ちゃんの自炊めっちゃ本格的じゃん!今度なんか作ってw」
友達2：「めっちゃおいしそう!今度家行かせてw」
SE：ピロンピロンッ（鳴り続ける通知音）
女：「フリーズドライ食品で作ったなんて言えない・・・」
NA：「というぐらい、お湯を注ぐだけで簡単本格的。フリーズドライ製法だから栄養価も損なわれにくい。作りたてのおいしさそのまま。アマノフーズ。」

佐藤 かおり　兵庫県　テレビCM

心温まる夜食編
残業を終えて帰ってきたサラリーマン
一人で夜食を食べようとしている
テーブルの上には作り置きのおかずと置手紙、フリーズドライの味噌汁が置いてある
置手紙には「先に寝ます」の文字
男性、フリーズドライの味噌汁に湯を注ぐ
画面に味噌汁のお椀のアップ
男性：（うまそうに味噌汁をすすりながら）
　ああ、うまい…。妻の愛も、こんな風にお湯で戻ればなぁ…。
置手紙を手に取ると、二枚目の手紙がひらりとテーブルに落ちる
「おつかれさま。いつもありがとう」の文字
男性、微笑む
NA：フリーズドライは普通のインスタントとは少し違います。
栄養ギュッと凝縮、その美味しさは愛情です。
画面に商品アップ＋アマのフーズのロゴ

西田 草介　岡山県　テレビCM

【フリーズドライで美味しく時短～賢い女子の策略編】
すやすや眠る男性。
キッチンからトントントン、包丁の音が聞こえてくる。
男性は体を起こして、幸せそうにその音を聞いている。
（キッチンへ切り替わると）

アサヒグループ食品（アマノフーズ）

オーディオから料理の音を流しながら、女性がお湯を注いでいる。

女性：「朝ごはん、できたよ。」

男性が起きてきて、テーブルの上に並んだ朝ごはんを幸せそうに食べている。

男性：「美味しいね、このお味噌汁。」

女性は、にやりと微笑む。

NA：お湯を注げば、時間も増える。

　美味しいフリーズドライなら、アマノフーズ。

ロゴマーク

岩瀬 和廣　高知県　テレビCM

○大学生、男の子、一人暮らし。まだいくつかのダンボールの残る部屋。
片付けがひと段落し、座り込んだ後、小さなダンボールに目をやる。
ダンボールには張り紙。「母の秘伝の味を伝授する！」とある。
箱を開けると、中にはフリーズドライ製品が詰められ、もう1枚の手紙がある。
「なお、お父さんには引き続き秘密にすること。」
商品カット
NA「いつもの味は簡単に作れる方がいい。」

愛甲 祥太　宮崎県　テレビCM

「呟いている間に」篇（※15秒CM）
深夜オフィスに残っている2人の男性社員AとB。
Aは黙々と、カップにお湯を注いでかきまぜている。
隣で気だるそうにつぶやくB。
B：「あーなんか・・・
　腹・・・減ったなー・・・
　何か食べよっ・・」
A：「いただきます」
B：「え？」
AがBの呟きを遮って、カップで作った味噌汁を食べ出す。
NA：食べるまで10秒。アマノフーズ。

大城 翔平　沖縄県　テレビCM

夫が仕事から帰ってくる
夫「ふぅ・・・今日も疲れたな・・・」
玄関のドアを開ける
夫「ただいま～」
妻「おかえりなさい、疲れたでしょ？」
夫「あぁ」
妻「お風呂にする？ご飯にする？それとも～」
妻「クリームパスタにする？カレーにする？
　ふんわり親子丼？さくさくカツ丼？それとも麻婆なす？それとも・・・」
（NAの後ろでフリーズドライのメニューを言い続ける、夫は呆れ顔）
NA：アマノのドライフーズはメニューが
　200種類以上。栄養もぎゅっと閉じ込め、お湯を注ぐだけで、さくさく、ふわふわ、とろとろ。簡単30秒、インスタントな本格派！アマノのドライフーズ。

山崎 みず枝　岩手県　ラジオCM

男性：「チャララララ～チャララララ～ララッ～……♪」（オリーブの飾りを歌ってる）

女性1…「あーっ、また今日も始まったよ。課長…。」

女性2…「毎日、誰か捕まえて、お湯かけて、美味しい親子丼ができるなんて、まるでマジックのようだろ！って自慢してるね…」

女性1…「でも、1週間も食べてるよ！！さすがに飽きないのかな…（笑）」

N…あなたもインスタントマジシャンになりませんか？

フリーズドライのアマノフーズ！！

那須 厚　秋田県　ラジオCM

爺さん「オォー！お湯をかけただけでみるみるうちに茄子に変身」
婆さん「マァ！アッと言う間に大きくなって、立派な丼ぶりに早変わり」
キャッチフレーズ アマノフーズのフリーズドライは 早い 旨い 安全 です
爺さん「ウァッ 熱いヨ婆さん、何するの」
婆さん「あら、お爺さんには効きめはないみたい」

寺内 香　栃木県　ラジオCM

女性「ねえ、今日でつきあい始めて1年って、覚えてた？」
男性「覚えてるよ。初めて僕に作ってくれたリゾット、あれ本当にうまかった。」
女性「良かった、今日も、はい」
S　リゾット出す

男性「これこれ、思い出の通りの味だ」
女性「ふふふ」
N「だってそれは、フリーズドライだったから。お湯をかければいつも変わらぬ『あのときの味』、フリーズドライ食品はアマノフーズ」

横村 貴之　埼玉県　ラジオCM

【ずっと待ってる】編
雨のSE
女「私待つわ！いつまででも待ってるから！」
男「いや、待たなくていいよ」
ナレ「お湯をそそいですぐできる。フリーズドライ」

荒井 洋真　東京都　ラジオCM

女：私、待ってる。
男：待たなくていいよ。
女：どうして、私いつまでも待ってるわ。
男：もう待たなくていいんだ。注ぐだけで。
NA：お湯を注ぐだけですぐおいしい。アマノフーズのフリーズドライ食品。

石垣 光　東京都　ラジオCM

【3秒クッキング】篇
SE：料理番組のオープニング風
シェフ：みなさんこんにちは、本日は旬のナスを使った『焼きなすとトマトのクリームパスタ』を作っていきたいと思います。
アシスタント：みなさんメモの準備は宜しいでしょうか。
シェフ：それでは材料の確認です。まずは100mlの熱湯を用意します。
アシスタント：はい。
シェフ：以上です。
NA：美味しさ、手軽さ、金メダル級。アマノフーズのフリーズドライ食品。

市川 匠　東京都　ラジオCM

SE　プルルル（電話をかける音）
妻　もしもし。
夫　ごめん今日打ち合わせが夜に入っちゃった。
妻　そうなのね。何時に帰ってくるの？
夫　わからない。わかったら連絡いれるよ。
妻　別にいい。帰ってくる10秒前に電話くれれば。
夫　10秒前？！
NA　10秒あれば美味しい料理は作れる。フリーズドライはアマノフーズ。

北川 哲　東京都　ラジオCM

女1「久しぶり、アキ。お母さんです。一人暮らしを始めてもう1ヶ月ですね。ちゃんとご飯食べてますか？外食ばっかりしてるんじゃない？あなたのことが心配なので、荷物と一緒に送ろうと、お湯をかければ作れる、美味しいフリーズドライのご飯を買っておきました。」
女2「母さん…」
女1「あんまり美味しくて送る前に、全部食べちゃいました」
女2「おい…」
N「お湯をかけるだけで、1分程度で美味しい本格ご飯 アマノフーズのフリーズドライ食品」

北川 哲　東京都　ラジオCM

女1「あらまあ、こんな時間」
女2「まあ本当。田中さん、今日は何時までに帰らないと？」
女1「夫が7時には帰って来るから、夕ご飯作ること考えると…」
女2「あら、じゃあ」
女1「6時50分には帰らないと」
女2「え？」
N「お湯をかけるだけで1分かからず本格ご飯アマノフーズのフリーズドライ食品」

紺谷 知宏　東京都　ラジオCM

刑事：犯人は…天野さん、あなただ。
犯人：待ってください。私にはこのカツ丼を作っていたアリバイがあるんですよ？
巡査：そうですよ。こんな美味しいカツ丼を、ほんの数十秒で作れちゃえば話は別ですが。
刑事：それが簡単に出来るんだよ。このアマノフーズのフリーズドライを使えば。あなたはこれを使ったんでしょう？違いますか？
犯人：……ううう……あの人が……あの人が悪いんです……。
NA：お湯を注いで30秒、美味しい料理の出来上がり。アマノフーズのフリーズドライ。

アサヒグループ食品（アマノフーズ）

原 おうみ 東京都 ラジオCM

彼氏：俺のために…
毎朝味噌汁を作ってくれないか！
彼女：え？味噌汁だけでいいの？
彼氏：え…？じゃあ、雑炊も！
彼女：簡単簡単。
彼氏：にゅうめんも！
彼女：余裕～！
彼氏：あとは…
彼女：親子丼も作ったげるね！
彼氏：宜しくお願いします！
NA：婚活が簡単になりました。
お湯だけの簡単調理は、アマノフーズのフリーズドライ。

平山 瑞帆 東京都 ラジオCM

SE：ガチャ（玄関が開く音）
父・母・息子：ただいま～
父：結構遅くなったな
息子：ねぇ、ママお腹減ったよ～
母：疲れちゃったし、簡単に済ませちゃいましょ。
息子：僕、ビーフシチュー！
母：私トマトとチーズのリゾットにしよう。パパは？
父：親子丼がいいな。
SE：ピィィーーーーーーー（やかんのお湯がわく音）
SE：ジョボボボ（お湯を注ぐ音）
NA：30秒でごちそう。
父・母・息子：おいし～い
NA：アマノフーズのフリーズドライ。

福井 康介 東京都 ラジオCM

「うるさい母」
母：あんた、料理してんの？
どうせインスタントばっかりでしょ。
息子：してるよ。
ちょっと待ってろよ。
ほら、親子丼。
SE：ドン（どんぶりを置く音）
母：や、やるじゃない。
NA：うるさい母も、30秒で黙る味。
本格フリーズドライ食品ならアマノフーズ

本村 康祐 東京都 ラジオCM

男性二人の会話
A「最近忙しくて、料理どころか外で飯食う時間もなくてさ」
B「それは大変だな。じゃあ昨日の晩は何食べたの？」
A「ボルシチ」
B「えっ、じゃあ昨日は？」
A「サムゲタン」
B「その前は？」
A「チーズリゾット」
B「その前は？」
A「ホタテの貝柱入り中華粥」
B「その前は？」
（上記のやり取りが続く中、コポコポと熱湯が注がれる音にクロスフェード）
NA「お湯をかければ本格ごはん。アマノフーズのフリーズドライ」

打田 倫明 神奈川県 ラジオCM

♪クッキングテレビの音楽
アシスタント：今日は、牛すき丼とみぞれ汁になります。
先生、作り方は？
先生：お湯を注ぎます。
アシスタント：その後は？
先生：待ちます。
アシスタント：その後は？
先生：待ちます。
アシスタント：その後は？
先生：盛り付けです。
NA：お湯で簡単、晩御飯。
アマノフーズ。

日比野 はるか 神奈川県 ラジオCM

息子：「母ちゃーん」
母：「あらタカシ、まだ起きてたの」
息子：「うん、明日、小テスト」
母：「そうなの、頑張って」
息子：「おなかすいた。何か作って」
母：「いいわよ。何がいい？」
息子：「おなかすいたから、すぐ食べられるものがいいな」
母：「親子丼と、牛すきと、中華丼と、リゾットと、中華粥と、豚汁と、雑炊と、ビーフシチューと、カレーと、ふかひれスープと、おしるこなら、すぐ作れるわよ。」
息子：「えっそんなに？すぐ作れるの？」
母：「すぐ作れるわよ。30秒でできるわ」
息子：「30秒？！母ちゃんすげえ…」
NA：「お湯を注げば、30秒。夜食の幅も、広がります。アマノフーズのフリーズドライ。

風谷 一恵　富山県　ラジオCM

M　アラビアンナイトな音楽
オトコ　はい、ご主人さま、やかんの精をお呼び
女　やかんよやかん。お湯をわかして、とんかつの玉子とじと、あったかにゅうめんを出して
オトコ　あいよ
SE　お湯の音
女　はやっ。
NA　お湯から10秒。魔法のようなフリーズドライ アマノ

長縄 寛久　静岡県　ラジオCM

男：位置に付いて、よーい
SE（ピストルの音）：パン
SE（秒針の音）：チチチチチ
NA：10秒00!、10秒00です! 記録的なおいしさ。10秒でできあがり。アマノフーズのフリーズドライ

榎本 祐大　愛知県　ラジオCM

ママ「ねぇ、タカくん。フリーズドライ食品って知ってる?」
タカくん「なにそれ?」
ママ「その味噌汁や親子丼がそうよ。お湯をかけると生き返るの」
タカくん「パパと一緒だね」
パパ「（お風呂から、幸せそうに）ふぅ～♪」
ママ「ふふ、本当ね」
NA「本当は何より温かい。アマノフーズのフリーズドライ」

加藤 芙美　愛知県　ラジオCM

【多忙な料理人のクッキング番組 カレー編】
アシスタント「今日は何をつk・・・」
料理人「カレーを作ります。」
アシスタント「さて、今回の使う具材h・・・」
料理人が容器にお湯を注ぐ
アシスタント「ずばり、調理のポイn・・・」
料理人「ポイントはかき混ぜることです、はいできました。」
アシスタント「次回もd」
料理人「どうぞお楽しみに。」
NA「時間が無い時、フリーズドライ。」

佐々木 一之　愛知県　ラジオCM

女A：ねえ、10秒でできることって何かある?
女B：そうね…オリンピック選手なら100m走れるし、あと玉子割ったり、牛乳を一気飲みしたり、超高速で歯磨きしたり…あんまりないわね…
NA：アマノフーズのフリーズドライなら、たった10秒でいつでもどこでも美味しいみそ汁が味合えます。アマノフーズのフリーズドライ

小副川 佳岐　大阪府　ラジオCM

『遭難だ編』
SE：吹雪の音
隊長「突然の吹雪で遭難して3日。山小屋に非難したのは良かったが立ち往生してしまった。」
隊長「はじめて登る山だからと準備をちゃんとしていたおかげで、非常食は十分あるが、隊長として情けない」
隊長「隊員達をなんとしてでも無事に家まで返さねば。それが隊長としての私の使命だ」
SE：ドアをノックする音
隊員「隊長、本日の夕食はどうしますか?」
隊長「昨日今日と中華が続いたから和食かな」
隊員「和食なら牛とじ丼がありますよ」
隊長「おお、うまそうだ。おまえはどうするんだ?」
隊員「自分はクリームパスタを」
隊長「あー、イタリアンも捨てがたいな」
隊員「まだまだありますから。明日それにしたらいいじゃないですか」
隊長「だな」
NA：非常食にも最適。種類も豊富なフリーズドライを一度お試しください。
隊員「あっ。隊長、晴れてきましたよ」
隊長「本当か?（残念そうに）」
NA：アマノフーズです

アサヒグループ食品（アマノフーズ）

小野 諒佑　兵庫県　ラジオCM
【迷えるって楽しい】篇
妻：あなた、おかえりなさい
お風呂にする？私にする？
それとも…
どんぶり？
パスタ？
リゾット？
参鶏湯？
ボルシチ？
カレー？
なにがいいかしら？
夫：妻が最近、なにかを覚えたようだ
NA：迷える楽しさ
アマノフーズのフリーズドライ

柿本 和臣　福岡県　ラジオCM
妻：ただいま〜
夫：おかえり。お前にヒロシが手紙書いてるぞ。
妻：えっ、本当。
手紙を朗読する。（子供の声）
「お母さん、いつも遅く帰ってきてくれてありがとう。大好物のアマノフーズが毎日食べられて幸せです。これからもどうか遅く帰ってきてください。」
NA：食べたら虜になる。アマノフーズ

瀬藤 竜也　福岡県　ラジオCM
「名前ほど冷たくないです。アマノフーズのフリーズドライ。」
鳥越 達也　福岡県　ラジオCM
夫婦で買い物編
夫「おっ、フリーズドライじゃん。これすぐできて美味いんだよな。みそ汁買ってい い？」
妻「だめ」
夫「スープは？」
妻「だめ」
夫「え？じゃあ親子丼は？」
妻「だめ」
夫「ってことは、ビストロリ リゾットもシチューも三ツ星パスタも？」
妻「だめよだめ。全部だめ。」
夫「1つくらいいいじゃん？」
妻「だめなものはだめなのよ。」
夫「えー、なんでだめなんだよー。」
妻「私が作ってる料理の正体がバレてしまうのよ、だからだめなの」
ナレーション「夫婦の愛はお湯とフリーズドライでできている」

上原 脩平　沖縄県　ラジオCM
男1「問題！次のうち、お湯をかけるだけで食べる事が出来るメニューはどれ？
1、カレー
2、クリームパスタ
3、ぞうすい
4、炊き込みご飯
5、とんかつの玉子とじ
6、中華丼
7、かに玉
8、牛とじ丼
9、にゅうめん
10、枝豆
11、チーズリゾット
12、麻婆茄子丼
13、親子丼
14、白がゆ
15……」
男2「選択肢多いな！」
NA「メニューが豊富です。フリーズドライの可能性に挑戦する、アマノフーズ」

アットホーム

「不動産店スタッフを指名できる」サービスの魅力を伝えるアイデア

[キャッチフレーズ／テレビ CM ／ラジオ CM]

協賛企業賞

滝本 時生（37歳）東京都 フリーランス

わがままだと思っていたことを、こだわりだと言ってくれた。

▼協賛企業のコメント

アットホーム
プロモーション推進部 部長
尾身正道さん

このたびは協賛企業賞の受賞、誠におめでとうございます。今回の課題である「不動産店スタッフを指名できるサービスの魅力」について、滝本さまのコピーは、自分の思いがスタッフに伝わった時の感動、住まい探しのパートナーが見つかる喜びがわかりやすく表現されていることに加え、そう感じた場面の情景が浮かんでくるような心温まる作品でした。住まいさがしにおける不動産店スタッフとの出会いや、コミュニケーションを図ることの重要性も伝わったのではないかと思います。弊社が大切にしている「不動産店と住まいの買い手・借り手・売り手とのよりよい出会いをお手伝いする」ことを、今後もさらに進めてまいりたいと感じる作品でもありました。最後になりましたが、ご応募いただいた皆さまに心より御礼申し上げますとともに、今後益々のご活躍をお祈り申し上げます。

三次審査通過作品

城川 雄大 富山県
ブラジャーが干せるかを、男性スタッフには聞きにくい。

二次審査通過作品

大野 忠昭 埼玉県
あなたが失敗したのは、物件選びではなく、不動産屋選びかもしれない。

石山 博之 千葉県
気に入った物件がなくても、この人だったら断れそうだ。

阿良 聖路 東京都
その店で、いちばん暇そうなスタッフがきた。

鵜川 将成 東京都
「ここは、駅のエレベーターがある側に近いんですよ」と言ったスタッフは、二児の父だった。

塚田 智幸 東京都
私が選んだ部屋を選んだのは、担当者でした。

星合 摩美 東京都
担当者を運任せにしない。

鈴木 寿明 神奈川県
髪を失敗すると1ヶ月落ち込む。じゃあ、家選びに失敗したら、何年落ち込めばいいの？"

高橋 琳太郎 神奈川県
女の独り暮らしを、男に相談したくない。

伊藤 史宏　愛知県
ねぇこの人、「ペット可」の部屋探し得意なんだって。

田畑 卓也　愛知県
イヤな人の営業成績になると思うと…。

中島 誠実　愛知県
最初に住所を知られる他人は、不動産屋さんです。

堀田 陽祐　愛知県
家を選ぶ前に、ひとを選ぶ不動産店

大司 浩之　京都府
女性限定のマンションを、男性から紹介されても…。

中森 規仁　大阪府
この人になら、住所を知られてもいい。

丸子 英一郎　福岡県
住むリエ。

北川 哲　東京都　テレビCM
首からお財布を下げたチンパンジーと、チンパンジーにリードを引かれるブルドック。
寄り道をしようとするチンパンジーをブルドックが引っぱる。
八百屋に着くと、チンパンジーが店員にメモとお金を渡し、お野菜を受け取る。
じゃれながら、夕焼けの中、帰って行く二匹。
N「最高のパートナーがいるって最高だ。
不動産選びはスタッフが指名できるアットホーム」

長井 謙　東京都　テレビCM
○お客様目線篇
女が男の不動産店スタッフと話している。
女「ここに、お客様と同じ目線でって書いてあるけど」
男「はい」
女「あんた、女の目線で話せるわけ」
男「もちろん！」
男が自分の服をバッとまくる。
ブラジャーをつけている。
不動産店の引きの絵
女「キャーーーー」
NA「性別や年齢など対応するスタッフが選べる、スタッフ指名サービス始まる。アットホーム」

向井 正俊 大阪府 テレビCM

二人三脚編
（運動会の練習）
背の小さい男の子が、長身の男の子と二人三脚をしている。
歩幅が合わずに必死についていく小さい男の子。
NA（男の子）：自分に合うパートナーを選びたい。
NA：at home なら不動産店スタッフを指名できます。
物件探しは at home へ。

吉田 紘生 千葉県 ラジオCM

威勢の良いスタッフ：いらっしゃいませ！どのようなお部屋をお探しでしょうか？
気の弱そうな客：いや、まだ何も…
威勢の良いスタッフ：みなさん最初はそうです、一緒に探しましょう！
気の弱そうな客：す、すいません、また来ます…
NA：いい人。だけど、合わない人もいる。
アットホームの不動産スタッフは指名できます。
気の弱そうな客：よろしくお願いします。
気の弱そうなスタッフ：え、ええ。精一杯、お手伝い致します

原 おうみ 東京都 ラジオCM

男性1：スタッフを事前に選べるようになっただなんて…。
俺、選ばれるかな…。
男性2：お前は大丈夫だって。趣味サッカーだし。
男性1：お前も大丈夫だよ。見た目が爽やかじゃん。
男性2：なんか…恋してる時みたいだな。
男性1：こっちからは想いを伝えられない…淡い…恋…。
店長：田中！ご指名だぞ！
2人：やった!!…ん？
下の名前はどっちですか！？
NA：スタッフ側はソワソワしています。
不動産スタッフを事前指名できます、アットホーム。

若林 淳一 福岡県 ラジオCM

男性の声。
「小さい頃からそうだった。
小学生の頃の公園や空き地。
中学生や高校生の頃のいつもの喫茶店。
大人になっての人気がないが落ち着くバー。
いつだってそうだった。昔から決まっているんだ。
すみか〟を一緒に探すのは、仲間なんだ。」
「仲間と呼べるスタッフを。不動産屋のスタッフ、指名できます。」

一次審査通過作品

山崎 舞 北海道

たまたま居た人に、何年も住む家をまかせていたのか。

石井 亮 埼玉県

何か足りないの「何か」がスタッフとの相性だって事もある。

石井 亮 埼玉県

本当は自分が住みたい。そう顔に書いてあるように見えた。

大西遼　埼玉県
住宅という字は「人」から始まります。
～人探しから初めてみませんか？～

大野忠昭　埼玉県
この町でパパをしているスタッフは、
この町の子育てにも詳しい。

大野忠昭　埼玉県
一生に一度の買い物で、若手の練習台にはされたくない。

菊地祐毅　埼玉県
はじめて会った気がしませんね。

木村幸代　埼玉県
気まずい人とまわるか、
気の合う人とまわるか。

前田亮　埼玉県
初対面で、ドライブ。
密室で、2人きり。
住所を知られる。
という相手くらい、選びたい。

吉田洋晃　埼玉県
住みやすい部屋はあくまで誰かの主観です。

吉田洋晃　埼玉県
住まい選びを縁で片付けない。

吉田洋晃　埼玉県
スタッフもお部屋探しの条件の一つだと思う。

安達岳　千葉県
完璧な物件など存在しないから。

石山博之　千葉県
スタッフが「この部屋で大丈夫かな？」
と思っている時、
わたしは「この人で大丈夫かな？」
と思っていました。

石山博之　千葉県
いい部屋だったけど、
いやな担当者だった。

岡田利実　千葉県
軍帥、います。

グェンウォックヒ　千葉県
あなたの結婚式に、呼ばれてみせます。

佐藤潤一郎　千葉県
ヤバイ。ちゃんとしないと
仕事ゼロになるかも。

浅岡千尋　東京都
今日も盛り上がってしまった。

安宅小春　東京都
人が変わると、話がすいすい進むことって
ありますよね。

池田慧　東京都
弊社スタッフの看板は、自分の名前です。

池田慧　東京都
仲良くなると、お金を超えた仕事ができる。

池田慧　東京都
妥協する前に、せめて全部口に出したい。

石原桃子　東京都
不動産屋はうさんくさいと
思っているあなたへ。

市村大祐　東京都
見えない部分が多いから、
顔が見えるのはありがたい。

伊藤浩孝　東京都
部屋探しはもっと楽しい。

入江亮介　東京都
子育てをしたことがないひとに、
子育てのことはわからない。

入江亮介　東京都
名指しで仕事をお願いされると、
ひとは頑張る。

上田拓也　東京都
この人になら、仲介手数料払ってもいいかな。

鵜川将成　東京都
「近くに、遅くまでやってる小児科があるんですよ」。独身にはきっと思いつかない。

鵜川将成　東京都
プロとしても、二児の父としても、
ギタリストとしても、オススメします。

大久保 慧　東京都
あなたを掘り下げるから、物件が掘り出せるのです。

大竹 一志　東京都
なぜ今までなかったのか。

岡部 裕子　東京都
選べるスタッフの数は、不動産店数よりも多い

奥村 明彦　東京都
私が気づかないことに気づいたのは同世代の彼女でした。

奥村 明彦　東京都
プロの目も欲しいけど、主婦の目も欲しい。

梶野 迅　東京都
一目惚れは出会いがないと訪れない。

春日 英誉　東京都
「この人ならわかってくれる」が欲しかった

加藤 千尋　東京都
八王子のことは、八王子出身のスタッフさんに聞いたほうがよさそうだ。

加藤 千尋　東京都
この人なら断れそうだ。

菊地 咲貴　東京都
「きれいで広くて明るくて駅から近くて」結局全部主観だった。

菊地 咲貴　東京都
子どもがいない人にとって、「子どものいる生活」は想像でしかない。

後藤 裕彦　東京都
なんか好きになれない。家でも人でも、よくあることです。

小宮 央　東京都
私はスタッフに、何度も同じ話をしたくない。

柴田 さゆり　東京都
30代独身の希望を分かってくれるのは、やっぱり30代独身だと思う。

島村 航多　東京都
人は、部屋を選びながら、人で選んでいる。

鈴木 さやか　東京都
嫌なスタッフに薦められた部屋は、やっぱり嫌だった。

鈴木 純平　東京都
決め手は忘れた。誰から買ったかは覚えてる。

関 透真　東京都
曜日によってスーパーを使い分ける技を教えてもらいました。

宗 和奈　東京都
「この前のアレだけど…」「あ、アレですね。」で始まります。at homeなら。

滝本 時生　東京都
わがままだと思っていたことを、こだわりだと言ってくれた。

日月 雅人　東京都
仲介手数料は、ひとに払うものだと思う。

田中 圭一　東京都
趣味のため部屋は、同じ趣味の人と探したい。

田中 圭一　東京都
野菜ですら、顔が見える時代。

田中 圭一　東京都
担当者以外、完璧な物件だ。

玉熊 文乃　東京都
相性のよい人と、相性のよい部屋探し。

千葉 久暢　東京都
家のチェンジはできないから。

筒井 花梨　東京都
すみません、チェンジで

鶴岡 延正　東京都
「100点の部屋はないですよ。70点くらいで妥協しないと。」と言った営業が勧める部屋には住みたくない。

土井 功平　東京都
ベテランよりも、新人がいいときもある。

冨田 有沙　東京都
マニュアル頼みだと、奇跡は起きない。

冨永 宏輝　東京都
ちょっとだけ人生託します。

豊泉 一希　東京都
指名料は頂きません。
ですがあなたのハートは頂きます。

中島 優子　東京都
相談できなかった分は、
妥協するしかない。

中田 光貴　東京都
「文句はないんだけど、
あと一歩なんだよなぁ」の
「あと一歩」は一緒にいる人かもしれない。

中田 光貴　東京都
素に戻るための空間で、気を使ってどうする。

永吉 宏充　東京都
訳あり物件は避けたいが、訳ありスタッフ
も避けたい。

浪岡 沙季　東京都
部屋で2人きりになるなら、好きな人がいい。

根本 曜　東京都
せっかくの休日に、
こいつとはさがしたくない

幟立 大樹　東京都
ママになる人の家探しは、
ママになった人に頼みたい。

橋本 知慧美　東京都
不動産屋さんじゃなくて、
〇〇さんと呼んで下さい。

浜田 英之　東京都
ママさんスタッフなら、
子持ちの部屋探しがわかる。

早坂 あゆみ　東京都
女性スタッフだと言ったら、
母は一人で内見するのを許してくれた。

早坂 あゆみ　東京都
どんなにいい物件も、
スタッフが悪いと契約したくなくなる。

林田 淳　東京都
お部屋探しは、個人技です。

林田 淳　東京都
ぶっちゃけ、どの店でも物件は同じです。
違うのは、人です。

林田 淳　東京都
物件の決め手は、なんだかんだ、
スタッフの一言だったりする。

弘中 駿也　東京都
やる気がある人とやる気がない人は、
プロフでわかる。

福頼 慎吾　東京都
ベテランだというおっさんに限って、聞いて
もないことをずっと喋って、こっちの聞きた
いことに答えてくれない。

藤枝 麻子　東京都
間取りの話は、家族関係をさらけ出すとこ
ろから始まります。

渕上 徳行　東京都
ペットがいる人の気持ちは、ペットがいる人
にしか分からない。

北條 崇　東京都
それ、物件の前にスタッフがハズレです。

北條 崇　東京都
カウンターには、
人気がない人が余ってる気がする。

松永 実　東京都
「住みやすい家です。」
それ、オジサンの意見です。

松吉 亨　東京都
実は、
スタッフのやる気を上げるサービスです。

溝口 昌治　東京都
だって、住んでみるわけにもいかないし。

味村 伊澄　東京都
家こそ、もっとわがままに決めていいんだ
と伝えたい。

宮田 義治　東京都
この部屋で、よかった。この人で、よかった。

矢島 源太郎　東京都
人は、指名されると燃えるいきもの。

ア

アットホーム

矢島 源太郎　東京都
子育てのしやすさについて尋ねたら、スマホで確認し始めた。

山田 和也　東京都
あなたと家をつなぐ通訳を探そう

横山 なほ子　東京都
大田区の家賃相場は76000円。5年で456万円になります。その大金を預けられる人を選んでください。

吉川 望　東京都
新築タワーマンションの最上階と築80年の木造平屋。どっちがいいか決められるのは私だけ。住まい探しは奥深い。だからこそ同じモノサシを持っている匂いがするあの人に探してもらいたい。

吉田 徹　東京都
初めて〝わたしの部屋〟に入れる人だから。

鬼澤 直雅　神奈川県
間取りも、立地も、金額も良かったけど。スタッフがダメでした。

高橋 琳太郎　神奈川県
一年中半袖で営業してそうなスタッフに、冷え性の悩みはわかるまい。

瀧 智之　神奈川県
いい買い物にはいい人が付き物だ。

千野 まどか　神奈川県
イケメンには本音が言えないからツライ。

天畠 紗良　神奈川県
明るいスタッフがお待ちしております！！はだいたいうそ

畑本 佳緒　神奈川県
50代男性と20代女性の「住みやすい」は、かなり違う。

畑本 佳緒　神奈川県
男性のいう「安全」より、女性のいう「安全」のほうが、安心する。

福島 理紗　神奈川県
すみません、異性は緊張するので、同性をお願いします。とは、言えなかった。

程塚 智隆　神奈川県
打ち合わせの微妙な齟齬は、暮らしの絶妙な齟齬になる。

山下 英夫　神奈川県
スタッフ一人ひとりの力量が試されている。

小田 道夫　石川県
おっさんにわかる？わたしの気持ち。

小田 道夫　石川県
髪でさえ切る人を指名できるのに、家のことですよ。

西垣 強司　石川県
家選びの条件に、担当者を入れてください。

久々津 和佳奈　福井県
「誰でもいい」はいつもウソだった。

伊藤 美幸　愛知県
希望や条件を、また1から説明するのは面倒だ。

鈴木 謙太　愛知県
思ってた通りの人が、思ってもみない部屋を紹介してくれる。

鈴木 聖太郎　愛知県
地元じゃない土地で部屋を借りるときは、地元に詳しい人がいい。

鈴木 聖太郎　愛知県
いい部屋だけど、あの人からは借りたくない。

鈴木 聖太郎　愛知県
日当たり最高。人当たり最悪。

中島 研二　愛知県
お父さんみたいな人が出てきたらわたし、全部イヤだって言っちゃいそうだから…。

中村 和彬　愛知県
家にはレビューが無い。

中村 和彬　愛知県
たぶん、この人の言う「住みやすさ」が、私に一番合っている。

ア

アットホーム

飛田 哲志　愛知県
婚活でも、プロフィールから入るでしょ。

山中 彰　愛知県
大切な相談なのに、
相談相手を選んでなかった。

天野 健一朗　京都府
プロとスペシャリストは違う。

大司 浩之　京都府
女性目線って、女性にしか出来ないと思う。

貝渕 充良　大阪府
愛想が良いスタッフより、
相性が良いスタッフがいい。

加藤 明奈　大阪府
なんとなく空気が合う人は、言葉にできない希望も分かってくれると思う。

嘉藤 綾　大阪府
部屋にフィギアが5000体あることを、
ついに打ち明けた。

國井 裕弥　大阪府
これまでの住まい探しは、運試しでした。

國井 裕弥　大阪府
大きな買い物だから、
小さな不安もなくしたい。

菅谷 敏通　大阪府
指名されると、スタッフのやる気も違います。

菅谷 敏通　大阪府
洋服だって、趣味のあう人にすすめられた
ほうが満足する。

竹巻 裕也　大阪府
スタッフも人間です。選ばれると気合が入ります。

中村 匡　大阪府
間取りの前に、スタッフのプロフィールをご覧ください。

西岡 あず海　大阪府
こだわりが絶妙なほど、
ちゃんと分かってくれる人は少ない

速石 光　大阪府
まず、女性か男性かを選べるだけでも大きいと思う。

向井 正俊　大阪府
「話のわかる人と変わって下さい」と、
心の中で言った。

向井 正俊　大阪府
シャイなので、美女は避けたい。

村井 佑次　大阪府
契約のとき、自然と握手をした。
初めてだった。

尾関 由三子　兵庫県
選ばれたら、はりきっちゃう。

松下 昌晴　兵庫県
掘り出し物件を発掘してくれるのは、
スタッフだ。

萬 正博　兵庫県
このスタッフいいんじゃない?
だって、ブログが毎日更新されてるもん。

川崎 竜太　広島県
住まいこそ、一番好みをわかってくれる人が
必要だ。

篠崎 亮　愛媛県
隣の担当がいいなと思ったこと、ありませんか?

江副 佑輔　福岡県
まず妥協するものに、スタッフがありました。

岡本 英孝　福岡県
新居は、探すというよりスタッフが出した
ものから選ぶというほうが正しい。

岡本 英孝　福岡県
美人過ぎると緊張してしまうから。

川本 秀作　福岡県
若いセンスか経験値か。

村本 勝生　福岡県
遠回りと思ったら近道だった

井手 道一　長崎県
縁がなかったのは、
スタッフのせいかもしれません。

宮崎 圭佑　熊本県

同じ物件でも、
満足度合いはスタッフで変わる。

関口 菫　北海道　テレビCM

（結婚式の場面）
すすり泣くウェディングドレス姿の新婦
仲人らしき人がマイクの前で挨拶
「えぇっと…新婦の、ようこさん？あっひろこさんは、
3歳か5歳かそんくらいからバレエを習われていて…」
（ポカーンとした表情で泣き止む新婦のカット）
仲人
「中学生の頃は吹奏楽でトロンボーン、トランペットか、に3年間励んだそうですが…」
汗をぬぐいながら噛み噛みで挨拶を続ける仲人
（新婦が嫌悪感を露わにした表情で仲人をにらみつけるカット）
NA「仲人（ちゅうかいやく）は、信頼できるほうがいい」（文字がオーバーラップ）
（物件を下見しながら担当者と楽しそうに話す新郎新婦のカット）
NA「アットホームなら、不動産スタッフを指名できます」
（新居に担当スタッフが花を持ってくるシーン）
新婦「○○さんに頼んで本当に良かった〜」

新井 美和子　埼玉県　テレビCM

スマホに夢中になる母親と、幼稚園児くらいの男の子、ペットの小型犬。
男の子がアップになる。
N：子は親を選べない。
小型犬がアップになる。
N：犬は飼い主を選べない。
男の子と小型犬が寄り添う。
男の子：人生を左右する人間のことは、選べないもんだね。
小型犬：ワン。
N：人生を左右する住まい。不動産情報サイト「アットホーム」なら、住まいを一緒に探す不動産店スタッフを、選ぶことができます。
男の子と小型犬が、アットホームのサイトを見る場面に切り替わる。
N：得意エリアや趣味、出身地などから、ご自分に合いそうなスタッフを指名できます。
男の子：大きくなったら、アットホームでおうちを探そう。
小型犬：ワン。
N：住まい探しは、アットホーム。

佐藤 潤一郎　千葉県　テレビCM

とある不動産店内
SE：男性客が入ってくる
不動産店スタッフたち：いらっしゃいませ！
男性客：あの〜恵比寿まわりでオシャレなマンションを探しているんですが…
不動産店スタッフA：はい、それでは私が担当しますね。
男性客（モノローグ）：こんなにダサい奴が洒落た物件なんか紹介できんのかよ。
不動産店スタッフA：すみませんでした。それでは担当を変わりますね。
男性客：あれ？聞こえてました？
不動産店スタッフA：いいんですよ。うちはそういうシステムですから。
NA：マンションの前に、スタッフを選ぼう。
男性客：なんにも言ってないのに…
アットホームのロゴ&サウンド

真子 千絵美　千葉県　テレビCM

【合コン】篇
大学の講義室、なにやら楽しげに会話している二人の男女。

女「任せて！可愛い子達、呼んどくねっ！」

（合コンがはじまる。）

唖然とする男性陣。

先ほどの女性と、明らかに引き立て役の女の子達。

女「ん？どしたの…？（とぼけて目をぱちくり）」

NA「「良い」の基準はひとそれぞれ。アットホームは価値観の合うスタッフを選べます。」

秋元 舞乃　東京都　テレビCM

客の若い女性「このエリアでおすすめの物件ありますか？」
マッチョな不動産店員「はい！ボクに案内させてください！」
歩く二人（なぜか坂の上の駅遠物件）
客の若い女性「あの…ここのどこがおすす

めなんですか?」
マッチョな不動産店員「はいっ!坂道で足腰を鍛えやすく、ジム近です!!」
客の若い女性「…ムリ!!!!」
NA 部屋を選ぶ前にスタッフ選びましょ

金崎 あゆみ 東京都 テレビCM

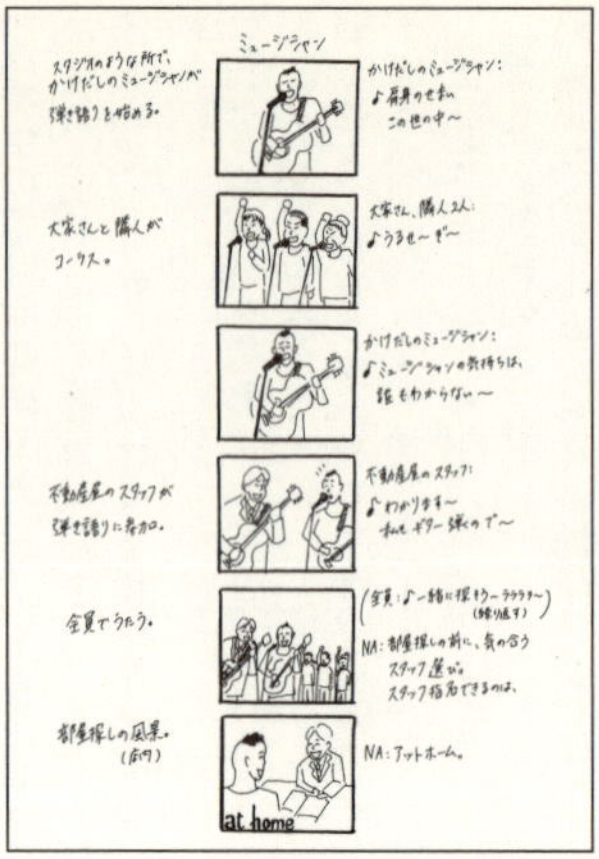

北川 哲 東京都 テレビCM

オシャレな美容院の前で、祈るように手を合わせる女性
女性「佐藤さんにあたりますように。佐藤さんにあたりますように」
女性が美容院に入ると、席に案内される。
席に座ってからも、手を合わせる女性
後ろに人の気配がして振り返ると、ムキムキの男性が。
男「本日、カットをさせていただきます伊藤です。よろしく!」
絶望的な表情を浮かべる女性
NA「スタッフは選びたい。不動産選びはスタッフが指名できる at home で。」
バリカンで坊主にされてる女性が写る

北川 哲 東京都 テレビCM

レストランで食事をする夫婦
夫「お腹すいたね」
妻「そうねー、何食べようかしら、楽しみ」
一緒にメニューを見ると、メニューの下にオススメがある。
そこには、『シェフの隣の家に住んでる山田さんのオススメランチ』と書かれている。
夫「誰だよ、それ…」
NA「誰のオススメかが大切です。不動産選びは、不動産店スタッフが指名できるアットホーム」

北川 哲 東京都 テレビCM

記者会見の映像 体格の良い20代前半、短髪の男がスーツを着て座っている。
記者「おめでとうございます、選ばれた気分はどうですか?」
男「びっくりしていますが、選んでいただけて嬉しいです。」
記者「ズバリ目標は?」
男「まずは、選んでもらえた期待に応えられるよう、精一杯頑張ろうと思います。」
記者「以上、田中家の新居選びパートナーに選ばれた、鈴木さんでした」
N「選ばれたからこそ、頑張ってお手伝いします。不動産選びは、不動産店スタッフが指名できるアットホーム」

北川 哲 東京都 テレビCM

選挙カーとその周りに集まる人々。
男「私、田中一郎は皆様の生活を良くするため、日々努力を重ねております。今日は、それを皆様にお伝えしたく、推薦人を連れてきました。アリゾナ州の大工 トーマスさんです」
聴衆「誰だよこいつ。」
N「誰のオススメかが大切です。不動産店スタッフを指名できるアットホーム」

細田 哲宏 東京都 テレビCM

「失恋」篇
不動産屋のカウンターに女性が一人。
店員に自分の希望を伝えている。
女性:先週、彼氏と別れたんです。だから、彼氏のこと忘れられるような素敵な部屋を紹介してください。
女性の前には、初老の女性が座っている。
店員:失恋なんてしたの30年も前のことだしなあ。
NA:自分に合った相手を選ぼう。
部屋選びは at home をご利用ください。

渡邊 拓也 東京都 テレビCM

女磨き篇
美容院で髪を切る女
美容師「今日はどんな感じにしましょうか」
アパレル店で服を選ぶ女

店員「そちらご試着いかがですか？」
フレンチでディナーする女
ウエイター「こちら本日のお勧めです」
ボロアパートに帰る女
「住まいも、信頼できるプロに任せよう」

長嶋 淳　静岡県　テレビCM

OLがランチタイムに外で好きな芸能人の話をしています。
A子「私○○すきだな～」
B子「え～私なんかあの笑顔が受け付けない」
C子「私は××好きなんだよね～」
A子「え～なんか性格悪そうじゃん」
B子「私△△が好き」
C子「生理的にむり」
1人が好きな芸能人を言うと必ず2人が否定するというパターンを繰りかえします。ぐだぐだとあたりはもう暗くなり始めています。
最後にキャッチコピー
「この人のことを好きな人もいれば
　嫌いな人もいる
　あの人のことも好きな人もいれば
　嫌いな人もいる
　自分に合う人はひとそれぞれ」
「あなたに合う人を選んでください」

近藤 久雅　愛知県　テレビCM

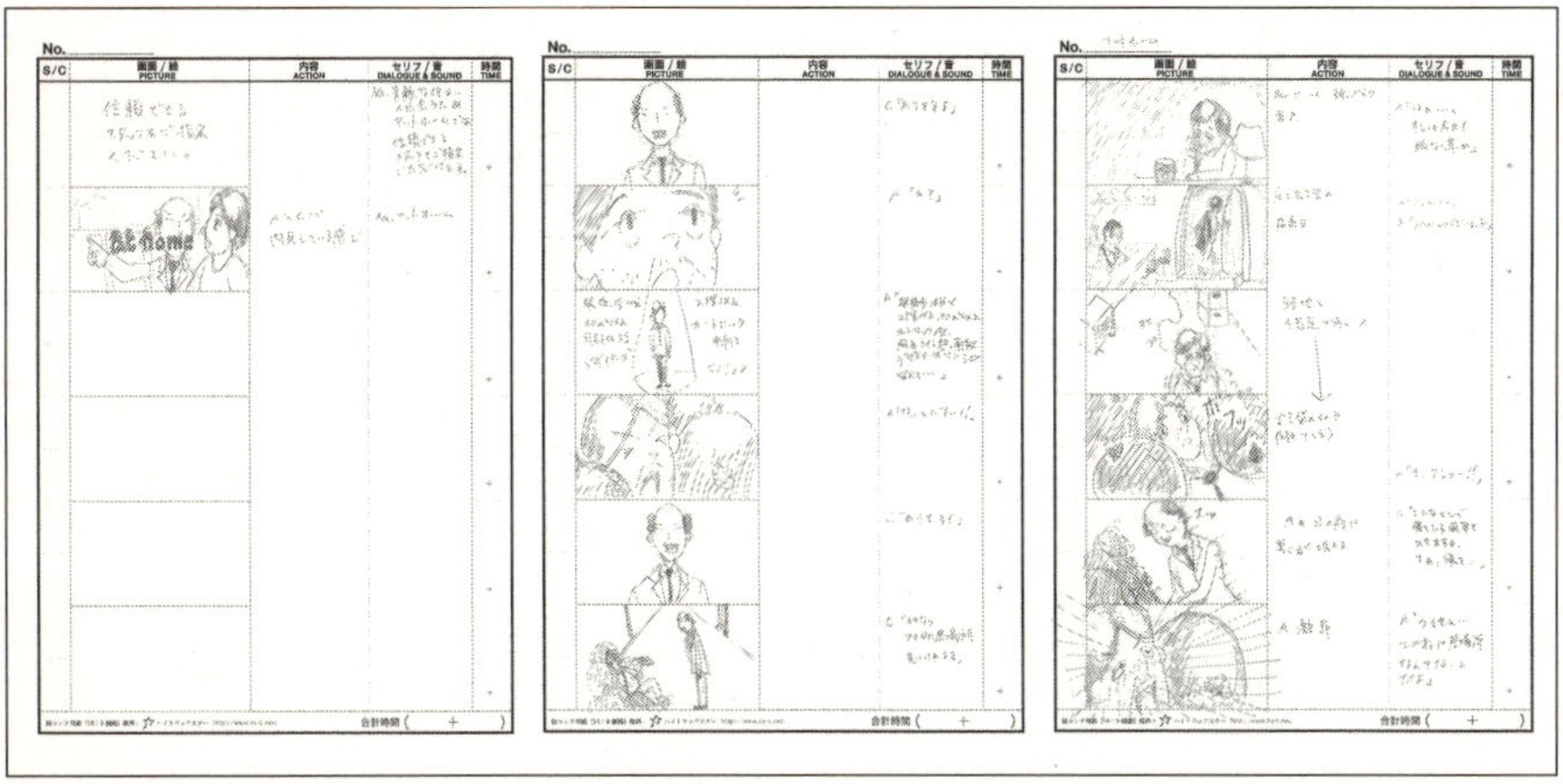

高津 裕斗　京都府　テレビCM

小学校。小学3年くらいの男の子2人。やんちゃそうな男の子（A）と秀才そうな男の子（B）
男の子A「やーい。まじめマン。だっせー！」
男の子Bを指さす。
男の子B「ひとのことを指さすな。」
男の子Aのひとさし指をやさしく握る。
（少し間をあけて）
男の子B「指をさすのはアットホームで店員さんを指名するときにとっておくんだ。」
NA「指名されるよろこび、アットホーム」

渡辺 香志　京都府　テレビCM

不動産店内にて
座ってファイルのようなものを見る客
そのお客さんをカウンター越しに見守る店員
入店後1時間経過
客「うーん、悩みますねえ。」
店員「皆さん本当に悩まれます。」
客「あー、こちらは・・・」
店員「こちらも大変人気です、先月だけでも300人ほどお問い合わせがありましたよ。」
客「なるほど・・・。でもこっちも気になりますね。」
店員「こちらは女性に大変人気です。」
客「あー！どうしよう、うーーん」
店員客を見守る
入店6時間経過
客「よし、この人に決めました！」

店員「小林さん！入りまあす！！」
店の奥の扉から小林のネームプレートを付けた店員が出てくる。
小林「ご指名、ありがとうございます！ご新居のことは私にお任せください！！」
客「よろしくお願いします！」
NA：at home が選べるのは物件だけじゃない。
小林「こちらの物件がオススメです！」
客「じゃあ、それで！」

西岡 あず海　大阪府　テレビCM

【似てるけど違う 編】
ボロボロの古民家の前でたたずむ若い女性とおじいさん不動産スタッフ
女性「あの…私が言ったのは、古民家風のおしゃれな住まい、なんですけど」
おじいさんスタッフ「おや？ちがいましたかの？」
NA：あなたのこだわり、キチンと分かってくれるスタッフを選ぼう
アットホームのスタッフ指名サービス

小島 睦美　奈良県　テレビCM

at home に駆け込んでくる女性
「とにかく代官山で素敵な恋がしたいんです！！！！」
勢いよく立ち上がる一人の女性社員
「わかります！！！！」
見つめ合ってガッと手をとりあう2人
NA：不動産スタッフを指名できる at home では、こんな野望も相談できます。
終わり 代官山のイケメン店員が多いカフェで満足げにお茶を楽しむ女性
店員の一人が女性にウィンク

嶋田 研人　福岡県　テレビCM

「わかってる」篇
カフェで話しているドラキュラとフランケンシュタイン。

ドラキュラ）ぴったりのお部屋が、なかなか見つからないんだよ…

フランケン）ゴゴ、ゴガガガ…

フランケンがスマホの画面を見せる。

NA）アットホームなら、スタッフも指名できるから、ぴったりのお部屋にもっと近付く！

画面の中で、スタッフを選ぶドラキュラ。

後日、新しい（陽当りのとても悪い）部屋で、スタッフ（ゾンビ）と喜ぶドラキュラ。

ドラキュラ）わかってるね、君！

力強く握手すると、ゾンビの腕が取れる。

ドラキュラ）あ。

ロゴ＋NA）アットホーム。

若林 淳一　福岡県　テレビCM

【待合室編】

キャバクラの嬢控え室のような部屋。中年のおっさんが座っている。

あるおっさんに指名がかかる。

「よっしゃ、行ってくるかな！」

それを横目に若い男性。「すごいなぁ、高橋さん。また指名だよ。」

横のおっさん「まぁあの人は歴が長いからなぁ。お！俺も指名が入った！お前もがんばんな！」おっさんは離席する。

若い男性「はい！有り難うございます！…よし、俺も頑張ろう！」

そして若い男性に指名が入る。

「！！はい！」

キャバクラの嬢控え室のような部屋を出る。

そして不動産会社の窓口に座る。「お待たせいたしました！」

ナレーション「不動産店のスタッフ、ご指名できます。」

柴田 賢一　茨城県　ラジオCM

女性：アットホームです。

皆様、この度は申し訳ございませんでした。

かねてからアットホームでは
「約５４０００の加盟店の数だけ住まい、探し探しの可能性がある」

とお客様に申し上げておりました。

ですが、先日「不動産スタッフ指名制」を導入しまして、お客様が相性の良さそうな加盟店スタッフを見つけて、直接依頼できる仕組みをつくってしまいました。

そのため、住まい探しの可能性が、加盟店の数約５４０００にスタッフ数をかけて極めて大きく広がってしまいました。

しかし、センスの合うスタッフは
お客様にベストな提案をすることでしょう。

同業他社の皆様。

この規模・このサービスはなかなか真似できないと思います。

先を行ってしまい、申しありません。

MA：素敵な住まい、もっとお届けしたい。
アットホーム。

安達 岳　千葉県　ラジオCM

女性2人がカフェで会話している。
女①「わたし先月引っ越したんだぁ」
女②「そんなんだぁ、どんな人指名したの?」
女①「え、指名…?」
女②「まさか自分で指名してないの?」
女①「え…」
女②「家賃いくら…?」
女①「9万円だけど…」
女②「毎月9万も払うものを…知らないから勧められて…よくOKしたね!?」
女①「え…」
女②「家賃って毎月の一番の出費なんだよ!!!」
ナレ「アットホームならスタッフを指名できます。『決して安くない買い物は、少しでも信頼できる人から』」

長井 謙　東京都　ラジオCM

○希望の条件篇
店員「それでは、お部屋を探すにあたって、ご希望の条件をお聞かせください」
客「距離が近くて」
店員「はい」
客「うるさくなくて」
店員「はい」
客「居心地のいい」
店員「はい」
客「スタッフがいいです」
店員「かしこまりました」
NA「いい部屋をいい人と探したいあなたに。不動産スタッフ指名制度が始まります。アットホーム」

長井 謙　東京都　ラジオCM

○好み篇
女A「ねぇ、何してるの?」
女B「今、ネットで部屋を探してて」
女A「そうなんだ、条件は?」
女B「うーん、かっこよくて、優しそうな人」
女A「え?」
NA「アットホームなら、まず部屋を探してくれる人から探せます。あなたのニーズに合わせる。アットホーム」

浪岡 沙季　東京都　ラジオCM

不動産店スタッフ：ここが京都で言う鴨川で、ここのビルは京都でいうオーパで、ここから2駅行くと嵐山のようなところがありまして。休みの日にお散歩するのもいいんですわ。
A：アットホームで同じ京都生まれの不動産店スタッフを指名した。新しい町のこと、好きになれそうな気がした。
NA：不動産店スタッフを指名できる、アットホーム。

柳 俊輔　東京都　ラジオCM

不動産スタッフ：「落ち着く物件をご所望とのことでしたので、こんな物件はいかがでしょうか?」
客：「はあ。」
不動産スタッフ：「部屋はすべて和室、トイレも和式。お風呂は五右衛門風呂、キッチンはかまど式、そして庭には鹿威しセットまでございます。いやー昔住んでいた家を思い出しておちつくなあ。」
客：あの、私来年上京する女子大生なんですケド。」
いい担当者はいい物件への近道です。

柘植 静香　神奈川県　ラジオCM

女性：きっかけは、プロフィール見て、趣味が合いそうだな、って思って、私の方から声をかけたんです。彼も私も、お料理が好きで。すぐに打ち解けたんですよ!
それから、一緒にお部屋見に行って、「やっぱキッチンはこれくらいないと使い勝手が悪いよねー」とかいろいろ話して。私のワガママもちゃんと聞いてくれて。もうこれは運命の出会いなんだな、って。それで、決めたんです。ここなら安心して一人暮らしができそうだから。
NA：アットホームでは、不動産スタッフを指名して、あなたにぴったりのお部屋探しをすることができます。詳しくは、アットホームで検索。

奥野 祐里　三重県　ラジオCM

【ラジオCM30秒「デート…?」篇】
男「こないだのライブ、良かったよなー!」

女「超よかった!特にさ～ベースのオカが、めっちゃかっこよかった!」
男「俺、ドラムのシンばっかり見てたわ～!」
あ、こちらが今回紹介したい物件で、築5年、今歩いてきてわかった通り、駅チカです。あと、防音がしっかりしてるので、夜中歌いたい放題ですよ!」
NA「お部屋探しは、楽しむもの。
アットホームなら、あなたに合ったスタッフを指名できます。」
NA「アットホーム」

大重 文恵　大阪府　ラジオCM

家を出るところからが、遠足です。

昔、先生がそう言ってた。

担当者を選ぶところからが、家探しです。

今、私ならそう言いたい。

古澤 敦貴　大阪府　ラジオCM

男A：あの人、何してるかな～
男B：あ、小学校のときの伊藤先生か?そうだよな、毎日すごく怒られたけど、そのおかげ今があるよな。本当に俺たちの人生に影響を与えてくれた人だわ。
男A：いや、不動産屋の鈴木さん。
NA：細やかなニーズに対応できる不動産スタッフを指名できるサービス始めました。
あなたの人生に影響を与える部屋探しを。
アットホーム

神川 正樹　山口県　ラジオCM

スタッフ「いらっしゃいませー!」
中年女性客「うあ～いいわねえ、どれにするか迷っちゃうわぁ～」
スタッフ「どの物件でお迷いですか?」
中年女性客「どのスタッフに頼もうか、迷ってるのよん～んふ。」
NA「スタッフをご指名頂けます。信頼できるスタッフ揃いです!不動産のアットホーム。」

緒方 徹　大分県　ラジオCM

女性A：いい部屋、見つかった?

女性B：見つかったよ!

不動産屋のスタッフさんがとってもいい人でね。

こっちの要望をちゃんと聞いてくれて、
私以上に悩んでくれたりして。

希望していたエリアの周辺環境についてもすっごい詳しいの。

そしてね、物件まわりの時も・・・

NA：いい不動産屋のスタッフに出会うと、見つけた部屋の話よりも、そっちの話をしたくなる。

不動産店スタッフ指名サービス、はじめました。

アットホーム

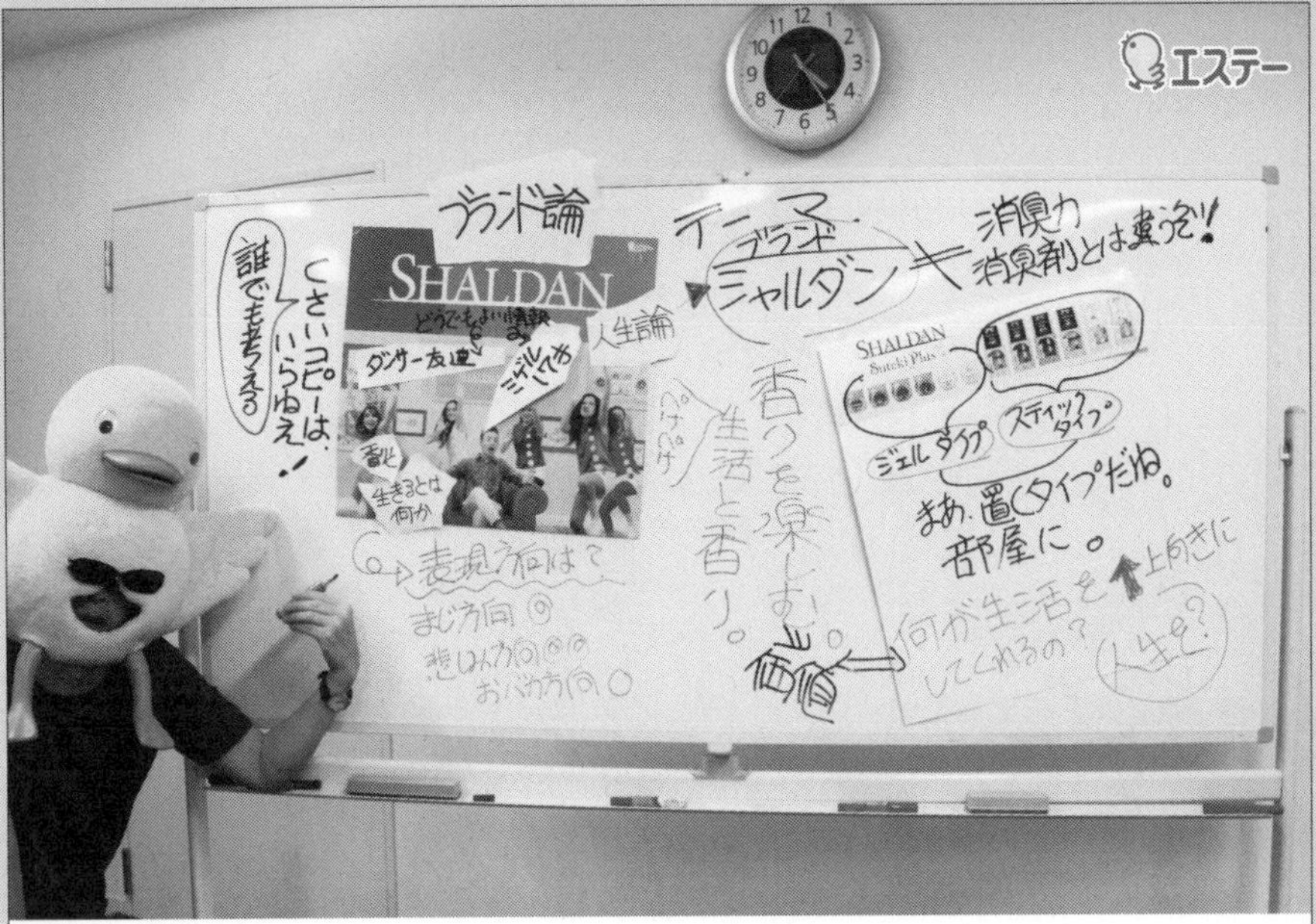

課題：シャルダン

ジャンル：自由

参考資料：エステー宣伝部ドットコム　www.st-sendenbu.com

エステー

シャルダンの魅力を表現するコピー

［キャッチフレーズ／テレビ CM ／ラジオ CM］

協賛企業賞

中辻 裕己（31歳）東京都 電通

ラジオCM

「お上品」篇

NA：シャルダンの香りは、とってもお上品。
だから普段の会話もついついお上品に。
娘：ねえ、お母様。
母：なあに、お子様。
NA：頭までは良くなりませんが、
空気は良くなります。シャルダン。

▼協賛企業のコメント
エステー
クリエイティブディレクター
鹿毛康司さん

エステー賞おめでとうございます。オーソドックスな普通のナレーションからどんどん話が壊れていく。そして視聴者を置き去りにする笑いがちゃんとはいっているところがエステー広告らしい。しかも、そんな構図の中で、広告として「シャルダン」「上品な香り」「空気が良くなる」といった商品価値をきっちりと押さえていらっしゃる。「置き去りの笑い」といっても、ただの下品なそれではなく、そこに登場する親子の「なにげない生活と愛情」までがふんわりと描かれている。最大のポイントは、この作品は誰も傷つけていないこと。実は、私は、ラジオCMをつくるのがとても苦手なので、作者にちょっとジェラシーを感じました。きっとポルトガルのミゲル君も喜んでいると思います。ちなみにですが、エステー賞にはなりませんでしたが、キャッチフレーズ部門の『そんな鼻しないでよ』は私の中にはなかった新しい視点で、ちょっと心惹かれたことを告白します。

山本 朝子 埼玉県
この世に鼻があるかぎり。

石山 博之 千葉県
別れ話の最後に「そもそも部屋がくさいのよ」と言われた。

田辺 拳斗 千葉県
ベンツって言うんだ、便器かと思った。

阿食 金太郎 東京都
臭いと臭くないの中間が一番厄介。

安宅 小春 東京都
近所でうちだけ田園調布。

入江 亮介 東京都
そんな鼻しないでよ。

永吉 宏充 東京都
置くだけビフォーアフター。

藤田 篤史 東京都
被害者と加害者は同一人物でした。

江副 佑輔 福岡県
寝言が敬語。

宮崎 圭佑 熊本県
家は、ほとんど空気でできている。

奥村 明彦 東京都 テレビCM
小さな女の子、2人
玄関あがっての会話
少女1：ねぇねぇ、ハルカんチとウチ
　同じにおいだね
少女2：うん、生活レベル、一緒だからね
少女1：ふ〜ん
少女2：だからママたち仲いいんじゃん
少女1：そっかぁ
N：わが家の香り シャルダン
　エステー

小柴 桃子 東京都 テレビCM
節分のシーン。
子供：「鬼はーそとー！福はーうちー！」
福が家の中で泣いている。
鬼：まじでよかった〜。
NA：外より辛い、内側の香りに。シャルダン

ア エステー

中村 将人 東京都 テレビCM

『ぬいぐるみ』篇（30″）

部屋の中。机の上に、シャルダンが置かれている。
イスの上に、ぬいぐるみが座っている。
ぬいぐるみ（OFF）「あそこから、良い香りが出ているんだって」
ぬいぐるみをクローズアップ。
ぬいぐるみ（OFF）「でも、僕はぬいぐるみだから、わからない」
ぬいぐるみの顔をクローズアップ。
ぬいぐるみ（OFF）「あの香りを嗅いでみたい・・・嗅いでみたい」
机の下。子供が、ぬいぐるみの声を出していた。
子供「・・・嗅いでみたい」
母親がのぞく。
母「何してんの？」
子供「シーエム」
シャルダンの商品ラインナップが並ぶ。
子供（OFF）「消臭芳香剤シャルダン」
エステーのロゴが表示。

渡邉 鉄平 東京都 テレビCM

「BGN」篇

（女性の部屋）
女優：（男性に向かって愛しそうに、ただ大根演技で）「タカヒロさん…。」
監督：「カットー!!
サキちゃんそれじゃ全然ダメだよ！！愛が伝わってこないよ!!」
女優：「すいません…」
監督：（スタッフに向かって）「おい、あれ忘れてんじゃねーか！BGN！」
女優：「でも、BGMってあとで編集で付けるんじゃ…？」
監督：「BGMじゃないよ！B・G・N！バックグラウンドニオイ！」
スタッフ：「監督、お部屋にシャルダン置きました！」
監督：「よし、テイク2…スタート！」
女優：（上手に）「タカヒロさん…。」
監督：「オッケーーーー！！」
N：「お部屋を素敵なシーンに。シャルダン」

長井 謙 東京都 ラジオCM

○彼女来訪篇

男「ついに今日初めて彼女が部屋に来るぞ」
SE「ピンポーン」
男「どうぞ」
SE「ガチャ」（ドアが開く音）
女「おじゃましま〜〜〜〜〜〜〜〜〜〜〜した」
SE「バタン」（ドアが閉まる音）
男「え？ちょっと！」
SE「自分の部屋の匂いは気づきにくいから。エレガントな芳香剤でもてなそう。シャルダン」

一次審査通過作品

小野澤 真克　埼玉県
家の匂いで落ち着くのは、家族だけです。

藤田 洸介　埼玉県
部屋と肺は繋がっている。

石山 博之　千葉県
空気をリフォームしよう。

田辺 拳斗　千葉県
この車、無事故でも死にそう。

平賀 千晴　千葉県
空気を色気に変える。

丸川 祐　千葉県
目に見えるものだけがインテリアじゃない。

青山 紀恵　東京都
この幸せは、うちに来ないとシェアできない。

赤井 大祐　東京都
今までの芳香剤は芳香剤臭かった。

阿食 金太郎　東京都
目はいつまでも閉じれるけど、
息はいつまでも止められない。

阿部 航介　東京都
鼻にまぶたは存在しない。

飯塚 逸人　東京都
我が家ではお父さんが発するにおいが、部
屋のにおいを決めている。

石川 知弘　東京都
家に来た人の反応が、シャルダンの効果です。

石川 知弘　東京都
「部屋汚いな」より
「部屋臭いな」のほうが傷つく。

石川 智子　東京都
姑が来る日は、しまってください。

市村 大祐　東京都
どうか、「女の子はいい香りがする」という
ロマンを、壊さないでやってください。

夷藤 翼　東京都
この部屋は、見えないところで努力している。

入江 亮介　東京都
ママが好きな匂いが、
わが家の匂いになる。

岩井 孝憲　東京都
うっかりトイレで深呼吸したくなるのは、
こいつのせいだ。

遠藤 あかね　東京都
女子高生も汗臭い。

大江 智之　東京都
あなたのニオイが好きなのは、
あなただけです。

岡部 裕子　東京都
魚を焼いた後の部屋でも、
彼とロマンチックな時間を過ごせます。

岡山 和也　東京都
マズイ、息子の担任がイケメンらしい。

加藤 千尋
東京都　香は私より先に、客を迎える。

金澤 彰子
東京都　私が私に戻る。私のための香り。

狩野 慶太　東京都
部屋の入口は、臭いの出口だ。

河本 拓也　東京都
第一印臭。

菊地 健　東京都
生きることは、嗅ぐことだ。

木島 由美子　東京都
彼よりやさしく包んでくれる。

北川 哲　東京都
彼女の検索履歴が
「彼氏の部屋 臭い どうする」。

金 紗愛　東京都
お前の姉ちゃんの部屋、
いい匂いだから美人かと
思っちゃったじゃねーか!

佐々木 貴智　東京都
来客時、掃除する。
においはどうしていますか。

佐藤 日登美　東京都
子どものいる家では、
アロマはちょっとだけ危険です。

佐藤 日登美　東京都
アロマもお香もやってる暇はない。

佐藤 日登美　東京都
お風呂あがりに焼肉の匂いがするのは
なんか嫌だ。

清水 雄平　東京都
誰が来ても、屁っチャラ。

杉田 慎吾　東京都
マイナスから入るか、プラスから入るか。

杉田 慎吾　東京都
鼻で楽しむインテリア。

瀬戸 ヒロノリ　東京都
ニオイはすぐに、かたづかない。

田中 美沙　東京都
味噌汁くさい部屋で、
おいしいコーヒーは飲めない。

鶴岡 延正　東京都
俺の中の獣を消した。

鶴岡 延正　東京都
よし、呼ぶか。

手代森 修　東京都
冗談とシャルダンで、商談を円滑にする。

所 夏弥　東京都
仕上げはシャルダン

中田 修人　東京都
人の印象が5秒で決まれば、
家の印象も5秒で決まる。

中野 拓馬　東京都
ムードを変えるのは、ライトだけじゃない。

永久 眞規　東京都
夫の靴に、息子のバッシュが加わり、
地獄が生まれた。

中村 れみ　東京都
旦那とはまるで包容力が違うわ!

鳴海 雄太　東京都
口説き文句はいらない、
ただ運転する姿を見せつけるだけ。
シャルダンを嗅がせながらね。

浜田 英之　東京都
家族を、貴族にする。

浜田 英之　東京都
俺の女子力が目を覚ます。

浜田 英之　東京都
会議が楽しみだ。
正確には、会議室が楽しみだ。

浜田 英之　東京都
小さなオフィスは、ニオイひとつが命取りだ。

早坂 あゆみ　東京都
女子の嫌いな部屋第1位は、クサい部屋です。

春山 豊　東京都
どれだけモノを隠しても、
ニオイが隠れていませんよ。

春山 豊　東京都
他人の家は独特の臭いがする。
わたしの家はどうだろう。

春山 豊　東京都
ニオイはすぐに片付けられない。

春山 豊　東京都
忘れ物を取りに帰ったら、
おっさんの臭いがした。

廣本 嶺　東京都
安いくせに、
そこそこ良い香りするじゃねえか。

星合 摩美　東京都
無臭じゃあがんない。

増谷 浩樹　東京都
あーもう全部吸い込んで！
あいつの匂いもこいつの匂いも
全部まとめて！

松野 卓　東京都
赤ちゃんは、いい匂いの中で育てる。

松本 和音　東京都
部屋の中で、いちばんの空間を占めている
のが空気です。

三橋 雄太　東京都
オナラも、出したら片付けて欲しい。

森 明美　東京都
元から絶てない匂いを、
香りでごまかした。

山内 昌憲　東京都
ドアが開いた瞬間から、
おもてなしは始まっている。

山内 昌憲　東京都
見えないおもてなし。

吉村 圭悟　東京都
ひとは、臭いに腹を立て、
匂いにホッとする生き物だ。

石井 倫太郎　神奈川県
1秒でも長く、
カレに部屋にいてほしいから。

石塚 啓　神奈川県
旅行帰りに感じる家のニオイ、
ずっとしてますよ。

石塚 啓　神奈川県
エロ本と違って、
ニオイは急いで片づけられない。

今津 慶優　神奈川県
真冬なのに窓を開けた。

岡部 由紀子　神奈川県
部屋を 片付けた。
臭いは 散らかっていた。

貝原 史祐　神奈川県
女子寮を、男子寮で楽しめます。

栗原 啓輔　神奈川県
気持ちはプリンセス！
夫はプリンスに……見えないか。

館脇 啓徳　神奈川県
エステーって消す会社じゃなかったんだ。

中野 大介　神奈川県
ニオイはいつも、私より先に人を出迎える。

飛田 智史　神奈川県
いちばん手軽な模様替え。

飛田 智史　神奈川県
香りで、もてなす。

三上 佳祐　神奈川県
ブルックリン風の部屋なのに、
しょうゆくさい。

宮坂 和里　神奈川県
一番に彼を迎えるのは、
私ではなく部屋の匂いだ。

竹節 忠広　長野県
家を明るくするのは、
電気だけじゃない。

竹節 忠広　長野県
広さで負けても、
香りでは負けない。

輿嶋 一剛　岐阜県
彼がスーハースーハー眠っている。

大井 慎介　静岡県
部屋の香りも彼とおそろいにした。

大井 慎介　静岡県
カーテンをかえても気づかなかった彼が、
香りをかえたらすぐ気がついた。

大井 慎介　静岡県
お客様を最初に出迎えるのは、香りです。

森上 佳奈　静岡県
置けば都。

伊藤 美幸　愛知県
お邪魔しま…せーん。

木村 英隆　愛知県
家はボロいが、香りは豪邸。

小林建太　愛知県
他人の家は、まず臭い。

佐野貴浩　愛知県
お出かけのキスにも、
品が出る。

庄司俊介　愛知県
空気をオシャレにする。

鈴木謙太　愛知県
小指立てて、ティータイム。

中谷佳純　愛知県
おたくの芳香剤に、気品はあるか。

飛田哲志　愛知県
ダンシャルしよ。

福井悠太　愛知県
匂いを以て臭いを制す。

福井悠太　愛知県
香りは引き算ではなく、足し算だ。

堀田陽祐　愛知県
目を背けることはできても、
鼻を背けることはできない。

水谷真由子　愛知県
私の部屋に足りなかったのは、
おんなのこの香りだ。

山中彰　愛知県
配達員に、ちょっと得意気な私。

山中彰　愛知県
家庭訪問は、匂い訪問でもある。

山中彰　愛知県
日常は、鼻呼吸のくり返しです。

寺尾一敏　滋賀県
一人住まいの俺の部屋にやって来た両親が、
笑って「どんな娘さん？」と尋ねた。

大司浩之　京都府
自分の家のにおいに一番鈍感なのは、自分だ。

高津裕斗　京都府
本当の良さは、
数日帰らなかったときに分かる。

高津裕斗　京都府
パパの部屋、消臭力おきましょ、
じゃ直接的すぎるから。

高津裕斗　京都府
「悪臭め！消してやる！」と
「悪臭め！いい匂いにしてやる！」の違い。

嘉藤綾　大阪府
脱ぐ前に、幻滅されていた。

嘉藤綾　大阪府
空気も模様替えできる。

嘉藤綾　大阪府
仕事も家事もしながら、
アロマなんか焚いてられるか！

黒坂謙太　大阪府
お庭に花だん、お部屋にシャルダン。

國井裕弥　大阪府
香水はキツい。石鹸はヨワい。

清水航希　大阪府
浮気じゃない、シャルダンの香りだ。

向井正俊　大阪府
「消臭力」って文字を飾りたくない。

向井正俊　大阪府
目を閉じればフランス。
目を開けたら大田区。

指宿慎一郎　兵庫県
いい香りはキュンとなる、
嫌な臭いはツンとくる。

指宿慎一郎　兵庫県
置かなくて損はある。置いて損は、ほぼない。

前田辰弥　兵庫県
女子力じゃなくて、気づかいだと思う。

松田一晟　兵庫県
「臭い！」と言えないのが、日本人だ。

守谷直紀　兵庫県
「やっぱり我が家が一番」の香り。

金沢政史　奈良県
ゴミは隠せても、
ニオイは隠せません。

石橋 賢　島根県
いいカオリのする部屋で、アレコレしたい。

幸松 寛伸　広島県
香りはメモリー。

高橋 誠一　広島県
家を褒める前に、小鼻が動いていた。

高橋 知裕　広島県
親しき仲に、シャルダンあり。

宮崎 圭佑　熊本県
さりげなく、仕送りに入れた。

宮崎 圭佑　熊本県
あとは呼ぶだけだ。

宮崎 圭佑　熊本県
宅配便のお兄さんのイケメン率の高さ。

石井 雅規　千葉県　テレビCM
結婚記念日に、花束を渡す夫。
大喜びの妻。
妻「いい香りね。」
妻が大喜びしたことが嬉しかったのか、毎日花束を買って帰る夫。
部屋中に花が飾られている。
貰う度に困惑する妻。
妻NA「花束は、特別な日に貰いたい。」
NA「日常には、シャルダンの香りがちょうどいい。」

岡部 裕子　東京都　テレビCM

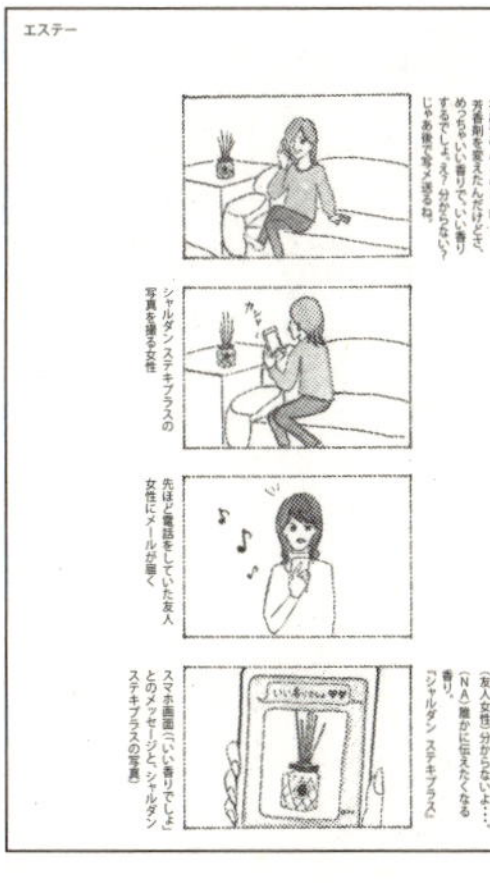

金崎 あゆみ　東京都　テレビCM

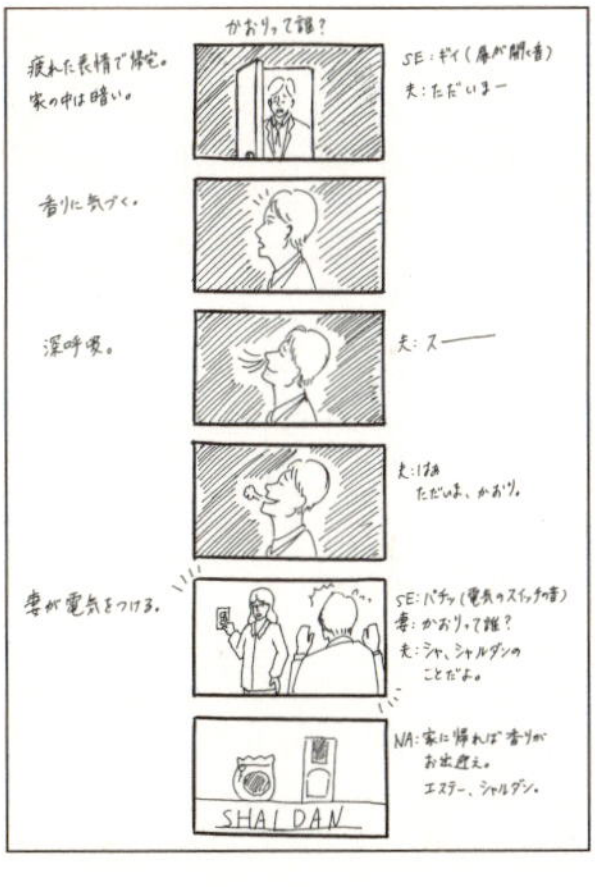

金崎 あゆみ　東京都　テレビCM

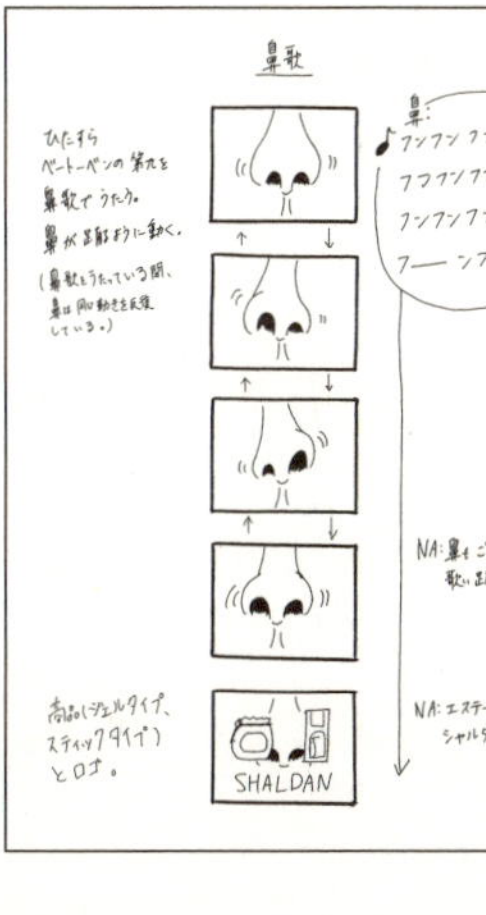

小柴 桃子　東京都　テレビCM
A「ねえねえ、戦(いくさ)って10回言って～」
B「戦戦戦いくさいくさいくさいくさい・・・」
NA　遠回しにしか言えない、その匂いに。シャルダン

齋藤 義之　東京都　テレビCM
息子の部屋。息子と彼女の二人きり。
なんだかすごくいい雰囲気。
突然、母親が部屋に入ってくる。
息子の心の声：なんだよ、母ちゃん、空気読めよ・・・
母親、部屋の中をキョロキョロ見まわしている。
息子の心の声：おい、空気読めよ、頼むから、空気読んでくれよ・・・

母親：ここでいいわ。
と言って、棚に何か置いて、部屋から出ていく。
彼女：あっ、いい香り〜
棚におかれたシャルダン。
N：空気は、吸うものです。シャルダン。

高橋ことの　東京都　テレビCM

【運命の再会】篇
男女がドラッグストアで立ち話をしている。
女性「まさかばったり会えると思わなかったよ〜」
男性「ほんと！でも久しぶりに会えて、すごく嬉しかった」
女性「えっ…」
男性「よかったらなんだけど…もっと喋りたいから、今度ご飯でもいかない…？」
（男性が照れながら言う）
女性「うん…！」
嬉しそうにはにかむ女性
笑顔になる男女
（ここで、女性の手にクローズアップ
手に持っているのはシャルダン）
NA「ラブストーリーにも溶け込む消臭剤、シャルダン」

長井謙　東京都　テレビCM

○釈放篇
牢屋にいる男。
監視員「お前、今日で釈放だ」
男「はぁ、30年ぶりにシャバの空気が吸えるぜ」
出ていく二人。
しばらくして男が監視員に引き留められつつ、牢屋に戻ってくる。
監視員「おい、釈放だって！」
男「無理無理！外、臭すぎ！」
牢屋にはシャルダンが置いてあった。
NA&商品カット「いい香りを、当たり前にしよう。シャルダン」

長井謙　東京都　テレビCM

○呼吸の回数篇
NA「人が一生の間に呼吸をする回数は6〜7億回といわれています。つまり、いい香りを嗅ぐチャンスも6〜7億回あります。どうせならいい香りをいっぱい嗅ぎませんか？エレガントな芳香剤、シャルダン」

中垣雄介　東京都　テレビCM

VR編
お花畑で美女を追いかけているシーン。（主観視点で）
楽しそうなBGM
男「ハハハハハ、待てよ。」
BGM止まる
ワンルームでVRを楽しんでいる男のシーン。
部屋の隅に置かれているシャルダンにクローズアップ。
NA：香りは本物を。シャルダン。
SE：男の笑い声

平野あゆみ　神奈川県　テレビCM

友人（B）を部屋に招き入れる女性（A）。
A：「いらっしゃい」
B：「この部屋いい香りだね」
A：「花粉症で匂いがわからないんじゃなかった？」
B：「うん、鼻は詰まってるんだけど…」
部屋に置かれたシャルダンが映る。
B：「でも、わかるよ」
NA：どう見ても、いい香り。シャルダン

平野夏絵　静岡県　テレビCM

同棲カップルがワンルームでシャルダンを前に正座している。
男：すごいね。部屋中にみなぎってる。
女：ほんとだね。いっぱいに広がってる。
男：うん。部屋中を舞っているね。たちのぼってる。満たされてる。狭い部屋を借りて良かったね。
女：そうだね、もしこれが広いリビングだったら、きっとこのささやかな幸せに気づかなかったよ。
男：（すまなさそうに）ほんと？
女：ほんとほんと。
男：ほんとにほんと？
女：ほんと、だけど、もし広いリビングに引っ越したら、何個も置けばいいわ。
片寄せあう2人
シャルダン

ア

エステー

石樽 康伸　愛知県　テレビCM

彼氏の部屋に初めて入る女。
前カノの跡を探す。
女（これ前カノの香り？）
女「なんか、いい香り」
彼氏にニッコリ振り向いて、
持って来た新しいシャルダンを開ける。
女「こっちに替えるネ」
NA「女は自分の香りを持っている」
エステー「シャルダン」

遠藤 敦夫　愛知県　テレビCM

四匹の、スーツにネクタイのサラリーマン風のサルたち
目をつぶるサルが（テロップとともに）言う。

「オレは、見ザル。な〜に、目をつぶっていりゃいいだけ、カンタンさ」

耳をふさぐサルが（テロップとともに）言う。

「オレは、聞かザル。な〜に、耳をふさいでりゃいいだけ、カンタンさ」

口をつぐむサルが（テロップとともに）言う。

「オレは、言わザル。な〜に、口をつぐんでりゃいいだけ、カンタンさ」

鼻をつまみ、口を大きく開け、白目をむくサルが（テロップとともに）言う。「オレは嗅がザル。な〜に、息をしなけりゃいいだけ、カ、カン、タ・・・」

人間の、お色気のあるＯＬ風の美人女性（テロップとともに）が商品を持ち、言う。「失神者が出る前に、よい風通しと、シャルダン！ エステー!!」

エステーの企業ロゴ。

真城 光紗紀　愛知県　テレビCM

玄関にて
娘「ママ、自転車の鍵知らない？」
母「シャルダンの上じゃない？」
娘「あった。行ってきまーす。」
息子「母さん、俺のスマホ知らない？」
母「シャルダンの横に無いかしら？」
息子「あった。サンキュー。」
父「母さん、大切な書類が無いんだが。」
母「シャルダンの下じゃない？」
父「おお、助かった。昨日は酔ってたからこんな所に置いたんだな。」
母「本当シャルダンがあって良かったわ。」
テロップ「シャルダンは芳香剤です。」

赤嶺 輝彦　大阪府　テレビCM

「空気をかえよう2」篇
実況：「最大の場面を迎えました！

　この回、悪送球とエラーで2失点。

さらに継投策が全て裏目に出て現在ノーアウト満塁で今日3安打猛打賞と当たりに当たっている4番を迎えるわけですがどう乗り切りますかね？」

解説：「いやぁ〜な空気が流れてますね〜」

実況：「この空気を変えたいところですが監督動きましたね…。

なにやら審判に交代を告げてますね…。

あぁベンチのシャルダンが交代です！」

解説：「これは良い判断ですね」

リリーフカーで運ばれる新しいシャルダン。

球場大歓声
NA：空気をかえよう！

シャルダン

浦 秀樹　大阪府　テレビCM

好きだった女の子を誘って、初めてのドライブデート。

彼女を家まで送り、かっこよく見送る。

彼女が去ったあと、おもむろに左手をうちわのようにあおぎ、彼女の残り香を嗅ごうとする。

首をかしげ、今度は両手でやってみるが匂わない。

そして、ふとシャルダンに気づき、忌々しげにシャルダンを見つめる。

画面は、たまたま通りがかった通行人のアップになり、
通行人「彼女の残り香を堪能したい人にはおすすめしません。」

画面の中央に「シャルダン」の文字が現れる。

松尾 健介　大阪府　テレビCM

誰もいない会社に、一番乗りした社長。
社内のトイレを回り、シャルダンを置いていく。
しばらくして、掃除係のおばさんが、清掃道具を持ってトイレに入ってくる。
おばさん、いつもと違う、トイレのいい香りに気づき、
ニッコリと笑顔になって、トイレ掃除をはじめる。
NA「いい香りだと、掃除がうれしい。エステー。シャルダン。」

森本 芹奈　大阪府　テレビCM

七夕。子どもが短冊を吊るしている。
子ども：ささのはさーらさらー のきばにゆれるー♪
母が短冊を見ると、「お盆に、じーちゃんちが、いいにおいですように」と書かれている。
母：・・・おじいちゃんとこいくとき、シャルダン買っていってあげようか。
子ども：うん！
NA：お盆前には、素敵な香りのシャルダン。エステー

福井 佑果　兵庫県　テレビCM

good smell good
smell
住める 住める
good smell good
smell
この部屋 住める～
どんな部屋にも住める smell!!
シャルダン

稲垣 ちはや　福岡県　テレビCM

①とある病院で、妊婦が産気付いている。
②妊婦はいまにも生まれそうな苦しそうな表情。看護師はラマーズ法で「ひーひーふー」と呼吸するように伝える
③妊婦は指示に従うが、途中から表情が和らぎ「ひーひー」だけに。
④看護師は「はいて下さい」というが、妊婦は吸い続ける
⑤すると、部屋の端には「シャルダン」。
⑥コピーは「吸って、吸って、吸いたくなる」

宇都宮 頌　福岡県　テレビCM

【迷い犬】篇
飼っていた犬がとある日迷子になる。
何週間たっても戻らない。探してますのポスターを貼り探す。
数日後連絡があり、迎えに行くとその家の玄関にシャルダンが置いてある。
そこでふと思い出す。
迷子になった日、それまで使っていたシャルダンがなくなり、他製品に替えたことを。

白坂 麻生　鹿児島県　テレビCM

【落ち着く香り編】
目隠しをされ薄暗い地下牢に閉じ込められる男
男「こ・・・ここは・・どこなんだっ・・・」
(床に倒れ、鼻から息を吸い込む男)
男「落ち着く・・・」
(口元が緩む男)
地下牢の鉄格子から光が差し、シャルダンステキプラスを照らす。
ナレーションと男「いい香り・いい思い出・シャルダン～♪」

柴田 賢一　茨城県　テレビCM

女1：他人の家に行くと、生活臭を感じない？
女2：わたしもそう。自分の家って無臭か心地よく感じるのよね。
女1：わたしの部屋・・・どうだった？
女2：えっ。
女1：正直に話して。
女2：シャルダン、買おうか。
NA：誰が来ても、心地よい香りで迎えよう。消臭芳香剤・防臭剤なら、エステーのシャルダン。
SL：エステー

柴田 賢一　茨城県　ラジオCM

SE：クンクン
男性：クミちゃんの部屋って、懐かしい匂いがする。
女性：そ、そうかしら。
男性：じいちゃんの匂い。
女性：えっ。
NA：女子力って、半分くらいは香りだ。消臭芳香剤・防臭剤なら、エステーのシャルダン。
SL：エステー

森田 美幸　埼玉県　ラジオCM

愛。夢。未来。。。
大事なコトは、
いつだって、実体無き迷路。
さぁ、瞳をとじて感じてごらん。
大きく両手広げて、
全身で空気を吸って。。
(大きく息を吸い込む音) すぅ～～
「クサっ」と小さく呟き、咳き込む。
『シャルダン』

青木 陽介　東京都　ラジオCM

上司：本日はありがとうございました。
ガチャ（扉をあける）
上司：それでは失礼いたします。
カツカツカツ（歩く音）
上司：あの会社との取り引きはなしだ
部下：え!?なんでですか?
上司：あの部屋に毎回打ち合わせに来るのはつらい・・・
部下：あ・・・確かに。
ナレーション：空気も商談アイテムです。

大庭 万季　東京都　ラジオCM

ME：バイオリンで昼ドラ調の音楽
Na：昼下がりの香り（タイトル朗読の感じで）
SE：ガチャッ（ドアを開ける音）
夫：なんだ、ノックくらいしたらどうだ。
妻：どうして…?どうしてそんなこと気にするの?ねぇ浮気してるんでしょ。
夫：何を言って!?
SE：バンッ（ドアを思い切り閉める音）
妻：この部屋に充満する香りなんなのよ（ヒステリー気味に）
SE：バシッ（叩く音）
妻：こんなイイ香りさせるイイ女!
SE：バシッ（叩く音）
妻：あんたなんか!すぐ飽きて捨てられるわよ!
夫：言いがかりだ。
妻：嘘おっしゃい!シャツから…
くんくん…
あらいつものあなたのニオイね。（すっとぼけたノーマルな調子で）
Na：部屋にドラマの香りを。
シャルダン エステー

中辻 裕己　東京都　ラジオCM

NA：シャルダンの香りは、とってもお上品。だから普段の会話もついついお上品に。
娘：ねえ、お母様。
母：なあに、お子様。
NA：頭までは良くなりませんが、空気は良くなります。シャルダン。

浜田 英之　東京都　ラジオCM

妻：あなた、セッシュ・シュヴーはどこかしら?
夫：ドライヤーは洗面所だよ。
妻：トワレットね、メルシー。
夫：こちらこそ、ドゥリアン。
娘：シャルダンしてから、ずっと変なフランス語で会話してる…
NA：鼻を通って口まで変わる。エステーのシャルダン。

矢崎 剛史　東京都

女「どうぞ、入って。」
男「お邪魔しま〜す。なんだかドキドキするなぁ。うわー、女の子の部屋って感じだねえ。ウッ」
女「どうしたの?」
男「いやっ、あのさ、今日、天気良かったよね。星見えるかな?」
女「隣り、他のマンションだけど。」
男「夜景でも見ながらワインあけようか。」
女「ここ、1階だけど。」
男「タバコ、吸っても良いかな?」
女「ベランダ、禁煙だけど。」
男「洗濯物取り込むの、手伝うよ。」
女「雨降ってないけど。」
男「あ、富士山みたいな。どっちの方角だっけ?」
女「いま、夜だけど。」
男「…シャルダン、置かない?」
NA：思い出には、香りがある。シャルダン。

石関 恵子　神奈川県　ラジオCM

SE（車の走行音）
運転手：社長、私、今日で運転手を辞めさせていただきます。
社長：辞める理由を教えてくれないか。君で50人目なんだ。
運転手：（息苦しそうに）車のなかが臭いからです。
社長：だからいつも息苦しそうだったのか…。
NA：シャルダンで嫌な空気を変えませんか。クルマ専用もあります。エステー。

四辻 真宏　神奈川県　ラジオCM

休みの日の朝。寝転がっている男女のイメージ
男「どっか行く?今日。」
女「とりあえず、シャルダンおくから、そこ、どいて。」
男「あ、ああ。」

（間）
女「（寝転がるように）よいしょぉ！」
男「家にいるか。」
女「うん。」
NA「エステー。」

ラジオCM
山梨県　穐山 定文

父：やばいな、この部屋。
娘：父にいわれ、シャルダンを置いた。
彼氏：やばいな、この香り。
娘：彼氏をゲットした。
NA：やばい部屋には、やばいシャルダン。

東京でマンションを購入した弟夫婦。
中古マンションって聞いていたけど、部屋の中に入って驚いた。
キッチンなど水まわりの設備が全部新しい。内装の仕上がりも、まるで新築じゃないか。
しかも保証さえ新築と同じ10年だって？
リノベーション済みマンション「ARISE」なら
東京で新築同等のマンションが安く手に入るって
どうして教えてくれなかったんだ！

課題

「東京でマンションを手に入れるならARISE《アライズ》」と思わせる広告アイデアを募集します。

リノベーションとは既存の中古住宅を、快適な暮らしを実現する住まいによみがえらせること。

現代のライフスタイルに合わせた間取り変更、水・電気・ガスなどライフラインの改修、ハイスペックな設備の導入など、その家での暮らし全体を考え、住まいの価値を再生します。

私たちエフステージのリノベーション済みマンション「ARISE」は、お客様の快適を追求し、充実したアフターサービス保証で末永くお住まいいただける空間をご提供します。

ターゲット	東京にマンション購入を検討している、東京の賃貸マンションで暮らす25〜40歳の男女
ジャンル	自由
参考資料	http://www.arise.site（ARISE公式サイト）

Fstage 株式会社エフステージ

エフステージ

東京でマンションを手に入れるならARISEと思わせる広告アイデア
［キャッチフレーズ／テレビCM／ラジオCM］

協賛企業賞

森岡 賢司（26歳）東京都 会社員

東京のマンションは、思い切って買うより、賢く買った方がいい。

▼協賛企業のコメント

エフステージ
コミュニケーションデザイン部
菅原くみ子さん

このたびは、協賛企業賞の受賞おめでとうございます。今回「宣伝会議賞」へ初めて協賛させていただきましたが、予想以上のご応募をいただき、誠にありがとうございます。様々な視点で弊社のリノベマンション「ARISE」を表現していただき、改めて気づかされることも多く、選考は大変苦慮致しました。弊社は昨年、都内リノベーション済みマンション販売売上NO．1を達成することができました。今後さらにリノベーション済みマンションのメリットを広く訴求していくうえで、本作品は、大きなメリットである「新築では手に入りにくい好立地＝資産価値の高い物件」の要素を的確に表現しており、東京に住まいを持ちたいと思っている層へダイレクトに響く点を評価し、企業協賛賞として選出させていただきました。最後になりましたが、ご応募いただきました全ての皆さまに御礼を申し上げるとともに、今後ますますのご活躍をお祈り申し上げます。

三次審査通過作品

土屋 憲佑 山梨県 ラジオCM

BGM：（刑事ドラマ風の曲）
刑事：タクシーの運転手さん！前の車を追ってくれ!!
運転手：は、はい！刑事さん!!
警部：いや、そこを右に曲がって200mくらいで降ろしてくれ!!
刑事：さすが警部！回り道ですね!!
運転手：いやそこら辺は・・・ARISEのマンションですよ？
刑事：え？それって・・・警部の家じゃないですか！！！
警部：だって買ったばっかなんだもん!!!
NA：帰りたくなる、愛しのマンション。
東京でリノベーションマンションに住むなら「ARISE」

二次審査通過作品

安部 眞史 茨城県

新築以下なのは、価格だけです。

有田 朱伽 東京都

中古が古いなんて、もう古い。

一法師 智恵子 東京都

東京に、土地は余っていないが、部屋は余っている。

河本 拓也　東京都
まだ住めるを、
まだまだ住めるに。

慶本 俊輔　東京都
まるで新築なら、それはもう新築じゃないか。

野田 正信　東京都
新築じゃないけど、新商品です。

山下 英夫　神奈川県
新築に、口コミレビューはありません。

城川 雄大　富山県
マンションには、「新築」と
「中古」しかないと思っていた。

川端 恵子　大阪府
わが家は、築35年の新品です。

河内 大輝　東京都　テレビCM
「バリバリ篇」
渋谷を歩くおばあちゃん2人組
「あのカフェ、新しい味出たらしいよ！行こう！」
「行こ行こー！」
パンケーキを食べるおじいちゃん2人組
「うわ、ふわふわだなぁ〜！」
「こんなの初めて食べたわ」
プリクラ撮って笑うおばあちゃん2人組
ゲームセンターでUFOキャッチャーして笑い合うおじいちゃん2人組
合流し、クラブで踊るおじいちゃんとおばあちゃん達
酔いつぶれてみんなにタクシーに乗せられるおじいちゃん
彼に対し、おばあちゃん「また来週ね〜！」
NA：中身が若ければ、年齢なんて関係ない。人生もマンションも。リノベーションマンションは、ARISE。

一次審査通過作品

渋谷 史恵　宮城県
「それほどでも」が口癖になった。

三浦 秀雄　秋田県
上京したのに、埼玉に住むのですか？

三浦 秀雄　秋田県
都内に帰る。都内に買える。

内田 駿輝　埼玉県
本当は新しい部屋が、ほしいわけではない。
住みたい部屋がほしい。

齊藤 由香里　埼玉県
人生で一番高い買い物は、家じゃない。

末繁 昌也　埼玉県
都民税を払うよろこび。

山本 朝子　埼玉県
レインボーブリッジが架かる前から、
ここに住みたいと思っていた。

山本 朝子　埼玉県
再婚組の方が幸福度が高いという。
住まいもそうなのかな。

山本 朝子　埼玉県
堂々完成、というより堂々修正。

田辺 拳斗　千葉県
この前会社で、新卒より中途のほうが
いいって言ったじゃないですか。

相川 耕平　東京都
中古は古い。その考えが、古い。

安宅 小春　東京都
新築を買った知り合いは、
申し訳なくてうちに呼べない。

安宅 小春
東京都　言わなきゃ、新築。

有田 朱伽　東京都
中古が駄目なんて、もう古い。

飯塚 逸人　東京都
世の中の常識にこそ、
欠陥が多くありませんか。

飯塚 逸人　東京都
お金を使ったマンションか。
頭を使ったマンションか。

伊藤 均　東京都
新卒や新築にこだわるのは、
日本の文化でしょうか。

伊藤 大樹　東京都
新築ではないことを、
家族だけは知っている。

伊藤 渉　東京都
むしろ、新築の優位点を
おしえてください。

伊藤 渉　東京都
新築マンションは、まだ1回も
改善されていないマンションです。

梅木 大輔　東京都
家を買ったら、車も買えた。

奥村 明彦　東京都
住むよ都。

河村 龍磨　東京都
こちらの壁は壁ドンする用。

久保田 修平　東京都
同期のアイツが、
俺より広いマンションに住んでいて、
俺よりも羽振りが良い。
一体、何故だ?

慶本 俊輔　東京都
買った瞬間に値下がりする物件を、
新築と呼びます。

慶本 俊輔　東京都
ずっと中古に住んでたのに、
なんで新築にこだわるの?

佐々木 貴智　東京都
では、家族を増やそうか。

佐藤 直己　東京都
新築なんて、もう古い。

鈴木 純平　東京都
タクシーで家の方角を告げる時、
少し誇らしい。

住野 充洋　東京都
このマンションで、
ウチだけ新築という優越感。

田中 優太　東京都
中古ってことは、
誰かのお墨付きってことだと思う。

鶴岡 延正　東京都
リノベーションされたのは、
私たちの考え方だった。

富田 正和　東京都
あ、もう一人、産めるかも。

中島 優子　東京都
中古は古い、という考えは古い。

永吉 宏充　東京都
突然妻が会社を辞め、
主婦になると言い出した。

野村 京平　東京都
人間の増えない国で、
マンションだけが増えていく。
なんか、おかしい。

廣本 嶺　東京都
築45年の新築を。

藤曲 旦子　東京都
なるほど、
箱だけ買った訳ね。

藤曲 旦子　東京都
住めば?都。

堀 正峻　東京都
これが中古? だまされてるんじゃないか?

松野 伸幸　東京都
新築は一瞬、中古は一生。

松本 和音　東京都
「家に寄ってく?」がログセに。

三島 将裕　東京都
新築は古くなり、中古は新しくなる。

森 明美　東京都
築20年の新築マンション。

森岡 賢司　東京都
収入は変わらない。だから買い方を変える。

森岡 賢司　東京都
東京のマンションは、
思い切って買うより、賢く買った方がいい。

森尻 修平　東京都
「やっぱり東京は良い物があるねぇ。」と、
田舎の母が言った。

大塚 正之　神奈川県
人生で一番のお買い物なのに、
お隣さんとほぼ一緒なんですね。

荻田 洋平　神奈川県
東京で「衣食住」。「住」が一番難しい。

片岡 佳史　神奈川県
いやいや、ホントに中古ですのよ、
お義母さま。

宗野 裕一　神奈川県
まずい。新築にする理由が見つからない。

高橋 直一　神奈川県
宝くじの当たりを待つ人生は、
もうやめた。

畑本 佳緒　神奈川県
憧れのマンションが、歩み寄ってきた。

星野 薫瑠　神奈川県
デニムのように、古さを自慢できる家。

柳元 良　神奈川県
宝くじでも当たったの?
と、母から言われた。

柳元 良　神奈川県
妻との関係がリノベーションした。

四辻 真宏　神奈川県
あなたが本番です。おまちどうさま。

城川 雄大　富山県
新築は古くなる。中古は新しくなる。

竹節 忠広　長野県
言わなきゃ新築。

櫻井 潤　愛知県
売れる家を買おう。

田畑 卓也　愛知県
さっき拭いたところを、また拭いている。

田畑 卓也　愛知県
地方と比べて給料が高い。
家はそれ以上に高い。

飛田 哲志　愛知県
家じゃなくて、部屋を買う。

山中 彰　愛知県
夢のマイホームを、現実的に。

山中 彰　愛知県
新しい家に住みたいんじゃない。
いい家に住みたいんだ。

山中 彰　愛知県
新築を無理して買ったという先輩に、
素直におめでとうと言えなかった。

河合 進　大阪府
新しいなんて、もう古い。

北川 秀彦　大阪府
新築は、一日。広さは、一生。

北川 秀彦　大阪府
新築は、後悔も一生モノです。

小橋 元樹　大阪府
良い曲は、何度もリメイクされる。

松尾 健介　大阪府
新築は、もう古い。

山下 祐輝　大阪府
東京の次は東京に住みたい。

新井 成哲　兵庫県
目覚まし時計の設定を、少しだけ遅らせた。

守谷 直紀　兵庫県
住めば都より、都に住めば？

稲垣 ちはや　福岡県
住めば都。住めるよ都。

江副 佑輔　福岡県
一度、愛された家だから。

阿部 裕一　埼玉県　テレビCM
父：まぁちゃん…パパとママ、どっちを選ぶ？
子：・・・。（無言）
母：どちらか選ばないといけないの。ごめんね。
子：うん。パパとママ、どっちがお家に残る？
父母：（顔を見合わす）
NA：離れたくない家がある
CI～

高橋 侑也　東京都　テレビCM
仮面ライダーのテーマソングを流しながらマンションのビフォーアフターの映像。
NA「ARISEのマンションは改造住宅である。中古物件を改造するARISEはライフスタイルに合わせた暮しを実現する不動産の会社である。ARISEはお客様の快適を追及する為にリノベーションをするのだ！」
NA「変新！！
東京でマンションを手に入れるなら
ARISE」

吉岡 京治　神奈川県　テレビCM
東京で働く人々や街中の映像。
NA　東京の平均年収は、全国平均よりも何割か高めだが、東京の地価は全国平均より飛び抜けて高い。
ARISEが手掛けた物件の内部映像。
NA　リノベーションという選択。
ARISEのロゴ

土屋 憲佑　山梨県　テレビCM
家庭訪問で面談をしている母・娘・先生のアップ。
母：「せ、先生？今日は普通の家庭訪問ですよね？」
先生：「そうですよ。」
母：「じゃ、じゃあなんで・・・校長先生はじめ、こんなに大勢の先生方が！？」
画面がひくと、大人数の先生が、気持ち良さそうに部屋の中にいる。
NA：「訪問したくなる、快適なマンション。
東京に、あなたの城を。
エフステージのARISE」

土屋 憲佑　山梨県　テレビCM
東京ドームのナイター野球。バッターが長打を打つ。
実況：「おぉ！これは大きい！入るか？入るか？入った～！！！
サヨナラホームランだ～！！！
ということで、決着もつきましたので、私もサヨナラさせていただきます！！！」
走り去って行く実況者
NA：「早く帰りたくなる、マンションが待っている。
東京にマンションを持つなら、
ARISE」

土屋 憲佑　山梨県　テレビCM

現代の東京湾の海岸で、カメを助けた男性。
カメ：助けていただき、ありがとうございました！
男性：いえいえ！
カメ：是非、おもてなしをさせてください！
　私のマンションで！！
男性：え？りゅ、竜宮城じゃないの！？
NA：お招きしたくなる、あなたの城。
　東京にマンションを持つなら。
　ARISE

輿嶋 一剛　岐阜県　テレビCM

「休日」篇
休日朝。起きる母と子。
母「今日はお出かけよ！」
子「えーー！」
N：家がいい家がある。エフステージ

向井 正俊　大阪府　テレビCM

王様の部屋編
王様が広い部屋に一人。
王様：（大声で呼び続ける）
　おーい、誰かーー！
　おーい！
　（静かな部屋）
王様：…広すぎた。
NA：住みやすいマンションはARISEに。

向井 正俊　大阪府　テレビCM

インタビュー編
（連休のワイドショー。
女性レポーターが、駅で子供にインタビューをしている。）
レポーター：旅行ですか？
子供：うん！！
レポーター：楽しみですか？
子供：めっちゃ、楽しみ！！
レポーター：どこ行くの？
子供：家、帰るとこ！！
NA：家族が一番いたい場所。
　そのマンションはARISE。

向井 正俊　大阪府　テレビCM

ビデオレター編
結婚式でビデオレターが流れている。
男性のメッセージは聞こえるが、部屋の中しか映っていない。
NA：自慢のマンションに住もう。
　ARISE。

大石 洋介　福岡県　テレビCM

女友達が二人、リノベーションした部屋を見学している。
女1「いいわねえ、新築同様でこの値段。
コスパ最高じゃない。」
女2「でしょう！決めたわ！」
女2が担当者に購入を申し出ようとした瞬間…
女1「わたし、買います！」
女2「えっ！」
女1「早い者勝ちよ！」
得意げな女1．唖然とする女2…
テロップ・NA（リノベーションの）
ARIZE

土屋 憲佑　山梨県　ラジオCM

妻：あなた！この女の髪の毛なに！？
　うちのマンションに女連れ込んだでしょ！？
夫：うん、何人かね。
妻：え！？だ、誰よ！？
夫：お袋と、ばあちゃんと、妹。
妻：え？
夫：親父は、もう落とす髪はないからな〜。
NA：お招きしたくなる、自慢のマンション。
　都内にあなたの城を持つなら、
　ARISE

土屋 憲佑　山梨県　ラジオCM

母：うわ〜ん！うわ〜ん！！（大泣きする様子）
娘：お母さん、お嫁に行ってもたまには帰ってくるから、
　そんなに悲しまないで！
母：違うの！うらやましいの〜！！！
娘：えぇっ？
母：東京で「ARISE」のマンションに住むなんて〜！！！
NA：誰もがうらやむ理想のマンション。
　ARISE

土屋 憲佑　山梨県　ラジオCM

効果音：ガヤガヤ（オフィスのガヤ）
部長：田中君！！
社員：はい、部長！
部長：また書類にミスがあるよ？
　やる気がないなら帰りたまえ！

社員：えっ？いいんですか！？
　では・・・やる気はありますが、失礼しま～す♪
効果音：タッタッタッタ！（走り去る音）
部長：えぇ～っ！？
NA：帰りたくなる、家がある。
　都内にそびえる、あなたのマンション。
　ARISE

土屋 憲佑　山梨県　ラジオCM

田中君：ねぇ！公園でかくれんぼしない？
男の子A：いいけど、するなら田中君の家がいいなー。
田中君：えー、またうちのマンション～？
男の子B：だって田中君ちのマンション、隠れ心地、良いんだもーん♪
NA：東京に、快適な隠れ家を。
　新築同等のリノベーションマンション
「ARISE」

土屋 憲佑　山梨県　ラジオCM

効果音：（オフィスのガヤ）
部下：部長！来月の僕の結婚式なのですが、
　是非二次会に・・・
部長：え？私も行っていいのかね？
部下：い、いえ・・・
　是非二次会に、部長の御宅のマンションを貸していただけませんか？
部長：えぇっ！？
NA：お招きしたくなる、あこがれの住まい。
　東京でマンションを手に入れるなら、
　ARISE

新開 章一　静岡県　ラジオCM

「地獄」篇
妻：そろそろマンション買わない？都内の
　新築がいいわ。
夫：ローン地獄だよ。
妻：郊外ならどう？
夫：通勤地獄だよ、中古でいいね？
妻：毎日が地獄だわ。
NA：朗報です、リノベーション済みマンション「ARISE」なら、東京で新築同等のマンションがお安く手に入ります。

キッコーマンのしょうゆ。
今では世界 100ヵ国以上で、愛されています。
しょうゆが世界の食文化をつないでいることを、
素敵なコピーで表現してください。お待ちしています。
課題:国境を超えて、おいしさの出会いを広げ続けるキッコーマンの企業広告
ジャンル:自由
参考資料:詳しい商品情報はホームページをご覧ください。 http://www.kikkoman.co.jp/
kikkoman
おいしい記憶をつくりたい。

キッコーマン

国境をこえて、おいしさの出会いを広げ続けるキッコーマンの企業広告

[キャッチフレーズ/テレビ CM /ラジオ CM]

協賛企業賞

人は、おいしいと仲良くなる

山﨑 美穂（34歳） 埼玉県 埼玉県立和光国際高等学校

▼協賛企業のコメント
キッコーマン 経営企画室
コーポレートブランド担当マネジャー
中島みどりさん

山﨑美穂さま、受賞おめでとうございます。そして、今回当社課題に応募くださったすべての皆さまに御礼申し上げます。今回課題はキッコーマンの企業広告として「しょうゆが世界の食文化をつないでいることを素敵に表現してください」というものでした。「人は、おいしいと仲良くなる」は、これを目にした方が、ご自身の記憶にある楽しさやうれしさ、おいしさにあふれる食卓の雰囲気、一緒にすごす家族や仲間の笑顔を、すぐに思い浮かべ、幸せな気持ちになるのではないでしょうか。シンプルゆえに想像がふくらむ作品と思います。「おいしい記憶をつくりたい。」キッコーマンの想いを、あたたかく表現してくださりありがとうございます。山﨑さんが、その洞察力、創造力に磨きをかけ、ますますご活躍されることをお祈り申しあげます。

三次審査通過作品

山内 昌憲　東京都

和食を、平和食に。

向井 正俊　大阪府

小さじで、国境を壊す。

向井 正俊　大阪府　テレビCM

問題編
外国の子供が問題を解いている。
問題用紙のアップ。
字幕で「次の六角形を、星3つにしなさい。」
子供は少し考えて、答えを書き始める。
六角形の中にキッコーマンのロゴを描く。
NA：三つ星のおいしさを作ります。
キッコーマン

二次審査通過作品

菅原 智宏　埼玉県
しょうゆをつければオカズになる。

藤田 洸介　埼玉県
アラブの石油、
日本の醤油。

田辺 拳斗　千葉県
開いたホタテがふさがらない。

桐ヶ谷 あすみ　東京都
「おしょうゆがあれば、なんとかなるのよ」
と、母は言った。

長井 謙　東京都
いつまで戦争してるの!?ご飯よー。

森岡 賢司　東京都
しょうゆが世界で流行ることを、
魚たちはきっと恐れている。

森岡 賢司　東京都
戦意をなくす香り。

岃網 知也　石川県
おいしいと思える分、
かなしいと思えない。

大井 慎介　静岡県
見たことないイモ虫も、
しょうゆがあれば食べられるかも。

木村 寿伸　愛知県
世界中の人にナメられて、幸せです。

水谷 真由子　愛知県
胃袋をつかむという外交手段もある。

天野 健一朗　京都府
銃声を止めるのは、
おいしそうな匂いかもしれない。

浜窪 拓海　京都府
しょうゆはなんとかしてくれる。

三島 直也 京都府

**「しょうゆは、和食用」
と思い込んでいたのは
日本人の方かもしれません。**

西岡 あず海 大阪府

**しょうゆの活躍で、
世界に誰かの好物が増えますように**

長井 謙 東京都 テレビCM

○しみ篇
醤油をこぼす。
しみが世界地図の形に広がっていく。
NA「じんわり世界に広がっています。醤油なら、キッコーマン」

長井 謙 東京都 テレビCM

○戦争篇
戦争中の軍人達。そこへサイレンで声が。
母「いつまで戦争やってるの。ご飯よー!」
軍人たちが戦争をやめて家に戻っていく
NA「世界の平和な食卓を支えています。キッコーマン」

加藤 晋平 愛知県 テレビCM

救助隊のヘリが、無人島で手を振る遭難した人たちを見つける。
彼らが立つ砂浜には何か文字が書いてある。
救助隊員A:「S・・・O・・・Sか⁉」
救助隊員B:「いや、、SとOの他にも何か文字があるぞよく見てみろ!」
SYOUYU
救助隊員達:「味がほしいみたいだ。。」
NA:「人は生きることの次に、美味しく食べることに必死です。」

尾方 陽介 宮崎県 ラジオCM

《40秒》
ウルトラマンでもなければ
スーパーマンでもない。
空も飛べないし、
怪獣と戦うなんて到底できない。
でも私たちにも
国境を越えておいしさを届けることはできる。
世界の平和は守れないかもしれないけれど、
世界に笑顔を増やすことはきっとできる。
おいしさのヒーロー、キッコーマン。

一次審査通過作品

入江 元康　北海道
味を足すというより、おいしさを引き出す。
だから、どんな料理にも合うんだな。

佐藤 文浩　北海道
地球にしょう油が染みてきた。

工藤 匠史　岩手県
本来、ステーキはわさびと出逢う運命になかった。

佐々木 瞭　宮城県
醤油が思い出させる故郷は、
なにも日本だけじゃない。

佐々木 瞭　宮城県
箸のない国にも醤油はある。

加藤 萌子　秋田県
しあわせは、味になる。

三和 秀平　茨城県
世界の果てまでかけていきたい

中村 龍一　栃木県
君のこれくらいって感覚で、
僕の好きな和食が出来る。

松本 航　栃木県
その美味しさは 箸だけで食べるのは もったいない

大野 忠昭　埼玉県
異国の地なのに、母国の味がした。

小野澤 真克　埼玉県
母親は何十年とかけて煮物に愛を染み込ませる。

藤田 洸介　埼玉県
これからいくつの日本食が、
ローマ字で通じるようになるのだろう。

山﨑 美穂　埼玉県
人は、おいしいと仲良くなる。

吉田 洋晃　埼玉県
母の味が世界の母の味に。

安達 岳　千葉県
世界がしょうゆに気付いた。

石山 博之　千葉県
「しょうゆは日本の味」は、過小評価でした。

大島 慶己　千葉県
母の味に醤油が入るのは、日本だけではない。

大島 慶己　千葉県
醤油がない国は、
まだおいしくなる国だ。

大島 慶己　千葉県
本当の海外展開って、
現地の味を大切にできること。

木村 有花　千葉県
主役じゃないのに、目立ってる。

グェンウォックヒ　千葉県
ナンにだって、しょうゆは合う。

グェンウォックヒ　千葉県
政治にはできない、
しょうゆにしかできないことがある。

清水 大　千葉県
ジャックが、減塩タイプに変えたらしい。

早坂 尚樹　千葉県
おふくろの味から、マザーの味へ。

平賀 千晴　千葉県
日本みやげにキッコーマンの醤油を買ったら、
「そこのマーケットでも買えるのに」と
文句を言われた。

青木 陽介　東京都
僕らはまだ、醤油の使い方を日本食でしか
知らないのかもしれない

赤井 大祐　東京都
醤油は世界を和食に変える。

カ キッコーマン

赤坂 有里 東京都
世界をかけるしょうゆ

天沢 もとき 東京都
おしょうゆは、おいしい通訳をする。

飯野 朝美 東京都
日本での「しょうゆ味」は、世界での「日本味」だ。

石川 知弘 東京都
日本の古き良きものは、海外にとっては新しい。

石川 知弘 東京都
世界の隠し味に。

石川 知弘 東京都
我が家の大根に染み込んでいるしょうゆは、世界中に染み込んでいた。

市村 大祐 東京都
ソイソースは、アイデアソース。

市村 大祐 東京都
マミーも、ママンも、マードレも。

稲葉 次郎 東京都
大きな夢は「世界平和」。
小さな夢は「食卓平和」。

岩崎 浩之 東京都
お国に合いますでしょうか?

岩崎 浩之 東京都
「時差」はあっても、
「おいし差」はありません。

植村 明弘 東京都
匂いにつられて、息子が部屋から出てきた。

植村 明弘 東京都
オトコは、石けんの香りと同じくらい、しょう油の香りに弱い。

大江 智之 東京都
しょうゆは、温かい調味料です。

大江 智之 東京都
地球で一番、母の味。

大江 智之 東京都
しょうゆは、世界で通じる日本でした。

大洞 篤 東京都
大豆と同じくらい、日々頭を絞っています。

奥村 明彦 東京都
和をかけておいしい。

片桐 衛 東京都
日本の味は、世界の味をアシストする。

加藤 晃浩 東京都
食べるという親孝行がある。

加藤 晃浩 東京都
言葉は伝わらなくても、味が覚えている。

金山 剛士 東京都
和の国の味は、他国の味の和も乱さなかった。

川上 和義 東京都
日本のソウルフードが、
世界のしょうゆ風土に。

河村 龍磨 東京都
母は注ぐ。
父はぶっかける。

川本 浩 東京都
変化を恐れるなと言っていた上司が、
変わらない味に舌鼓をうっている。

小柴 桃子 東京都
けんかした日も料理はやさしい。

小林 美和 東京都
最近、世界各地のおふくろの味が似てきたらしい。

小山 真実 東京都
50年。苦労をかけた夫と、
しょうゆをかけた妻。

坂上 要 東京都
あんなに怒っちゃったけど
醤油とっての距離にいてほしい。

坂上 要 東京都
妻の味は母の味とどこか似ている。

佐藤 日登美　東京都
世界で活躍する日本人のためだったしょうゆが、世界中で活躍する人のためになっている。

座間 真澄　東京都
かけなさい、と言う。かけすぎるんじゃないよ、と言う。少しのしょうゆに、母の愛。

末松 学史　東京都
ソイでもって、世界で。

杉田 慎吾　東京都
口の中に広がる美味しさは、国の外に広がっていく。

杉田 慎吾　東京都
「おいしい」が通じなくても、〝おいしい〟は伝わる。

鈴木 将大　東京都
幸腹な世界へ

竹内 希光　東京都
世界中で、ひとたらし。

田中 圭一　東京都
売上げの半分以上が海外です。

田中 圭一　東京都
世界でもだいずにされています。

田中 圭一　東京都
留学先でのあだ名はキッコーマンでした。

玉熊 文乃　東京都
ＴＫＧではなく、ＳＴＫＧ（醤油がけ卵かけごはん）ですよね？

玉熊 文乃　東京都
国際結婚でも、母の味。

玉熊 文乃　東京都
今頃、醤油で育っている外国人がいる。

冨田 有沙　東京都
どんな国にも、しょうゆが映える夕焼けがある。

富田 正和　東京都
お刺身も、しょうゆがなければ和食にならない。

豊田 啓介　東京都
外国人が外国人に醤油とは何かを説明していた。

鳥居 朋広　東京都
世界で活躍できるのは、有能ではなく万能です。

鳥居 朋広　東京都
初めての国の料理が、和食の色をしている。

長井 謙　東京都
全米が、かけた。

中垣 雄介　東京都
早くお腹空かないかな。

中切 友太　東京都
愛情だけで、料理はおいしくなりません。

中島 優子　東京都
ＳＮＳの投稿より、しょうゆをシェアした方が、つながれる。

中島 優子　東京都
世界を変える、変わらない味。

中辻 裕己　東京都
恋は甘酸っぱい。愛は甘辛い。

中原 小百合　東京都
日本は人にも調味料にも協調性があります。

永久 眞規　東京都
アメリカの友達が初めての醤油に驚いて「和を！」だって。知ってたんかい。

並川 隆裕　東京都
忍者の国の調味料だから、世界中の料理に隠れてます。

樋口 晃平　東京都
どこかの国でも母の味。

平嶋 さやか　東京都
ＳＮＳが生まれる前から、醤油はシェアされてきた。

古屋 順一朗　東京都
しょうゆがあれば、日本人に戻れる。

カ

キッコーマン

松田 孝一 東京都
愛情は、いつもしょうゆに隠れていた。

松吉亨 東京都
シミをつけちゃった記憶とか、
世界共通なんだね。

味村 伊澄 東京都
しょうゆの懐の広さは、
バターが証明済みです。

味村 伊澄 東京都
ライバルは、「美味しい」よりも「
恋しい」です。

宮島 塁 東京都
醤油を使っているからって
和風になるとは限らない。

宮田 知明 東京都
パリのビストロの隠し味は、醤油でした。

村上 朋子 東京都
今日も世界をはしわたし。

山内 昌憲 東京都
あの香ばしい匂いを共有できる国が100
以上ある。

山内 昌憲 東京都
国境は、一滴で超えられる。

山内 昌憲 東京都
私たちは、言葉より先に舌で分かり合える。

山路 晃平 東京都
異国で心が帰国した。

吉本 特 東京都
自分のじゃなくて、僕の好きな味付けに
してくれた彼女を僕は離さないと決めた。

吉本 特 東京都
味付けをほめられたとき、
あなたのお嫁さんになる自信が持てました。

安嶋 英樹 神奈川県
食卓のキッコーマンを結んでいくと、
世界地図ができあがる。

石居 くるみ 神奈川県
とりあえず、しょうゆをかけてみる。

石井 倫太郎 神奈川県
おいしいものはいろいろあるが、
こいしさを教えられるものは少ない。

柏木 克仁 神奈川県
キッコーマンは、
世界のヒーロー。

北村 太一 神奈川県
しょうゆのやつ、
いつの間に、英語覚えたんだ。

草柳 元裕 神奈川県
お醤油は小さな外交官。

栗田 一平 神奈川県
途端に、日本になった。

斉藤 隆司 山梨県
醤油って書けないけど
世界中でかけているんだね。

角谷 隆志 岐阜県
なくてはならないものは
数少ないけれど、
醤油はそのうちのひとつです。

與嶋 一剛 岐阜県
違う国のママたちが、
同じ調味料を使うって、
ちょっとステキだ。

漆畑 努 静岡県
あの国の「しょうゆ味」に出会いたい。

大井 慎介 静岡県
宇宙人へのお土産に。

大井 慎介 静岡県
腕によりをかけて、しょうゆをかけた。

大井 慎介 静岡県
日本をしょうゆの国って呼べるのは
いつまでだろう。

大井 慎介 静岡県
スーパーマンよりキッコーマンの方が
有名な国がある。

中山 佐知子 静岡県
銃を捨てろ、しょうゆを持て

檜谷 廉太朗　静岡県
腹がへるという、しあわせ。

小林 建太　愛知県
しょうゆは彼女を妻にした。

小林 建太　愛知県
しょうゆの消費量と家族の幸せは、
きっと比例していると思う。

鈴木 謙太　愛知県
世界中をかけてまわる。

鈴木 謙太　愛知県
知らない食材の、知ってる味付け。

関谷 知加　愛知県
かけすぎないのが、愛情だ。

関谷 知加　愛知県
しょうゆのそばで起こる最大の戦いは、
夫婦げんかであってほしい。

東 裕希　愛知県
世界中の「いただきます」を
支えさせていただきます。

堀田 陽祐　愛知県
世界に、足す。

松田 綾乃　愛知県
「この世界的成功を、誰に伝えたいですか?」
Sushi「陰で支えてくれたしょうゆに…
しょうゆに、伝えたいです。」

柳 晃太　愛知県
嫁のメシをいつもマシにしてくれる。

山中 彰　愛知県
日本人の知らない、しょうゆ味がある。

山中 彰　愛知県
しょうゆをかける時、人は人を想っている。

大司 浩之　京都府
外国のクリーニング店では、
シミ抜きの依頼が増えています。

高田 弘志　京都府
「ひと味足りない」の犯人は私です。

堀江 成禎　京都府
全米に染みた。

堀江 成禎　京都府
世界で味なまねをしてきた。

大村 尚也　大阪府
しょうゆがきれると、
母もきれる。

大村 尚也　大阪府
もしもこの世にしょうゆがなかったら、
わたし、モデルかも。

小畠 翔　大阪府
宗教上の理由で、しょうゆを味わえない国
はない。

河野 稜佑　大阪府
ホームシックの半分は、
食べ物の違いから生まれる。

國井 裕弥　大阪府
キッコーマンは、世界を飛び回る。

西岡 あず海　大阪府
今日もいろんな言葉で「おいしい」と
言われています

西岡 あず海　大阪府
しょうゆがグローバルになって嬉しかったの
は、キッコーマンでなく世界の方でした

向井 正俊　大阪府
アメリおかん。メキシおかん。

松田 一晟　兵庫県
ちょっと醤油多すぎたかな?って、
聞いてくる時の顔が好きだ。

密山 直也　兵庫県
共演NGはありません。

密山 直也　兵庫県
言葉の壁なんて、一滴で壊せる。

東山 秀樹　奈良県
目の色が変わっても、
ムラサキ色は変わらない。

田中 克則　和歌山県
SNSにアップしない食事こそ大切です。

浜中 将幸　和歌山県
しょう油のよさを、
また外国人に教えてもらった。

石橋 賢　島根県
日本で一番、シェアされていた。

廣田 顕久　岡山県
英語と同じぐらい万能じゃないか。

竹林 穂弓　広島県
海外出張から醤油と一緒に夫が帰ってきた。
「醤油はお土産になるかと思ったんだけど、
みんな持ってたわ。」

白地 倫子　山口県
ヴェルサイユ宮殿の肉料理、
味の秘密は、おしょうゆでした。

江副 佑輔　福岡県
SUSHIのあげまん。

岡本 英孝　福岡県
刺身が嫉妬している。

嶋田 義治　熊本県
食卓の中心で愛は叫ばないが、ご飯よと叫ぶ。

宮崎 圭佑　熊本県
日本の母から世界のシェフまで。

小宮路 茂晃　宮崎県
水臭いなぁ、同じしょう油差しを使った仲
じゃないですか。

上村 雄介　沖縄県
相方が、日本食だけの時代は終わりました。

柴田 賢一　茨城県
海外のおしゃれなカフェ。
欧米の人間に囲まれ、
若い日本人のカップルが
卵とハムのガレットを食べている。
男：あのさ・・・
女：なに？
男：これって絶ッ対、しょうゆに合うよな・・・
女：私も思ったけど、ここ外国だよ。
店員がやってきて、二人の顔を覗き込む。
不思議がる二人を見て微笑むと、
しょうゆをテーブルの上に置く。
S：この世界は、しょうゆに合うものばかり
だ。
CI：kikkoman

大久保 潤也　東京都
「口下手父と、料理上手な母」篇
（食卓を囲む父母娘3人のシーン）
娘NA：パパと喧嘩した日の、ママの料理は味
が薄い。それは、口下手なパパへのママの
優しさだと思う。
父：「醤油…。」（ぶっきらぼうに）
母：「はい。」（仕方ないわねといった感じで）
父：「…。」（少してれくさそうに受け取る）
娘NA：料理上手なママは、醤油の使い方が本
当に上手い。
NA：醤油で、つながっている。

佐藤 利依　東京都
実家に帰る孫。
おばあちゃんが台所に立ち、食事を作る。
「おいしい。なんでおばあちゃんと同じ味に
ならないんだろう」
「なんでだろうねえ」
「何入れてるの？」
「醤油と砂糖とみりんと…それくらいだよ」
誰にも真似できない味を。
キッコーマンは、愛情の味。

玉熊 文乃　東京都
（NYのオフィスの中で）
日本人（男）：トム、昼どうする？ピザ？パ
スタ？ハンバーガー？
アメリカ人（男）：いや、秋だし、サンマの
塩焼きがいいな。ブリ照り定食もいいね。
NA：こんな会話がそのうち普通になります。
世界に広がる、キッコーマン。

西田 峻也　東京都
買い物帰りの親子のカット。
母「問題！料理のさしすせそ。」
娘「砂糖！」
母「し！」
娘「塩！」
母「す！」
娘「酢！」
母「せ！」
娘「…せ？」
母「せは醤油の事よ。」

娘「えーなんで、「せ」なのに、醤油なの?」
母「世界の100ヶ国以上で醤油は使われてるから…かな。」
娘「世界で愛されてる醤油ってことね。」
NA:醤油は、世界の食文化を繋いでる。キッコーマン。

平澤 貴大　東京都

女子アナ:さぁ、いよいよ原住民との接触です。
□ドキュメンタリー番組。
□原住民、女子アナを住居へ手招く。
女子アナ:食事に誘われているのでしょうか。
□原住民、謎の昆虫を炒め、皿によそう。
女子アナ:私の分まで用意してくれましたが…。度胸試しですね…。
□原住民、キッコーマンの醤油をかけ、女子アナに手渡す。
女子アナ:あ、それならいけそう。
NA:世界中においしさを。キッコーマン。
□企業ロゴ。

八子 勇人　東京都

【日本のお土産】篇
女がトランクから抹茶を取り出す。
外国人「Oh!ジャパニーズ抹茶!エクセレント!」
女がトランクから日本酒を取り出す。
外国人「Oh!ジャパニーズsake!グレート!」
女がトランクから醤油を取り出す。
外国人「Oh・・サ、サンクス」
外国人が冷蔵庫を開くとそこにはキッコーマンの醤油がいくつも並んでいる。
NA「グローバルスタンダード、キッコーマン」

片岡 佳史　神奈川県

【シェア】篇
古代の戦争のシーン。

NA「かつて世界では、調味料や香辛料を奪い合って、戦争が起こったことがありました」

食卓のシーン。

NA「今では、、、」

健太郎(日本人)「はい、しょうゆ」

笑顔でしょうゆをボブに手渡す健太郎。

ボブ(アメリカ人)「Thank you!」

うれしそうに、冷奴にしょうゆをかけるボブ。

NA「今では分け合って、暮らしています。しあわせって、そういうこと。キッコーマン」

玉水 守　静岡県

アイアンマン、スーパーマン、スパイダーマン、バットマン、アントマンなどヒーローが基地に呼ばれている。

長官が深刻そうに事態を話す。

長官「もはや、君達では地球を救うことはできない」以降英語で日本語訳付。

アイアンマン「長官、それはどういうことですか?」

長官「新しいヒーローが必要ということだ」

アイアンマン、スーパーマン、スパイダーマン、バットマン、アントマン・・・ウルトラマン、アンパンマンの怪訝そうなアップショット。

長官「その名は、キッコーマンだ!」

醤油が一滴落ち、水面に広がるシーン。

テンポの良い音楽が流れる。

アメリカの家族の食卓美味しそうに食べる料理に醤油をつけて、笑顔そしてグットのポーズ。

イタリア料理店の店主が醤油を加えて、笑顔そしてグットのポーズ
アフリカ料理、スペイン料理、ブラジル料理、中華料理、食卓や料理人がで笑顔でグットのポーズ。日本の子供達がお寿司を食べて笑顔とグットのポーズ
NA:笑顔は地球を救う。

映画のラストタイトルのように。

Soy Good!byキッコーマン

石原 佳典　愛知県

ラーメン屋の壁に貼ってあるメニュー。
しょうゆ、味噌、塩、とんこつの順番。
外国人:なぜ、どこも、あの順番なんだ?
日本人:しょうゆが、
日本人のベースだからさ。
NA:キッコーマン。

堀江 成禎　京都府

飛行場の遠景。たくさんの飛行機が離着陸を繰り返している。

カメラをズームして近づいてみると、飛行機に見えたものは、

醤油の瓶が機体の胴体になった飛行機だった。次から次へと醤油の飛行機は大空へと飛び立っていく。
S＋NA：kikkoman from JAPAN

堀江 成禎　京都府

歴史あるパリの街並みに、まるでテーラーのようなクリーニング店がある。
ある女性客が持ってきた白いシャツを店主である老紳士が受け取る。
女性は染み抜きをして欲しいと伝える。
老紳士は黙りこくり、白いシャツをじっと見つめる。
何かを決心したかのような顔つきになり言つぶやいた。
老紳士：キッコーマン？
女性はなんでわかったの？という表情で笑う。
S＋NA：キッコーマン。

大久保 潤也　東京都

男：ソースとって。
（ソースと間違って醤油をかける）
男：うわっ！これ醤油じゃんかよ～。
（食べると、意外とうまい）
男：…まぁ、大丈夫か。
NA：間違いなく、うまい。間違っても、うまい。

長縄 寛久　静岡県

（片言の日本語で）
男：わお！日本にもしょうゆあったよー！
女：びっくり。まさか日本にも！
日本人女：いや、もともと日本のだから。
NA：国境を越えるしょうゆのおいしさ
キッコーマン

黒川 憲子　愛知県

（ある日の食卓）
父：父さんは「わさび醤油」でいただくとするか。
娘：私は「生姜醤油」にしよっと。
息子：僕は絶対「マヨ醤油」。
母：じゃ、私は「酢醤油」でいただきます。
NA：どんな相手とでも仲良くできます。おしょうゆは、キッコーマン。

森本 芹奈　大阪府

アナウンサー：日本では1990年代後半から2000年代にかけて、急速にインターネットが普及し、今となっては世界中で私たちの生活に欠かせないものとなりました。
ところで専門家の鈴木さん、ポストインターネット、すなわち、今後このように世界中に広まっていくものはあるのでしょうか？
鈴木：インターネットの次は、わたくしは醤油だと予測しております。
アナウンサー：しょうゆ…ですか。
NA：世界をしょうゆで繋ぎたい。キッコーマン

Canon
make it possible with canon

写真も、才能も、眠らせていては、もったいない。

ぜんぶおまかせ、かんたんフォトブック

PhotoJewel S

課　題：キヤノンのフォトブックサービス「PhotoJewel S」でフォトブックをつくりたくなるアイデアを募集します。

ジャンル：自由

ターゲット

フォトブック市場は年々拡大しており、2016年は645万冊、130億円。主な利用目的は「子どもの成長記録」「家族の思い出」を残すこと。そこでターゲットは、子育て世代のパパ・ママとします。

サービスのポイント

PhotoJewel Sは、アプリケーションが自動で「よい写真」を抽出し、レイアウトしてくれるので、「簡単に」「すぐ」「素敵な」フォトブックが完成します。また他社にはない「動画」から写真を自動的に切り出してくれる機能があるのも大きなポイントです。

伝えてほしいこと

家族の写真や動画をたくさん撮るものの、「忙しい」「作り方が難しい」とためらっているパパ・ママが「PhotoJewel Sでならつくってみたい!」と思ってくれるような広告のご提案をお願いします。

詳しくはPhotoJewel Sのサイト canon.jp/pjs をご覧ください。

キヤノンマーケティングジャパン

キヤノンのフォトブックサービス「Photo Jewel S」でフォトブックをつくりたくなるアイデア

［キャッチフレーズ／テレビ CM ／ラジオ CM］

カ

キヤノンマーケティングジャパン

協賛企業賞

福島 滉大（23歳）埼玉県 アサツー ディ・ケイ

思い出は、行方不明になりやすい。

▼協賛企業のコメント

キヤノンマーケティングジャパン
ブランドコミュニケーション本部
宣伝戦略部ビジネスグループ
鈴木文子さん

このたびは、協賛広告賞の受賞、おめでとうございます。また、多くの方より応募をいただき、誠にありがとうございました。最近は、スマホなどでも気軽に写真を撮影できるようになりましたが、撮られた写真の多くはスマホやパソコンの中に埋もれしまい、そんな写真があったことすら忘れていってしまうことが多いのではないでしょうか。今回の受賞作品は、まさにこのような「埋もれていってしまう楽しい想い出」をプリントして形に残すことの大切さが表現されており、協賛企業賞として選出しました。

三次審査通過作品

見田 英樹 愛知県

スマホも子どもで重くなる。

船津 洋 京都府

だから思い出は、1ページって数えるんだ。

原田 誠太郎 愛知県 ラジオCM

L スピーカー）トル、トル、トル、トル、トル。
R スピーカー）ミル。
L スピーカー）トル、トル、トル、トル、トル、トル、トル。
R スピーカー）ミル。
L スピーカー）トル、トル、トル、トル、トル、トル、トル、トル、トル、トル、トル。
R スピーカー）…。
L スピーカー）トル、トル、トル、トル、トル、トル、トル。
R スピーカー）ミル。
NA）写真を「見る」時間、足りてますか？
フォトブックなら手軽に見て楽しめる。「Photo Jewel S」。

カ キヤノンマーケティングジャパン

二次審査通過作品

三上 智広 北海道
月刊わが子。

伊藤 均 東京都
親バカを整理したい。

鵜川 将成 東京都
あの感動のホームビデオが、ついに書籍化。

奥村 明彦 東京都
娘は生後三ヵ月で写真集を出した。

権田 香織 東京都
かたちに残すと、こころに残る。

竹尾 志摩子 東京都
選べないよ、ママには全部、かわいく見えるんだから。

藤曲 旦子 東京都
月刊「今月の孫」。

松永 実 東京都
本にすると、贈りものになる。

矢島 佑一郎 東京都
スクロールで泣けますか？

吉本 正春 東京都
AIで愛を。

柳元 良 神奈川県
「いいね」と言われた。直接。

堀江 成禎 京都府
フォトブックには、無限のキャノン性がある。

北川 秀彦 大阪府
思い出は、手渡したい。

山下 祐輝 大阪府
娘をJPEGのまま終わらせない。

高島 洋二 兵庫県
やっぱり紙でしょ。

齊藤 由香里 埼玉県 テレビCM
お盆。家族・親戚が集り、とりとめのない会話をしている。

パパ「あれ楽しかったよなあ」
おばあちゃん「あれに行ったのはいつだったかしら」
子供「僕の誕生日だよ」
ママ「5年前みんなで行った、えーと・・・・」（延々とスマホスクロール）
Na：思い出があふれる前にまとめよう。Photo JewelS

赤嶺 輝彦　大阪府　テレビCM
◇「いびき」篇
家族が川の字になって寝ている。
物凄いイビキの音。それも何十人ものイビキの音。
母親：「うるさーーいっ！」
たまらず飛び起きるお母さん
しかし部屋は静か…。
しかし耳を澄ませば…
PCや携帯、デジカメ・タブレットなどからイビキが聞こえる
NA：せっかく撮った思い出が眠ったままになってませんか？
　ぜんぶおかませかんたんフォトブック
　キヤノンのPhotojewelSなら思い出を高いびきで眠らせません！
家族でフォトブックを囲む絵
NA：思い出をおこそう！
　キヤノンのPhotojewelS

福宿 桃香　東京都　ラジオCM
娘：ちょっとお母さん、アルバムにこんな写真入れないでよ
母：なんでよ～せっかくの親子2ショットじゃない
娘：あたしだけ目閉じてるじゃん
母：かわいいわよ
娘：あたしだけ歯に青のりついてるし
母：かわいいかわいい
娘：しかもあたしだけピンボケじゃない？
母：そう？
娘：あのとき連写したでしょ？他のは？
母：う～ん？これがいいと思うのよねぇ～
NA：人間は、自分の写りで写真を選びます。
　機械が良い写真を選んでくれるフォトブック自動制作サービス、
　Photo Jewel S。
　キヤノン

一次審査通過作品

鈴木 拓磨　北海道
心おきなく撮り過ぎてください。

三上 智広　北海道
親バカなら月刊、そして別冊。

三上 智広　北海道
愛は形にすると、壊れにくくなる。

キヤノンマーケティングジャパン

三上 智広　北海道
撮りっぱなしじゃ観察だ。

三上 智広　北海道
いつか、家族からの卒業アルバムになる。

武田 陽介　宮城県
ママ友たちが、
悔しそうに褒めてくれた。

武田 陽介　宮城県
シェアするのに、
電源も、ネットも、
必要ありません。

武田 陽介　宮城県
なにこのブサイク。
超かわいい。

内田 玲子　埼玉県
手にとって見つめたい時間もある

大澤 芽実　埼玉県
結婚で家を出る時、
思い出も持たせてあげられるように。

大野 忠昭　埼玉県
お前んちのアルバム、業者に頼んでんの？

大野 忠昭　埼玉県
ケータイに入れたままでは、
保存ではなく放置です。

大野 忠昭　埼玉県
私のアルバムなのに、
作ったお母さんのことばかり考えてる。

福島 滉大　埼玉県
思い出を行方不明にしないで。

福島 滉大　埼玉県
思い出は、行方不明になりやすい。

山本 朝子　埼玉県
プリントするというより、
出版するというクオリティ。

安達 岳　千葉県
キヤノンが、共働きの家族にできること。

安達 岳　千葉県
写真は、一文。アルバムは、小説。

安達 岳　千葉県
きみの成長は、なん冊になるかな。

安達 岳　千葉県
思い出作りが手間になってはいけない。

安達 岳　千葉県
撮ると残るは違う時代だから。

安達 岳　千葉県
成長の記録は、いつか、
我が子へのプレゼントになる。

鈴木 健一　千葉県
思い出は、撮ったあとがめんどくさい。

竹ノ内 希衣　千葉県
20歳の誕生日に20冊プレゼントしよう。

家村 梨花　東京都
丸投げなのに、この出来栄え！

池田 慧　東京都
誰かに頼むほうが、良いものに見える。

伊東 美貴　東京都
セピア色になるまで、一緒にいようね。

入江 亮介　東京都
パソコンに入った息子が、
引きこもりになってしまった。

入江 亮介　東京都
洗濯機だけじゃなく、アルバム作りにも
「おまかせコース」があったなんて。

入江 亮介　東京都
てにをは違いのような写真が、多すぎる。

入江 亮介　東京都
「アルバム作り」という子育てを、サボってた。

岩崎 あゆみ　東京都
すぐじゃないけど、ぜったい宝物になる。

上久保 誉裕　東京都
ふたりが友達だった過去を『保存』しました。

鵜川 将成　東京都
愛読書は、孫です。

大野 聡 東京都
ロボットが、心を込めてアルバムを作ります

大原 結 東京都
入学式が、もういちどイベントになる。

大原 結 東京都
旅行が、作品になった。

大原 結 東京都
いい瞬間を、あとから見つけた。

奥野 夏帆 東京都
写真の匂いを知っている子供になってほしいから。

金崎 あゆみ 東京都
洗濯機が回る間に、アルバムができた。

河原 康宏 東京都
いつかやるよ、と言い続けて子どもは巣立っていった。

木内 渉太郎 東京都
あの日、瓦礫の山から人の手に返ったのはプリントされた写真だけでした。

北川 哲 東京都
まず外さない誕生日プレゼント。

北川 哲 東京都
スマホで撮った運動会の写真を娘に見せているときに、不倫相手からラインが来た。

木下 千秋 東京都
わたしこんなに愛されてたんだ

久保田 瑞樹 東京都
「チン」で取り出す感じです。

窪田 遼 東京都
時間はないけど、愛はある。

桑原 茉林 東京都
写真は、子どもに残せる財産です。

桑原 茉林 東京都
親が残せるものは、そんなに多くない。

慶本 俊輔 東京都
保存した。つもりだった。

慶本 俊輔 東京都
時代が変わると、記録媒体は変わる。

小泉 暁子 東京都
50年後もクラウドにデータは残っているのだろうか。

古賀 早苗 東京都
ベストショットはたいてい動画の中にありました。

小林 雅典 東京都
写真より、写真集の方が見ると思う。

小松 真人 東京都
メモリを、メモリーにしよう。

坂口 留実 東京都
アルバムにしたら、もっとかわいくなる。

坂口 留実 東京都
子供は、一番可愛かった時間を知らない。

坂口 留実 東京都
Facebookのアルバムは、子供に届けられない。

佐藤 穣 東京都
写真コンシェルジュに、お任せあれ。

座間 真澄 東京都
アルバムにすると、家族の形が良く見える。

座間 真澄 東京都
思い出の写真は、断捨離できないから。

座間 真澄 東京都
なぜこの機械は、私の娘の可愛らしさを理解しているのか。

座間 真澄 東京都
私なら選ばなかった、何でもない日の一枚が、いい。

座間 真澄 東京都
自動って、サプライズ。

志茂 育美 東京都
スマホだと、じじばば見えない孫の顔

省吾 富永 東京都
落としても壊れない。

キヤノンマーケティングジャパン

田口 恵子　東京都
「私が作ったの」に相違はない。

武田 道生　東京都
一番シェアしたかったのは、
ＳＮＳをしない両親でした。

日月 雅人　東京都
幸せな瞬間に、幸せだと気づくことは、
むずかしい。

田中 優太　東京都
あの顔もこの顔も、可愛すぎて選べないから。

玉熊 文乃　東京都
時々、卒業アルバムを開くのは、
本だからです。

田村 峻哉　東京都
あなた専属の24時間３６５日稼働の敏腕編
集ディレクターだと思ってください

寺尾 賢人　東京都
娘が嫁ぐ前夜に、
見返す写真がないとせつない。

鳥居 朋広　東京都
アプリはいつかサービスが終わるかもしれ
ない。

長井 謙　東京都
１ｓｔ写真集「ＭＵＳＵＭＥ」

中村 れみ　東京都
片手間なのに、手間かけた感。

西田 峻也　東京都
クリックしただけで、久々に嫁に褒められた。

西出 壮宏　東京都
母が作るアルバムよりちゃんと父が載ってい
る気がする。

早坂 渡　東京都
写真の数は、愛情の数だ。

春山 豊　東京都
カメラロールが、３分で思い出になった。

樋口 晃平　東京都
娘のオッパイも息子のチンチンも、
キレイに残したい。

廣本 嶺　東京都
私のデザインセンスのなさを、甘く見ないで。

福森 瑞己　東京都
全国のスマホカメラマンさん。
写真集を出版しませんか。

福森 瑞己　東京都
誰もがカメラマンの時代だが、
誰もがデザイナーというわけではない。

細田 哲宏　東京都
娘の一番かわいい時期を「めんどくさい」で
埋もれさせてしまっていいんですか。

南 忠志　東京都
おかんが写真集を出した。

森 裕治　東京都
全親（バカ）が泣いた。

森岡 賢司　東京都
絵本と一緒にしまってあげてください。

森尻 修平　東京都
センスはないが、金ならある。

矢島 源太郎　東京都
紙のアルバムは、意味わかんないエラーで
消えたりしない。

山﨑 裕也　東京都
技術に、頼ろう。

飯山 広之介　神奈川県
家族の思い出を、子供でも手に取れる形に。

石塚 啓　神奈川県
プリントしたいときには、
ファイル形式が古かった。

石塚 啓　神奈川県
卒業アルバムがあった方が同窓会は盛り上
がる。
家族アルバムがあった方が食卓は盛り上が
る。

江島 隆文　神奈川県
「値段のつけられない、写真集だよ。」

カ

キヤノンマーケティングジャパン

鈴木 寿明 神奈川県
フロッピー、CD、MO、USB。
規格が変わる世の中で、
データ保管は危険です。

高橋 英児 神奈川県
いつか君が、
この家を出て行ってしまう日のために。

高橋 直一 神奈川県
レンジでチンする感覚で、
フォトブックができあがった。

高橋 琳太郎 神奈川県
料理してる間に、アルバムできちゃいます。

高橋 琳太郎 神奈川県
データより、思い出。

三富 里恵 神奈川県
選ぶって、しんどい。

三富 里恵 神奈川県
帰省の際、1番喜ばれるお土産かもしれない。

柳元 良 神奈川県
このシェアのされ方は、
サプライズになると思う。

柳元 良 神奈川県
ひとりだけとシェアしたい。

吉川 佳菜 富山県
じいじ、ばあばから予約されてます。

久木 誠彦 石川県
君の笑顔を、パパには編集できない。

岩網 知也 石川県
年々大きくなる、容量。

與嶋 一剛 岐阜県
刷ったまげた!

與嶋 一剛 岐阜県
父親に娘の写真は選べない。

與嶋 一剛 岐阜県
私よりキヤノンが、わが子に詳しい。

島本 剛 静岡県
お子さんの成長スピードに
アルバムがおいて行かれたら。

松崎 誠 静岡県
ママ!わたしを早くスマホから出して!

伊藤 美幸 愛知県
データ整理で休日つぶれた。

加藤 佳帆里 愛知県
生まれたての君を、
またこの手に抱けるなんて。

金田 栞 愛知県
現像したら、もっと大切になった。

金田 栞 愛知県
撮ったままでは、記録。現像したら、思い出。

川上 恵美子 愛知県
「うちの子写真集」創刊です!

川上 恵美子 愛知県
震災後、真っ先に探したのはアルバムだった。

原田 誠太郎 愛知県
撮るのが簡単になるほど、
見るのが面倒くさくなっていた。

水谷 真由子 愛知県
おじいちゃんは
「月刊まご」が待ちきれない

山中 彰 愛知県
あぁ、わたしの人生って物語なんだ。

奥野 祐里 三重県
データが紛失する前に、形に残しませんか。

天野 健一朗 京都府
撮りさえすれば何とかなる。

大司 浩之 京都府
最も感謝される、人任せ。

大司 浩之 京都府
作ったフォトブックの量が、君への愛の量だ。

上野 由加里 大阪府
データって、ある日突然消える。

片岡 美香 大阪府
撮った時点で終わってる(笑)

キヤノンマーケティングジャパン

片岡 美香　大阪府
どの家庭にも一度も開かれていないピクチャーホルダーが…あるある。

嘉藤 綾　大阪府
プリントしなかった思い出のほうが、先に色あせる。

嘉藤 綾　大阪府
本だと大切にしたくなる。

北川 秀彦　大阪府
スマホは一人でみる。アルバムは一緒にみる。

北原 航　大阪府
クラウドから脳みそへ

河野 稜佑　大阪府
パパでも、ひとりでできるもん。

國井 裕弥　大阪府
データは、いつか消える。

田茂井 陽典　大阪府
笑顔が塩漬け。

西脇 亨　大阪府
思い出がパソコンで死んでいた。

林 恭子　大阪府
世界でいちばん素敵なバカは、親バカです。

満永 隆哉　大阪府
撮る写真を選ばなくなった時代に。

向井 正俊　大阪府
最愛品質。

山下 祐輝　大阪府
子育てを作品にする。

山下 祐輝　大阪府
娘の写真を「ゴミ箱に移動しますか?」なんか嫌だ。

小野 諒佑　兵庫県
ディレクター、入ってます

浜中 健一　兵庫県
家族の物語は『こち亀』より長い

松田 一晟　兵庫県
思い出を振り返る時間も、思い出です。

宮崎 亮太　兵庫県
おかんのアルバムつくったで。

守谷 直紀　兵庫県
アルバムにするまでが、親バカです。

中野 勇人　奈良県
アラフォーママが、写真集に載った!
Photo Jewel S

柿本 和臣　福岡県
これで、心置きなく忘れられる。

若林 淳一　福岡県
「愛」は目に見えないが、「愛した形」は目に見える。

宮崎 圭佑　熊本県
「いいね!」よりいいねと笑いあえる時間を。

宮崎 圭佑　熊本県
アプリにまかせてドヤ顔しよう。

岡村 和樹　栃木県　テレビCM
(公園でわが子を遊ばせる若いパパママ)
ママ「ほら!シャッターチャンス!」
パパ「いや、今日はもうけっこう撮ってるし…」
ママ「ほら!あの子すごくいい笑顔!」
パパ「後で整理が大変だから、今日はもう…」
(帰宅後)
ママ「結局何枚撮ったの?」
パパ「3枚・・・」
ママ「たったの3枚!?だからあれほど・・・」
パパ「いや、SDカード3枚・・・」
ママ・パパ「・・・・・」
フォトジェニックな子を持つ、悩める親たちへ。

柴本 純　東京都　テレビCM
息子夫婦の家。訪ねてきた義父が幼い孫娘をかまっているところへ、息子の妻が、「実家の父がまた作って送ってきたんですよ、ゆかりのアルバム」とアルバムを差し出す。タイトルには「ゆかりの歩み その3」。

義父（アルバムはろくに見ずに、微妙な表情を浮かべ）「そうなの、よかったねゆかりちゃん」
―翌月。
息子夫婦の家を訪れる義父。
義父「ゆかりちゃん、おじいちゃん、アルバム作ってきたよ、ほらほら」
タイトルは「ゆかりの成長記録 パート4」
Na「愛情をかたちにしましょう。キヤノンのフォトブックサービス、『Photo Jewel S』」

園田 高宏　東京都　テレビCM

「ただいまー」と外から帰ってきた夫。
カメラが趣味なのか肩から一眼レフを下げている。
夫「お、もうできたのか」
そういってテーブルの上にあったフォトブックを手に取る。
幼い娘が楽しそうに笑う写真がきれいにレイアウトされている。
夫「あれ？おれ、こんな写真撮ったっけ？」
とけげんそうな顔をする夫。
妻「動画よ」洗い物をしながら答える妻。
夫「え？」
妻「動画の中にあったの」
夫「動画・・」呆然としながらフォトブックを眺める。
動画の中のベストショットも逃しません。
キヤノンのフォトブックサービス
「Photo Jewel S」。

三浦 秀雄　秋田県　ラジオCM

夫婦の会話
「あら、やだ、、あ、あなた、出来ちゃったみたい。」

「え？お、お前、まさか、え？いつのまに？」

「気づいたら、もう。」

「そんな、そんな簡単に言うんじゃない！」

「だって、そんなに簡単だったんですもの。」

NA：簡単にできちゃいます。

全部お任せ、簡単フォトブック！

キヤノン、Photo Jewel S
夫「サイコーじゃーん！」

河村 慧子　東京都　ラジオCM

【母の日の贈り物】篇
ママ友同士の女性が3人、カフェで雑談をしている。
ママ友A「もうすぐ母の日か…。今年のプレゼント、どうしようかな～」
ママ友B「ね～っ。実家はともかく、夫の方も毎年カーネーションだと芸がないし…」
ママ友A「かといって毎年違うプレゼント考えるのも、すっごい大変だよね…」
ママ友B「去年はエプロン、おととしはプリザーブドフラワー、その前は…えっと…なんだっけ…」
ママ友C「うちは、毎年同じだよ！」
ママ友A・B「えっ、そうなの！？」
ママ友C「しかも、毎年すっごい感謝されるんだよねーっ！」
ママ友A・B「はっ、どういうこと！？」
ママ友C「パソコンで、最短3分で出来ちゃうし。」
ママ友A・B「なにそれ、教えてーーーー！！！」
NA　母の日の贈り物、もう困りません。1年分の孫の成長を、1冊のアルバムにしてプレゼント。PhotoJewelSなら、全部お任せでレイアウト、カンタン発注。

長井 謙　東京都　ラジオCM

○夫婦で撮った写真篇
父「タカシの写真でフォトブックできたよ」
母「あらー、素敵ね！この写真もいいわね～」
父「PhotoJewelSは、自動でいい写真を選んでくれるんだけど」
母「そうなのね。二人でタカシの成長記録、撮ってきてよかったわね」
父「それなのに、俺が撮った写真、一枚もない…」
NA「素敵なフォトブックを簡単に作れる。キヤノンのPhotoJewelS」

長井 謙　東京都

○クレーム篇
男「あのー、すいません。このPhotoJewelSって、自動でいい写真を選んでくれるはずなのに、微妙な写真ばかりなんですけど！」
NA「PhotoJewelSはセンスのある人でも、そうでない人でも、撮っ

キヤノンマーケティングジャパン

た中で、いい写真を自動で選んでくれます。キヤノンのPhotoJewel S」

深澤 弥生　東京都　ラジオCM

「丸投げ」篇

娘：ねーパパー、こないだの運動会の写真はー？
父：あー。ママ、こないだのマナミの運動会の写真ってもう取り込んだっけ？
母：えー、パパが休みにやっとくって言ってたじゃない。
娘：あーー！ママー、リョウタがおもらししてるー
息子：オギャー（赤ん坊の盛大な鳴き声）
父（心の声）：てゆうか去年からずっと、写真撮りっぱなしだ…。
NA：膨大な写真データを前に立ち尽くしているそこのあなた、
それ、キヤノンに丸投げしてください。
撮った後は、ぜんぶおまかせ
フォトブックサービス「PhotoJewel S」
キヤノンマーケティングジャパン

高津 裕斗　京都府　ラジオCM

女「なんか暗い写真多いなー。これじゃ思い出が、〝しょぼい出〟じゃん。」
男「ハハハ、うまいことというね。PhotoJewel Sを使ってみようよ。」
NA「数日後」
女「あ！〝おもろい出〟になった！」
NA「キヤノンフォトブックサービス、PhotoJewel S。」

田實 晶　大阪府　ラジオCM

ママ：「みんないい顔してる！」
パパ：「撮ったのは、パパです。」
ママ：「レイアウトもセンスいい！」
パパ：「撮ったのは、パパです。」
ママ：「パパは撮っただけじゃん」
パパ：「・・・」
NA：使ったのは、フォトジュエル。

“うるおいと香りゆたかな石けん”
「カウブランド赤箱」の
価値を若者にアピールするコピー募集！

課　題：「カウブランド赤箱」の商品広告。

ジャンル：キャッチフレーズ（新聞・雑誌・ポスター）

資　料：「赤箱」は歴史とこだわりがいっぱいの石けんです。
詳しくはホームページをご覧ください。
http://www.cow-soap.co.jp/web/event/

牛乳石鹸「カウブランド赤箱」は1928年（昭和3年）発売から88年の歴史を持っています。全て国内生産。しかも「釜だき製法」という手間と時間がかかる、昔ながらの製法でつくり続けています。

ずっと変わらぬ　やさしさを。
牛乳石鹸
牛乳石鹸共進社株式会社

牛乳石鹼共進社
「カウブランド赤箱」の商品広告
［キャッチフレーズ］

協賛企業賞

いい匂いがするから、もう少しギュッとしててもいい？

長谷川 慧（29歳）東京都 アサツー ディ・ケイ

▼協賛企業のコメント

牛乳石鹸共進社
マーケティング部部長
福井弘志さん

このたびは協賛企業賞の受賞おめでとうございます。今回の課題は『〝うるおいと香り豊かな石けん〟「カウブランド赤箱」の価値を若者にアピールするコピー』でした。「いい匂いがするから、もう少しギュッとしててもいい？」という受賞作は若い人たちがそれぞれ幸せなイメージを持てるコピーだと評価しました。ギュッとするのは子どもがお母さんに言うのか、女性が付き合っている男性に言うのか、それとも…ということが選考会で議論になりましたが、コピーに触れた生活者のみなさんが自分事として受け取ってもらえると思います。今回、若者にアピールするという課題に新しい切り口でたくさんの作品をお寄せいただき選考にはうれしい苦労をしました。当社の課題にご応募くださいました皆さまに感謝申し上げますと共に、今後のご活躍をお祈りいたします。

三次審査通過作品

だから、昔の人の肌は綺麗なのか。
國井裕弥　大阪府

なんかよく分かんない成分つけて、
なんかきれいになってる気がしてた。
宮崎圭佑　熊本県

二次審査通過作品

原材料が気になるのは食べ物だけですか。
阿部裕一　埼玉県

清純派石鹸。
阿部亮介　東京都

一番安い一流ブランド
大重恵里　千葉県

バブルとともに消えなかった石けん。
天沢もとき　東京都

肌は、ずっと授乳期です。
木村有花　千葉県

石油でわが子を洗えますか。
奥友恒　東京都

二次審査通過作品

何かわからないもので洗うのが
当たり前になってませんか？
佐野 克弥 東京都

私がスベスベだと、彼氏がベタベタしてくる。
渡辺 駿 東京都

商品名が、キャッチコピー。
洞田 拓也 神奈川県

肌をいたわってるようで、
肌をいじめてませんか。
柳元良 神奈川県

よくわからない成分を、
なんで良いと思ってたんだろう。
柳元良 神奈川県

ニキビに、最初に試してほしい。
久木 誠彦 石川県

毎日使うものだから、
肌がびっくりしないものがいい。
五十川 美穂 愛知県

あなたは腕から？ 私は耳の裏から。
吉澤 みき 愛知県

試しても100円
続けても100円
渡邉 香織 三重県

わたしは、
赤ちゃんの頃からブランド品を使っている。
宮本 祐希 兵庫県

この人の匂い、知ってる気がする。
林 旺成 岡山県

母箱。
川本 秀作 福岡県

一次審査通過作品

寺坂 純一　北海道
昭和の肌も、平成の肌も、これからも肌も。

本間 紘一郎　北海道
恋肌染め。

奈良 純嗣　秋田県
青春は、デリケートだ。

鎌田 明里　茨城県
口コミは、自分の肌に聞いてください。

杉森 舞　栃木県
赤ちゃんが欲しがるもので、出来ています。

狩野 智子　群馬県
安かろう、良かろう。

新井 翔太　埼玉県
小さくなるまで使う彼は、
私のことも大切にしてくれる気がした。

新井 翔太　埼玉県
小さくなったころには、
きっと少し彼に詳しくなっている。

新井 翔太　埼玉県
彼女が使った後は、少し緊張する。

大場 秀男　埼玉県
お宅にも一頭いかがですか?

木村 幸代　埼玉県
お風呂上りの、私が好きだ。

木村 幸代　埼玉県
悩める肌も、健やかな肌も。

鈴木 一真　埼玉県
お嫁さんにしたい香りＮＯ．１。

高橋 操　埼玉県
特別じゃない石鹸でも、
格別であるという事実。

青木 笑　千葉県
スマホよりもこの手にしっくり。

石井 雅規　千葉県
汗ばんだ手と、しっとりした手は違います。

石井 雅規　千葉県
家族がいたから、
小さくなるのが早かったんだ。

石井 雅規　千葉県
石鹸を小さくして、大きく育っていく。

竹ノ内 希衣　千葉県
手のひらに収まるわたしの強い味方

田辺 拳斗　千葉県
浮気を責める前に、
赤箱を使ってないか確認してください。

中島 修平　千葉県
化粧品を変えようかな、
いや石鹸から変えよう

並木 来未子　千葉県
昭和3年生まれ まだまだ現役です。

丸川 祐　千葉県
A5ランクの石けんです。

赤井 大祐　東京都
プレゼントに一つ添えよう。

安宅 小春　東京都
あなたがつくる泡は、きっと優しい。

阿部 亮介　東京都
同じ匂いがする。
あのふたり付き合ってるんだ。

天沢 もとき　東京都
牛乳は、胃も肌も守る。

天野 正晴　東京都
そのニキビ、
潰す前に牛乳石鹸で洗ってみよう。

カ

牛乳石鹼共進社

池田 慧　東京都
肌は、泡を見ている。

石井 彩　東京都
人に優しく、の前に自分に優しく。

石川 知弘　東京都
合宿に持っていったら人気者になった。

磯部 美月　東京都
「皮膚科医推奨」という広告を、
わたしは見たことがない。

伊藤 均　東京都
2020年、
外国人は、何を持ち帰るのだろう。

上田 拓也　東京都
肌がごくごく飲んでいる。

遠藤 玲奈　東京都
清潔に、古いも新しいもない。

奥友 恒　東京都
恋をした。石けんの減りが、早くなった。

奥友 恒　東京都
彼の愛撫がやさしくなった。

奥村 明彦　東京都
沖縄の肌にも北海道の肌にも
ニューヨークの肌にも。

加藤 晃浩　東京都
老若にゃんこも洗えます。

加藤 晃浩　東京都
進化し続けない石けん。

金山 大輝　東京都
肌に流行はない。

狩野 慶太　東京都
肌がキレイな人に、人は弱い。

狩野 慶太　東京都
肌がキレイになったら、あの服買うんだ。

亀田 翔一朗　東京都
石鹼の香りがする人は、きっといい人だ。

河田 紗弥　東京都
いっぱい遊んだね。石鹼で分かります。

河本 拓也　東京都
洗う。笑う。
なんか、似てるね。

神門 圭太　東京都
良いものは時間が教えてくれる

久世 英之　東京都
牛乳で大きくなった。
牛乳できれいになろう。

小塚 竜　東京都
石けんが小さくなるたび、
きみは大きくなっていく

権田 香織　東京都
どれだけ泡になっても、
時代からは消えませんでした。

権田 香織　東京都
普通と呼ばれる名誉。

齋木 悠　東京都
お肌に流行は関係ありません。

佐藤 和久　東京都
のどが渇いたら、牛乳です。
肌が乾いても、牛乳です。

佐藤 和久　東京都
ひとつの石けんを一緒に使える人は、
大切な人です。

佐藤 穣　東京都
牛乳パワーを、朝は口から、夜は肌から。

左東 多佳子　東京都
つまらない授業は、
もっぱら人を眺めています。

左東 多佳子　東京都
「今日って、異常乾燥注意報出てたっけ?」
彼が、わたしの顔を見て言った。

佐藤 博昭　東京都
この石鹼、人を選ばない。

佐藤 博昭　東京都
洗うは、育む。

カ

牛乳石鹼共進社

瀬戸 ヒロノリ 東京都
まっしろな赤

高橋 侑也 東京都
顔を修正しなくなった。

竹中 夕貴 東京都
男は母性に弱いという。
たぶん、それが牛でも。

竹中 夕貴 東京都
あのとき肌に自信があれば、キスしてた。

田中 貴弘 東京都
人は、肌から年をとる。

玉熊 文乃 東京都
対象外年齢はありません。

寺村 南希 東京都
明日こそ、裸になるかもしれない。

内藤 彰人 東京都
昔から肌にも財布にも優しい石鹼。

長崎 芙美 東京都
「好き」って、匂いのことかあ。

長崎 芙美 東京都
赤箱は送らなくていいよ。
ホームシックになるから。

永田 智子 東京都
手に乗る、しあわせ。

中村 れみ 東京都
#おしゃレトロ

中村 れみ 東京都
なつかわいい

永吉 宏充 東京都
未来の肌が明るいと、
人生もきっと明るくなる。

西出 壮宏 東京都
夜つける香水。

野田 正信 東京都
洗うというより、守ってあげる。

幟立 大樹 東京都
100円あればきれいになれる。

橋村 浩幸 東京都
水水水しい肌に

長谷川 慧 東京都
いい匂いがするから、
もう少しギュッとしててもいい？

幡野 麻里絵 東京都
高くて良いのは当たり前。
安くて良いから選ばれる。

浜田 英之 東京都
大好きだ、俺！

早坂 渡 東京都
肌は、体のほぼ全部

早坂 渡 東京都
オトコはみんな、寝顔に弱い

林 次郎 東京都
最後は、服より肌です。

原 おうみ 東京都
洗い流しながら、女はできていく。

平嶋 さやか 東京都
「青春のニオイ」を「青春の香り」に。

三村 彩花 東京都
香水やめました。

宮本 翔太郎 東京都
肌に悩むより、恋に悩んで欲しいから。

守屋 君紀 東京都
若い人には、しっかり汚れてほしい。

山崎 香織 東京都
あなたの肌も、髪も、こころも。

山本 修 東京都
安くて良い物、日本代表。

山本 修 東京都
A5ランクの石鹼。

横井 裕一 東京都
どうして私のなりたい肌なんだ。
父よ。

牛乳石鹼共進社

石塚啓　神奈川県
オープンしたての和菓子屋より、
老舗の和菓子屋の方が信頼できる。

打田倫明　神奈川県
頑張っていたあの頃のニオイ
は今でも覚えている。

岸田悠来　神奈川県
高校デビューは、肌チェンからはじまる。

栗原啓輔　神奈川県
成長期に牛乳を飲んでればよかった。
と思うでしょ?
そのうち牛乳で洗ってればよかった。
とも思いますよ。

鈴木寿明　神奈川県
帰宅時間はバラバラだけど、
同じ匂いの家族です。

高橋文也　神奈川県
国内産だけで固めました

竹田豊　神奈川県
肌がキレイでないコスプレーヤーは、
完成度が低くなる。

天畠紗良　神奈川県
イメージに負けない女の子になろう

冨田真由　神奈川県
オシャレは素肌から

西口滉　神奈川県
顔に使える。
それだけでどれだけ優しいいかが分かる。

西口滉　神奈川県
洗うのは自分の手なのに、
思い出すのは母の手だった。

福島理紗　神奈川県
毎日ずーっと使ってほしいから、
肌とお財布に優しいです。

洞田拓也　神奈川県
恋をすると、
メイクや洋服で誤魔化せない日がくる。

宮坂和里　神奈川県
化粧でごまかせない学生は、大変だ。

小田道夫　石川県
オレのくせに、美肌じゃねーか。

小田道夫　石川県
牛ティフル。

労網知也　石川県
素直な肌に、
育ちますように。

二羽富士夫　石川県
ひとの肌は、
30日ごとに生まれ変わる
あかちゃんです。

眞木雄一　石川県
日本の素肌を守りたい。

竹節忠広　長野県
若いときは、余計な成分は必要ない。

大井慎介　静岡県
お風呂では
スマホじゃなくて石けんを握ろう。

石原佳典　愛知県
強い人も弱い人も使っている。

石原佳典　愛知県
半分どころか、すべてやさしさです。

加藤美美　愛知県
ラジオ体操と同期です。88歳です。

佐々木一之　愛知県
昔から家族でシェアされてました。

鈴木謙太　愛知県
使うのがもったいないものより、
使わなきゃもったいないものを。

舘崎麻美　愛知県
話題作より定番作。

東裕希　愛知県
洗顔というより、磨顔。

真城光紗紀　愛知県
私から美人の匂いがする

カ

牛乳石鹼共進社

水谷 真由子　愛知県
こころのカサカサにも効く。

桂田 圭子　滋賀県
ちゃんと腐るもので、できている。

桂田 圭子　滋賀県
骨のためには牛乳を、
肌のためには牛乳石鹸を。

長橋 好美　滋賀県
皮膚科の先生に薦められました。

今井 文美　京都府
怒られた日は、よく泡がたつ。

今井 文美　京都府
#牛さんありがとう

大司 浩之　京都府
彼にはいつか、すっぴんを見られてしまう。

大司 浩之　京都府
不覚にも、部長の香りにドキッとした。

高津 裕斗　京都府
スベってなんぼの、青春と肌。

林 晏由美　京都府
捨てるトコなし!

三島 直也　京都府
石鹸はシャンプーの代わりができる。
シャンプーは石鹸の代わりができない。

石井 恭子　大阪府
牛乳石鹸 四世代

大村 尚也　大阪府
「僕と同じ石けんをつかってください」

沖垣 みのり　大阪府
【速報】オカンの石けん使ってみたら、
肌の調子よすぎるんだがｗｗｗ

貝渕 充良　大阪府
お肌にも、反抗期がある。

貝渕 充良　大阪府
「料理が得意です」
そんな匂いで言われても。

嘉藤 綾　大阪府
あいつはそんな奴じゃない!
俺は、おなじ石鹸を使う仲だった
からわかる!

嘉藤 綾　大阪府
おっさんみたいな声が出る。
赤ちゃんみたいな肌になる。

川端 恵子　大阪府
※クローゼットにも使えます。

黒坂 謙太　大阪府
カラコン、つけま、牛乳石けん

國井 裕弥　大阪府
赤ちゃんにいいものは、人間にいいものだ。

國井 裕弥　大阪府
浮気しても、この乳に戻ってきちゃう。

林 恭子　大阪府
固形石鹸、デビューしまーす。

平野 由里　大阪府
おばあちゃんの石鹸ではなく、
少女が愛し続けた石鹸なんです。

古澤 敦貴　大阪府
大切な人といるときは、素肌が多い。

三宅 幸代　大阪府
よしよし洗う。

三宅 幸代　大阪府
Made in Japan
Recomend for
souvenir.

安永 亮一　大阪府
女子マネが入部するぞ!

中村 駿作　兵庫県
徹夜の味方は、牛乳石鹸の香りです。

前田 辰弥　兵庫県
目を閉じてくれたら、一番になれるのに。

前田 辰弥　兵庫県
最近、カレがイヌみたい。

密山 直也　兵庫県
アタマ以外は、ツルツルがいい。

カ

牛乳石鹸共進社

美人の基準は変わっても、
美肌の基準は変わらない。
宮本 祐希　兵庫県

小さくなったら足して使う。
秘伝のタレみたいに愛されている。
宮本 祐希　兵庫県

浮気してみて。優しく包んであげるから。
松本朋　奈良県

ほぼスイーツな石鹸です
山村 紘平　奈良県

肌、白いね。
箱は、紅いのよ。
藤田 大地　岡山県

時々、フェロモン。
佐藤 数馬　広島県

日本のお風呂に帰ろう。
高橋 誠一　広島県

ネットで、口コミを見てみてください。
高橋 知裕　広島県

わが家は、四世代、
お世話になってます。
大石 洋介　福岡県

おばあちゃんが生まれた年から
石鹸を作り続けています。
岡本 英孝　福岡県

露出狂みたいな格好ね。
柿本 和臣　福岡県

話が合う。水が合う。
あとは、肌が合うだけか。
柿本 和臣　福岡県

見た目が印象の70％を決めるという。
辻 竜太　福岡県

だんだんカドが丸くなってく。
松本亮　長崎県

君とまた、手をつなぎたいから。
有川 竜平　鹿児島県

１００年たっても、うまいコピーを。

宮崎県都城市の地で生まれた霧島酒造は、
１９１６年の初蔵出しから今年で１００周年を迎えました。
老舗とよばれる１００年企業の仲間入りを果たした今、
これまで以上に美味しい焼酎をつくり、
世の中へさらなる感動を届けていきたいと思います。
次の１００年に向け、
新たな一歩を踏み出した霧島酒造を表すコピーをお待ちしています。

【課　題】１００周年を迎え、新たなスタートに立った霧島酒造を表すコピー
【ジャンル】自由
【参考資料】霧島酒造100周年特設サイト　http://www.kirishima.co.jp/100th/

霧島酒造株式会社　本社：宮崎県都城市下川東4丁目28号1番　TEL:0986-22-8066(お客様相談室)

飲酒は20歳から。飲酒運転は、法律で禁じられています。飲酒は適量を。妊娠中や授乳期の飲酒はお控えください。

霧島酒造

100周年を迎え、新たなスタートに立った霧島酒造を表すコピー
［キャッチフレーズ／テレビCM／ラジオCM］

協賛企業賞並川隆裕（36歳）東京都　クリエイティブ・マインド

飲んだ人の笑顔は、100年前から変わらない。

▼協賛企業のコメント
霧島酒造　企画室　主任
大久保昌博さん

このたびは、協賛企業賞の受賞、誠におめでとうございます。私たち霧島酒造は昨年、創業100周年を迎え、老舗企業の仲間入りをさせていただきました。2017年は101年目の新たなスタートを切る、節目の年です。創業以来、霧島酒造は皆さまの笑顔に支えていただき、100周年を迎えることができました。人生には様々な場面があるかと思いますが、今後どのような時代であっても、霧島焼酎は皆さまの人生に、そっと寄り添える存在でいたいと考えております。受賞作品はそういった「これまでとこれからの100年」について表現されていたため、選出させていただきました。このコピーの通り、100年後も変わらず、飲んだ方を笑顔にできるよう、努めていきたいと思います。最後になりますが、受賞者をはじめ、ご応募いただいた皆様に厚く御礼申し上げるとともに、今後の益々のご活躍をお祈り申し上げます。

三次審査通過作品

日月 雅人 東京都
本気で生きると、死ぬほどウマいね。

石樽 康仲 愛知県
透明な年輪。

二次審査通過作品

伊藤 大樹 東京都
霧島、芋焼酎やめないってよ。

中辻 裕己 東京都
夜のバカは、褒め言葉だ。

渡邉 鉄平 東京都
人が好きでなきゃ、酒は造らなかった。

竹田 豊 神奈川県
行ったことはないが、飲んだことはある。

北川 秀彦 大阪府
なんてにぎやかな一人の夜だろう。

密山 直也 兵庫県
人間、真面目に生きてりゃ、酒もいる。

山田 大輝 福岡県
気を使わなくていい、１００歳。

小柴 桃子　東京都　テレビCM

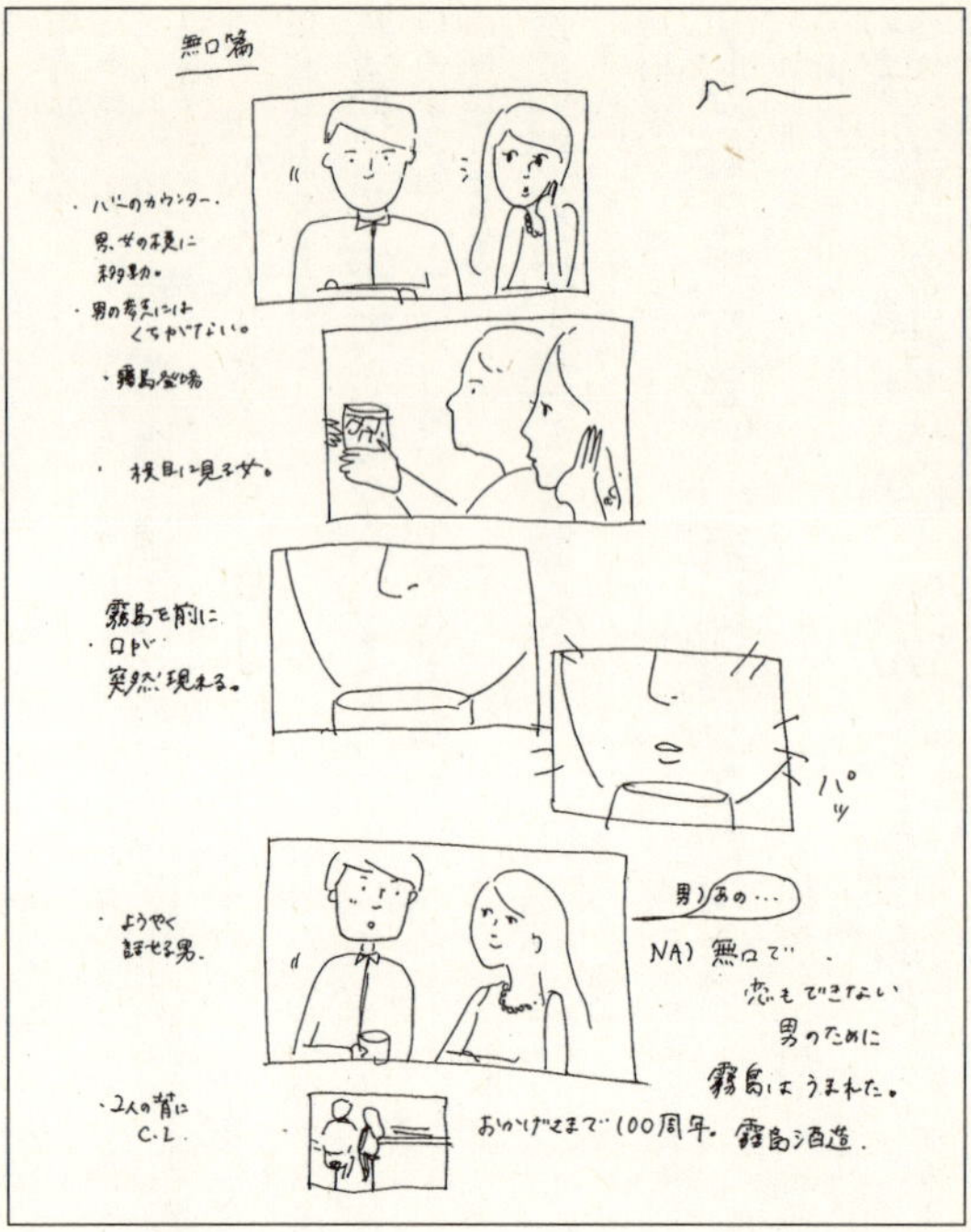

河野 正人　愛知県　テレビCM

戦争中。傷を負った仲間に対して。

「いま、消毒してやるからな！」

焼酎のびんを手にとり、
口に含み、傷口に吹きかけようとするが…

のどのアップ。

「ゴクッ」

消毒のことは忘れて、飲んでしまう。

NA＋タイトル：つい飲んでしまうおいしさ。

タイトル：霧島酒造 100周年

傷ついている兵士。

「俺にも、一口くれ…」

塩見 勝義　東京都　ラジオCM

「氷の音」篇
SE：グラスの中で氷が鳴る音
女性：この音が、
アイスコーヒーの音に聞こえたら、
あなたは、もうちょっと頑張れる。
お酒の音に聞こえたら、
今日は、おつかれさま。
NA：おつかれさまと、100年。霧島焼酎

浜田 英之　東京都　ラジオCM

男1：なあ、100年後ってどんな未来だと思う？
男2：想像もできませんね。
男1：私達の作品はまだ読まれているだろうか？
男2：どうでしょう。
男1：君の名前の賞ができているかもな。
男2：まさか。
男1：いや、この前の面白かったしわからんよ。さて、出版祝いにもう一杯いこうか。
男2：これは？
男1：新しく出た焼酎だよ。霧島というそうだ。
NA：1916年、芥川龍之介小説「鼻」を出版し、師匠・夏目漱石が絶賛。同年、霧島誕生。歴史は今に続く、100周年の焼酎、霧島。

畑本 佳緒　神奈川県　ラジオCM
男1：なあ、100年後、人間ってどうなってると思う。
男2：うーん…夜が来たら、やっぱり飲んでるんじゃないかなぁ。
SE：（グラスの氷が溶けて、音を立てる。）
N：夜があるかぎり、無くならないもの。
100周年を迎えた、霧島酒造です。

一次審査通過作品

寺坂 純一　北海道
時代や人が変わっても、変わらない味がある。

荒木 健文　宮城県
成分は、忘れられない思い出。

佐藤 淳広　宮城県
もう一杯、もう百年

安部 眞史　茨城県
皆様に、老舗にしていただきました。

工藤 由行　茨城県
地酒から、地球の酒へ。

柴田 賢一　茨城県
百年一酒。

大野 忠昭　埼玉県
100年たっても、まだまだイモです。

田中 直樹　埼玉県
言えないコトバを、
伝えてきました。

広瀬 岬　埼玉県
100年前を忘れずに、
100年後を迎えたい。

川村 和　千葉県
同じ味をつくり続けるんじゃない、
美味い味をつくり続けるんだ。

堤 博文　千葉県
ゼロがふえるとき
ゼロにもどるとき

平賀 千晴　千葉県
いろいろあった。それでいい。

阿部 友紀　東京都
味にうるさい日本で、
100年間を生き抜いた酒なら、
世界で戦えると思う。

天沢 もとき　東京都
大正イモクラシー

天沢 もとき　東京都
勝っても負けても、呑むんだよねぇ。

石川 知弘　東京都
長生きしようと、思える酒に。

伊藤 均　東京都
100年たっても、新しい霧島。

大江 智之　東京都
百年分の喜怒哀楽とともに。

大舘 美那実　東京都
100年分の「ありがとう」が、
原材料に加わりました。

大原 結　東京都
大人を抱きしめてきた100年。

霧島酒造

岡部裕子　東京都
守る人と攻める人がいて、霧島があります。

亀村遼　東京都
日本人のスピリッツ

桐ヶ谷あすみ　東京都
挑戦して、這い上がって
そんな日本を作ってきた皆さんと乾杯したい

桐ヶ谷あすみ　東京都
もう一度、
はじめまして。

慶本俊輔　東京都
父にあげた。息子がくれた。

小島翔太　東京都
いろいろあった日は、いつもと同じがいい。

後藤裕彦　東京都
妻が好きな霧島は、
彼女の父親が好きなお酒です。

小宮央　東京都
イモベーションは、
終わらない。

孔可斌　東京都
一回ぐらいの浮気は許すよ。

佐々木秀幸　東京都
ヒラリーさん、おつかれさまでした。

佐藤日登美　東京都
霧島の100周年を祝う。
飲む口実ができました。

沢亮佑　東京都
100って恥ずかしいね。
なんだか出来上がったみたいじゃない。

鈴木理恵子　東京都
そうだろう、霧島。
どうしよう、霧島。
おめでとう、霧島、

瀬戸ヒロノリ　東京都
うまいことは言わない。うまいから。

高橋実希　東京都
黒白つけずに、赤い頬したあなたと

高山尚記　東京都
霧島酒造、喜怒哀楽。

武田道生　東京都
私は、あなたの何周年？

竹村弥生　東京都
土地より先に思い出す。

日月雅人　東京都
世界をひとつにするのは、
英語でも、ネットでもなく、
美味しいものだ。

田中圭一　東京都
100年変えない勇気。

塚田智幸　東京都
200周年を迎え、新たなスタートに
立った霧島酒造を表すコピー
2116年の、宣伝会議賞の課題です。

手代森修　東京都
味のわかる人間も、
掘り起こしてきたと思う。

手代森修　東京都
美味いことは、百も承知です。

寺村南希　東京都
まだ使っていない色がある。

富田貴之　東京都
1世紀に、乾杯。

内藤崇博　東京都
白黒つけな赤ん

中辻裕己　東京都
人生の正解はないけども、今夜の正解はある。

中辻裕己　東京都
酸イモ、甘イモ、老イモ、若イモ。

並川隆裕　東京都
飲んだ人の笑顔は、
100年前から変わらない。

幟立大樹　東京都
100年続けてきたことを
100年経っても続けていたい。

カ

霧島酒造

早坂あゆみ　東京都
晴れの日も、雨の日も、霧の日。

福井康介　東京都
大人が愉快な国の未来は、明るい。

福岡万里子　東京都
霧島3代目になりました。
作り手も、飲み手も。

藤曲旦子　東京都
次の百年の喜怒哀楽とともに。

藤曲旦子　東京都
100年が、どうした。

星合摩美　東京都
100年に甘えない。
100年を恐れない。

松永実　東京都
いい夜から、いい明日は生まれる。

松野卓　東京都
自分と話したい夜がある。

味村伊澄　東京都
生き残ったのではなく、
一緒に生きてきたのです。

森明美　東京都
酒は100年経ってから。

安井幹雄　東京都
ただいも。

柳俊輔　東京都
幸せにするのって幸せだ。

横山裕紀　東京都
百年練磨

渡邉鉄平　東京都
これからも美味しくなるだけだ。

江島隆文　神奈川県
いい酒は、途切れない。

酒向渉　神奈川県
ゆびきりしま。

柳元良　神奈川県
飽きない味は、100年続く。

山本晃久　神奈川県
100年分の感謝の気持ち、
色を付けてお返しします。

眞木雄一　石川県
戦争のない100年に、なりますように。

吉田厚子　石川県
きれいな土地の、100年もの。

輿嶋一剛　岐阜県
イヤホンより喧騒が消える。

輿嶋一剛　岐阜県
ちゃんと100年の味がする。

大井慎介　静岡県
もう1杯、もう100年。

五十川美穂　愛知県
謹んで、先へ。

伊藤美幸　愛知県
100年、いい気分。

近藤久雅　愛知県
100年の純度。

佐々木一之　愛知県
飽き性の日本人が、
飽きない100年の味です。

鈴木謙太　愛知県
大人をちょっと大人にする。

鈴木謙太　愛知県
いつも、いもと、いつまでも。

鈴木謙太　愛知県
100周年に、酔っていられない。

鈴木謙太　愛知県
お酒は百歳になったから。

中村和彬　愛知県
全国のおとうさん、
100年間お疲れ様でした。

中村和彬　愛知県
人工知能も、飲みたがるのだろうか。

山中彰　愛知県
あなたの人生で、割ってください。

真弓 渚　三重県
ブームを疑う

北出 鈴花　滋賀県
霧、晴れゆく。

木内 恭兵　京都府
百年。だからどうした。また一日。

津田 惇　京都府
100年前から、好きでした。

浜窪 拓海　京都府
一緒に呑みたい人がいます。
僕はしあわせものです。

浜窪 拓海　京都府
背伸びしない。いもでいい。

林 泰宏　京都府
やっと100年、もっと100年。

福島 憲太　京都府
もまれ、みがき、かがやく

三島 直也　京都府
幸せは、注ぐもの。

岡村 祥汰　大阪府
五感が笑ってる

木戸 麻友美　大阪府
100周年に、酔いしれるな。

高橋 歩　大阪府
みなさんこそ、お疲れ様でした。

西岡 あず海　大阪府
霧島は、じぶんに酔いません

林 恭子　大阪府
あなたの霧を晴らしたい。

林 恭子　大阪府
次は霧島で、世界平和を語り合ってください。

河野 涼子　兵庫県
あなたの好きな色は何ですか?

原 孝幸　兵庫県
これまでも これからも ここから。

密山 直也　兵庫県
映画より泣いたり笑ったりできる、
1本がある。

向井 睦美　兵庫県
100年前は地球に本社があったんだって。

中野 勇人　奈良県
一生、瓶。
霧島酒造

伊藤 彰広　和歌山県
お酒はワタシに会ってから。

浜中 将幸　和歌山県
こぼすのは、笑顔でありたい。

高橋 誠一　広島県
これからも毎晩、会いましょう。

飯田 祥子　福岡県
二杯目があり、100年がある

江副 佑輔　福岡県
100年、流行したとも言う。

佐藤 隆男　福岡県
りきまず・おしまず

山田 龍一　長崎県
世界に誇れる芋の酒を、100年目指し続
けてきました。

小島 功至　熊本県
本音に、花を咲かせましょう。

柴田 賢一　茨城県　テレビCM
霧島酒造100周年シリーズCM
「タイムトラベラー」
①「出会い」篇
主人公の良太(30歳くらいのサラリーマン)
が帰宅する。
ドアに鍵を入れて回す。ドアに鍵がかかっ
て開かない。
もともと鍵が開いていたことに気付き、
あわててもう一度鍵を回して、ドアを開ける。
部屋に入って電気を点ける。スーツに帽子
姿の男性が立っている。
良太:うわっ!泥棒!
男性:違う!
良太:動くな!今通報するからな・・・
男性:落ち着けって。
　美由のために花壇の下に合鍵を入れてる

だろ。
良太：なんで知ってんだよ？ストーカーか？
男性：今日で会社を辞めたやつ、ストーカーしてどうするんだ。
良太：えっ。
男性：私は、
帽子を脱ぐと、Aが老けたような、50歳くらいの男が立っている。
男性：君だよ。
良太：は!?
S：続く
S：霧島酒造は100周年。
Cl：霧島酒造

②「衝撃」篇
良太：本当に俺・・・？
男性：信じてよ。ちょっとスマホ出して。
男性は良太が取り出したスマホのボタンに指を置き、
指紋認証でロックを解除する。
良太：マジか・・・。
男性：会社の福利厚生でね、過去に時間旅行ができるんだよ。黒霧島。買い置きあるよね。飲ませて。
良太：はあ？
男性：せっかく未来から来た客だよ。
しぶしぶキッチンに立つ良太。
2つのグラスに氷を入れ、黒霧島を注いで男性に差し出す。
男性：好物だから自分の分も用意したんだね。じゃあ、乾杯！
強引にグラスを合わせてから、飲む。
男性：うまいな。この頃は100周年か。
良太：未来で好きなだけ飲めばいいだろ。
男性：それが、霧島酒造は将来・・・
良太：えっ・・・？
S：続く
S：霧島酒造は100周年。
Cl：霧島酒造

③「解氷」篇
男性：霧島酒造は・・・続いてます！
良太：驚かせるなよ。俺って、こんな軽いおじさんになるの？
男性：営業で身に着けたユーモアだよ。
良太：うわあ・・・営業の仕事するの？でさあ、おじさん。
俺、美由とはどうなるの？
男性：どうって、結婚して尻に敷かれてるよ。
良太：良かった・・・ていうか、言っていいの？こういうのって、普通濁したりするでしょ。
男性：安心してくれ。夜が明けるとぜーんぶ忘れてるしくみだ。
良太：なんだよ。
男性：まあまあ。僕も元の時代に戻ったら今日のこと全部忘れちゃうんだよね。
良太：そうなんだ。
男性：だから、一夜限りの夢ってわけ。今夜は、未来のことなんでも教えてあげるよ。
グラスの中の氷が解けて、カランと音がする。
M：～♪
上着を脱いだ二人。顔をすこし赤らめて、打ち解けて旧友に会ったように楽しそうに会話しながら、
焼酎を、おつまみを楽しむ。
音楽で会話はわからない。
画面が暗転する。
S：続く
S：霧島酒造は100周年。
Cl：霧島酒造

④「名刺」篇
美由：起きて。ねえ良太くん。起きてよ。
良太：美由・・・？
朝の雰囲気。
美由：スーツ着替えずにお酒飲んでたの？誰が来たの？
良太：えっ・・・覚えてない。
美由：この上着、あなたのじゃないでしょ。ポケットに入ってたこの名刺入れも。
良太：本当だ。誰のだ・・・？
名刺を1枚取ると、
「霧島酒造 営業部主任 佐々木良太」と書いてある。
美由：霧島酒造のお酒が好き過ぎて、霧島酒造に転職したの？
良太：してないよ！できるならしたいくらいだけどさ。
二人で首をかしげる。
未来。
霧島酒造の社屋。
オフィスで男性が会議室に客を通し、上着から名刺入れを取り出すと、
見慣れない名刺入れ。怪訝そうな顔をする男性。

中には過去の会社の自分の名刺が入っている。

過去に戻って上着を取り違えたことに気付くと、

「あちゃあ」というような表情を浮かべるが、すぐに笑顔になる。

S：霧島酒造は100周年。

これまでのファンと、これからのファンのために、おいしい焼酎を造り続けます。

CI：霧島酒造

大竹健一 千葉県 テレビCM
「大樹」編 15秒
丁寧に、木の苗を植える人。
NA：これからこの苗が、立派な大木になるまで、
変わらず、美味しい焼酎を。
霧島酒造。100周年。そして、次の100年へ。

小林猛樹 千葉県 テレビCM
■高校の同窓会。50歳を過ぎた級友たちが呑んで食べて談笑している。
■一人の少しさえない笑顔の男にズーム。
NA：時代を変えてやるって言ってたあいつ。ずいぶん変わっちゃったな。でも幸せそうだ。
■みんな楽しそうに霧島を飲んでいる。テーブルには霧島のボトル。
NA：その気持は100年前と変わらない。
時代と共に変わり続ける、これからも、霧島酒造。

石丸桃花 東京都 テレビCM
中学生くらいの男の子が、新聞を読んでいる父の後ろ姿を少し離れて見ている。
男の子N：父は冷たい人だった。
母が病院に運び込まれ、父を待つ男の子。急いでやってくる父。男の子の表情を見て事態を悟るが、会話はない。
男の子N：父は冷たい人だった。
母の写真を握って真っ暗な部屋ですすり泣く父。その姿を偶然見かける男の子。
男の子N：父は、、、
大学生になった男の子が家に帰ってくる。父と食事をしているが、会話はない。男の子が席を立とうとする。
父「おめでとう。」
男の子「えっ？」
父「今日で20歳だろう。」
スッと何かを机に置く父。
男の子「これ、母さんが好きだった・・・。」
父「そう、母さんとよく飲んでてな。今日は二人で飲もう。」
照れながら話す父。嬉しそうに微笑む息子。
NA：しあわせなひととき。霧島酒造。

内村雅也 東京都 テレビCM
霧島酒造の酒の瓶の横で、アインシュタインが一般相対性理論を書いている。字幕で「1916年」

たまに霧島酒造の酒を飲む。

ついに書き終える。

アインシュタイン：「yee-Mehlbeere（ドイツ語でやったー）」

NA：霧島酒造は100周年。

郡司嘉洋 東京都 テレビCM
SE：レストランの喧騒
厳格なイスラム教徒の客が、隣のテーブルで霧島を美味しそうに飲むカップルを眺めている。
やがて我慢できずに、ウエイターを呼ぶ。
客：「Hei、オニーサン、キリシマ、アルコールヌキデ」
NA：世界で愛される焼酎を目指しています。
霧島酒造。

佐藤真 東京都 テレビCM
「親から子へ篇」

居酒屋のカウンターに父親と息子がいる。

父親が黒霧島を息子のグラスに注いで、2人が乾杯する。

父：就職おめでとう。

息子：ありがとう。

父親が息子の親指の傷を見て呟く。

父：子供のときにつけた傷、治らないな。

息子：うん。

父（笑いながら）：あの時は大変だったんだぞ。

お前が蜂蜜の瓶、頭から被ってなぁ。

息子が微笑み、グラスを置く。グラスのアップになる。そのグラスを女性の手が持ち上げ、息子が座っていた場所に女性がいる。

女性：ん。美味しい。

父親が座っていた場所に、父親と同い年ぐらいの別の男性がいる。

男性：やっぱ、焼酎好きの血は争えないな。

女性が男性の親指を見て呟く。
女性：お父さん、そんなとこに傷あったの？
男性：ん？あぁ、小さい頃につけた傷だ。あ、そういえば俺がお前ぐらいの年の頃、今みたいに親父と一緒に焼酎飲んだなぁ。
女性：ねぇ、今度じいちゃんと3人で飲もうか？
男性：じいちゃん喜ぶな、きっと。
商品カット
S：霧島は、100周年を迎えました。
NA：芋焼酎は、霧島。

田中康紘　東京都　テレビCM

茶の間で会話する父と娘。
父に霧島をつぐ娘。
母が入ってくる。
母：お父さん、今日もそれ飲んでるの？
ふたりで晩酌するの最後なんだから、何か違うもの飲んだらいいのに。
父：いつもどおりでいい。
どうせ明日はシャンパンだのなんだの、よく分からん酒飲まされるんだ。
家でくらい、好きなもの飲ませろ。
母：頑固なんだから。
娘：いーいの、お母さん。
家でくらい、今日くらい、
いつも通りでいいの。
いつも通りがいいの。
黙って娘に霧島をつぐ父。
涙ぐみつつ注がれる娘。
娘：ありがとうね、お父さん。
寂しそうに笑う父。
父：今日までだからな。
NA：特別なひとときに、いつも通りを。霧島酒造

中垣雄介　東京都　テレビCM

ボウリング編
ボウリング場にて
鋭い目つきでボールを構える男性。
投球。
SE：ゴロゴロゴロゴロ
ピンは霧島の酒瓶。（以下霧島ピン）
ストライクコースを捉え霧島ピンに当たるもビクともしない。
SE：ゴンッ！（霧島ピンとボールがぶつかる音）
NA：不動の存在。霧島酒造。

中村将人　東京都　テレビCM

『追憶』篇（30）
公園のベンチで話す若い男女。
男「俺、付き合ってる時は絶対に浮気しない」
女「それって本気になるかもしれないってことだよね」
男「・・・」
SE　カラン（グラスの中で氷がとける音）
（シーン変わる）
少し歳を重ねた男が、霧島の焼酎を飲んでいる。
男（OFF）「今なら、わかることもある。
今から、わかることもある。」
S　これからも、霧島。

廣本嶺　東京都　テレビCM

「墓参り」篇
墓参りに来ている親子。
お墓に霧島をかける父親とそれを見ている息子。
父：俺が死んだら、お前も霧島かけてくれよ。
息子：うん！
母：ちょっとー、変なこと教えないでよ。
笑い合う親子。
NA：世代を超える、思いをつなぐ。霧島酒造。

廣本嶺　東京都　テレビCM

「親父と俺」篇
NA（男）：俺は、親父が大嫌いだった。

回想。父とけんかしている男。

NA（男）：何をやっても意見が合わず、好みも考え方もバラバラ。最後まで、交じ合うことはなかった。

仏壇の前で霧島を飲む男。

NA（男）：でも、好きな酒だけは一緒だな。

仏壇には嬉しそうに霧島を飲んでいる父の写真。

男：俺が死んだら、一緒に飲もう。

NA：世代を超える。今年で100周年、霧島酒造。

廣本嶺　東京都　テレビCM

「3世代」篇
ジュースを飲みながらテレビで野球の試合を見ている男の子。
男の子：やっぱりホームランバッターといえば筒香だな！

霧島を持って男の子の隣に座る父。
父：いーや、ホームランバッターといえば
　ゴジラ松井だろ！
父の隣に座り、父の霧島を自分の杯に注ぐ
祖父。
祖父：いーや、ホームランバッターと言えば、
　世界のホームラン王、王貞治だ！
男の子：筒香！
父：松井！
祖父：王！
男の子・父・祖父が、それぞれジュースと
霧島を飲んで一息つく。
NA：霧島は、時代とともにある。おかげさ
　まで100周年。霧島酒造。

横田 歴男　東京都　テレビCM

【100年後】篇
晩酌を楽しんでいる夫婦の目の前に、突然、
紳士が現れる。
「お二人のために100年後の霧島を持っ
て来ました。さぁ、どうぞ一献。」
トクトクトクトク・・・
「ング、ング、ング・・・ぷはぁ、うめぇ。
かあちゃん、こりゃあ、ウチにある霧島と
おんなじだぁ！」
NA：100年たっても、変わらぬ味わい。
　霧島酒造

渡辺 純敏　長野県　テレビCM

内田裕也がグラスを持っている。

グラスの中には霧島のロック。

内田（乾杯のポーズで）

「ロックンロール」

NA：100周年。霧島。

榊原 慎吾　愛知県　テレビCM

ナレーションにあわせた風景の映像。
（霧島市内の映像）
この川ができたのは約400年前。
この山ができたのは約30万年前。
この地球ができたのは約46億年前。
そこにスーパーとナレーションーN
「地球の歴史から比べたら、まだまだ出来
る。」
人類が生まれて20万年前。
「さらに次の100年へ 霧島酒造」

福島 亮介　愛知県　テレビCM

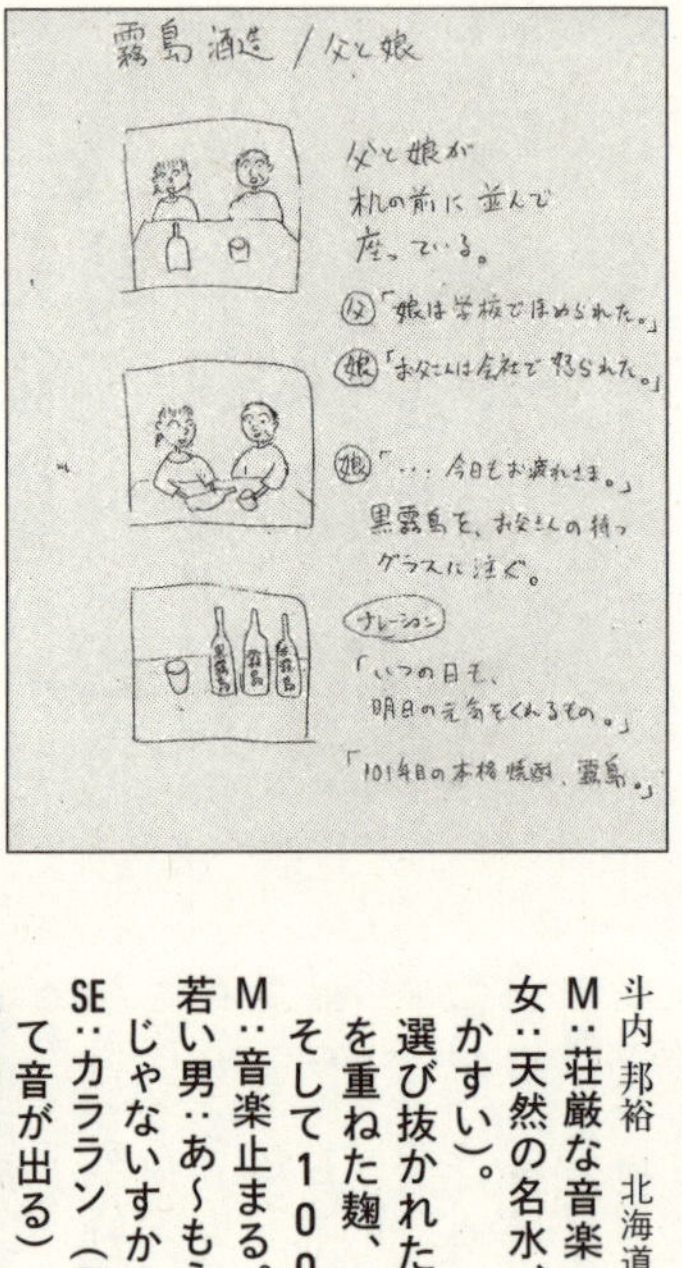

江副 佑輔　福岡県　テレビCM

【しゃっくり】篇
居酒屋での飲み会の風景。
霧島で一杯をやっている人々。
顔を赤らめ、楽しい様子。
霧島のボトル。グラスを一口飲むと、
男性が「ひゃっく」としゃっくり。
どこからともなく「ひゃっく」と、
しゃっくりが続いて聞こえてくる。
N：愛されて、ひゃっく（100）周年。
L：霧島酒造

大石 洋介　福岡県　テレビCM

一面の霧。だんだん晴れてくるにつれて現れ
る、霧島製品の数々。
NA：テロップ 100年 霧島

斗内 邦裕　北海道　ラジオCM

M：荘厳な音楽
女：天然の名水、霧島裂罅水（きりしまれっ
かすい）。
選び抜かれたサツマイモ黄金千貫、研究
を重ねた麹、
そして100年の歴史と最新の技術で…
M：音楽止まる。
若い男：あ～もう！そんなの、どうでもいい
じゃないすか！旨くっていいっすよこれ。
SE：カラランッ（ロックグラスの中の氷が溶け
て音が出る）
NA：創業100周年。焼酎で、世界をどこ
までも美味しくする。
霧島酒造

山崎 みず枝　岩手県　ラジオCM

N（二十代女子）私はお酒が全く飲めません。でも、毎晩のように霧島を飲んでいる父の姿は見ています。頬を赤らめ、ケタケタ笑い、とってもご機嫌そうな父。そんな父と一緒にいると、私も酔ったように楽しくなるんです。飲まなくても伝わってきます。100年皆に愛されてきた訳が分かります。
いつか、私も飲めるようになりたいな…。「霧島酒造」の焼酎。これから先もずっと作り続けて下さい。

柴田 賢一　茨城県　ラジオCM

夫：うぅん…
妻：あっ、起きた。
もう。夜中に酔っぱらって帰ってきて。
どこで飲んだの？
夫：覚えてない。
妻：誰と飲んだの？
夫：覚えてない。
妻：何を飲んだの？
夫：黒霧島と白霧島と赤霧島と・・・
NA：忘れられない焼酎がある。
霧島酒造は、100周年。

樫村 めぐみ　東京都　ラジオCM

【ドキュメンタリー番組】篇
番組NA：宮崎県都城市の地で生まれた「霧島酒造（さけぞう）」は、1916年から今年で100年を迎えました。
「霧島酒造（さけぞう）」は、常に安定した品質を保てるよう、創業当時の製法を守りながら、その技術に磨きをかけてきました。
「霧島酒造（さけぞう）」は、「品質をときめきに」の企業スローガンのもと、日々焼酎づくりに取り組んでいます。
・・・（少しの間）
番組NA：訂正いたします。先程「霧島酒造（さけぞう）」と申しましたが、正しくは「霧島酒造（しゅぞう）」です。
NA：100年続くうまさに間違いはない。

武田 道生　東京都　ラジオCM

NA）100年飲まれる芋がある。
100年飲んでる人はいない。
SE）焼酎が氷の入ったグラスにつがれる音
NA）人より長く、生きる芋。
おかげさまで100周年。霧島酒造。

長井 謙　東京都　ラジオCM

〇相棒篇
20代の男「クッソー、部長め、見てろよ！」
男A「その調子だ！見返してやれ！」
（間）
30代の男「あー。プロポーズの言葉どうしよう」
男A「かっこつけずに、素直にいきな！」
（間）
50代の男「今日、息子が就職祝いを送ってくれたんだよ」
男A「そいつは、めでたいね！一緒に乾杯だ！」
（間）
70代の男「ついに、俺にも孫ができるのか」
男A「月日が経つのは早いねぇ」
SE「カランカラン」（氷の音）
NA「悩んだ時も、嬉しい時も、ずっとあなたの相棒です。愛され続けて100周年。霧島酒造」

幡野 麻里絵　東京都　ラジオCM

・SE（ドアの開く音）
妻「おかえりなさい！お風呂にする？ごはんにする？それともわ・た、し」
夫「（食い気味に）黒きりと飯」
SE（ドアの開く音）
妻「おかえりなさい！お風呂にする？ごはんにする？それともわ・た、し」
夫「（食い気味に）風呂の後に黒きり」
SE（ドアの開く音）
妻「おかえりなさい！お風呂にする？ごはんにする？それともわ・た、し」
夫「（食い気味に）お前と黒きり」
妻「まあ（ハート）」
NA「愛され続けて100年」
妻「これからも愛してね」

廣本 嶺　東京都　ラジオCM

「じいちゃんの夢」篇
祖父：タカシの将来の夢はなんだ？
タカシ：えっとね、プロやきゅうせんしゅでしょ、おわらいげいにんでしょ、けいさつかんでしょ、それから…

祖父：いっぱい夢があっていいな。
タカシ：じいちゃんのゆめってなに？
祖父：そうだな、タカシと霧島を飲むことかな。
タカシ：なにそれ、へんなゆめ。
NA：世代を超える、思いをつなぐ。１００周年、霧島酒造。

下園 信太郎　大阪府　ラジオCM

SE：コクコク…。
※何かを飲んで、喉を鳴らす音。
男：ん？これは？
SE：コクコク…。
※再び何かを飲んで、喉を鳴らす音。
男：やはり、これは…。
※再び何かを飲んで、喉を鳴らす音。
男：ふう…。
男：またこの味を楽しめるとは…。
ナレータ：霧島酒造は１００周年。そろそろ最初のお客様が生まれ変わる頃合いかと。今世でもよろしくお願いします。

佐藤 数馬　広島県　ラジオCM

上司：今日、一杯どうだ？
上司（心の声）：悩み聞くぞ。
上司：今日、一杯どうだ？
上司（心の声）：最近、調子どうだ。
上司：今日、一杯どうだ？
上司（心の声）：よくやった。おめでとう。
NA：日本の「一杯どうだ？」には様々な想いが込められている。今年で１００周年を迎えた霧島酒造は日本の「一杯どうだ？」をこれからも支えていきます。

（日々の支払いを、100％カードにするだけで）

何の努力もなく トクすることを、教えてあげたい。

担当者のつぶやき

24時間365日、生活の中で起きる出来事は、ほぼカードで支払うことができます。毎日のコンビニでのお買物、ファミレスでの食事、飲み会の支払い、毎月の新聞購読費、光熱費、携帯電話代、定期代、休日のドライブでの高速代、海外旅行予約時の支払い。そして毎年払う税金などなど。これらの支払いを、現金からカードに変えるだけで、ポイントがたまる。しかも、いちいちキャッシュを持ち歩かなくてもよくて安心だし、ATMに行かなくてもすむ。さらに、海外でも両替の必要がない。もし、現金を落としたら戻ってこないけれど、カードなら補償があるから安心。クレジットカードにするだけで、なんの努力もなく暮らしでトクができるのですね。

【課題】 生活をするうえでの支払いを100％カード払いにしたくなる！しなくては！と思わせるような広告アイデアを募集します。
【ジャンル】 キャッチフレーズ、ラジオCM、テレビCM
【参考資料】「セゾンカード」で検索していただき、ホームページをご覧ください。

セゾンカード　検索

永久不滅ポイント　永久不滅.com　SAISON CARD INTERNATIONAL　UC

クレディセゾン

生活をするうえでの支払いを 100%カード払いにしたくなる!しなくては!と思わせるような広告アイデア
［キャッチフレーズ／テレビ CM ／ラジオ CM］

協賛企業賞

廣田 顕久（44歳）岡山県 ビザビ

盲点ですよね。小銭がないから余計な買い物をしなくなるってこと。

▼協賛企業のコメント
クレディセゾン
営業企画部 部長
相河利尚さん

このたびは、協賛企業賞受賞、誠におめでとうございます。私たちは日々、「脱・現金」を掲げてクレジットカードをお勧めしております。高額なお買物の時だけクレジットカードを使うというお客さまが依然として多い中、コンビニなどの少額決済でもカードを使っていただきたいというメッセージが込められた、良いコピーに出会えました。財布の中に小銭があると必要もないのについもう一つお買い物をしてしまう、そんな経験は誰にでもあるのではないでしょうか。カード利用を習慣化すると財布から小銭が消え節約にもなる、という新しい視点が、今までとは違ったカードの価値を表現してくれています。最後になりましたが、受賞者の方をはじめ、たくさんのおトクを発見いただいたことに心から感謝し御礼申しあげますとともに、ご応募いただきました皆さまの今後のますますのご活躍をお祈り申しあげます。

カ
クレディセゾン

三次審査通過作品

橋本 士臣　広島県
現金な人ほどカードだ。

二次審査通過作品

立林 宏典　埼玉県
カードだと、生きてるだけでトクをする。

飯塚 逸人　東京都
現金の落とし物は、東京だけで年間34億円あります。

大塚 紀雄　東京都
未来の自分がうらやましい。

國分 足人　東京都
つまり、全ての会計が、自動改札になるってこと。

新谷 陽一　東京都
ノーリスク ちょっとリターン

髙木 浩平　東京都
円を、ポイントのつく貨幣に。

田中 圭一　東京都
お金？あぁ奈良時代からあるやつね。

樋口 晃平　東京都
死なないかぎり、得する。

浅井 誠章　神奈川県
お金には全く得点力がない。

鈴木 憲一　静岡県
1万円って、誰の肖像でしたっけ？

伊藤 美幸　愛知県
毎日毎日、貯まったもんじゃ。

人生はカネじゃない。カードだ。
村上正之 愛知県

商店街のおばちゃんが「カード使えるよ」といった。
岡真一郎 大阪府

鎌田明里 茨城県

【無駄遣い】篇
こそこそと妻には内緒で高いゴルフグッズを買う夫。
休日、夫が居間でテレビを見ている時に
妻が夫の部屋で真新しいゴルフグッズを見つけてしまう。
妻「ちょっと!!!!!なにこれ!!!!」
夫「えっ、あっ、それはその…!」
夫に詰め寄る妻
妻「ちゃんとカードで買ったんでしょうねぇ!!」
夫「へっ?」
NA「無駄遣いより、無駄な払い方が気になります。
賢く貯めるならセゾンカード。」

佐藤晋 東京都

ありふれた、レジでのお会計の風景。

男性がセゾンカードを店員に渡す。

【店員】ご利用回数は?

【男性】数え切れないくらいです。

【店員】え?あの…。

【男性】ああ、毎日です。ショッピングも、ネットも携帯も公共料金も、全部カード払いです。

【店員】あのー…(1回めとニュアンスを変えて)。

【男性】しかも永久不滅ポイントという、有効期限なしにじっくり貯められるポイントが付くんです。

【店員】ゴクリ…(喉が鳴る音)。

【店員】あの!

ちょっとした間。

【店員】もっと詳しく聞かせてもらってもいいですか?

引きの画。

【NA】ふとしたことから貯められる。セゾンカードの永久不滅ポイント。

中辻裕己 東京都

居酒屋にて。
ダチョウ倶楽部が飲み会をしている。
そこへ店員さんがお会計を持ってくる。
肥後「ここはリーダーの俺が」
寺門「いやいや、今日は俺に出させてよ」
二人が手を上げてどちらが払うかアピールしあう。
肥後「俺が払う」
寺門「いや、俺が払う」
それを見ていた上島が、いつものように遅れて手を上げる。
上島「じゃ、じゃあ俺が払うよ」
(少しの間、沈黙)
どーぞ、どーぞと二人が上島に会計を譲るかと思いきや、
3人のアピール合戦が続く。
肥後「やっぱり俺が払う」
寺門「絶対に俺!」
上島「俺に払わせろって」
NA:セゾンカードなら、お買い物でおトクにポイントがたまります。
セゾンカード。

西田峻也 東京都

コンビニで支払いを済ませた男が店を出て、レシートをポイ捨てする。

それを見た店員がレシートを拾い、男に駆け寄る。

店員「ちょっと!!」
振り向く男。
店員が、レシートを見せながら、
店員「ポイ捨てしていますよ。」
男「あ?」
店員「ほら、この560円。現金で払ってますね。ポイント捨ててますよ。」
男「え?」
店員「カードで支払えば、毎回のお会計でポイントが付いてきます。」
男にレシートを返す。
NA:「日々の支払いで、ポイントのある生活を。セゾンカード。」

杉村 和彦　北海道
娘:お母さん、どうして万引きなんてしたの!
いい大人なんだから、しっかりして。
母:つい、できごころで。ごめんなさい。
店長:反省されてもね…困るんですよ。
娘:ほんと、困るのよ。万引きじゃ、ポイントつかないんだよ!
店長&母:えっ!
NA:万引き、絶対ダメ。
お支払いは、永久不滅ポイントのセゾンカードで。

長井 謙　東京都
○ピッタリ篇
店員「お会計939円です」
男「お!ちょうど小銭を使い切った!」
店員「おめでとうございます!」
観客「ワーー!ワーー!」
男「ありがとう!嬉しい!…で、何かもらえるの?」
店員「いえ、特に」
男「だよね」
NA「カードなら、何も達成しなくてもポイントがもらえます!
セゾンカード」

一次審査通過作品

伊藤 孝浩　北海道
公式へそくり。

三上 智広　北海道
店長!この人、現金です!

長岡 勇人　宮城県
892円の、
お釣りを落とす恐怖を知ってるか。

岡野 遥香　茨城県
カッコいいのにお得っていいですよね

鎌田 明里　茨城県
どんなに綺麗好きの人でも、
現金は洗濯できない。

鎌田 明里　茨城県
そのお金は、公衆便所のレバーよりも
多くの人に触られている。

柴田 賢一　茨城県
「1万円入りまーす」って
レジの人に言わせるの、
なんか申し訳ないし。

本荘 裕樹　茨城県
身に覚えのない10000ポイントが。

宮地 克徳　群馬県
あなたのサイン、もっと安売りしませんか。

横村 貴之　埼玉県
永久ＡＴＭ手数料無料

グェンウォックヒ　千葉県
ＡＴＭを探す手間も、手数料だ。

竹ノ内 希衣　千葉県
ストレスで貯めよう。

竹ノ内 希衣　千葉県
カードの明細は、娘の成長記録でもある。

早坂 尚樹　千葉県
その衝動を、分割します。

青木 陽介　東京都
税金は高くなる、せめてポイントで抵抗

石川 知弘　東京都
やばい、この飲み会、オレが最年長だ。

石川 知弘　東京都
明細も見返すことも、節約です。

石原 奈津　東京都
おかねの出口は、ひとつでいい。

市川 雅一　東京都
人生最悪の日も、たまる。

一法師 智恵子　東京都
一番保険を掛けたいものは、お財布です。

伊藤 大樹　東京都
クレジットカードは、日用品です。

岩崎 浩之　東京都
買い物の数だけ、貯蓄する。

大江 智之　東京都
財布じゃ、コンビニまでにスウェットがズリ落ちるじゃん。

大庭 万季　東京都
だって、ネットではいつもカードなのに。

大森 進　東京都
ぼっーとしてても、得はしている。

小川 壮介　東京都
ラクとトクは近い。

奥村 明彦　東京都
証拠になる、疑惑になる、アリバイになる。

金崎 あゆみ　東京都
これが盗まれたあなたの現金だと。証拠は？

桐下 笑加　東京都
現金は散財。

串大 輝　東京都
オトコは、現金を渡すと不明瞭な出費が増える。

小宮 央　東京都
無銭で飲食。

齋藤 大樹　東京都
ＡＴＭの手数料に、貢いでいました。

斎藤 祐輝　東京都
毎月の給与明細より、
ご利用明細を見る方が楽しいなんて。

坂口 留実　東京都
自分より長生きするかもしれない。

佐々木 貴智　東京都
遺産がこれ一枚。

佐藤 穣　東京都
新しいｉｐｈｏｎｅで使える、
ということの意味。

佐藤 博昭　東京都
死ぬまで買い物は続く。

佐藤 博昭　東京都
所持金は１㎜。

住野 充洋　東京都
この国では、年間５００億円が
捨てられています。
ポイントで。

髙木 浩平　東京都
カード払いは、我慢しない節約です。

髙木 浩平　東京都
日本人は、
お金の払い方まで空気を読まなくていい。

髙木 浩平　東京都
お金と、「後で少し戻ってくる」
という約束をしよう。

カ クレディセゾン

髙木 浩平　東京都
「株主優待で暮らす」は無理でも、
「ポイントで得する」なら。

髙木 浩平　東京都
ついてない人から、ついてる人へ。

髙木 浩平　東京都
払い方の整理は、使い道の整理になる。

髙木 浩平　東京都
本当の「生きてるだけで、まる儲け」。

髙木 浩平　東京都
未来の自分から借りるイメージですが、
実は贈っています。

髙木 浩平　東京都
このままだと日本は、カード後進国のまま
2020年を迎える。

髙木 浩平　東京都
消費税の逆、みたいな存在になる。

髙木 浩平　東京都
30日間貯めたら、もはや月収。

髙木 浩平　東京都
〝貯めて増やす〟と〝使って増やす〟。
勢いがあるのは?

髙木 守　東京都
貯金額は言いたくないが、
ポイント金額は言いたい。

髙橋 直子　東京都
カードだけで1日を過ごしてみた。
困ったのは、町の風呂屋だけ。

滝本 時生　東京都
支払い方って、生き方だったんだ。

田畑 伸悟　東京都
お金がないって、安心。

富田 貴之　東京都
財布って、実は荷物だ。

富田 貴之　東京都
「釣りはいらねえよ」は、いらねえよ。

中辻 裕己　東京都
買い物上手は、
支払い方が上手な人のことを言う。

中辻 裕己　東京都
別れた彼女との思い出を、自転車に変えた。

夏目 環　東京都
ブ財布からの卒業。

野田 正信　東京都
その小銭には、誰かの何かが付いている。

早坂 あゆみ　東京都
明細は自分史でもある。

林 次郎　東京都
金は天下の回り物。ポイントはずっと俺の
もの。

春山 豊　東京都
日本では「借金払い」
海外では「信用払い」と言う。

藤曲 旦子　東京都
おカネって、あったねぇ。

藤松 武　東京都
塵を集めて山にする

北條 崇　東京都
お風呂で泣いた、お酒に逃げた、
それもポイント。

松本 達也　東京都
死ななきゃいい。

南 忠志　東京都
わが家のポイントゲッターは、おかんです。

南 忠志　東京都
こっちの田中は減っている。
あっちの田中は増えている。

味村 真一　東京都
お金持ちほど、
持っていないものがあります。
現金です。

宮城 朝一郎　東京都
雨の日も、風の日も、
悲しい日も、悔しい日も、
ポイントは貯まる。

カ

クレディセゾン

宮城 朝一郎　東京都
努力してないのに、報われた。

宮崎 創　東京都
初任給をもらえるのが5月だということを
知らない新入社員は、意外と多い。

宮本 翔太郎　東京都
お金が減るだけなんて、寂しい。

宮本 翔太郎　東京都
全部の店のポイントカードを持ってるみた
いなもんだ。

村上 朋子　東京都
いくつになっても
大金がこわい人間でいよう。

守屋 君紀　東京都
俺のポイントも、あがった。

矢野 康博　東京都
ポイント買物、ポイント鑑賞、ポイント旅行。

山路 晃平　東京都
デートは失敗したが、ポイントはついた。

山田 沙子　東京都
持って歩く、だけでいい。

渡部 滋之　東京都
買うことが、財テク。

服部 昭彦　神奈川県
手のひらに銀行を。

邊見 朋子　神奈川県
野口も樋口も福沢も、
あいつら元気にしてるかな。

三上 佳祐　神奈川県
「汚い金」と言うけど、
現金は全部汚い。

柳元 良　神奈川県
コンビニでカード払いしている人は、
知っている。

北原 祐樹　新潟県
お得な物は選ぶのに、
お得な買い方は選ばないんですね。

城川 雄大　富山県
日本人の変なとこ。
ポイントカードは好きなのに、
カードのポイントに無関心。

城川 雄大　富山県
これからの時代、
現金は主に観賞用になります。

城川 雄大　富山県
酒豪なら酒豪と、先に言ってくれ。

城川 雄大　富山県
衣替えは毎年ボーナス前にやってくる。

城川 雄大　富山県
現金は荷物です。

城川 雄大　富山県
いつもパンツをもっこりさせて歩いていた。

吉川 佳菜　富山県
生活費まるごと、ポイント対象です。

西澤 慶允　長野県
毎日の生活が、いちばんのポイントです。

大井 慎介　静岡県
唯一の欠点は、
現金をつかうと損した気分になることです。

安樂 有朋　愛知県
俺、お金ないんだ。カッコいいだろ?

伊藤 史宏　愛知県
現金?あぁ、昔の人のお金ね。

小林 建太　愛知県
テクニック0の財テクです。

飛田 哲志　愛知県
カードがカタイ。

牧野 賢一　愛知県
牛丼のあとのルイ・ヴィトン。
女は油断ならねぇ。

柳 晃太　愛知県
パンツだってスマートに買いたい。

桂田 圭子　滋賀県
いいよ、ボーナスまで待ってあげる。

クレディセゾン

清水可奈子　京都府
ポイントでプレゼントを買おうが、
愛の重さは同じです。

北川秀彦　大阪府
生涯賃金2・5億円。すべて現金払いの人と
すべてセゾンカード払いの人では125万円
の違いがでます。

河野稜佑　大阪府
クリスマスイブは、給料日前にやってくる。

菅谷敏通　大阪府
衝動に従うと、
人生はもっと豊かになると思う。

菅谷敏通　大阪府
明細で夫を管理する。

中村匡　大阪府
貢ぐだけ貢がせて去って行ったあの人が、
置き土産をしていてくれました。

西岡あず海　大阪府
小銭は、財布の重りです

花籠一樹　大阪府
貯まらない人生が、たまらない人生に。

林恭子　大阪府
カードは、世界通貨です。

水落祥　大阪府
現金が嫉妬した。

山下祐輝　大阪府
現金しか信じられないなんて、さびしいぜ。

岩本岳　兵庫県
今日はあまり良いことがなかった。
でも、ポイントは貯まった。

尾関由三子　兵庫県
木村？ああ、いつもポケットが
めっちゃ膨らんでるアイツね！

唐川洋二　兵庫県
ポイントで「家」を買いました。

中村駿作　兵庫県
現金には、タネも仕掛けも無さすぎる。

廣田顕久　岡山県
盲点ですよね。小銭がないから
余計な買い物をしなくなるってこと。

田中雄之　徳島県
まさか20代の時の支払いが、
50代で役に立つなんて。

大堀陽平　香川県
小銭を数えるときの背中は、まるい。

大堀陽平　香川県
お金が生々しいのは、口座を出てからだ。

臼井亮太　福岡県
支払い方法で、老後の備えにもなるのか。

江副佑輔　福岡県
1万円で100円のものを買う
申し訳なさといったら。

江副佑輔　福岡県
みんな、現金輸送者ともいえる。

大石洋介　福岡県
一文無しで、ショッピング。

岡本英孝　福岡県
現金以上の価値がある。

柿本和臣　福岡県
初デートに一人三万の中華って馬鹿か、こいつ。

柿本和臣　福岡県
時価にビビらない。

前田香織　福岡県
貯金箱より財布に貯まった小銭の方が多い。

大城昂　佐賀県
限度額って、お母さんみたい。

小島功至　熊本県
最初から、切り札。

小島功至　熊本県
生きてるだけで、トクをした。

愛甲祥太　宮崎県
最初から切り札。

小橋川大吾　沖縄県
サツでは、取り逃がす。

伊藤 孝浩　北海道　テレビCM

1円玉って、いくら？編
SE：キーンコーンカーンコーン
（女子高生が2人、会話しているカット）
A：ねえねえ、知ってた？1円玉って、作るのに3円かかるらしいよ。
B：えっ⁉ それじゃあ、作れば作るほど損じゃん！
A：ちなみに、今までで1円玉は44,326,420,000枚作られてるんだって。
B：ていうことは、132,979,260,000円損（無駄）にしちゃってるってこと⁉ それってどうにか減らせないの？
A：できるよ。
B：えっ⁉
A：カードで払えばいいんだよ。そしたら、小銭を使わなくなるから。
B：た、たしかに、、
NA：日本を節約 クレディセゾン"

八重柏 幸恵　北海道　テレビCM

店員「３４５２円です」
若い女性「あ、二円あります…あ、ごめんなさい、ありませんでした。５千円からお願いします。」
NA あなたは、このやり取りで少しずつ、少しずつストレスをためています。ストレスフリー、セゾンカードです。

安達 岳　千葉県　テレビCM

昔：
男「カードで」
女「（おごってくれて）すてき！！」
今：
男（旦那）「カードで」
女（妻）「（ポイントが溜まって）すてき！！」
カードを使う男は、今も昔も女にモテる。
セゾンカード

上口 颯也　千葉県　テレビCM

画面上に映るのは、彼女のみ。（主観）
彼女がプレゼントのネックレスを手に取り：
彼女：「わあ！これ、欲しかったやつだぁ！」
彼氏の心の声：「ポイントで買ったけどな…」
彼女：「覚えててくれたの？嬉しいっ！」
彼氏の心の声：「ポイントで買ったけどな…」
彼女が「ありがとう！大好きっ！」と言って、彼氏に抱きつく。
そこで初めて彼氏の顔が画面に映る。引きつった複雑な表情をしている。
そして、画面上に「オトコでいるのに、努力は必要ない。」というタグラインが表示される。
ナレーション：「カードなら、使った分だけ貯まります。」

泉 良樹　東京都　テレビCM

30秒ＣＭ
①【病院】入院している母と、お見舞いに来る息子
②【病院のレジ】息子がカードで支払う
③【病院】息子は来る日も来る日も母を労り、お見舞いに来る
④【花屋】ポイントでカーネーションを買う息子
⑤【病院】寝ている母の枕元にそっとカーネーションを置き、ほほえむ息子
⑥【商品】愛をポイントに変換しよう。セゾンカード。

金崎 あゆみ　東京都　テレビCM

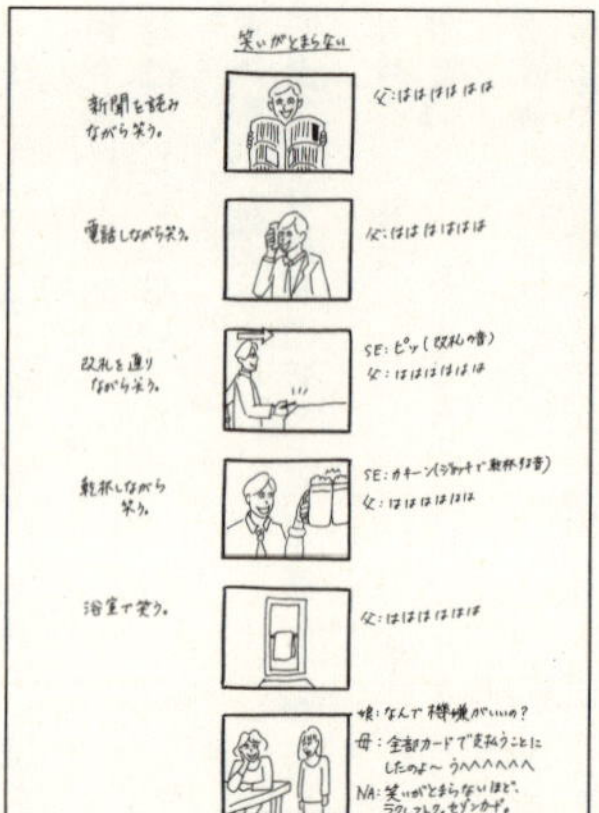

北川 哲　東京都　テレビCM

居酒屋の入り口 酔っぱらったたくさんのサラリーマン
若い男「それじゃあ、清算しますよ、みなさ…」
年配の男が手で、男を制する
年配の男「今日は、みんなの労をねぎらう飲み会だから、俺が。」
一同「おお」
年配の男「俺が立て替えて払っておいてや

る」
一同「おい！」
N「お支払いは永久不滅のポイントが貯まるセゾンカードで」
年配の男「はい、皆さん、一人3,942円ですからね。きっちりよろしくね！」

北川 哲 東京都 テレビCM

飲み会の席 いきなりうずくまる男
男1「あ、めっちゃはらいたい」
女1「山田君、大丈夫？」
男2「おい、大丈夫か」
男1「あかん、めっちゃはらいたい、はらいたい」
女2「え、ちょ」
男3「救急車呼ぶか？？」
男1「めっちゃ払いたい、今日のお会計！」
N「ポイントが付くから、立替払いなどもセゾンカード」

向野 美沙子 東京都 テレビCM

①スーパーで買い物をしてレジに並ぶ女性。その隣には、ごみ箱を持った人。
②女性、レジで現金で支払いをしたあと、ゴミ箱にお金を捨てる。
③女性、花屋に行く。現金で支払をしたあと、ゴミ箱にお金を捨てる。
「つまりはそういうこと」
④スーパーで買い物をしてレジに並ぶ女性。その隣には、貯金箱を持った人。
⑤女性、レジでカード支払いをしたあと、貯金箱にお金を入れる。
⑥女性、花屋に行く。カードで支払をしたあと、貯金箱にお金を捨てる。
⑦女性、貯金箱をあけて、中に入っているお金で好きなものを買う。

佐藤 晋 東京都 テレビCM

朝のコンビニ。レジ前の長蛇の列に並ぶ同僚サラリーマン2人。

【男A】朝のコンビニで公共料金を払ってるやつ、腹立つよなー。

【男B】だよねー。後ろ、並んじゃってるじゃん。

【男A】なぜポイントを捨てるようなまねを！

【男B】怒りどころ…そこ？

【NA】ショッピングだけでなく、ネットや携帯、公共料金などのお支払いでも貯められる。セゾンカードの永久不滅ポイント。

竹中 夕貴 東京都 テレビCM

ー生存編ー
（崖にしがみつく人々）
「文無しの人「もうすぐ救助が来るはずだ！」
現金派の人「小銭が、小銭が重い…」
セゾンカード派の人「何で小銭なんて持ち歩いてるんだ…捨てちまえ！」
現金派の人「全財産の1000万円だぞ…これを捨てるわけには…うわあーーー」
（現金派の人、現金の重みで落下）
「文無しの人「俺たち、まだ生きてるよな…」
セゾンカード派の人「絶対に手を離すなよ！生き残ったら、お寿司たらふく奢ってやるからな！」
「文無し「お寿司なんて…高いだろ…」
セゾンカード派の人「いいんだよ、ポイントもたらふく貯まるから…」
NA：荷物は、軽い方が生き残りやすい。
救助隊「セーゾン者、確認」

竹中 夕貴 東京都 テレビCM

〜未来編〜

NA：西暦2200年
（見た目年齢は20代の女性が病院のベットに寝ている）

（その枕元に寄り添う、見た目年齢40代の男性）

女性（母）「私も120歳…もう長くはないわね…」

男性（息子）「そんなこと言わないでよ、母さん！」

女性（母）「100年かけて貯めた、この巨万のポイントを、使う時が来たようね…」

（セゾンカードの明細と、超多額の永久不滅ポイントを息子に見せる母）

男性（息子）「独身時代の水道代とか、若返りの手術費用とか…母さんの人生の軌跡が全てここに…」

（女性の人生100年間が、走馬灯のように流れる）

女性（母）「そう、私が生涯かけて貯めたポイント…これを…あなたの火星移住に…」

男性（息子）「母さんは！？」
女性（母）「私はいいの…私の夢だった、火星…を…」
男性（息子）「そんなの嫌だよ！母さんも一緒じゃなきゃ！」
NA：全人生、そのまま、ポイントに。

田中 未来里 東京都 テレビCM
『ついてくる』篇
夜道、何かにつけられていることに気づき、走って交番に逃げ込む女性。
警官：「どうしました？！」
女性：（息をきらせながら）「ハァハァ…」
警官：「大丈夫ですか？！」
女性：「ついてくるんです…」
警官：「なんですって？！」
女性：「ついてくるんです…！何をしても、ポイントがついてくるんです…！」
警官：「…」
NA：「何をしてもポイントがついてくる。セゾンカード」
女性：「ついてくるんですーーー！！！」

田中 未来里 東京都 テレビCM
『不運』篇
女A：（ため息をつきながら）ついてないなあ…。
女B：どうしたの？
女A：セールだと思って買ったのに、対象外だったの。
女B：え！ついてるじゃん！
女A：しかも、うまいこと言われて、そんなにほしくないネックレスまで買っちゃったの。
女B：もっとついてるじゃん！
女A：この状況のなにがついてるっていうのよ…。
女B：ポイント、めっちゃついてるじゃん！
NA：本当についてない？セゾンカード。
女A：ついてるーーー！

田中 未来里 東京都 テレビCM
『交渉』篇
□おもちゃ売り場にて
娘：パパー！これ買ってー！
父親：だめだよ、ママに怒られるよ。
□真顔になる娘。
娘：ではご提案です。こちらを購入すると8ポイントもつき、かつ、今パパが買おうと手に持っているゴルフクラブの端数980円もこれを一緒に買うことにより無駄にならずポイントにすることができます。さらにカードだからママに値段をごまかすこともできます。
父親：（きりっとして）買わせていただきます。
娘：（満面の笑みで）パパー！大好きー！
NA：ポイントのことも考えて買おう。ポイント貯めるならセゾンカード。

玉木 洲太 東京都 テレビCM

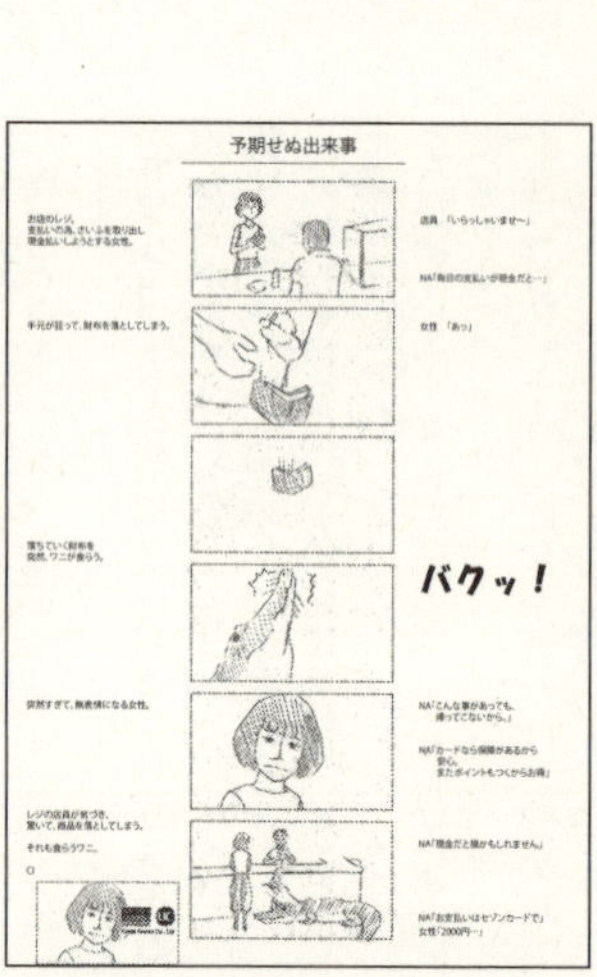

寺村 南希 東京都 テレビCM
病院の一室。
父親：タツヤ…
息子：親父…無理するな…
父親：くれ…
息子：くれ？水でもほしいのか？
父親：クレ…ディセゾン…
息子：…クレディセゾン…ポイントカードのこと？
父親：まだ…ポイント…残って…るから
SE：ピー
医師：ご臨終です。
息子：親父ィィイ！
NA：セゾンカードのポイントは永久不滅。クレディセゾン

仲 俊光 東京都 テレビCM
アリがキリギリスに忠告している。
アリ「今のうちに努力していないと後で困

りますよ」
キリギリス、悲しそうな表情になる。
キリギリスの回想。
バイオリンの音色がキレイに奏でられない日々、
他の人のバイオリンを聴き、研究する日々、
弦が切れて、心がくじけそうになったとき。
それでも努力して努力して、やっとアリの前でキレイな音色を奏でられたうれしさ。
キリギリス「オレだって努力してるんだー!」
キリギリスは涙を浮かべている。
アリとキリギリス「オレに比べて人間は。」
セゾンカードで買い物をしている女性。
NA「セゾンカードで支払いをするだけで、何の努力もなしにおトクな生活」"

長井 謙　東京都　テレビCM

○忘年会の幹事篇
社員たちが忘年会について話し合っている。
男A「忘年会の幹事どうしようか」
手を上げながら立候補者が出てくる
男B「じゃあ、俺がやろうか」
男C「いや、俺がやるよ」
男D「いや、俺が」
男E「いやいや、俺が」
遅れて男Aが立候補する
男A「…じゃあ、俺が」
しかし、誰も「どうぞどうぞ」と譲らず、みんな挙げたまま。
NA「〝どうぞどうぞ〟と譲りたくなくなるほど、ポイントが貯まるカードがある。日々の支払いなら、セゾンカード」"

原 佳菜子　東京都　テレビCM

12月24日、おもちゃ屋さんのレジに並ぶサンタクロース。
店員：お支払いは現金ですか?
サンタ：ゴホッ、これで。
(セゾンカードの最上級カードがアップでうつる)
(お会計後プレゼントを抱えてお店を出るサンタ)
サンタ：ふふふっ…
NA：サンタは知っている。詳しくは永久不滅ポイントで検索

廣本 嶺　東京都　テレビCM

「はじめてのおつかい」篇
(はじめてのおつかいの音楽)
買い物袋を持ってはじめてのおつかいをする男の子。
店のおばちゃん：はい、じゃあ4 3 2円ね。
セゾンカードを差し出す男の子。
店のおばちゃん：え?
男の子：ぽいんとがたまっておとくなせぞんかーどで!
NA：はじめてでも、おつかい上手に。賢い買い物に、セゾンカード。

廣本 嶺　東京都　テレビCM

「トクトク」篇
お酒をついでいるシーン。
SE：トクトクトクトク
NA：支払うだけでトクトク。セゾンカード。

岡島 大介　神奈川県　テレビCM

ショップ店員から「ありがとう」
同僚から「ありがとう」
家族から「ありがとう」
知らない女性から「ありがとう」
「ありがとう」って言われると嬉しくなる。
けど、オレ…何かしたっけ?

小辻 文明　神奈川県　テレビCM

飲み会にて
男1：とりあえず、まとめて払ってとくね。
男2：いいや、おれがはらうよ。
男3：いいや、おれがはらう。
上島竜兵：いいや!おれがはらう!
男1・2・3：おれが払う!おれが払うって!
上島竜兵：…
NA：いいや、いいやが止まらない。使うほど貯まる、永久不滅ポイント。セゾンカード。

與嶋 一剛　岐阜県　テレビCM

「ジュース」篇
逃げる女と追う男。
スーパーに入る女。おもむろにジュースを手に取りレジへ。
セゾンカードで支払う。すぐ終わる。
同じように男もジュースを買う。
現金で支払う。時間がかかる。
焦る男。余裕で逃げる女。

クレディセゾン

N：マネー・イズ・タイム。お買い物はセゾンカード。
美味しそうにジュースを飲む女のカット。

西﨑 綾花　愛知県　テレビCM

お習字教室にて
先生と生徒
生徒が椅子に座り習字をしている
横で先生が指導をしている
先生「はい、ここはーためて」
「はい！はらう」
「もう一度」
「はい、ためてーーもっともっと」
「はい！はらう」
書き上げた生徒
半紙には「クレディセゾン」の文字
先生「いいですねー」
NA「払ってポイント貯める、貯まる。セゾンカード」

真城 光紗紀　愛知県　テレビCM

A「わたしが払うよ！」
B「いいよ！いいよ！わたしが払うよ」
店員「（どっちでもいいよ、早くしろよ）」
煩わしい会計での茶番を黙らせよう
セゾンカード

假屋 友里　滋賀県

「ありがとう」と言って、僕はいつも、あいつにカネとポイントをやってた。

松谷 信吾　京都府

予備校の講師が授業をしている。生徒たちは熱心にノートを取る。
講師「はい、この部分ポイントになりまーす」
生徒 カリカリカリ、、せかせかとノートに書き込む
講師「えーあとここともポイントになります」
生徒「あ、先生ちょっとはや、、」
講師「これもそれもあっちもこっちもポイントになりまーす」
生徒「そんなにいっぱい！？」
テロップ
そんなにいっぱい、ポイントがつきます。
お支払いはセゾンカードで。

奥谷 和樹　大阪府　テレビCM

【三途の川編】
寿命を終えた男が三途の川の畔で往生している様子。
そこへ一層の舟がやって来て、鬼が言います。
鬼：「向こうへ渡るには金がいるが、あるのかい？」
男：「あいにくありません。カードならありますが…」
鬼：「仕方ねーな、いいよ、それで」
男：「使えるんですか？」
鬼：「ああ、最初だからポイントも倍にしといてやるよ」
男：「ポ、ポイントもつくんですか？」
鬼：「100ポイント貯まったら、1回無料で乗せてやるよ」
男：「三途の川って1回きりじゃ・・・」
鬼：「まあ色々あるさ、そのうち分かるよ。さあ乗った、乗った」
NA：どこでも安心。セゾンカード。

黒坂 謙太　大阪府　テレビCM

（ひとつの空間にふたつのセットがある。片方には、バナナが糸で高い所につるされており、その傍らに台や棒などが置いてある。もう片方には、ただの木の切り株にリンゴとバナナが置いてある。）
（そこへ一匹のサルがやってくる。サルは苦労せず、迷うそぶりも見せず、切り株に直行してリンゴとバナナにありつく。）
努力しないで、トクしよう。

原田 麻美子　大阪府　テレビCM

カード払いならポイントが溜まるのは誰もが周知。そこで1年間カード払いにした人のポイント累計数を算出。
現金払いの人との差をリアル掲示する。
2人の出演者の人生を早送りで1年間流し、最後の格差を思いっきり掲示。

佐藤 かおり　兵庫県　テレビCM

20代の女子数人がワインを飲みながら話している
女子A：例の彼と～この間、初めてご飯に行ったんだけど、お会計の時、財布の中にぃ～
女子一同：財布の中に～？
女子A：お金がぁ～
女子一同：（声を合わせて）お金が～？

女子A：入ってなかったの〜♥
女子同：すてきぃ〜♥（一同、身をよじって大興奮）
NA：モテる男は持たない
クレディセゾンロゴ&サウンドロゴ

柿本 和臣　福岡県　テレビCM

3歳ぐらいの女の子が初めてのお遣いに行く。
お母さん「気をつけてね」
女の子「はーい」
店主「お嬢ちゃん、一人？」
女の子「うん」
店主「今月から値上がりしたから、500円ね」
一瞬、焦った顔をする。
財布には450円しかない。
女の子「…じゃ、カードで」
NA「カードは、頼れる味方になる。セゾンカード」

池内 佑佳　埼玉県　ラジオCM

息子「ねえねえ、パパ、ママ。」
母「どうしたの？」
息子「今日は、ランドセルを買いに行くんだよね？」
父「そうだよ、太郎は何色がいいんだい？」
息子「ピンク！！！」
父「…男子は黒っていう時代ではないもんなぁ。（戸惑い）ママ、今日カードで支払いしたいけど、カード持ってきた？」
母「持ってきた、でも、どのカードを使えば…」
父「セゾンカードならポイントが永久不滅って知ってた？」
母「ポイントがずっと貯められるってこと!?うれしいわ。」
息子「学校に着ていくスカートも欲しい。」
母「…いいわねぇ。（戸惑い）太郎もイマドキの子なのね。…じゃあ、セゾンカードのポイントを貯めて…スカートを買っちゃいましょうか！」
父「ポイントが貯まるのと、太郎の成長どっちが早いかな。」
息子「わーい、ふふふっ」（女の子らしく）

石井 雅規　千葉県　ラジオCM

若手社員「課長、今度の新人歓迎会ですが、よい店見つけたので20名で予約しておきました。」
課長「お店の予約ご苦労様、君は仕事が忙しいだろう。幹事は僕が引き継ぐよ。」
若手社員「そんな、課長っ。」
部長「課長、君こそ忙しいだろう。当日集金までしてくれたら、後はわたしが払っておくよ。」
課長「そんな、部長っ。」
NA：「カードならお支払いのたびポイントが溜まります。」

宇井 英喜　千葉県　ラジオCM

女性の声「年利0.02%の普通預金に144万円を一年間預けると約288円の利子が貰えます。
セゾンカードで1年間に144万円の生活費を支払うと最高で1,440ポイントが溜まり約7千分ギフトカードと交換できます。
嘘だと思うかもしれませんが残念ながら事実です。」
N 貯めてるはずが貯まらない…そう思ったらセゾンカード。

小林 猛樹　千葉県　ラジオCM

妻：あなた、行ってらっしゃい。忘れ物ない？ハンカチ持った？
夫：あ、忘れた。
妻：定期持った？
夫：あ、忘れた。
妻：お財布持った？
夫：あ、忘れた。
妻：セゾンカード持った？
夫：それは持ったよ。
妻：じゃあ、大丈夫ね。行ってらっしゃい。
NA：暮らしに安心の1枚、セゾンカード。
妻：あなた、朝のキス忘れてるわよ。
SE：チュ（キスの音）

青木 陽介　東京都　ラジオCM

友達A：なんか痩せた？
友達B：いや。
友達A：もっとパンパンだったような。
友達A：あぁ財布か。
ナレーション：使わないポイントカードでお財布がパンパンなあなた。永久不滅ポイントのカードでスッキリしませんか。

伊藤 大樹　東京都　ラジオCM

男性
「あ、5円玉拾った。ラッキー♪」

「あ、今日も5円玉拾った。ラッキー♪」

「うわ、今日は100円拾ったよ、ついてるなー最近」

「え、今日は500円落ちてる!え、どうしちゃたの俺!」

NA　クレジットカード払いって、こういうことです。

毎日に、ラッキー♪。セゾンカード。

木村 達志　東京都　ラジオCM

「ついてる男」篇
男:『しまった!』

男（オフ）:駅に向かう途中、思わず、声を出した僕は、エアコンの切り忘れを思い出し、急いで家に戻った。

SE:ピ（リモコンの音）

男（オフ）:リモコンのスイッチを押すとすぐに、駅へ猛ダッシュした。せっかくの初デート、遅刻するわけにはいかないのだ。

SE:大雨の音
男（オフ）:くそ!なんで、こんな時に雨が降ってくるんだ。しかたない、ビニール傘を買うしかない。この日のためにおろした、真新しいジャケットを濡らすわけにはいかない。

電車に飛び乗ったが遅れている。突然の大雨のせいだ。

あ〜あ、せっかくの初デートは遅刻しそうだ。

SE:電話バイブ音
男（オフ）:電車のなかで、彼女から電話がきた。まいったな、出るにでれない。メールで返事をしよう。「20分ぐらい遅れます」と。

なにも、返信がなかった。怒ってるのかな。

SE:人ゴミの音
男（オフ）:ようやく駅についたけど、駅は大混雑だ。人混みを縫うようにして改札へ向かった。ふと、コンビニを横切ったその時、彼女の好きなチョコレートを買うことを思いついた。

これで許してくれるかな。

SE:走る足音
男:はぁはぁはぁ。

男（オフ）:僕は、すこし、引きつった顔で、待ち合わせ場所についた。

彼女は……もういなかった。雨だから、どこお店にはいっているかもしれない。

淡い期待を抱き、電話を鳴らした。

SE:電話の音
男:出ない。もう一度電話した。

SE:ただいまおかけになった電話は……（留守電の音声）

……もう、つながらない。

ついてない、まったく、ついてない。

NA:それでも、スーパー、コンビニ、電話代の支払いをセゾンカードで済ませたあなたには、お得なポイントがついてきます。

どんなについてない日でも、ついている。

セゾンカード。

資逸 晴亮　東京都　ラジオCM

ゆうたへ
しばしハワイ旅行いってきます。
ご飯は冷凍しとくから、解凍して食べてください。
お父さんと仲良くね。
追伸
よくわかんないけど、いつのまにかポイント貯まってたみたい
母より

竹中 夕貴　東京都　ラジオCM

取り返しのつかないこと編
男A「キャンプと言えばキャンプファイヤーだよな!」
男B「いいねー俺たち青春してるね」
女「お待たせー小枝集めてきたよ…ん!?なに燃やしてるの…?」
男B「紙」
女「それ私の…現金1億円だったんだけど…」
男A「え…そうだったの…?ごめん俺、現金って見たことなくて…あれはてっきり着火用の紙かと思って…」
女「…」
男B「ごめん…でもさ、再発行すればいいじゃん!」
女「…こういう場合、お金は再発行できないよ…」
男B「えっ、そうなの!?」
女「ちょっと頭冷やしてくる…」
SE:パチパチ（キャンプファイヤーの音）

カ

クレディセゾン

男A「…いやでもさ、正直、キャンプファイヤーの時に現金1億円持って来る方も悪くない？」
男B「まあもちろん俺らが悪いんだけど、わざわざ不便なもの使う意味もわかんないよね」
男A「セゾンカードなら再発行できるのにね」
女「あのさ」
男B「あっ！戻ってきてたの！？」
女「私、帰るね」
NA：現金だと、取り返しのつかないことになる。安心なのは、取り返しもポイントもつくセゾンカード。

竹中夕貴　東京都　ラジオCM

～スリムでマメな彼編～
NA：彼のどんなところが好き？
女「優しくてマメなところ。困ったときは、何時に電話しても、優しく受け止めてくれるんです」
女「記念日とか、デートでどこのお店に行ったかとか、ちゃんと覚えててくれるし、むしろ私が忘れてないか確認してくるぐらい（笑）」
女「私、忘れっぽいので。全部、彼に頼りっぱなし（笑）」
NA：そんなマメな男性、めったにいませんね。
女「あとは見た目も好き。すっごくスリムなんです。前の彼は、お腹が出てて、何て言うか、それが辛くて」
NA：人間、年を取ると太りやすくなりますからね…。
女「それと、私の趣味は海外旅行なのに、前の彼とはお家デートばっかりで寂しかったんです」
女「その点、今の彼は海外好きで。地球の裏側でもデートしてくれるんです」
NA：海外旅行ですか。いいですね。
女「しかも彼…永遠を誓ってくれたんです。永久不滅だって」
女「彼がいれば、他に何もいらない…」
NA：人間には限界がありますもんね。”

鶴岡延正　東京都　ラジオCM

女性「ずっと一緒だよって言ってたじゃない。」
（泣きながら）
男性「ずっと一緒だよ。」
女性「え、あなたはだれ？」
男性「永久不滅のポイントさ。」
女性「気持ち悪っ！」
NA：永久って、長すぎますかね？セゾンカード。

寺村南希　東京都　ラジオCM

応援団員：クレー！クレー！クレー！

ク！レ！ディ！セゾン！

くれ！くれ！お得なポイント！

くれ！くれ！不滅のポイント！

くれ～～～！！

NA：そんなに大声張らなくても、普通に買い物してれば貯まります。セゾンカード

野口直哉　東京都　ラジオCM

SE：オフィス内の環境音
男性A：「部長！今度の忘年会の会費いただいていいですか？」
男性B：「おお、幹事頑張ってるな～！」
男性A：「実は隣の部の忘年会も幹事やるので大変なんですよ～」
（セリフに反して嬉しそうな声色）
男性B：「え！？隣のまで？」
NA：年末は〝ポイント〟稼ぎどき。会費もまとめてセゾンカードで。

安田隼士　東京都　ラジオCM

（居酒屋の音）

「お代は僕が集めまーす！1人4500円でーす！」

上司「いつもまとめてもらって済まないねぇ」

（ホテルのラウンジの音）

「宿泊費はもう払ってあるから、みんな駐車場向かってー！」

友人「お前っていつも段取り上手だよなー、助かるわ」

（テーマパークの音）

「はい、チケット。先に用意しといたよ」

女性「ほんと！？嬉しいー！早く行こっ？」

（自宅の扉が閉まる音）

「やれやれ、気を遣うのも大変だなっと」

「お、もうこんなにポイント貯まってる、しめしめ、、、」

（締めのナレーション）

カードで払っただけなのに。

クレディセゾン

セゾンカード。

平野 夏絵　静岡県　ラジオCM

三途の川の受付嬢（以下「三途嬢」）：三途の川へようこそ。渡り賃、六文いただきます。
死者：ロクモン？え？あ、100円玉ならあった。
三途嬢：火葬の方の金属の持ち込みはご遠慮いただいております。それから、現金でのお支払は六文銭のみとなっております。
死者：えええ！時代錯誤だし。あ、カードあったあった！クレジットカード、使える？
三途嬢：お支払回数は？
死者：おっと使えるんだ。1回で。
三途嬢：水温が冷たくなっております。渡り船のご利用は？
死者：1回で。
三途嬢：長旅にございます。食事のご用意は？
死者：1回で！
三途嬢：船上での記念撮影は？
死者：1回で！！
三途嬢：恵まれない子供達への募金は・・・
死者：1回で！！！
三途嬢：えっと・・・
死者：まだなんかあんの？
三途嬢：ポイントはどうされます？
死者：この先使えんの？
三途嬢：永久不滅ですから。
死者：貯めといて！
あの世では使えません クレディセゾン

壬生 規幾　愛知県　ラジオCM

男「朝も昼も夜も、彼女はいつも、ついている」
男「口元にご飯粒がついてるよ」
女性「あー、これ、ご飯粒じゃないよ。セゾンのポイント」
男「ポイント？」
NA「カードを使えば、ついてくる。セゾンカードでついてくる」
少しの間
男「あれ、今日はついてないね」
女「使ったの♪」
男「あっ、でも今度はおでこに…」

山口 良美　愛知県　ラジオCM

店員 お会計は、ディナーコース4名様分で4万円になります。
主婦A じゃあ、私のカードで払うわ。
主婦B いいえ、私のカードで払うわよ。
主婦C いえいえ、私のカードで払うわ。
主婦D とんでもない、私のカードで払うわ。
NA 支払いはいつも、ポイント獲得争奪戦。クレディセゾン

福田 俊平　滋賀県　ラジオCM

「遅延アナウンス」編
SE：（駅構内のアナウンス）ピンポンパンポン
アナウンス：（駅員独特のしゃべり方で）一番レジでお待ちのお客さま。ただいま現金払いによる所持金点検の影響で、20秒ほどレジの進み具合に遅れが生じております。1秒が惜しい通勤ラッシュ時、お急ぎのところ大変申し訳ございません。後続のお客様は眉間に皺を寄せたり舌打ちしたりすることなく、心を平常運転にしてお待ちください。
NA：1日2度の改札ではカード派という皆さん。1日に何度も通るレジこそスムーズにお支払いしませんか。お金では買えない時間という価値を、クレジットカードで。セゾンカード。
アナウンス：（駅員独特のしゃべり方で）現金からセゾンカードにお乗り換えの皆さま。駆け込み需要にご注意ください。

岩本 梨沙　大分県　ラジオCM

登場人物は祖父と母と息子。
母「お父さん、歯入れた？」
祖父「入れた。」
母「あんた、クレジットカード持った？」
息子「持った。」
母「じゃあ出かけるよ。」
NA クレジットカードがあれば他に何もいらない。

上原 脩平　沖縄県　ラジオCM

先生「持っているだけで得をするものってなんだと思う？」
子どもたち「はーい、はーい！」
先生「じゃけんた君」

子ども1「ようかいウォッチー！」
先生「お、けんた君も持ってるんだー。カッコいいねー。他にないかなー？」
子どもたち「はーい、はーい！」
先生「じゃまなみちゃん」
子ども2「愛！」
先生「ふふふ、まなみちゃんはロマンチストだねー」
子ども3「はい！」
先生「たくや君」
子ども3「人望！」
先生「おー、たくや君は将来大物になるかもしれないねー」
子ども4「はい！」
先生「じゃゆうき君」
子ども4「セゾンカード！」
先生「…一番現実的だ」
NA「持ってるだけで得をする、セゾンカード」

カ

クレディセゾン

Q.「ペプシストロング5.0GVを飲みたくなるようなコピー、ラジオCMを考えて下さい。」

課題 ペプシストロング5.0GV ジャンル キャッチフレーズ、ラジオCM 参考資料 詳しくはホームページをご参照ください。www.pepsi.co.jp

サントリー

ペプシストロング 5.0GV を飲みたくなるようなアイデア

［キャッチフレーズ／ラジオ CM］

協賛企業賞

渡辺 健太 (22歳) 神奈川県 成蹊大学

テレビCM

「陸上競技大会」篇

【陸上競技大会】

男子100メートル走決勝

審判：位置について…よーい…

(パァーーン)

解説：おっと、これは珍しい。全員フライングですね。
何があったのでしょう？

アナウンサー：ん？観客席最前列に注目されてる人がいますね…あ！手にペプシを持ってます！あの例のペプシストロングです！

解説：どうやら、ペプシストロングの開封音のようですね！なんという強炭酸…

NA：ラジオをお聴きの皆さんも、爆音響かせようぜ！
人類未体験の強炭酸！ペプシストロング！

▼協賛企業のコメント

サントリービジネスエキスパート
宣伝部クリエイティブグループ
課長
重野謙介さん

このたびは、協賛企業賞の受賞、おめでとうございます。また、今回当社課題にご応募くださった皆さまに御礼申し上げます。それぞれの視点で「ペプシストロング 5.0GV」の魅力を表現いただき、私共も多くの気づきを頂戴することができました。多数の応募作品の中でも、今回の受賞作は、「音」をキーにしたラジオCMならではの企画になっており、制作における工夫次第でさらに面白い表現になっていく作品だと思い、選ばせていただきました。最後になりますが、受賞者をはじめ、ご応募いただいた皆さまに御礼申し上げるとともに、より一層のご活躍をお祈り申し上げます。

三次審査通過作品

高森 真吾　千葉県

カロリーと共にパワーも失ったコーラ界に。

二次審査通過作品

稲木 拓也　茨城県

絶叫発売中。

水出 由香里　群馬県

そう、これはまさにガスボンベ。

佐藤 直己　東京都

ウチのじいさんが、生まれて初めて良い意味の方で〝ヤバい〟と言った。

佐藤 洋一　東京都

耐圧ボトルがすべてを語る。

関根 大　東京都

【画像あり】ペプシストロング5・0GVを飲んだ結果ｗｗｗｗｗ

滝本 時生　東京都

ボクちゃんは普通のペプシ飲んどき。

冨田 修平　東京都

注）飲んでも人体に影響はありません。

中切 友太　東京都

喉が渇いているときだけは、絶対に飲まないでください。

永吉 宏充　東京都

R指定コーラ。

福本 聖也　東京都

炭酸がすごすぎて、ボトルがちょっと違います。

サ

サントリー

星合 摩美 東京都

炭酸強すぎクレームは、一切受け付けておりません。

岩崎 新 神奈川県

「ウマい」なんて言わせない。

鬼澤 直雅 神奈川県

「ハードドリンク」と呼んでほしい。

石榑 康伸 愛知県

ペプシは、格闘技になった。

津田 惇 京都府

「破裂するおそれがあります」とラベルに書いてますが、安心してお飲みください。

浅田 拓二 大阪府

好きな子のビンタ並みに刺激的。

山内 将太郎 大阪府

あれっ今私、電気飲んだ？

赤井 大祐 東京都 ラジオCM

男子A：おい、アイツのペプシ振っといてやろうぜ！
男子B：オッケー、まかせとけって！
男子B：うぉー！シャカシャカ（ペットボトルを振る音）
男子A：お、戻ってきた！
男子B：逃げろ！
男子C：あーのど渇い、、（プシュウゥ！）うわああああああああああ
あぁあぁあぁあぁ
（炭酸の吹き出す音と声が遠くにとんでいき聞こえなくなる）
男子A：悪いことしたな、
男子B：そうだな、、
NA：炭酸を飲もう。ペプシストロング。

段 希子 東京都 ラジオCM

麒麟川島「コント、「もしペプシストロング5・0GVの炭酸がヘリウムガスだったら。」」
ゴクッゴクッ
麒麟川島「麒麟ですっ。（高い声）」
麒麟田村「全然カッコ付かへんやんっ！！」
麒麟川島「これぐらいガス、入ってます。（高い声）」
麒麟田村「5倍炭酸！ペプシストロング！！」

藤曲 旦子 東京都 ラジオCM

【泥棒の失態】
SE：（スヤスヤと眠るいびきの音）
泥棒：「しめしめ呑気に眠ってやがるぜ」
SE：（そっと引き出しを開ける音）
泥棒：「そういや、喉乾いたな」
SE：（冷蔵庫を開ける音）
泥棒：「ちょっといただきますよ」
SE：（プシューーーー！！！）
SE：（カチッ！電気のつく音）
家主「誰だーーー！！」
NA：開封時にはご注意ください。
人類未体験！強炭酸ペプシ。

サ

サントリー

與嶋一剛　岐阜県　ラジオCM

「地球」篇

SE：ガヤガヤガヤ（雑踏の音）
宇宙人（子）「母さん、地球行ってくるよ。」
宇宙人（母）「ペプシストロング5・0GVを持っていきなさい。つらくなったら飲むのです。」
宇宙人（子）「ぼくたちに？いらないでしょ。」
SE：ガタンゴトンガタンゴトン（電車の音）
SE：（ドアが開き、人が満員電車から一斉に降りる音）
宇宙人（子）「まじか。地球つら。」
宇宙人（子）「飲も。」
SE：ゴクゴクゴクゴク（飲む音）
N：この星のストレスと戦う人たちへ。ペプシストロング5・0GV

村上正之　愛知県　ラジオCM

NA：癒されたい方、川のせせらぎをお聞きください。
SE：（せせらぎの音）ザーザー・・・。
NA：癒しに飽きた方、ペプシストロング5・0GVをお聞きください。
SE：ブッシュ、シュワーーーッ！
NA：強炭酸、ペプシストロング5・0GV

棚橋直生　大阪府　ラジオCM

SE：プルルルガチャ（電話を出る音）
おばさん：あ、もしもし？おたくのペプシストロングとかいう飲み物買ったんですけど、これ飲んだら炭酸で喉がすっごく痛いんですけど、これ欠陥品じゃないです？ねえ、どういう（FO）
NA：貴重なご意見、いただくほどに強炭酸。ペプシストロング。
SL

一次審査通過作品

伊藤孝浩　北海道
ぺ覚まし

三上智広　北海道
とんでもないペプシ。

八重柏幸恵　北海道
ライバルなんて、いない。

八重柏幸恵　北海道
勝つか、負けるか。

三浦秀雄　秋田県
飲んだ後の絵文字が見つからない。

千葉鈴香　山形県
炭酸が好きすぎて
もう炭酸になりたいあなたへ

稲木拓也　茨城県
友達の目が、いつもより大きくなっていた。

柴田賢一　茨城県
あのコーラはアカ。
このコーラはバカ。

柴田賢一　茨城県
ビールかけは、ペプシかけに変わるだろう。

石川明　埼玉県
甘く強烈な暴力！5・0GV！

小池雅也　埼玉県
最後に勝つのは
うまいやつよりつよいヤツだ。

斎藤 貴美子　埼玉県
ママが飲んでる。今は近づくな！

鈴木 一真　埼玉県
吹き飛べ、壁。

鈴木 一真　埼玉県
放電セヨ

西アメリ　埼玉県
自己責任でいこう！

橋場 仁　埼玉県
母ちゃんの「起きろ！」より強い。

塙 喜吉　埼玉県
寝耳にＰＥＰＳＩ ＳＴＲＯＮＧ

山本 朝子　埼玉県
ペプシに一発殴られた。

石山 博之　千葉県
青だ、青を切れ。起爆せよ。

田辺 拳斗　千葉県
ソフトドリンクとは呼べない。

野中 学　千葉県
なんじゃ、コーラ！

一人類未体験の刺激と爽快感、
ペプシストロング５・０ＧＶ一

山内 敬介　千葉県
ちょっと聞いてよ部長が、なんだっけ。

天沢 もとき　東京都
飲むジェットコースター。

荒川 貴洋　東京都
あなたはまだ眠っている

新谷 建人　東京都
無理やり元気にさせられる。

池田 慧　東京都
一緒に飲めば、戦友になれる。

池田 慧　東京都
激しく辛いものはたくさんある。
激しく強い炭酸はここにしかない。

池田 慧　東京都
ガキの頃、こういう勝負が大好きだった。

池本 高徳　東京都
ペプシの問題作。

石川 知弘　東京都
あれ、オレ何に悩んでたんだっけ？

石川 知弘　東京都
ストレスがたまったときが、飲み頃です。

市川 雅一　東京都
もはや、気体。

一法師 智恵子　東京都
先輩からの差し入れ、
これは「気合を入れろ」というメッセージ。

伊藤 均　東京都
青春を更新する。

今井 俊介　東京都
「初体験」定価１４０円。

入江 亮介　東京都
ペプシストロングに、殴られた。

上山 紘基　東京都
飲んで後悔した…いい意味で。

宇野 達朗　東京都
レベち！

遠藤 良二　東京都
ＰＥＰＳＩから売られたケンカ、
男なら買うよな？

王 一伊　東京都
のどがつまらなさそうにしてるじゃないか。

大槻 亮輔　東京都
これは、挑むコーラだ。

大原 結　東京都
守りに入りそうだったから、飲んだ。

大原 結　東京都
人間は二酸化炭素で燃える。

岡 直哉　東京都
２秒前の自分にはもう戻れない。

岡野 泰之　東京都
ハードコーラという新ジャンル。

サ

サントリー

奥村 明彦 東京都
こんなペプシ、バカだ。

梶浦 公靖 東京都
申し訳ありませんが、
自己責任でお願いします。

加藤 大朋 東京都
史上最強の問題児！
最強炭酸ペプシストロング！

金崎 あゆみ 東京都
いつもより、気の強いペプシです。

鎌倉 隼人 東京都
ノドを走るジェットコースター！！

河村 龍磨 東京都
お口の筋トレ。

河村 龍磨 東京都
心臓に悪いが爽快だ。

菊池 英夫 東京都
ストレスなんて弾けちまえ

金 紗愛 東京都
アー・ユー・シュワ〜ッ？

小林 美和 東京都
よくペットボトルにおさまったなぁ。

佐藤 和久 東京都
この仕事、コーヒーには任せられん。

佐藤 晋 東京都
やりすぎた。

佐藤 直己 東京都
飲み物を超えた存在へ。

柴本 純 東京都
ガス抜きに一番効くガス。

鈴木 正昭 東京都
人は驚くだけで、笑顔になれる。

瀬川 ゆあん 東京都
知らないものは怖い。なら手始めにこのペプシストロング5・0GVを飲んでみろ。これを飲んだ時知らないモノに怯えてた君じゃない。挑戦を楽しむ君になる。

闞 彰一 東京都
バブルを知らない若者へ。

高木 宏夢 東京都
歴史が変わる。

高澤 邦仁 東京都
ロケットペプシ。

高野 裕和 東京都
ケンカ、売ってます。

高橋 丈治 東京都
10ml少ないのには、理由がある。

滝本 時生 東京都
日本にも規格外があるんだなぁ。

田中 圭一 東京都
よく働く日本限定。

田中 圭一 東京都
ライバルができないことをやろう。

田中 智仁 東京都
飲んだら、経験者。

田中 智仁 東京都
ペプシを飲むことが、チャレンジになるとは。

玉木 洲太 東京都
飲んだ人から、
アーム・ペプシストロング船長。

鶴岡 延正 東京都
ガツンとさわやか。

中川 直樹 東京都
もう、あの頃の喉には、戻れない。

永田 智子 東京都
飲んでないやつに、負けない。

中辻 裕己 東京都
最近、起きているふりのやつが多すぎる。

中村 れみ 東京都
イラっときて、プシュっとキメた。

濱口 雅司 東京都
ブレイク、スルー？

浜田 英之 東京都
おごってくれる人は、期待してくれてる人だ。

浜田 英之　東京都
キツイ!もう一杯!

早坂 渡　東京都
π,πβ^β†®Ø~©!?

東山 武明　東京都
衝撃波、きます。

福森 瑞己　東京都
ペットボトルの限界に挑んだコーラです。

古屋 順一朗　東京都
戦闘開始。

星合 摩美　東京都
自己責任でお願いします。

堀 晋太郎　東京都
SPARK

牧野 朝子　東京都
#人類未体験

三浦 万裕　東京都
ストレスは、最高のスパイスだ。

三村 彩花　東京都
現代のストレス値に合わせました。

宮田 義治　東京都
吹き飛ぶものは、なんだ。

宮田 義治　東京都
ぶっとべ、すべて。

守永 ヨシヤ　東京都
飲む宇宙ロケット

山内 昌憲　東京都
怒られた日は、いつもよりうまい。

山口 祐司　東京都
ペプシが勝つか君が勝つか

伊東 順　神奈川県
凶暴なペプシ、現る。

小山内 雪華　神奈川県
飲むか、飲まれるか

北村 太一　神奈川県
ペプシを信じていない、全ての人に。

栗田 一平　神奈川県
犯人が、発泡しています。

崎山 すなお　神奈川県
ペットボトルが破裂しそうだ。

酒向 渉　神奈川県
俺は、強い奴にしか興味がねえ。

酒向 渉　神奈川県
ぶっとべ、人類。

高石 幸典　神奈川県
マーケティング無視。

橋本 龍太朗　神奈川県
スリルは、喉で味わえ。

洞田 拓也　神奈川県
青春のモヤモヤが、
普通の炭酸なんかで晴れるか。

洞田 拓也　神奈川県
ママ、強いのちょうだい。

松里 優祐　神奈川県
草食男子から、強炭酸男子へ。

三富 里恵　神奈川県
何の刺激もなく、1日が終わるところでした。

吉川 文義　新潟県
ア~!ノドガシュワルツネッガ~!

吉川 佳菜　富山県
あなたのストレス、何GV?

門 智之　福井県
お酒を飲むと、愚痴が出ます。
ペプシなら、出るのはゲップくらいです。

大井 慎介　静岡県
飲むか、飲まれるか。

島本 剛　静岡県
自分を殴りたいときに。

川島 裕史　愛知県
初めはきまぐれ、今はやみつき。

佐野 貴浩　愛知県
K.O.

庄司 俊介 愛知県
みんなに好かれたいわけじゃない。

野口 七海 愛知県
〝凶〟炭酸×〝凶〟カフェイン

萩原 望 愛知県
モノの時代は終焉し、
体験〈コト〉の時代に突入した。

深萱 正剛 愛知県
ハンドルキーパーの方へ朗報です。
lonG driVeに、
ペプシストロング5・0GV。

三國 拓朗 愛知県
これを待っていたのよー。サントリー!

山中 彰 愛知県
炭酸の踊り食い。

山中 彰 愛知県
飲む、バンジー。

山中 彰 愛知県
おとなしいあの子が飲んでいて、
ドキッとした。

藤掛 賢志 京都府
もはや痛い。

鮎川 幹 大阪府
敵は、本能にあり。

有田 泉美 大阪府
ペプシか、拳か。

上野 了 大阪府
もはや、凶器。

上野 了 大阪府
使用上の注意をよく読み、
用量・用法を守って正しくお飲みください。

小野 有理 大阪府
今までのペプシで満足していた人に朗報で
す。まだ上があるぞ。

嘉藤 綾 大阪府
「飲む」が運動になる。

北山 泰介 大阪府
歴史が変わる

太洞 郁哉 大阪府
コーラに、喝。

中村 克 大阪府
ちょっと黒い自分に

中村 匡 大阪府
担担麺と相思相愛。

西岡 あず海 大阪府
父の涙をはじめて見た

西岡 あず海 大阪府
コーラの踊り食い

速石 光 大阪府
ディープ飲パクト

林 恭子 大阪府
居眠り議員に、差し入れたい。

松尾 健介 大阪府
100円の冒険。

松尾 健介 大阪府
コーラで俺になる。

松尾 健介 大阪府
第6の味覚。

宮下 千穂 大阪府
常識が、弾け飛ぶ

山下 祐輝 大阪府
二番じゃ、ダメなんです。

山野 大輔 大阪府
強いペプシに、人は弱い。

雨宮 竜一 兵庫県
アブない方が、勝っちゃう時代だ。

太田 智子 兵庫県
キレる前に飲め

中村 駿作 兵庫県
炭酸で、からだが浮く。ような気がする。

中村 駿作 兵庫県
キャップを開けてみてください。
まるで、機械の動作音です。

丸岡 嵩大 兵庫県
この強さ、前人未到。来たれ挑戦者。

守谷 直紀 兵庫県
最後に思いっきりバットを振ったのはいつだ。

萬 正博 兵庫県
超ドS級のうまさ。

佐藤 数馬 広島県
使用上の注意をよく読み、用法、用量を守って正しくお飲みください。

柚木 啓子 広島県
若いうちに飲め!

大津 由理 福岡県
飲み飛ばせ!

岡本 英孝 福岡県
KING of 炭酸。

奥村 巧 福岡県
彼女のゲップを聞いてみたくて、5GVのペプシを飲ませてみた

柿本 和臣 福岡県
いつもいい人のままでいいのか。

柿本 和臣 福岡県
勇気ってこうやって湧くんだな。

柿本 和臣 福岡県
上司に振って渡した。

馬場 俊綱 福岡県
アンタの求める刺激は全部、この中に詰まっているゼ!

大城 昂 佐賀県
すぐ怒る人が、可哀想にみえてきた。

大城 昂 佐賀県
ペプシハイ

宮崎 圭佑 熊本県
世界は変えられないけど、俺は変えられる。

今崎 秀司 大分県
ちょうどいいなんていらない。

伊佐 元輝 沖縄県
飲むか飲まれるか

本河 大典 中国広東省
アドレナリンに火をつけろ!!

伊藤 孝浩 北海道 ラジオCM
視力検査——編
男①:右、左、上
女:すごいですね。1・9です!
男②:上、下、右、右、左…
医者:5・0ーー、これは、世界最高クラスだ!
NA:数字が語る最強炭酸「ペプシストロング5・0GV」

斎藤 貴美子 埼玉県 ラジオCM
炭酸の音:シュワ~
男性1:あのう、この炭酸の音なんですけど、しっくりこないんですよね。
男性2:そうだなー、もっと強い音ないのか?
男性1:うーん、これなんてどうでしょ?
炭酸の音2:ジュワー
男性2:これ、から揚げの時に使う音だろ?
男性1:あ、バレちゃいました?じゃあこれは…
炭酸の音3:ザアア……
男性2:これは大雨の音だろう!
男性1:ですよねえ。じゃあ、ぜんぶ混ぜちゃいましょうか!
炭酸の音4:ジュワザアシュワア~
NA:こんな音はしませんが、こんなイメージの、強い炭酸です。ペプシ史上最高ガスボリュームの、ペプシストロング5・0GV。強い炭酸に耐えられる専用ボトルで販売中です。

サンチェス 翼 埼玉県 ラジオCM
ナレーター「それでは、喉の中にいる天達さん」
天達「こちらぁー!現場はかなり大荒れの天気になってます」
SE:シュワー!!!プシュー!(炭酸が弾ける音と嵐の音)
天達「コーラごときで、暴風域ー!!コーラごときに暴風域です!!」
SE:ゴクゴクップハァー!
コーラごときで、暴風域。
SE:ペプシコーラ

肥高 結衣 埼玉県 ラジオCM

実況アナウンサー（以下、実況）「さぁ今年から始まりました！〝プシュッと音をさせずにペプシの蓋を開ける選手権〟！解説はバブル時代に一風を制した平野ノラさんにお願いしております。平野さん、どうぞよろしくお願いします」
平野ノラ（以下、平野）「お願いしますぅ～」
実況「さて、エントリーナンバー1番のこの男性は果たして音を立てずに開けられるのだろうか？！…会場が静まりました。それではどうぞ！」
男「（ペプシを開ける音）…プシューーーーーー！！」
実況「鳴ってしまった～～～！平野さんこれは結構派手になってしまいましたね」
平野「う～ん、バブルは弾けるものよ～」
実況「さて、エントリーナンバー2番！この女性は果たして…？」
女「（ペプシを開ける音）…プ」
実況「お？！これは期待できるか？！」
女「（ペプシを開ける音）…プシューーーーーーーーーーー！！」
実況「やはり鳴ってしまったか～！初めはイケると思ったのですけど、いかがですか？」
平野「バブルは弾けるものよ～」
実況「さて、最後のトリを飾るのはエントリーナンバー3番の平野ノラさん！平野さん、お願いいたします！」
平野「（ペプシを開ける音）…プ…プ……プシューーーーーーーーーーーー！！！」
実況「やはり弾けた～～～～！平野ノラさんが生きるバブルはやはり弾けてしまっていた～～！！」
平野「ああん、ヤダ～～～～！」
NA：強炭酸ペプシストロング5・0GV、発売中！
実況「実況終わりにもペプシストロング5・0GVですね！以上、〝プシュッと音をさせずにペプシの蓋を開ける選手権〟でした！」
SE：（ペプシを開ける音）プシューーーーーーーーーー！！！

丸山 佑介 埼玉県 ラジオCM

パキッ（ペットボトルを開封する音）
シュワッ（最初の炭酸が発散される音）
シュワシュシュワシュワ・・・（炭酸が抜けていく音）
ナレーション「音を飲め。」

大竹 健一 千葉県 ラジオCM

「蘇生」編 20秒
SE：ブーーー（心電図）
助手：先生！！心停止です！！
執刀医：くそ！！みんな下がって！！ペプシストロング5・0GVだ！！
助手たち：…はっ？
SE：シュワー（強い炭酸の音）
NA：最強刺激炭酸、ペプシストロング5・0GV。
執刀医：あっ、間違った、電気ショックだ！！

大塚 浩二郎 千葉県 ラジオCM

【落ち着いた男性Na】
『圧力の音を聴く』53回目の今日は人が立ち入れることができない深海の世界。
海底火山の音をお楽しみください。
ブクブクブクッ！！！！シューッ！！ドドドドドッ！！！！
（圧倒的圧力で噴出する泡の音）
最高ガスボリュームPEPSI STRONGの提供でお送りしました。

小林 猛樹 千葉県 ラジオCM

ウルトラマン：シュワッチ。
少年：弱いよ。
ウルトラマン：シュワシュワッチ。
少年：弱いよ。
ウルトラマン：シュワシュワシュワッチ。
少年：まだ弱いよ。
ウルトラマン：シュワシュワシュワシュワッチ。
少年：もうちょい。
ウルトラマン：シュワシュワシュワシュワシュワシュワッチ。
少年：うん、そんぐらい。
NA：シュワシュワの炭酸が超強い、ペプシストロング5・0GV。
ウルトラマン：シュワッチ。

宮本 望未 千葉県 ラジオCM

（沢尻エリカさん）どうも、沢尻エリカです。私は落ち着いたけど、ペプシストロングが暴れる一方みたいで、ちょっと飲んでみました。え、感想？…別に。ペプシストロング

5・0GV

青木 陽介　東京都　ラジオCM

おじいちゃん：うちらなんかもう初体験なんてないんじゃよ。若いお前さんはいいね。これからが楽しみじゃ。
孫：おじいちゃん、これは？
ナレーション：どんどん新しい体験を

河村 龍磨　東京都　ラジオCM

スペールシャトルの出発シーンを音のみで再現。
「スリー」
「ツー」
「ワン」
「プシュー」
NA「また一歩、歴史が前進した。サントリー、ペプシストロング5．0GV」

小柴 桃子　東京都　ラジオCM

男：バス、発車します。
SE：プシュー
男：ペプシ、飲みます。
SE：プシュー
男：ペプシストロング5．0GV、飲みます。
SE：プシュシュシュシュー！！！！
NA：炭酸が抜ける威力が違う。誕生、強いペプシ。

紺谷 知宏　東京都　ラジオCM

【ハリウッド映画】篇
NA：全米が興奮した痛快アクション！今年3月、ついに日本上陸！
主演：シュワシュワシュワシュワシュワルツェネッガー！
女性：ねえ、なんか名前おかしくない？
男性：いつもよりシュワシュワ言ってる気が…。
NA：ペプシ史上最強にシュワシュワ言ってます。
強炭酸ペプシストロング5・0GV。

島村 浩太　東京都　ラジオCM

「危険物処理班編」
隊長「いいか、絶対に衝撃を与えてはならんぞ・・・慎重に解除するんだ」
部下「はい、隊長・・・」
SE：カチッ、プシュ（ガスの漏れる音）
SE：ゴクリ（固唾を飲む）
SE：ゴクリ（飲む音）
隊長「あ～この刺激、逃す訳にはいかねえ！」
N：人類未体験の強炭酸、ペプシストロング5・0GV。

竹村 弥生　東京都　ラジオCM

男：お前、何眠そうにしてるんだ！いっぺん顔洗ってこい！
NA：顔洗うよりいい方法あります、ペプシストロング5．0GV。

田中 未来里　東京都　ラジオCM

刑事：警部！大変です！
警部：どうした！
刑事：爆破物がしかけられたと連絡がありました！
警部：なっ、何だって?!どこにだ！
刑事：全国にです！
警部：なっ・・・！
刑事：それも学校やテーマパークなど、人のごったがえす場所に設置されたようです！
警部：くっ・・・
刑事：しかも、犯人が自分で手を下さずとも、一般市民が自ら爆破物の封をあけてしまうよう仕掛けられているようなんです！
警部：何だって・・・。せめて、どんな爆破物かがわかれば・・・。
刑事：あ、これです。
SE：（ペプシをあける大きな炭酸音）プシュッ！！！！
NA：今だかつてない爆発を全国に。サントリー。

長井 謙　東京都　ラジオCM

○いつもと同じ篇
男「いつもと同じ朝。いつもと同じ電車。いつもと同じ仕事。いつもと同じコーヒー。いつもと同じ企画書。いつもと同じ会議。いつもと同じ議題。いつもと同じ結論。いつもと同じ残業。いつもと同じ妻の愚痴。いつもと同じテレビ。いつもと同じ部屋。いつもと同じ布団。いつもと同じ毎日」
NA「挑戦を忘れてしまったあなたに。いつもと違う飲み物はどうですか？人類未体験強炭酸、ペプレストロング5・0GV」

長井 謙　東京都　ラジオCM

○一息篇

男「あー、疲れた。一息入れるか」
SE「プシュ」（炭酸を開ける音）
SE「ゴクゴク、フウ」（飲んで、一息）
男「…え!?俺、書類逆さまで読んでた!」
NA「あなたを目覚めさせる強炭酸!ペプシストロング5・0GV」

長井 謙　東京都　ラジオCM

○犯人篇

女「誰?あたしの新しいペプシ飲んだ人?」
男「俺、知らないよ」
女「本当?」
男「俺、本当に知らな…」
SE「ウーーーーーーップ」（ゲップの音）
女「…新しいの買ってきて」
男「はい」
NA「人類未体験の強炭酸ペプシストロング5・0GV、発売中」

野村 京平　東京都　ラジオCM

上島竜兵：飲ますなよ、いいか、絶対飲ますなよ!
NA：ペプシストロング5・0GV登場。
上島竜兵：（飲む）ゴクゴク。（咳き込む）ゲホッ、ゲホッ。何すんだよ、殺す気か!
NA：ペプシストロング5・0GV登場

早坂 貴弘　東京都　ラジオCM

NA「ファーイブ!」
SE（ダーン!）
NA「フォー!」
SE（ダーン!）
NA「スリー!」
SE（ダーン!）
NA「ツー!」
SE（ダーン!）
NA「ワン!」
SE（プシュー!!）（ペプシを開ける音）
NA「ペプシストロング5 .0GV!」

廣本 嶺　東京都　ラジオCM

「ストロング・トーマス」篇

NA：今日のゲストは、日夜、人を乗せてがんばっていて最近お疲れ気味の機関車トーマスさんです!
機関車トーマス：（疲れた様子で）トーマスでーす。
NA：それでは、そんなお疲れ気味のトーマスさんに、過去最強炭酸のペプシストロング5・0GVを飲んでもらいましょう。
SE：プシュ（缶をあける音）
SE：ゴクッ（ペプシを飲む音）
トーマス：キタキタキタキターーーー!!!
SE：ポッポー!（汽笛音）
NA：トーマスも、ストロング。ペプシストロング5 .0GV

畑本 佳緒　神奈川県　ラジオCM

ミチ子（中学2年生）：あっ、トシオくん。
トシオ：やあミチ子ちゃん。実は僕…もう、トシオじゃないんだ。
ミチ子：えっ。
トシオ：ペプシストロングを飲んで、トシオストロングになったんだ。
ミチ子：何それ…でも今日のトシオくん、ちょっとたくましく見える気がする…
トシオ：そうさ!ミチ子ちゃんも飲む?
ミチ子：うん!
SE：プシュッ!ゴクゴク…
ミチ子：なんだか元気が湧いてきた!わたしもきょうから、ミチ子ストロング!
N：君もストロングにならないか?ペプシストロング5・0GV

渡辺 健太　神奈川県　ラジオCM

【陸上競技大会】
男子100メートル走決勝
審判「位置について…よーい…」
（パァーーン）
解説「おっと、これは珍しい。全員フライングですね。何があったのでしょう?」
アナウンサー「ん?観客席最前列に注目されてる人がいますね…あ!手にペプシを持ってます!あの例のペプシストロングです!」
解説「どうやら、ペプシストロングの開封音のようですね!なんという強炭酸…」
NA「ラジオをお聴きの皆さんも、爆音響かせようぜ!人類未体験の強炭酸!ペプシストロング!」

北原 祐樹　新潟県　ラジオCM

【タンサン】篇
男A「うわー、だめだー、電池きれたわー」
男B「がんばれ、がんばれ」
男A「ちょっと、タンサン（単三乾電池）取ってー」
男B「はい、タンサン（炭酸）」
男A「これ、ペプシストロング5・0GVじゃん」
NA「強炭酸というエネルギーをあなたに、かつてない刺激、ペプシストロング5・0GV」

穐山 定文　山梨県　ラジオCM

男1：大丈夫だよな。
男2：大丈夫だ。
男1：ドーピング、疑われないだろうな。
男2：大丈夫だ。
男1：すごい記録だぜ。
男2：大丈夫だ。
NA：最強伝説への秘策、ペプシストロング5・0GV。

土屋 憲佑　山梨県

デカ長：よし！犯人のアジトに乗り込むぞ！！！
防弾チョッキをくれ！！
刑事：デカ長はもう身につけてるじゃないですか！？
デカ長：え？
刑事：肉の防弾チョッキを！
デカ長：・・・まずはお前から逮捕だぁ～！！！！
NA：暴発させたい職場のストレスは、最強PEPSIで発散を！PEPSI史上最強炭酸&強カフェインPEPSI STRONG 5・0GV

土屋 憲佑　山梨県　ラジオCM

効果音：（オフィスのガヤ）
部長：君～！資料にケアレス味噌があるよ！醤油うところは何度も角煮してもっと塩つけなさい！！
効果音：プルルル、ガチャ！（受話器を撮とる音）
部長：はい、むしゃむしゃ？あ！いつもおこわになっております～！（FO）
NA：職場には、想像以上のストレスがある・・・
効果音：シュワ～！！！（炭酸のシズル音）
NA：想像以上の上を行く刺激で、ストレス発散を！！
PEPSI史上最強炭酸 PEPSI STRONG5 .0GV

土屋 憲佑　山梨県　ラジオCM

効果音：（温泉施設のガヤ）
男子A：やべ～！パンツ忘れた！！
男子B：え？温泉来たのに？
男子A：財布も忘れた！！！
男子B：はぁ～？じゃあ、そのパンパンのカバンに何入れて来たんだよ！？
男子A：ペプシ！！
効果音：シュワ～！！（炭酸の音）
NA：湯上がりに、忘れられない爽快感を！PEPSI 史上最強炭酸！PEPSI STRONG 5 .0GV

大司 浩之　京都府　ラジオCM

「ハイキングウォーキング編」
Qちゃん「Mr.スズキックスのスーパーイリュージョンショー！！」
松田「まだやってたのか。お前もう誰も覚えてないぞ。」
Qちゃん「今日のイリュージョンは、この史上最強のコーラ、ペプシストロングを飲んで、ゲップをせずに山手線全駅言います。」
松田「お前、8年経ってやること全く変わってねぇじゃねぇか。」
Qちゃん「行きます。」
一口飲んだ時点で思わずゲップしてしまう。
松田：「早ぇよ。思いっきり劣化してんじゃねぇか。」
NA：「Qちゃんでも我慢できないコーラ。ペプシストロング。」

赤嶺 輝彦　大阪府　ラジオCM

◇「聞いてないよ～」篇 R-CM
ダチョウ倶楽部：「おいおい聞いてないよー」

肥後：「これペプシストロングじゃん」
寺門：「炭酸ガスがビールの約2倍だよコレ?ヤバいって!」
上島：「いいか?お前ら!振るなよ!絶対振るなよ!」
SE：プシュ!プシャーーーーー!(開封音～弾ける音)
ダチョウ倶楽部：「なんだ!この炭酸はーーー!訴えてやる!」
NA：炭酸好きに訴えたいこの爽快感!ペプシストロング5・0GV
上島：「俺もう飲まない!」
肥後：「じゃあオレ飲む!」
寺門：「いや!俺が飲むよ!」
上島：「いや!俺が飲むって!」
肥後&寺門：「どーぞ!どーぞ!」

久保 光太郎　大阪府　ラジオCM

EDM系の音楽流れ出す
ビートに合わせて
ふたを開ける音
喉がなる音
ゲップの音がビートにのって自然に混じる。(気づかれない位の自然さ)
音楽止んでも続くゲップ音
「Oops!」
ナレーション「止められない 強炭酸 ペプシ」

小橋 元樹　大阪府　ラジオCM

SE：卓球台でラリーをする音
女：ストレス発散法!
男：食べる!／女：太る!
男：寝る!／女：長い!
男：叫ぶ!／女：迷惑!
男：泣く!／女：きもい!
男：あぁ!
SE：ボールの跳ねる音
SE：キュッ!(大きくジャンプする靴の音)
女：私が・・いるだろうがっ!!!!
男：元凶やねん!
SE：カン!カン!(スマッシュを打ち返す音)
SE：プシュ!ゴクゴク(ペプシストロング5・0GVを飲んでいる音)
NA：最強のストレス発散法。ペプシシストロング5・0GV。

森本 芹奈　大阪府　ラジオCM

女：おはよう。
男：わ、髪、ばっさりいったね。
女：だって、ムカついたんだもん。
男：だからって、坊主にしなくても。
NA：発散は、強炭酸・強カフェインで。ペプシストロング5・0GV

森本 芹奈　大阪府　ラジオCM

A：もうだめだ。来年の戦隊シリーズのヒーローが決まらない。
B：やばい。このままだと、魔法使いシリーズに枠を取られてしまう。
A：そうだ。今年の、「甲羅戦隊トリインジャー」にペプシストロング5・0GVを持たせてもう4クール頑張ってもらうのはどうだ?
B：なるほど名案だ!強そうだし。シリーズ史上最強のヒーロー トリインジャー。いけるぞ!
NA：煮詰まったときは、史上最強炭酸で、最強アイデアが生まれるかも。ペプシストロング5・0GV

大梅 正幸　兵庫県　ラジオCM

シーン：運動会
(お父さんオフ)

「今日は息子の運動会
(お父さん
「ケンタ!きょうはかっこいい父さんを見せてやるからな!」

(ケンタくん)

「うん」

(アナウンス)

「次の種目は、父対抗100M走です」

(お父さん)

「よし!いってくるぞ!」

(同級生の女の子)

「あっ、ケンタくん!ケンタくんのお父さんもでるの?」

(ケンタくん)

「ううん。きょうは仕事でこれないんだって」

(お父さん)

「えっ・・・」

SE：カチャ(ペプチを開ける音)

(お父さん)

「うぉぉぉぉぉ!!」

(アナウンス)

「あのお父さん、ものすごいスピードだ～～!」

（NA）人類未体験の強炭酸
ペプシストロング5・0GV

小野 諒佑　兵庫県　ラジオCM

【ウルトラマンいっぱい】篇
（ウはウルトラマン）
NA：ほかのコーラは
ウ1：シュワッ!
NA：ペプシストロング5　・0GVなら
ウ1：シュワッ!
ウ2：シュワッ!
ウ3：シュワッ!
ウ4：シュワッ!
ウ5：シュワッ!（間髪入れずに連続で）
NA：ストレスを撃退する
ペプシストロング5・0GV

岡田 英子　広島県　ラジオCM

男1　どっ、どっ、どっ、どっ、どるん、どるん、どるん、どるるる、どるん
男2　ん?どうした、あいつ
男3　あ、さっき、ガソリン補給してたから
男2　ガソリン?
男1　どるるる!どるるる!どるるるるん!
男3　お、今日もエンジン、かかってきたな、あいつ!
NA　俺のガソリン、人類未体験の炭酸飲料
ペプシストロング5・0GV
サントリー

高橋 知裕　広島県　ラジオCM

男の人の声「たかし、話があるんだ。」
たかし「なんだよ、あらたまって。」
男の人の声「父さん、実はなぁ、母さんなんだ。」
たかし「…。」
女の人の声「たかし、今まで黙っててごめんなさい。母さんが、実は父さんなの。」
たかし「…。」
Naこんな感じの強烈刺激。
ペプシ。ストロング。

柿本 和臣　福岡県　ラジオCM

DJ：こんにちは。相談内容はなんですか?
女：彼が浮気をやめられないんですけど、どうしたら治りますか?
DJ：彼は、刺激が足りないんでしょう。
女：刺激ですか?
DJ：付き合って何年?
女：3年です
DJ：そろそろ飽きる頃だ。
女：そうなんですか。
DJ：彼、炭酸好きかな?
女：よく飲んでます。
DJ：OK。ペプシストロング飲ましちゃおう。
女：それで治るんですか?
DJ：うーん。刺激だけは、保証する。
女：分かりました。
NA：最強炭酸で浮気も撃退だ。サントリー
ペプシストロング

前田 香織　福岡県　ラジオCM

SE：飲み物を注ぐ音
夫：たくよぉー・・あんな上司でやってられっか、ってぇーのぉ・・・
妻：あんた!飲みすぎ
夫：チクショー・・もう一杯!
妻：もう・・・・・・・・・・・・・・・
ハイハイ。
NA：飲みすぎても安心。
ストレス発散なら酒よりコーラで。
ペプシストロング5・0GV

若林 淳一　福岡県　ラジオCM

男A「ペプシ買ってきたぞ～」
男B「おーサンキュー。」
カチリ。キャップをあける音。
「「ボン!!」」爆発音
ナレーション「いたずらではありません。最強炭酸のペプシストロング。」

上原 脩平　沖縄県　ラジオCM

男1「そう言えばお前の同期の田中、会社辞めたらしいな」
男2「みたいですね。アフリカに行ってマサイ族になるらしいですよ」
男1「はぁ!?…なんで?」
男2「さぁ、刺激が欲しかったんじゃないですか?」
男1「…そんな遠くに行かなくても、刺激なら簡単に手に入るだろ」
SE（ペプシストロング5・0GVを開ける音）
NA「刺激、たくさん入ってます」

SE（ペプシストロング5・0GVを飲む音）
男1「プハー…ってか、マサイ族ってなれるものなのか？」
男2「なれないでしょうね」
男1「だよな…あいつ相当ストレス溜ってたんだろうな」
NA「ストレス溜める前にスカッとしてください。史上最強炭酸ペプシストロング5・0GV」

上原 脩平　沖縄県

男1「高橋！」
男2「はい、何でしょう？」
男1「すまんが、刺激を買ってきてくれないか？」
男2「刺激ですね。了解しました。他に買って来て欲しい人はいますかー？」
男3「あ、じゃ俺は元気を頼む」
女1「私は集中力！」
男4「俺は爽快感！」
男2「…了解しました。皆さんペプシストロング5・0GVでいいですね？」
全員「お願いしまーす」
NA「強い刺激と爽快感で、あなたの元気と集中力を高めます。ペプシ史上最強炭酸×強力カフェイン、ペプシストロング5・0GV」

セゾン自動車火災保険

なんとなくで自動車保険を選んでいる人たちに、「おとなの自動車保険に加入したい！」と思わせるキャッチフレーズ

［キャッチフレーズ］

サ

セゾン自動車火災保険

協賛企業賞

おとなが主役の、おとくな保険。

木村 幸代（45歳） 埼玉県 会社員

▼協賛企業のコメント

セゾン自動車火災保険
マーケティング部 部長
袴田法明さん

このたびは協賛企業賞の受賞誠におめでとうございます。当社は、昨年に続き2回目の作品募集でしたが、前回を大きく上回る数の作品応募を頂きました。ご応募くださいました皆さま、誠にありがとうございました。応募作品は、それぞれの視点で「おとなの自動車保険」を表現されており、私共も多くの新しい気付きを頂戴することができました。大変素晴らしく個性ある作品が多くあるなか、今回の受賞作品は、「おとなの自動車保険」の特長をシンプルに、そしてはっきりと表していました。また、言葉のリズムが良く、記憶に残りやすい作品であると感じられ、審査にあたった社員の多くの支持を集めました。素敵な作品をありがとうございました。最後になりましたが、受賞された木村さまをはじめご応募くださいました皆さまに感謝いたしますとともに、今後ますますのご活躍をお祈り申し上げます。

三次審査通過作品

奈良 純嗣 秋田県

燃費は気にするのに、保険料を気にしないなんて。

宮坂 和里 神奈川県

ちゃんと選ぶという節約。

小橋川 大吾 沖縄県

燃費は気にするのに、保険料を気にしないなんて。

二次審査通過作品

伊藤 孝浩 北海道

大人料金って、こんなに安かったのか。

埣 由紀子 東京都

日中ほぼ家にいない人の家賃が安くなる、ような話です。

林 次郎 東京都

「〜才まで」ばかりの世の中で、「40才から」がうれしい。

石塚 啓 神奈川県

車社会での成人式は、40歳です。

竹節 忠広 長野県

自動車保険はやり直せる。

一次審査通過作品

牛込 健介　宮城県
間違った自動車保険選びは、
それもまた一つの事故です。

柴田 賢一　茨城県
安室奈美恵さん、
香取慎吾さん、
菅野美穂さん、
ダイスケはんさん、
滝川クリステルさん、
松岡昌宏さん、
松たか子さん、
自動車免許をお持ちでしたらご連絡ください。

稲垣 弘行　埼玉県
クルマはエコなのに、保険はエゴですか？

木村 幸代　埼玉県
おとなが主役の、おとくな保険。

山本 朝子　埼玉県
浮いたお金で人間ドッグ。

横村 貴之　埼玉県
右よし！左よし！保険よし！

吉田 洋晃　埼玉県
同世代が好きになる保険です。

安達 岳　千葉県
熟得

安達 岳　千葉県
保険成人になりましょう。

小櫻 華苗　千葉県
いらない安心もある。

野中 学　千葉県
大人になんかなりたい！
ー40代・50代にうれしい、
おとなの自動車保険ー

哀川 和彦　東京都
何となく加入すると、何となくずっと損している

新谷 建人　東京都
この年功序列は、正しい。

伊藤 渉　東京都
事故リスクでちゃんと
保険料を設定しています。

伊藤 渉　東京都
自動車保険は、
40才で乗りかえましょう。

伊藤 渉　東京都
保険の節目は40才。

岩尾 美優　東京都
大人だって、守られたい。

岡部 孝弘　東京都
歳は金なり。

鎌谷 友大　東京都
スピードを抑える世代は、
保険料も抑えられる世代です。

上村 風太　東京都
家族のことを考えたら、大人になりました。

木田 秀樹　東京都
払いすぎは、家計に良くない。

木田 秀樹　東京都
差額は、多額だった。

古賀 優一　東京都
自動車保険の初心者マーク、
そろそろ外しませんか？

小宮 央　東京都
部下より安い支払いなんて、
飲み会だったらありえないことです。

佐藤 日登美　東京都
保険は、若いうちに入ったほうがいい。
そうじゃない保険もありました。

サ セゾン自動車火災保険

清水 和豊　東京都
車を守るエアバックはない

鈴木 純平　東京都
得したい、ちゅうねん。

髙木 守　東京都
見直した夫を、見直した。

高渕 裕成　東京都
事故をしない人が安くなる保険、
知ってますか?

滝本 時生　東京都
家族のことを考えられる人を、
大人って言うんだな。

幟立 大樹　東京都
保険に入ることを勧める会社は多いのに、
見直すことを勧める会社は少ない。

橋本 知慧美　東京都
保険料も、ギアチェンジ。

橋本 知慧美　東京都
保険料、出しすぎ注意。

廣本 嶺　東京都
平等なんて、差別じゃないか。

廣本 嶺　東京都
おとな料金は安い。

福森 瑞己　東京都
保険を見直すことも、安全運転のひとつです。

福森 瑞己　東京都
保険料による損も、交通事故だと思う。

藤松 武　東京都
積み重ねてきた人生が、保険料を安くする。

古屋 順一朗　東京都
保険料が若返った。

町田 香苗　東京都
おとな。おとく。

味村 伊澄　東京都
その保険、おとなを見くびっていませんか。

味村 真一　東京都
維持費は下げられない。
保険料は下げられる。

宮原 渉　東京都
保険選びは教習されなかった。

森尻 修平　東京都
あなたの保険料、
アクセル全開で値上がっていませんか?

石井 倫太郎　神奈川県
40歳未満の方は、別の保険へどうぞ。

石塚 啓　神奈川県
年上ほど多く払うのは、
飲み会代くらいで十分だ。

片岡 佳史　神奈川県
□AKB48に現在所属しているメンバーを
5人言えない。
チェックをいれたアナタ、
保険料がお得になるかもしれません。

小林 雅人　神奈川県
大人になると衝突することが少なくなるか
ら

高橋 英児　神奈川県
歳取って、得した。

宮坂 和里　神奈川県
見直しが面倒だ、という理由で、
年間1万7千円損しますか?

石原 佳典　愛知県
飲酒運転はしたことはないが、
保険への不満は飲み込んで運転していた。

伊藤 美幸　愛知県
おとなは甘くみてほしい。

木村 寿伸　愛知県
9回裏と保険料は、全力で抑えたい。

久保田 正毅　愛知県
安全運転だけじゃ、安全運転じゃない。

黒川 憲子　愛知県
ケチケチするくらいなら、
自動車保険でも見直しなさいよ。

庄司 俊介　愛知県
知らないことが事故です。

セゾン自動車火災保険

見田 英樹 愛知県
保険料は、本来払いたくないものである。

柳 晃太 愛知県
運転が下手な人は、ずっと下手。

山中 彰 愛知県
必要以上に高いお守りを買っていた。

奥谷 和樹 大阪府
万が一は、10日に1回。

貝渕 充良 大阪府
40歳、サバをよんでは損をする。

河合 進 大阪府
高くなるほど、安くなる。

北川 秀彦 大阪府
保険にも、乗り心地があった。

田中 昌宏 大阪府
40過ぎたら、クルマに乗ろう。

辻 恭子 大阪府
頑張ったあなたには何かしらの「差プライズ」があります！！

中森 規仁 大阪府
保険料も燃費の一部だ。

西岡 あず海 大阪府
何もなければ消えてしまうお金なんだから、少ないほうがいい

向井 正俊 大阪府
40歳にして年齢を武器にした。

向井 正俊 大阪府
40年生きたことが長所になりました。

山下 祐輝 大阪府
自動車保険だって、高齢化社会にあったものを。

河上 未来 兵庫県
保険だって、歳をとる

寺門 眞一 兵庫県
納得にも更新が必要です。

寺門 眞一 兵庫県
保険にも、定期点検を。

藤井 正志 兵庫県
クルマより保険のほうが乗り換えやすいのに。

田中 克則 和歌山県
ブレーキを踏み間違える年齢ではないが、保険を選び間違える年齢ではある。

中村 謙一 広島県
年はとりたくないが、得はとりたい。

江副 佑輔 福岡県
周囲から見ると、安全運転。保険から見ると、素人運転。

高井 公孝 福岡県
死角は大人になるほど増えていく。

鳥越 達也 福岡県
保険選びは、徐行しましょう。

富山 忠彦 沖縄県
払い過ぎた保険料に、過払い金請求はできません。

セメダインのくせに、
実態とイメージが乖離しています。

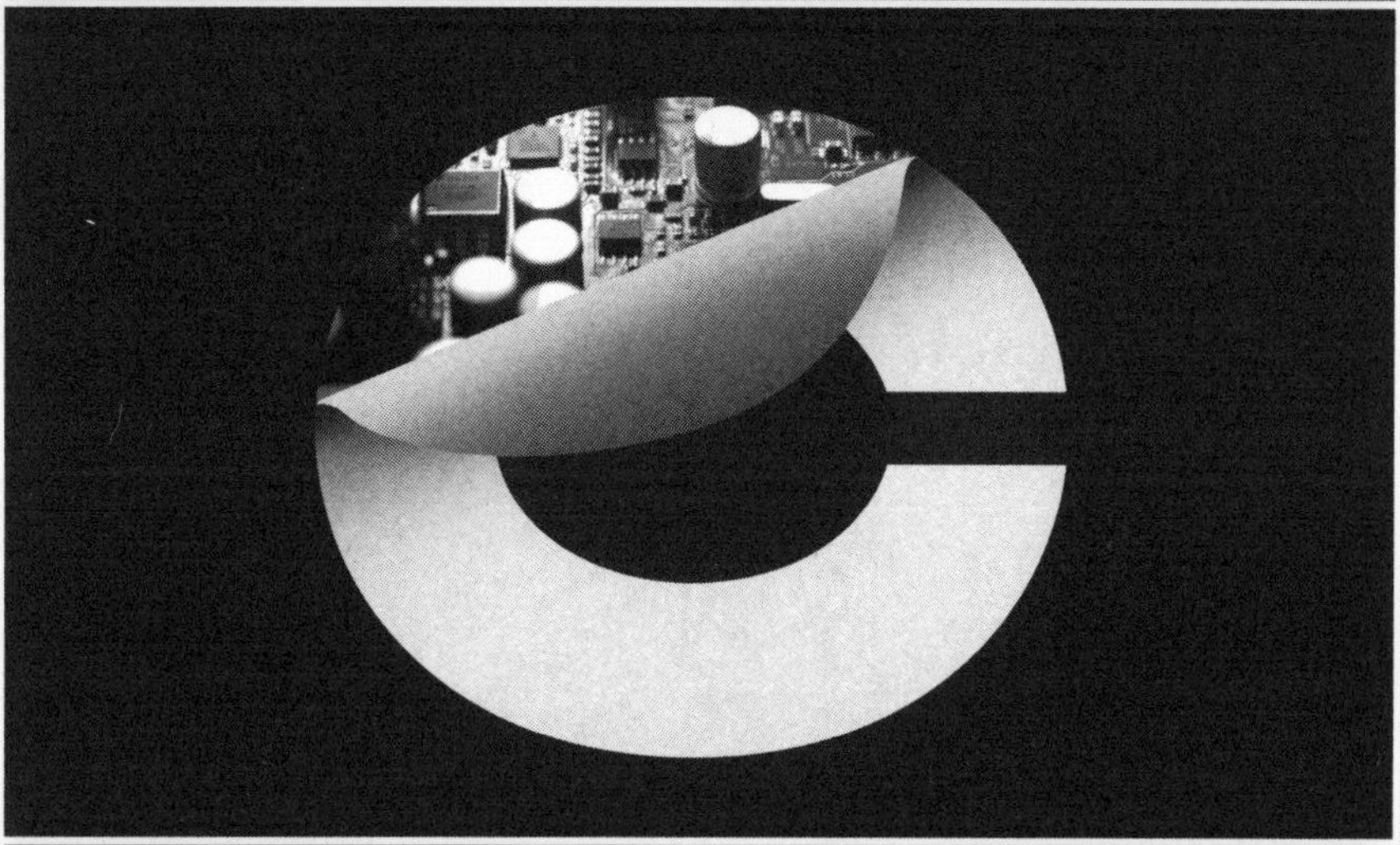

このギャップを接着してください。

セメダインは、売上全体の80%がBtoBの産業用資材です。
しかし「プラモデル用」「工作用」というイメージが圧倒的に先行し、
古臭いブランドとして、思い出と共に語られてしまいます。
以前にこの宣伝会議賞で同様の課題を出した際も、
応募作の半数以上はお父さんと子供の話でした。
審査委員の方もそういうハートウォーミングな作品を選んでしまいます。
お願いです。応募する人も審査する人も、
ちゃんとこのオリエンシートを読んでください。
25 年前に発明した弾性接着技術は、世界のスタンダードとなり、
いまではスマホやPC、電気自動車などの電子機器や、インフラ・建築など
用途は多岐にわたり、月面探査にも採用される最先端の接着技術となっています。
BtoB の現場で課題に直面したときに「セメダインに聞いてみよう」
と想起してもらえるようなアイデアをお願いします。

課題：
セメダインを、高技術な産業資材を提供するBtoB企業として認知させる広告アイデア

ジャンル：自由

参考資料：
http://www.cemedine.co.jp/

CEMEDINE

セメダイン

セメダインを、高技術な産業資材を提供するBtoB 企業として認知させる広告アイデア
[キャッチフレーズ／テレビ CM ／ラジオ CM]

協賛企業賞

春山 豊（26歳）東京都 博報堂

セメダインがあるから、書ける設計図がある。

▼協賛企業のコメント

セメダイン
CS推進室 広告宣伝グループ
篠原 泉さん

ご受賞おめでとうございます。何かを「つくる」ためには、何かと何かを「つける」必要があります。他の接合方法では解決できなかった課題も接着剤は解決してきました。普段目に触れないだけで、世に生み出される最先端技術の陰には必ず接着技術があるのです。BtoBの現場で設計図を描く方々に、接着剤＝「課題を解決する高度な産業資材」であると気づきを与えるだけでなく、「セメダインならこの課題を解決できるかもしれない、聞いてみよう！」と当社の技術に対して期待感が高まるこちらのコピーを、今年度協賛企業賞に選出いたしました。素敵なコピーをありがとうございます。最後になりましたが、ご応募頂いたすべての方に厚く御礼申し上げるとともに、今後のご活躍をお祈り申し上げます。セメダインだからこそ実現されたアイデア・プロダクトが世の中には沢山あります。是非意識してみてくださいね。

三次審査通過作品

ガンプラも直せるが、ガンダムも直せる

田畑亮　埼玉県

接着業。

赤間正毅　東京都

接着業。

大川聖哉　東京都

接着業。

齋藤大樹　東京都

接着業。

速石光　大阪府

サ

セメダイン

二次審査通過作品

中島 崇　埼玉県
何かと何かをくっつけて、世界はできている。

鵜川 将成　東京都
プラモデルから、プロモデルまで。

鵜川 将成　東京都
家庭用にしては、強力すぎると思ってました。

田中 貴弘　東京都
設計図には描かれない部品。

富田 正和　東京都
くっつくる。

浜田 英之　東京都
「その手があったか」のその手です。

原 おうみ　東京都
くっつくる会社。

春山 豊　東京都
セメダインがあるから、書ける設計図がある。

蟹 太郎　富山県
セメダインを、
なめるな。

吉川 佳菜　富山県
セメダインがなかったら、
どの創造も想像に終わっていた。

本徳 智洋　静岡県
1+1=1にする。

速石 光　大阪府
はじめからひとつなのかと思った。

田中 未来里　東京都
テレビCM
『お母さんの読み聞かせ』篇
夜、ベッドでこどもに絵本を読み聞かせる母親
母親：むかーしむかしあるところに三匹のコブタがいました。
息子：ぼく知ってる！家つくるんだよね！
母親：長男は藁で家をたて、二男は木の枝で家をたて、三男はレンガで家を建てました。そこへオオカミがやってきました。
息子：ぼく知ってる！レンガが強いんだよ！
母親：オオカミはどの家も吹き飛ばすことができませんでした。
息子：え…？
母親：できませんでした。

息子：（茫然とした表情で固まる）
絵本の中のコブタたちの足元にズーム。業務用セメダインの缶が置いてある。
NA：セメダインは家にも使えます。壊れたくないなら、セメダイン。

中川 真由美 山口県 ラジオCM
男「おまえとは合わない」
女「残念だわ」
男「こうして触れても、どうもしっくりこない」
女「あなたゴツゴツしてるから」
男「君だってツルツルすぎる」
女「あたしたち…材質が違いすぎるのね」
ナレーター「セメダインは、合わない素材をくっつけるのが得意です。
　板とガラスもごらんのとおり」
ピタッとくっつく音。
男女「あっちゃった」

一次審査通過作品

曽根 真衣子 宮城県
未知との接着。

奥山 浩樹 山形県
ウラではツキにツキまくっています

今村 寛信 福島県
点と点、線と線、面と面、人と人。世界は、くっつくことで広がっていく。

中島 崇 埼玉県
技術と技術をむすぶ赤い糸。

橋場 仁 埼玉県
世界はもっとくっつくはずだ。

橋場 仁 埼玉県
一滴のクイ。

橋場 仁 埼玉県
日本の強度を作りたい。

泥谷 智史 埼玉県
居場所は引き出しの中だけじゃない。

安達 岳 千葉県
セメダインは、地球を工作してます。

木村 有花 千葉県
BとBとを、くっつけてます。

田辺 拳斗 千葉県
SFをノンフィクションに。

田辺 拳斗 千葉県
のりしろより、のびしろに塗ってほしい。

田辺 拳斗 千葉県
失敗した人ではなく、
失敗できない人が使うもの。

堤 博文 千葉県
1度遊んだぐらいで、
私の全てを知った気にならないでください。

安宅 小春 東京都
家庭に収まるタイプじゃなかった。

安宅 小春 東京都
この橋、セメダイン使ってるの？
じゃあ渡ろう。

鵜川 将成 東京都
ぼくの知ってるセメダインじゃない！

鵜川 将成 東京都
そりゃ、プロも使うよなあ。

鵜川 将成 東京都
就職先の工場で、10年振りに再会した。

鵜川 将成 東京都
プラモデルだけなら、

サ

セメダイン

こんなにくっつかなくていい。

鵜川 将成　東京都
ぼくは工作で使ってる、
パパは工場で使ってる。

加藤 晃浩　東京都
オリンピックを開催するのに、
セメダインが必要です。

桐ヶ谷あすみ　東京都
創造の場、再生の場、挑戦の場に。

慶本 俊輔　東京都
そんな無理難題を言われても、困りません。

小宮 央　東京都
セメダインは、先端技術です。

小宮 央　東京都
そもそも、
家で使われるだけなら、
会社は倒産している。

柴本 純　東京都
ネジはいつか緩む。

田川 薫　東京都
透明なので目立ちませんが、
歴史を何度も塗り替えました。

竹村 弥生　東京都
セメダインがなければ、
うまれなかった企業がある。

中辻 裕己　東京都
不可能だと言う人は、
セメダインを知らない人だ。

永久 眞規　東京都
本業は、
直すことでなく、作ることです。

永吉 宏充　東京都
断念したアイディアを、お聞かせください。

林 正人　東京都
何をくっつけるかだけ、決めてくれ。

春山 豊　東京都
素材を選ばないから選ばれている。

福西 京介　東京都
なめないでください

藤曲 旦子　東京都
人類と進歩をくっつける。

星合 摩美　東京都
起死回生の一滴。

南 忠志　東京都
離れれば、ただの部品です。

宮本 正輝　東京都
その仕事、ノリで解決できますか?

山内 昌憲　東京都
世界をバラバラにしたければ、
セメダインをなくせばいい。

尹ジュヨン　東京都
この世には、見えない力が働いている。
セメダインという名の。

横田 歴男　東京都
あらゆる隙間をゼロにする。
それは、宇宙で一番むずかしい。

吉本 正春　東京都
地球の外にもセメダイン。

栗田 一平　神奈川県
必着仕事人。

高石 幸典　神奈川県
あぁ!それ、宇宙船に使うやつ…

高石 幸典　神奈川県
むしろ、業務用を家庭用で出しています。

高橋 貞行　神奈川県
くっつけたいのは、可能性。

西口 滉　神奈川県
遊び用にしては強すぎる。

三上 佳祐　神奈川県
ベタベタしてても、ビジネスライク。

三上 佳祐　神奈川県
「ＢｔｏＢ」の「ｔｏ」の部分。

柳元 良　神奈川県
この世は、図工だ。

北原 祐樹 新潟県
感情のないモノ同士だって、
くっつけるのはむつかしい。

望月 智久 山梨県
テクノロジーをつなげるテクノロジー。

竹節 忠広 長野県
またお前か。

輿嶋 一剛 岐阜県
新しい接着技術が生まれると、
新しいものが生まれる。

松崎 誠 静岡県
どの一滴が、未来を変えるのだろう。

伊藤 美幸 愛知県
技術で技術をくっつける。

小川 晋太郎 愛知県
つく、つく、奉仕。

関谷 知加 愛知県
セッチャクノロジー。

飛田 哲志 愛知県
会社会社会社会社会社会社会社、
くっつけていくと社会になる。

福井 悠太 愛知県
ロゴはCですが、B向けもやってます。

堀田 陽祐 愛知県
アイデアがくっつくと、テクノロジーになる。

村上 正之 愛知県
BtoBをセメています。

村上 正之 愛知県
プラモデルより、ビジネスモデルをつくりたい。

村上 正之 愛知県
工作より工場でよく使われています。

山中 彰 愛知県
ビジネスの問題点を、接着面と考えてみる。

鷲野 裕一 愛知県
信頼を剥がしません

松谷 信吾 京都府
困難と解決をくっつけて、離さない。

大重 卓也 大阪府
1億円のセメダイン

貝渕 充良 大阪府
セメダインが、くっつけたことが、
企業秘密になっているかもしれない。

貝渕 充良 大阪府
くっつけているのは、1/1スケールだ。

嘉藤 綾 大阪府
この粘着力は、ものづくりへの執念だ。

小佐井 和秀 大阪府
傑作をくっつけている。

小橋 元樹 大阪府
接着はクリエーティブだ。

小橋 元樹 大阪府
人類の創造性を高める仕事。

小橋 元樹 大阪府
人類の思うことは、大概形にしてきた。

田村 太 大阪府
セメダインは買うんじゃない。発注するんだ。

速石 光 大阪府
仕事を選ばないから仕事に選ばれる。

速石 光 大阪府
あなたが製品だと思っているものは、
もともとは部品でした。

速石 光 大阪府
知られていないのは、
企業秘密に使われるから。

速石 光 大阪府
作るのそばには、着けるがある。

速石 光 大阪府
ノリだけでは、できない仕事です。

速石 光 大阪府
目立つよりも、役立ちたい。

本條 秀樹 大阪府
ライバルは、重力です。

向井 正俊　大阪府
技術の進化にセメダイン。
技術の劣化にセメダイン。

向井 正俊　大阪府
世界を止めた。

向井 正俊　大阪府
街の成分。

山下 りえ　大阪府
選択肢を、くっつける。

中村 駿作　兵庫県
実現可能か、接着で答えを出す。

中村 駿作　兵庫県
世界を組み立てる仕事。

密山 直也　兵庫県
壊れたものは直せても、
壊れた信頼は直せない。

宮本 祐希　兵庫県
セメダインが無ければ、
設計図でおわっていた。

守谷 直紀　兵庫県
あらゆる手を使って、
はがそうとしてくる地球に挑む。

平田 大翔　奈良県
A to C to Z

浜中 将幸　和歌山県
パパのお仕事は、必着仕事人です。

浜中 将幸　和歌山県
気づいてもらえないことが、うれしい。

浜中 将幸　和歌山県
夫の仕事が見えません。

浜中 将幸　和歌山県
つなぎ役のいいチームって、強いだろ。

浜中 将幸　和歌山県
気づいてもらえないのは、
トラブルがないからです。

石橋 賢　島根県
社会が、バラバラになってしまわないように。

飯田 祥子　福岡県
世紀のアイデアを
ガラクタにしない

飯田 祥子　福岡県
くっついて、
歴史を動かしてきました

大野 夏実　茨城県　テレビCM
BGM 荘厳なイメージ
①世界地図が映される
②大陸が一気に中心に集まり、全大陸がくっつく。
③画面いっぱいに「圧倒的接着力」の文字がでる
④「圧倒的接着力」の文字が消え、セメダインの名前がでる

安念 俊太郎　千葉県　テレビCM
恋のキューピットが矢にセメダインを塗っている。

大原 結　東京都　テレビCM
「おおきなかぶ」紙芝居。
おおきなかぶを引っ張るおじいさん、おばあさん、孫、犬、猫、ネズミの場面
紙芝居の話し手：うんとこしょ、どっこいしょ、それでもかぶは抜けませんでした。めでたし、めでたし。
唖然とする子どもたち
紙芝居の話し手が顔を出す。じつはセメダインの人
セメダインの人：いちどくっついたらこれぐらい外れません。
ロゴ：セメダイン

大原 結　東京都　テレビCM
男：もう、離れてくれ。
亡霊風の女：無駄よ。
男独白：あいつに取りつかれて早5年。お祓いをしても、車を飛ばしても海に潜っても、ついてくる。どうしたらいいんだ。
女：あきらめなさい。あなたの服のすそに、セメダインの技術で私の服のすそをつけてあるの。
NA：絶対にくっついていなきゃいけない現場には、セメダインの接着技術があります。宇宙服で宇宙を漂う男。その脇に満足げによりそう女
男：マジで！？

西田 峻也 東京都 テレビCM

学生服の男女。
男「寄りを戻したい！離れて気付いたんだ、君の大切さを。」
女「もう遅いわ。離れないと気付かないなんて、あなた、セメダインみたいね…。」
男「セメダイン？」
女「瞬間接着剤で有名なセメダインも、一度くっつけたモノは離れないから、なかなか気付いて貰えないの。でも、実は世界に誇る弾性接着技術で多くの企業の課題を解決してるの。その技術は月面探査にも採用されてるのよ。」
ポケットから取り出したセメダインを男に渡して去る女。
男「なんの話だ。」
NA：「接着のことならお任せを。セメダイン。」

八子 勇人 東京都 テレビCM

【地球は青かった】篇
アナウンス「スリー、トゥー、ワン、ゼロ」
ロケットが発射される。
ロケット内部。セメダインの着ぐるみが席に座っている。
月面探査機の横で地球を眺めるセメダインの着ぐるみ。
NA「セメダインは、地球の青さを知っている」
NA「Essential partner, Cemedine」

片岡 佳史 神奈川県 テレビCM

【ケンカ】篇
SE「バチーン」（ひっぱたかれる音）
男が、女に全力でビンタされる。
男「なんだよ、急に」
女「急に、じゃないわ。もうとっくに壊れてるのよ」
男「一体どうしたんだよ」
女「私が家庭的なイメージですって？とんでもないわ。私は『産業的』なの」
NA「セメダインは産業界で大活躍」
男「ごめんよ」
女「いいの、わかってくれれば」
抱き合う二人。
NA「もちろん、くっつけるのが得意。セメダイン」

與嶋 一剛 岐阜県 テレビCM

「コント」篇
コントで壁に突進する人。
壁が破れず激突する。
大道具「誰だ！セメダインでつくったの！」
N+S：家もつくっています。セメダイン

小山内 拓人 静岡県 テレビCM

【悪代官】編
スーツ姿の男が悪代官にお酌している。
代官「しかしお主も悪よのう…。」
男「お代官さまほどでは…。」
不敵に笑う二人。
仕事人「話は聞かせてもらった！」
代官と男「何奴！」
仕事人が勢いよく襖を開けて入ってくるも、接着されており刀が鞘から抜けない。
そんな仕事人を尻目にふたたびお酌するスーツ姿の男。
代官「お主も悪よのう…」
不敵に笑う二人。
NA「時代を変える接着技術。セメダイン。」

榎本 祐大 愛知県 テレビCM

戦闘中の巨大ロボット。
（ロボット1はロボット2に比べて明らかに性能が高そうな見た目をしている）
ロボット1「チタン超合金ボディにスーパーコンピュータを搭載した私が負けるハズがない！！！」
ロボット2「ナニデクッツケタ？」
ロボット1「えっ？」
ロボット2「ナニデクッツケタ？」
ロボット2、ロボット1を軽く小突く。
ロボット1「あーーーー！！！」
崩れ落ちるロボット1。
ロボット2「ボクハ、セメダイン」
ロボット2を見上げながら、『日本の製品に、さぁボクらも。セメダイン』のコピー。

三島 直也 京都府 テレビCM

ラグビーの試合。
選手がスクラムを組んでいる。
実況：一進一退の攻防。
先制点はどちらが取るのか。
解説者：ずっとスクラム組んでますね。
実況：全然、離れませんね。
NA＋S：離れない接着剤。セメダイン

山本 江美奈　京都府　テレビCM

2Fから降りてくる息子
息子「母さんー、ウチセメダインあったっけ?」
母「あぁ、あそこにあるわよ」
天井を指す母。
息子「は?」
母「あとはそこと、そこでしょ…?あっ、ここにも!」
床や壁を指す母
NA：想像以上に、セメダイン。

奥谷 和樹　大阪府　テレビCM

【おかんと宇宙人編】
ピンポーン（玄関のチャイムが鳴る音）
おかん：「（ガチャ）はい、どちらさまでっか?」
宇宙人：「す、すんまへん。円盤が壊れてもうて、帰れないんです」
おかん：「はぁ、そんなん言われても、気の毒やけど・・・」
宇宙人：「セメダインありまっか?」
おかん：「え、ええ、あるけどな。ちょっと待っとき」
宇宙人にセメダインを渡すおかん。
宇宙人：「ほんま良かったわ〜、落ちたんが地球で」
飛び立つ宇宙船。
NA：宇宙人も、感嘆。セメダイン。

奥谷 和樹　大阪府　テレビCM

【スターウォーズ編】
ダースベイダー：「なぜ地球人どもは、壊しても壊しても、よみがえってくるのだ!」
手下A：「閣下、こ、これのせいであります」
ダースベイダー：「なっ、セメダインだと!?お、おのれ〜」
こぶしを机に叩きつけるダースベイダー。
NA：ダースベイダーもお手上げ。地球にはこれがある。セメダイン。

本田 真貴子　大阪府　テレビCM

場末のスナックに、厚化粧のママと男性客が数名いる。
ママは老眼鏡をかけ、カウンター内で何か作業をしている。
男性客1：「ママ、つけといて。」
ママ：「はいよ。」
店を出る男性客1。分解されたパソコンが残されている。
ドアが開く音がして男性客2が顔を出し、外を指差す。
男性客2：「ママ、つけといて。」
外には建築中の建物。
ママ：「はいよ。」
カウンター内でママはプラモデルを接着している。
NA：セメダインはプラモデルだけでなく、精密機械や建築で活躍しています。

向井 正俊　大阪府　テレビCM

月と地球がくっついている。
NA：セメダインはあなたが思っているレベルじゃない。
NA：高技術な産業資材。セメダイン。

徳山 舞奈　兵庫県　テレビCM

逆さの女編
女性の顔のアップから、ゆっくり引いていく。
髪の毛が逆立っている。
ほぼ全身写ったところで180度回転し、天井に靴が貼りついていたことがわかる。
女性がニヤリと笑う。
NA：危険ですから、マネしないでください。とにかく強力、セメダイン。

若林 淳一　福岡県　テレビCM

【誰でも巨匠編】
ある町工場。
男数名が見守る中、男1人が溶接作業をおこなっているが、上手くいかない。
男A「だめか…」
男B「やっぱり師匠を呼ぼう。師匠!」
師匠「なにー?」出てくるのは小学生くらいの男の子。
セメダインを使い、一瞬で2つをくっつけてしまう。
笑顔で振り返りながら師匠「はい!おわり!」
テロップ「誰でもすぐに巨匠の技術が手に入る。セメダイン」

石黒 秀祐　千葉県　ラジオCM

【職場】篇
オフィスにて電話を受ける女性
女性「いつもお世話になっております。

うちのセメダインが只今、接着中でして。
こちらから着け直させますか。」
NA「セメダインは職場で、よく働いている。」

長井 謙　東京都　ラジオCM
○セメダインとって篇
息子「ねぇ、パパー、セメダインとって」
父「お、何作ってるんだ?」
息子「電気自動車!」
父「え!?」
NA「日本の技術の未来を支えています。セメダイン」

まもなく100周年を迎える
高松建設をご存知ですか。

高松建設は、単なる「建設会社」ではありません。

CONSULTANT＆CONSTRUCTという2つの「C」をかかげ
幅広い分野で、お客様のベストパートナーとして歩んできました。

2017年に100周年を迎えるにあたり、もっと多くの皆さまに私たちを知ってほしい。

高松建設の魅力を、もっともっと伝えたいと思っています。

皆さまのアイディアで素敵な作品をお待ちしています。

【課　　題】 高松建設の魅力が伝わるメッセージ
【ジャンル】 自由（キャッチフレーズ、テレビCM、ラジオCM）
【参考資料】 http://www.takamatsu-const.co.jp/ （高松建設）
http://www.takamatsu-cg.co.jp/ （高松コンストラクショングループ）

アイディアが土地を活かす
TakaMatsu 高松建設

高松建設

高松建設の魅力が伝わるメッセージ
[キャッチフレーズ／テレビCM／ラジオCM]

協賛企業賞

土地には声がない。だから私たちがいるんだと思う。

吉田 琢磨（23歳）神奈川県 伝創社

▼協賛企業のコメント
高松建設 経営戦略室 室長
三木具隆さん

このたびは、協賛企業賞の受賞おめでとうございます。当社は本年10月に100周年を迎えるにあたり、もっと多くの皆さまに私たちを知って欲しいという想いから、今回初めて宣伝会議賞に協賛いたしました。どんな作品に出会うことができるか非常に楽しみにしていたところ、皆さまよりたくさんのご応募をいただき、大変嬉しく思っております。本受賞作品は、長年「Consultant & Construct カンパニー」をかかげ、幅広い分野でお客さまのベストパートナーとして歩んできた当社の姿勢と、今後に向けた「エッセンスの継承性と深化」を、シンプルでありながら分かりやすく表現していただいていると感じ、協賛企業賞とさせていただきました。最後に、さまざまな課題の中から、当社へご応募いただいた全ての皆さまに、心より御礼申し上げますとともに、今後のますますのご活躍をお祈りいたします。

三次審査通過作品

向井 正俊　大阪府　テレビCM

天地創造編
NA：はじめに神は天と地とを創造された。
男性：ちょっと！ちょっと待った。
（スーツの男が出てくる）
男性：ここは、もうちょっと広くしてくれません？
で、こっちに山をお願いします。
ここら辺に川なんかあったらいいですね。
NA：髙松建設は土地の価値を引き出します。
土地の運用は髙松建設へ。

二次審査通過作品

飯塚 逸人　東京都

本当は「高松と相談して建設」という
社名の方がふさわしい。

山下 祥　東京都

阪神大震災のとき、
１０８棟すべてが、そこにある生命を守った。

北原 祐樹　新潟県

建てる前なら、いくらでも考え直せる。

鈴木 謙太　愛知県

面積は変えられない。

姜 智潤　東京都　ラジオCM
はーい、今日は視聴者の方からこういうメッセージが届いていました。「私は京都に住んでいるタカマツと申します。今日は私の誕生日なんですが誰もお祝ってくれなかったので、ラジオででも自分のお祝いができたらなーと。」
「タカマツさん、そうだったんですね。ちなみに今年で何歳になるんですか？」
「今年で、ひゃくさいになります。」
タカマツケンセツ、100歳。

一次審査通過作品

三上 智広　北海道
100年かけた、ヒアリング。

堀川 卓郎　福島県
企業の100歳は、人間の何歳だろう？
C&Cカンパニー、高松建設。

新井 翔太　埼玉県
土地は一生現役です。

山本 朝子　埼玉県
活かす、活かせば、活かすとき、
活かしたい――
活用が大好きな会社です。

山本 朝子　埼玉県
あなたはリタイアしても、
あなたの資産はリタイアはありません。

安達 岳　千葉県
七階建てが最高だった時代から。

木村 有花　千葉県
心のゆれも支えます、高松建設。

真子 千絵美　千葉県
土地「いや～縄文とか江戸とか、色んな時代経験してきましたけど、今が一番ですねぇ。」

池田 慧　東京都
周りの土地の価値も変えてしまおう。

石川 知弘　東京都
お客様の悩みが、我が社の財産となりました。

伊藤 渉　東京都
根本的な空き家対策は、
建てる前にしかできない。

及川 知希　東京都
大政奉還150周年。
高松建設100周年。

小郷 拓良　東京都
大きな不祥事を
100年も起こしてない
珍しい建設会社です。

齋藤 大樹　東京都
一棟にかける想いは、
東京タワーと変わらない。

坂元 透　東京都
タンスには仕舞えない。

佐藤 日登美　東京都
世の中には、
建てることで損している人が多すぎる。

高澤 邦仁　東京都
孫の代に仕送りを贈った。

鶴岡 延正　東京都
月に土地を買った方もご相談下さい。

タ

高松建設

中切 友太　東京都
さあ、戦略を建てよう。

永久 眞規　東京都
同じ土地でも、儲ける人と、損する人がいる。

永吉 宏充　東京都
街によって、検索されやすいワードは変わる。

宮崎 正明　東京都
あっ、必死に家作りすぎて
100年宣伝するの忘れてた・・・。

石井 倫太郎　神奈川県
たった一度の
「建った！」のために。

石井 倫太郎　神奈川県
松茸は生える、髙松は建てる。

伊東 順　神奈川県
城の王様には側近が必要です。

酒向 渉　神奈川県
マンションは富豪が建てるものだと思ってませんか？

酒向 渉　神奈川県
宝は埋まっていない、
この上に建てるのだ。

吉田 琢磨　神奈川県
土地には声がない。
だから私たちがいるんだと思う。

竹節 忠広　長野県
最高の場合も、
最悪の場合も想定する。

竹節 忠広　長野県
お客様の本音と、
土地の本音。

輿嶋 一剛　岐阜県
売れない作家、月収150万。

久保田 正毅　愛知県
建設する前に、理想の終え方まで考えます

久保田 正毅　愛知県
土地が選べない？明日は選べます

鈴木 謙太　愛知県
土地の、全ポイントアドバイス。

中村 和彬　愛知県
100年分の、新しいを知っている。

萩原 雄樹　愛知県
あたらしい住所をつくろう。

堀田 陽祐　愛知県
建てるために、課題を一度解体する。

堀田 陽祐　愛知県
100年あれば、高松がつくれます。

桂田 圭子　滋賀県
日当たりと同じくらい、日陰を気にする。

大司 浩之　京都府
人に言えない悩みなら、企業に言ってみよう。

三島 直也　京都府
日本は何LDKだろう？

嘉藤 綾　大阪府
家題解決。

冨田 将先篤　大阪府
100年、ひとは責任で立っていられる。

中村 匡　大阪府
お客さんのお孫さんもお客さん。

松尾 健介　大阪府
満室は、続けることに意味がある。

松尾 健介　大阪府
入居者がとぎれない方法を、
この100年、考えてきました。

向井 正俊　大阪府
それは夢の駐車場ですか。

渡邊 北斗　大阪府
狭さは、広さにないモノを持っている。

藤田 大地　岡山県
家を建てた時の反省点は、次に生かしにくい。

長井 謙　東京都　テレビCM
○怪獣篇
怪獣が現れ、次々と街を踏み潰す。
怪獣の足元にきれいなマンションが。

怪獣、そのマンションだけ踏まずに、進む。
NA「踏み潰すのが、もったいないほど美しいマンション。マンションの建設なら、高松建設」

三木 小夜子　東京都　テレビCM
駐車場に停めた車内でキスをする男女
―高速で巻き戻し（場面は駐車場固定）―
駐車場が更地だったときまで戻る。腕組みをして悩んでいる様子の男がうつる。
男「やっぱり、相談してみよう。」
今までと違う方向に歩き出す。
高松建設で相談するシーン
―高速で早送り（更地がマンションになっていく）―
ある一室にズームアップすると、最初の男女の、女性がご飯を作っている。
男性が帰宅すると、火をとめて、迎えにいく女性。
玄関先でキスをする男女。
部屋の奥から小さな子供が走ってくる。
NA「暮らしをつくる、という提案です。」
テロップ「土地活用なら、高松」
企業ロゴ

片岡 佳史　神奈川県　テレビCM
【見守り】篇
子供「お母さん、行ってきまーす」

母「いってらっしゃーい」

母と男が玄関で子供を見送る。

NA「が一般的な建設会社。一方、高松建設は…」

子供「お母さん、行ってきまーす」

母「いってらっしゃーい」

母と男が玄関で子供を見送る。

（シーン1）

子供が通学路を歩いている奥で、電信柱の陰から顔を出して、頷いている男。

（シーン2）

交差点、横断歩道を渡る子供の横で、横断旗を広げ、交通整理をしている男。

（シーン3）

道端で子供に向かって吠える犬の前に立つ男。

（シーン4）

道路で転んだ子供を優しく起こす男。

（シーン5）

学校の前で、手を振る男。

男「いってらっしゃい！」

笑顔で手を振る子供。

NA「建てて終わりじゃない。いち早く情報をキャッチし、問題をすばやく解決。お客様の大切な資産の活用を全力で手助けします。高松建設。」

寺門 芳郎　大阪府　テレビCM
幼稚園の帰り道、母親に手をひかれながら、子どもが次々に家を指さす。
こども：高松ぅ、高松ぅ、ひとつ飛んで高松ぅ。
母親：（ほほえみながら）なんでわかるの？
こども：ひみつぅ。
NA：わかる人にはわかる、高松建設。
こども：だって、建ててるところ、いつも見てたんだもん。

向井 正俊　大阪府　テレビCM
ミニチュアのセットで、怪獣映画の撮影をしている。
怪獣が建物を壊さないように足元を気にしながら歩いている。
NA：いいものは壊せない。
　高松建設

向井 正俊　大阪府　テレビCM
SE：学校のチャイム
先生：授業始めるぞ。
生徒1：起立、礼。
先生：じゃ、教科書25ページ開いて。
生徒2：（心の声）えぇ！立たせて放置かよ！？
NA：高松建設なら建って終わりではありません。
資産運用は高松建設へ。

前田 香織　福岡県　テレビCM
（高校球児たちがグラウンドで喧嘩をしている）
少年A：ふざけんなよ!!（胸ぐらつかむ）
少年B：・・・やってらんねぇわ。甲子園なんて馬鹿馬鹿しい。
少年A：そうだな、こんなチームで行ける訳ねぇよ！（グラウンドを去る）
（みんなグラウンドを去っていく）
少年B：そうだな、こんなチームで行ける訳ねぇよ！（グラウンドを去る）
女子学生：待って！（立ちはだかる）何言ってんの・・・ここまで頑張ってこれたの

はみんなの頑張りでしょ?
少年たち：高松・・・（静かに泣き出す）
NA：マネージャーは運営に必要不可欠です。
お客様のマネージャーにもなる高松建設

柴田 賢一　茨城県　ラジオCM

女：さようなら。
突然でごめんね。
旦那が転勤になって・・・
初めて会ったとき、
あなたに一目ぼれして、
内面も素敵なことを知った。
もっと、一緒にいたかったな・・・
男：おーい。
女：旦那が呼んでる。
わたし、もう行かなきゃ・・・。
男：悲しい顔するなよ。
新しい場所でも、たくさん思い出つくろう。
女：そうね。
さようなら・・・。
わたしの大好きなマンション。
NA：あなたのマンションが、
みんなに愛されるマンションになる。
土地活用のプロフェッショナル、
創業100周年の高松建設。

長井 謙　東京都　ラジオCM

○転勤篇
上司「山田君、お願いがある」
部下「なんですか?」
上司「部署が変わることになってな、転勤
お願いできないか」
部下「え！…しょうがないですね。分かりました」
上司「すまんな」
部下「会社辞めます」
上司「え！」
NA「どうしても引っ越したくないマンションになります。皆が住みたくなるマンション建設なら、高松建設」

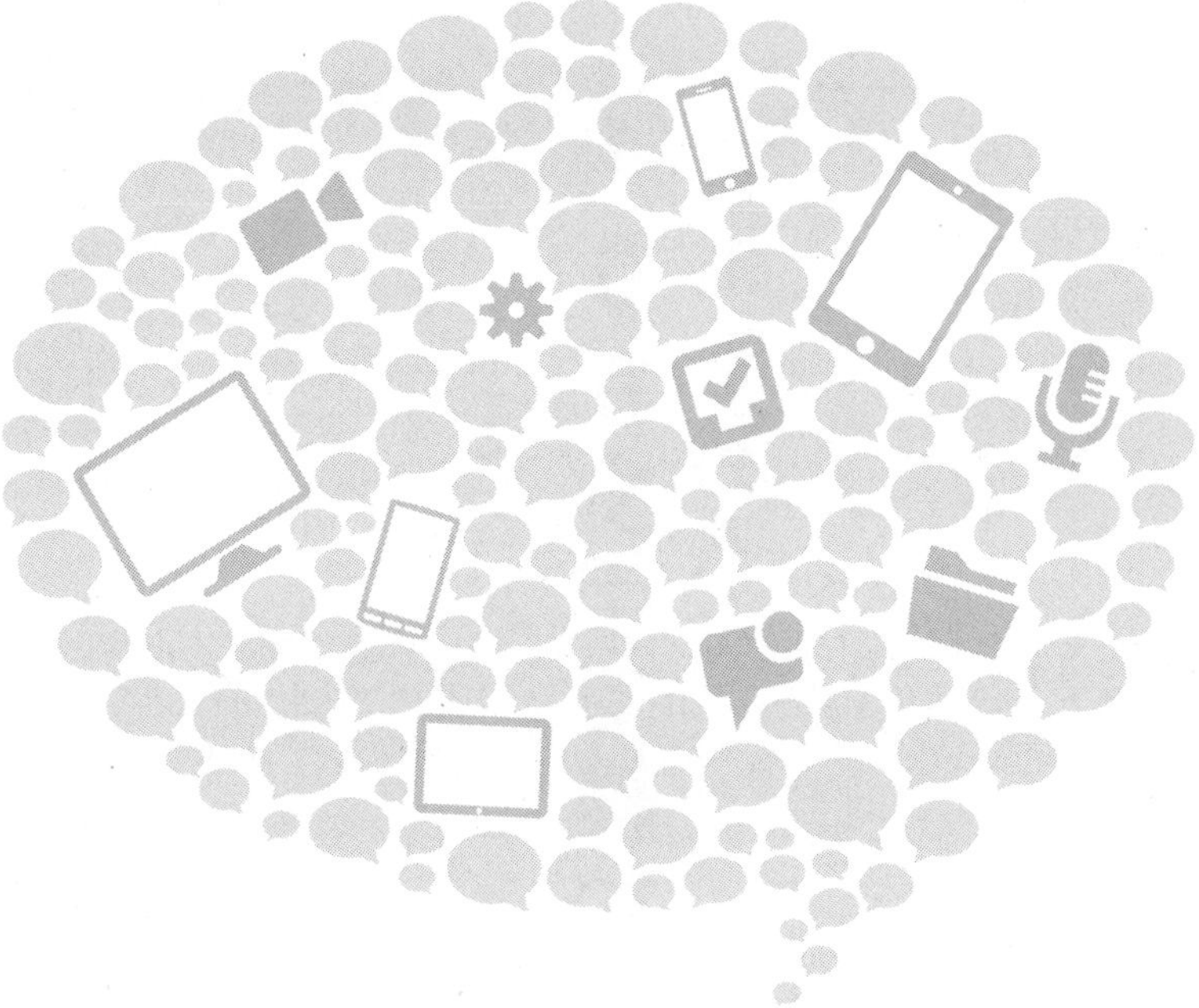

chatwork

チャットワークを知らない人にサービスの魅力を伝え、
使ってみたくなるようなキャッチフレーズを募集します。

[　課　題　] チャットワークを知らない人でも使ってみたくなるようなキャッチフレーズ
[募集ジャンル] キャッチフレーズ
[参 考 資 料] サービスサイト：http://www.chatwork.com/ja/

ChatWork

チャットワークを知らない人でも使ってみたくなるようなキャッチフレーズ
[キャッチフレーズ]

協賛企業賞

阿部 希葉（38歳）東京都 コトバ

100文字で終わる会議もある。

▼協賛企業のコメント

ChatWork 常務取締役
山口勝幸さん

このたびは栄えあるご受賞、誠におめでとうございます。阿部様の才能に敬意を表し、心よりお祝い申し上げます。今回、当社の課題にたくさんのご応募をいただいたことは大変光栄でした。さまざまな視点でチャットワークを表現していただき、私たちも多くの発見と気づきを頂戴しました。中でも本作品は、チャットワークの特長をよくとらえ、チャットワークを使えば業務を短縮できることを簡潔に表現できている点が社内の選考メンバーの支持を集めました。受賞コピーは、今後チャットワークを宣伝する際に大いに活用させていただきます。これからも業界のためにご尽力くださるよう期待してやみません。ご経験を生かし、これからもより一層のご活躍をお祈りしております。

二次審査通過作品

新谷 建人 東京都
そういえば、入社した時はおかしいと思っていた。

伊藤 渉 東京都
メールからムダな文字をとると、チャットになる。

グエンウォックヒ 千葉県
家で働けるということは、通勤時間分人生が増えるということだ。

小林 鴻世 神奈川県
伝言ゲームが成功した例を見たことがない。

一木 浩平 東京都
「仕事早いね」は、だいたい「返事早いね」。

竹節 忠広 長野県
私は社員のマネージャーではない。

幟立 大樹 東京都
あいつのキャラが活きる言葉は、メールで送ると失礼な言葉でした。

藤田 篤史 東京都
あの人の意見って、大したことなかったんだ。

密山 直也 兵庫県
仕事の山のほとんどは、連絡の山でした。

宮原 渉 東京都
仕事で忙しいのか。連絡で忙しいのか。

村上 正之 愛知県
意見を言わないと、絶対、参加できない会議です。

若林 淳一 福岡県
ホウレンソウに大切なのは、鮮度だ。

一次審査通過作品

青山紀恵　東京都
子どもの急な発熱を、
同僚に謝る必要すらありません。

阿部希葉　東京都
100文字で終わる会議もある。

安部眞史　茨城県
会議室さがしなんて、仕事じゃない。

石川知弘　東京都
電話が多い会社は、ミスも多い会社だと思う。

石山博之　千葉県
メールがテニスなら、
チャットは卓球です。

磯部美月　東京都
皆が顔を合わせると、
意見まで合わせるようになる。

伊藤渉　東京都
丁寧なメールは、
丁寧なことばかりが伝わる。

伊藤渉　東京都
LINE感覚で仕事をしたら、
早いに決まってる。

入江亮介　東京都
メールより、チャットの方が、会話に近い。

大司浩之　京都府
ハラスメントは、証拠が残らない所で起こる。

奥友恒　東京都
メールで送って電話で確認する。
メールで仕事が増えてるじゃないか。

金子正憲　東京都
部長の匂いを忘れた。

神谷啓介　東京都
議論がピンポン球みたいだ。

河合進　大阪府
会議室は、おじさんで蒸されたサウナです。

河合進　大阪府
「ちょっといいかな」が
「ちょっと」なことは少ない。

河合進　大阪府
記憶より、記録に残る会議を。

菊地将哉　千葉県
仕事とは、おしゃべりだ。
生かすも殺すも、おしゃべりだ。

木田秀樹　東京都
今日も部下の仕事っぷりが、
目に取るようにわかる。

木村有花　千葉県
出れる人だけの、会議じゃ、良い案は出ない。

清宮里美　神奈川県
人見知りはする。
でも、文字見知りはしない。

倉光秀平　山口県
時間って、浮くんだ。

高津裕斗　京都府
ただの思い付きをメールでは送りづらい。

小佐田直樹　東京都
「それでは会議を始めます。
携帯電話はマナーモードに設定せず、
通話もご勝手にどうぞ！」

小辻文明　神奈川県
言った。
言ってない。
書いた。
書いてました。すみません。すぐやります。

崎山すなお　神奈川県
かしこまりすぎたメールが、日本の経済ス
ピードを落としているのだとしたら。

佐々木一之　愛知県
chatworkにしない会社は
しない理由を説明できない会社だ。

佐々木 貴智　東京都
会議室を確保するのが、一番大変だったりする。

佐藤 晋　東京都
文章化された時点で、アイデアは既に整理されている。

新藤 元太　兵庫県
「部長、お疲れ様です。昨日はゴルフにお誘いいただきましてありがとうございました。ナイスショットの連続で、お見それしました。是非またお誘いいただければ幸いです。さて本題ですが、今日の会議は予定通り、11時開始となっております。よろしくお願いいたします。」が、「会議は11時開始」に。

鈴木 謙太　愛知県
隙間時間会議、始まる。

芹澤 高行　東京都
会議室で、いいアイデア出たことありますか？

宗野 裕一　神奈川県
ウイルスは、ほぼメールでやってくる。

高石 幸典　神奈川県
11３００社導入。これは、上場企業の約30倍の数です。

髙木 浩平　東京都
今一歩踏み出せば、

私が「会社を変えた世代」だ。

高倉 周一郎　大阪府
見直すべきは、社員じゃなくて「会話」でした。

高橋 俊一　東京都
ワークライフバランサー。

竹田 豊　神奈川県
無言の激論。

竹節 忠広　長野県
電話中、電話中、電話中、電話中、電話中、電話中、電話中、電話中、電話中、夜中。

棚網 良子　神奈川県
まだ「会議」を「準備」しているんですか？

田中 圭一　東京都
理不尽な依頼も履歴が残る。

田辺 拳斗　千葉県
1つでいいから、メールの良いとこ言ってみ？

田辺 拳斗　千葉県
百聞を一見にできる。

田辺 拳斗　千葉県
なんでも発言できる会社と、誰にでも発言できる会社は違う。

鶴岡 延正　東京都
共有もさることながら共感も早い。

徳山 舞奈　兵庫県
僕が緊急事態でも、会議は開かれる。

富田 貴之　東京都
「無言」は「不参加」ではなく「熟考」にもなる。

豊田 啓介　東京都
お疲れ様です。よろしくお願いいたします。お疲れ様です。よろしくお願いいたします。お疲れ様です。よろしくお願いいたします。お疲れ様です。よろしくお願いいたします。お疲れ様です。よろしくお願いいたします。疲れませんか？

長井 謙　東京都
速攻本題。

長井 謙　東京都
会議室だと、こんな思い付き話せなかった。

中島 優子　東京都
言った、言わないを、言えなくなった。

中西 喜貴　東京都
ワーママたちを部下に持つあなたに。

中野 拓馬　東京都
電話もメールも、昔は失礼な行為とされていた。

永吉 宏充　東京都
迷惑メールを削除する時間を削除したい。

タ
ChatWork

西垣 健悟 愛知県
言った、言わない、一目瞭然。

野田 陽介 熊本県
メールがテニスなら、チャットは卓球だ。

林 次郎 東京都
はやく返信しろという前に、
はやく返信できるツールにしてください。

林 次郎 東京都
メールは50年。
さすがに最新のツールにはかなわない。

林 次郎 東京都
メールはいろいろ届きすぎる。

福島 滉大 埼玉県
「会議だよ！全員集合！」は、もう古い。

藤田 篤史 東京都
議事録になります。

藤田 篤史 東京都
母乳をあげながら会議に参加。

藤田 大地 岡山県
日本⇔ブラジルが、モヤシより安い！

堀田 陽祐 愛知県
全員がそろうために、会議が
1週間後になるのがこの国の組織でした。

増子 宣章 福島県
ニューヨーク、パリ、ロンドン、足立区

松尾 栄二郎 東京都
雑談を商談へ。

三上 佳祐 神奈川県
CCは、傍観者。
チャットは、参加者。

三上 智広 北海道
毎回会議にきっちり集合できるメンバーで、
この仕事成功するのだろうか？

三島 直也 京都府
話せば長くなる。
書けば短くなる。

村上 正之 愛知県
アイデアだけが出席できる会議です。

村上 正之 愛知県
大きな声も、小さな声も、平等です。

森屋 瑞貴 東京都
会う以上の会議を。

柳 晃太 愛知県
会話がはずまない良い会議だった。

矢野 康博 東京都
悪いのは、
上司でも部下でもないことを証明します。

山下 英夫 神奈川県
「言った、言わない」より、
「やる、やらない」を議論したい。

山下 祐輝 大阪府
黙々と、激論をかわす。

山中 彰 愛知県
その伝言、付箋の粘着力に任せられますか。

與嶋 一剛 岐阜県
この大企業、ベンチャーかよ！

與嶋 一剛 岐阜県
引き継ぎは、読んどいて。

若林 淳一 福岡県
「わざわざそんな話するな」と言われ、
「なんで話さなかった」と言われる
世の中で。

渡邊 侑資 岐阜県
電話は、証拠を残せない。

採用に使える
キャッチフレーズを
考えてください。

［ 課 題 ］ 当社は「つなぐ」をミッションにお客様のダイレクトマーケティング・
WEBマーケティングを支援している会社です。

今後の成長に欠かせない人材を採用するにあたり
当社を表現できるキャッチフレーズを募集いたします。

［ ジャンル ］ キャッチフレーズ

［ 参考資料 ］ 自由

DM SOLUTIONS ディーエムソリューションズ株式会社

ディーエムソリューションズ

人材採用の際に、ディーエムソリューションズを表現できるキャッチフレーズ
［キャッチフレーズ］

タ

ディーエムソリューションズ

協賛企業賞

岡山 和也（25歳）東京都 ハタジルシ

あなたにこのメッセージが届いたのも、偶然ではありません。

▼協賛企業のコメント
ディーエムソリューションズ
取締役 人事総務部長
在川浩太さん

このたびは協賛企業賞の受賞、誠におめでとうございます。皆さまよりご応募いただいた数々の力作の中から1作品だけを選考することは至難の業でした。どれも甲乙つけがたく人事総務部＋採用チームのメンバーとのディスカッションの末決定しました。今回の受賞作品ですが、まさしくうちの採用を体現しているコピーだった為、選出させていただきました。成長の原動力である「採用」において、今のメンバーたちも会社側のメッセージを受け取り入社してくれたことを考えると、出会いも必然だったと感じました。最後になりますが、受賞者の方をはじめ、今回ご応募いただきました皆さまには重ねて御礼申し上げるとともに、今後の更なるご活躍を心よりお祈り申し上げます。

二次審査通過作品

伊藤 渉　東京都

DMがなくならない理由を、考えたことありますか?

岡山 和也　東京都

あなたにこのメッセージが届いたのも、偶然ではありません。

橋本 知慧美　東京都

老害、いません。

西脇 亨　大阪府

社員全員、他社想い。

一次審査通過作品

牟田 雅武　北海道

日本中の1人を口説く。

齋藤 春奈　山形県

志望動機・・・じゃなくて、ラブレターを書いてください。

安部 眞史　茨城県

良いものって、広めたいよね。

鎌田 明里　茨城県

運命の黒子になるのは、意外と悪くない。

田中 隆造　埼玉県

叫んでも、振り向かない時代だから。

安達 岳　千葉県

DMが活躍するのは、高齢化社会だと思う。

井上 裟貴　千葉県

生きていること全部が仕事になる。

朝比奈 守　東京都

SNSじゃつながれないものが、まだたくさん残ってる。

天沢 もとき　東京都

唯一の会社に、ライバルはいない。

伊藤 渉　東京都

効果がはっきりわかる仕事は、やる気が出る。

岡山 和也　東京都

伝わらない時代が、私たちを生んだ。

小野崎 花奈　東京都

幸せが2箇所で生まれる仕事。

北川 哲　東京都

DMだけが、一人一人の宛先を書いて送る広告です。

河野稔　東京都
「仕事だから」って言う顔が、うれしそう。

坂田大地　東京都
伝えにくいものほど、伝えたくなるのは、なんでだろう。

佐藤日登美　東京都
自分の会社より、取引先の会社が有名になるほうが、ちょっとうれしい。

佐藤日登美　東京都
人と人との間には、やっぱり人がいました。

佐藤日登美　東京都
歴史が12年しかないと、壊しやすい。

手代森修　東京都
ポストからゴミ箱までの間に、あなたの即戦力が必要です。

長井謙　東京都
人を振り向かせる能力って、最強だと思う。

長井謙　東京都
1億のマンションも、1通から始まる。

仲澤南　東京都
つなぐってことは、2倍感謝される仕事ってことだ。

中辻裕己　東京都
あなたがいないと、生まれない関係があります。

浪岡沙季　東京都
今年で13年目。まだまだ、あなた色に染められます。

西分慶雄　東京都
顧客満足度＝社員満足度

林正人　東京都
人を想う力、が伸ばせる職場です。

廣本嶺　東京都
封筒に、あなたを入れて送ってください。

細田純　東京都
歴史より未来の方が長い会社です。

丸山るい　東京都
これ、CMだったら逆に見過ごしてたかもしれない。

三浦大輝　東京都
大企業病発症してません。

矢崎剛史　東京都
ほかのどんな企業より、みなさんのエントリーシートをよく読みます。

青木美穂　神奈川県
読まずに捨ててたDMの数だけ、あなたが活躍するチャンスがある。

片岡佳史　神奈川県
有名な会社ではありません。あなたが有名にする会社です。

髙橋直一　神奈川県
あなたが成長すると、会社も大きくなる。

八ツ橋哲也　神奈川県
ゴミにするか。醍醐味にするか。

山下英夫　神奈川県
自分の魅力をうまく伝えられる人は、私たちの仕事に向いている人です。

石原佳典　愛知県
D.M.Revolution

佐々木一之　愛知県
告白ほど、テンションが上がるものはない。

堀田陽祐　愛知県
働けば働くほど、他社が発展します。

堀田陽祐　愛知県
私たちは、Ad＋Venture企業です。

柳晃太　愛知県
売れる理由は必ずある。売れない理由も必ずある。

山中彰　愛知県
こんなDM見ねーよって思ったりする人に来てほしい。

三島直也　京都府
この一通を、一方通行にしたくない。

三島 直也　京都府
伝えたい気持ちは、日本の資源だと思う。

赤嶺 輝彦　大阪府
ヨソの会社の事ばっかり考えてる会社です

安永 亮一　大阪府
目標はある。ゴールはない。

石橋 賢　島根県
この国は、まだまだオススメしたいもので溢れています。

若林 淳一　福岡県
会社の命運を握ろう!

若林 淳一　福岡県
自分を売り込むのが苦手でも、商品を売り込むのが得意なら。

TEMPUR®

テンピュール®のマットレスで寝ないと、人生損をすると思わせるアイデアを募集します。

テンピュール® は、●●のブランドです。
さて、●●に入る言葉はなんだと思いますか？

“枕”、“低反発” だと考えた方、いらっしゃいますよね。テンピュール® は低反発素材の固有名詞だと認識されている方もいらっしゃるかもしれませんが、実は世界 98 カ国の国々で愛されている、マットレス＆ピローのブランドです。
枕のおかげでテンピュール® は、日本で知名度を上げることができましたが、マットレスのブランドであることは、まだまだ認知されておりません。

そこで、こうした現状を解決すべく、アイデアを募集します。

[課　題] テンピュール® のマットレスで寝ないと、人生損をすると思わせるアイデア。
（前提）下記を解決するアイデアであること。
①テンピュール® がマットレスブランドであると広く浸透させる。
②テンピュール® のマットレスをどうしても使いたくなる。
[ジャンル] キャッチフレーズ、テレビ CM
[参考資料] http://www.tempur.com/

あなたのアイデアをお待ちしております。

テンピュール・シーリー・ジャパン

テンピュールのマットレスで寝ないと、人生損をすると思わせるアイデア
[キャッチフレーズ／テレビ CM]

タ

テンピュール・シーリー・ジャパン

協賛企業賞

三上智広（45歳）北海道　アド・ビューロー岩泉

寝ている間くらい、休みなよ。

▼協賛企業のコメント

テンピュール・シーリー・ジャパン
マーケティング&デジタル本部
シニアマネージャー
尾澤恭子さん

このたびは協賛企業賞の受賞、おめでとうございます。今回は、マットレスブランドとしての認知度向上を目的に、弊社マットレスで寝ないと人生損をすると思わせるアイデアを募集しましたが、予想をはるかに上回る応募をいただき、また私どもが気づかなかった新たな視点からのアイデアが多く、非常に刺激を頂戴しました。その中でも受賞作品は短いコピーながら、睡眠の質を問い、読んだ人へ身体に合わない マットレスを使用していることへの焦りをも感じさせるような力強いメッセージ性と、その問いの解決策として体形に合わせてサポートを提供する弊社のマットレスが想起させられる点が、社内で選考にあたった複数名の印象に深く残り、弊社の課題解決にふさわしいと考え、選ばせていただきました。最後になりましたが、受賞者をはじめ、ご応募いただいた皆さまに心から御礼申し上げるとともに、今後のますますのご活躍をお祈りいたします。

三次審査通過作品

若林 淳一　福岡県

【最後の眠り編】
葬儀。棺の中で眠るおじいさん。
周りの参列者がみんな泣き、哀しんでいる。
棺が花に満たされる。
その時、突然おじいさんが起き上がり言う。
「こんなとこで寝れるかい！！」

企業ロゴとナレーション
「最上級の眠りを提供するテンピュールのマットレス」

二次審査通過作品

三上 智広　北海道

畳の上で死にたいと言ったが、あれ撤回。

中島 崇　埼玉県

雨の中、女が男に別れを告げる。
女：「別れたいの…」
男：「あばよ…」
後日、部屋で眠ろうとする男。
SE：チャイムの音（ピンポーン）
男：「お前、何しに来たんだよ…」
何も言わず、彼氏のベッドの中に入り、眠ってしまう。
テロップ＋N
この寝心地とは、別れられない。
テンピュールのマットレス

石山 博之　千葉県

ひと寝惚れ。

タ

テンピュール・シーリー・ジャパン

テンピュール・シーリー・ジャパン

沢 俊吾 千葉県
人間も「こわれもの注意」

浅田 裕馬 東京都
地上20ｃｍの天国

阿部 友紀 東京都
マットと自分の境界線がわからなくなった。

入江 亮介 東京都
最近あなた、寝言が明るくなったわよ。

奥村 明彦 東京都
寝てるうちにきれいになって、ずるいなぁ。

梶塚 康太 東京都
良い「おやすみ」から「おはよう」までは、
良い「おはよう」から「おやすみ」までをつくる。

加藤 晃浩 東京都
羊たちも沈黙。

串 大輝 東京都
「低反発は枕だけで充分。」
そんな意見には、猛反発します。

園田 高宏 東京都
じわじわと、わたしの形に、なっていく。

田中 貴弘 東京都
ちゃんと眠れないことが、本当の悪夢だと思う。

辻野 史俊 東京都
テンピュール枕のうえで
寝てみませんか？

土田 充康 東京都
今までは長い仮眠だったのかもしれない。

筒井 花梨 東京都
つま先まで、テンピュール

中平 真之祐 東京都
からだのまくら。

松井 一紘 東京都
テンピュールが枕だけだと思っている国は、
まだまだ幸せになれる。

山岸 雄太 東京都
夢でも寝ていた。

吉岡 崇　東京都

わたしは、毎日休暇をとっている。

貝原 史祐　神奈川県

睡眠不足も心配だけど、快眠不足も心配です。

小林 鴻世　神奈川県

快眠は、いちばんの美容液だと思う。

岡田 達治　富山県

人は27年、眠っている

家田 亮　愛知県　眠れない原因は、

ストレスではなく、
マットレス。

水谷 真由子　愛知県

スマホを充電器に。わたしはテンピュールに。

山中 彰　愛知県

寝ている時の姿勢の悪さは、
誰も注意してくれない。

高津 裕斗　京都府

人生を支えているのは睡眠で、
睡眠を支えているのはマットレスです。

タ

テンピュール・シーリー・ジャパン

福本 剛士　大阪府

眠れるひとが美女

北川 哲　東京都　テレビCM

プロレスの試合のシーン
SE「カーン（ゴングの音）」
片側のレスラーが、勢い良く飛び出す。
実況「おーと、マスクロビン、いきなり飛び出して行っ…」
そのまま、マットに倒れ込む
実況「お、おや?た、倒れ込んでしまった!」
にやりと笑う対戦相手
「低反発のマットレスが深い眠りに誘います。
低反発マットレスもテンピュール」
レスラー「グー」
気持ち良さそうに眠るレスラー

北川 哲　東京都　テレビCM

大きな博物館
テンピュールのマットレスで寝ている、ロダンの考える人
N「色んなことを忘れて、ぐっすり眠れます。
　マットレスも低反発のテンピュール」

中垣 雄介　東京都　テレビCM

美女編
ベッドの上で美女たちが色っぽい目で男性を見ている。
鼻の下を伸ばしてベッドに近づく。
男性はベッドに横たわるなり、即寝てしまう。
美女たち「・・・。」
NA：どんな魅力より、魅力的な寝心地。テンピュールマットレス。

松尾 青志　福岡県　テレビCM
布団に入り眠りにつく男性
・・・
家に雷が落ちる
窓をつき破って隕石が落ちる
外で怪獣が暴れている
・・・
そんな夢を見ながら熟睡している男性
男性から徐々にズームアウトしていくと、
本当に部屋に隕石が落ちていて、
雷が鳴り響いていて、
外で怪獣が暴れている
Na：深い眠りへようこそ
テンピュールのマットレス。

松本 亮　長崎県　テレビCM
夫婦がケンカをしている
妻：もう最低！どうすんのよ！
夫：・・・。
妻：もういい加減にして！
夫：・・・。
妻：何とか言ってよ！
夫が妻を優しく抱きしめる。おとなしくなる妻。
（♪ＢＧＭ）
NA：反発しないで、そっとあなたを包み込む。
テンピュールの低反発マットレス。
夫：だったらイイなぁ。

一次審査通過作品

杉村 和彦　北海道
朝。起こす前に、夫が起きてきた。

三上 智広　北海道
睡眠は、あなたの財産です。

三上 智広　北海道
寝具というより、健康器具。

三上 智広　北海道
眠りを妨げているのは、眠るための道具でした。

三上 智広　北海道
寝ている間くらい、休みなよ。

三上 智広　北海道
白雪姫は目覚めましたが、起きたくはありませんでした。

牛込 健介　宮城県
誰とでも寝る生活、やめました。

鈴木 祥平　宮城県
もっと広い面積で感じてください

鎌田 明里　茨城県
その夫婦喧嘩の原因は、
会話不足より睡眠不足かもしれません。

本荘 裕樹　茨城県
テンピュール枕の寝心地を知っているあなたが、
テンピュールマットレスの寝心地を知らないなんて！

小野 将夢　埼玉県
無人島にひとつだけ道具を持っていけるなら、テンピュールのマットレスだ。

小野 将夢　埼玉県
起きたくない、と親に低反発した。

斎藤 貴美子　埼玉県
質のよい睡眠は、質のよい人生をつくる。

清水 哲　埼玉県
栄養ドリンクで乗り切る？
それともマッサージ？
いえ、テンピュールで寝さえすれば。

高山 祐輔　埼玉県
睡眠は、1年に365回のイベントです。

吉田 洋晃　埼玉県
合わない靴で歩くと怪我しやすい。
マットレスでも同じです。

安達 岳　千葉県
マットレスの上下は、人生を左右する。

石山 博之　千葉県
なるほど、これが寝るってことか。

石山 博之　千葉県
疲れてない日もぐっすり寝たい。

糸井 弘美　千葉県
健康と不健康。
笑顔と不機嫌。
出来と不出来。
幸せと不幸せ。
テンピュールと、その他のマットレス。

糸井 弘美　千葉県
抱かれてみたいマットレスNo.1

平賀 千晴　千葉県
「着る」マットレス。

丸川 祐　千葉県
寝るのって意外と疲れる。

丸川 祐　千葉県
睡眠は運動だ。

安藝 哲朗　東京都
いい寝！

浅村 友美　東京都
あなたが「いいベッド」だと思っているのは、
たいてい「いいマットレス」です。

安宅 小春　東京都
人生の2／3のためにできること。

新谷 建人　東京都
寝ている間がイマイチだと、
起きている間もイマイチになる。

池田 慧　東京都
頭の喜びをカラダにも。

池田 慧　東京都
眠れない夜、という歌詞に共感できない。

伊藤 与一郎　東京都
翌朝あなたは違いに気付く。

稲垣 大地　東京都
肩の張りを訴え、
途中降板できないサラリーマンたちへ。

稲垣 大地　東京都
毎晩ホリディ。

稲垣 大地　東京都
マットレスは、生活のジャンプ台だ。

井上 架音　東京都
頭だけじゃもったいない
全身を乗せてみよう。

入江 亮介　東京都
この買い物は、一生を左右する。

入江 亮介　東京都
寝てみないと、わからないことがある。

入江 亮介　東京都
カラダの相性で、決めました。

大関 健太郎　東京都
香川真司とも寝ました

太田 萌楓　東京都
あなたは〝正しく〟寝てますか

大谷 昭彦　東京都
気がつけば、
さらに人生の1／3が過酷だった

大原 結　東京都
反発されるのが、こんなに気持ちいいなんて。

大原結　東京都
疲れていただけなのに、
無愛想な人と思われていた。

岡山和也　東京都
体に合わないマットレスで寝る。
充電器の接触不良のような状態です。

奥友恒　東京都
本気で寝よう。

梶塚康太　東京都
テンピュールは美容器具でもある。

片塩宏朗　東京都
睡眠は、身体にとっては負担な作業です。

片塩宏朗　東京都
枕を替えて満足しているのは頭だけかもしれません。

片塩宏朗　東京都
たくさんの重圧に耐えるあなたを、
全身で支えたい。

片野顕拓　東京都
眠たいのではなく、寝たいのだ。

加藤佑一　東京都
枕にうるさい私が買ったのは、
マットレスでした。

金山大輝　東京都
眠くなる前に寝たくなる。

金崎あゆみ　東京都
会議中に寝るとは、
よほど悪いマットレス使っているのかい？

金紗愛　東京都
私のカラダは、
テンピュールを知ってしまった。

桐ヶ谷あすみ　東京都
眠りをオーダーメイドしよう

串大輝　東京都
枕だけのご利用ですと、
せいぜいスリーピュールといったところです。

串大輝　東京都
身体に合ったマットレスは、とても良い。
身体に合わせてくれるマットレスは、
もっと良い。

久保信聡　東京都
毎日、温泉には行けないけど、
毎日、寝っ転がることは出来る。

慶本俊輔　東京都
体だってテンピュールしたい。

古明地勇也　東京都
睡眠を大切にしている人は、
人生を大切にしている人です。

小山孝　東京都
起きてるだけで、人は疲れるから。

佐伯優三郎　東京都
太っても、
痩せても、
あなたを
ピッタリ、
支えます。

佐々木貴智　東京都
空を飛ぶ夢を見た。

柴田さゆり　東京都
肩、背中、腰の骨まで、おやすみなさい。

杉本正幸　東京都
頭も体もテンピュール！

杉山浩人　東京都
「横になったら最後」とは、このことか。

鈴木純平　東京都
マットレスが待っとるんです。

鈴木純平　東京都
アメリカに癒し系がないのは、
こいつのおかげだ。

瀬尾雄平　東京都
テンピュールのマットレスがあったらな。

関根大　東京都
ぐっすり起きる。

芹澤高行　東京都
テンピュールは枕の会社という見方には、
反発したい。

芹澤 高行　東京都
マットレスの寝心地は、
テンピュールの枕からご想像ください。

芹澤 高行　東京都
全米が、敷いた。

高沼 里菜　東京都
変えたのはファンデーションでも
口紅でもなく、睡眠です。

滝本 時生　東京都
マクラはいわゆる、導入です。

滝本 時生　東京都
枕営業をしていたら、
床上手だと言われました。

竹内 希光　東京都
睡眠は、生きるための武器だ。

田中 小百合　東京都
もう寝るために
生活しているようなものです。

田中 貴弘　東京都
体の相性が大切なのは、
男女の間だけではありません。

田中 智仁　東京都
一番簡単に人生を変える方法は、
睡眠かもしれない。

永妻 英剛　東京都
睡眠は進化しないから、
寝具を進化させました。

永妻 英剛　東京都
快眠を尻に敷こう。

中村 達矢　東京都
ママがすぐねちゃって、
えほんがぜんぜんすすみません。

中村 宏之　東京都
疲れが取れれば人生も変わる。

中村 宏之　東京都
幸せは眠ることでつくられる。

畑山 雅俊　東京都
眠りを変えることは、明日を変えることだ。

浜田 英之　東京都
たっぷり寝なくていい。ぐっすり寝ればいい。

濱谷 健史　東京都
せっかくNASAから認めてもらえたので、
頭だけじゃなくて体も支えたいのです。

早坂 あゆみ　東京都
病院に行かないために、
病院のマットレスを使う。

早坂 渡　東京都
はぁー、ぐっすりしたぁ～

春山 豊　東京都
付き合う人を変えるより、
マットレスを変える方が、人生は変わる。

春山 豊　東京都
なんだ、家や住む町を選ぶのと一緒か。

東 成樹　東京都
おうちホテル。

樋口 晃平　東京都
人生に役立つのは、自己啓発本より睡眠です。

藤田 卓也　東京都
天国へ落ちよう。

前田 正熙　東京都
無重力で、夢を見よう。

町田 香苗　東京都
ナイトフライトファーストクラス

松田 孝一　東京都
毎日の健康は、睡眠で出来ている。

松田 孝一　東京都
健康に、目覚めました。

松村 圭太　東京都
睡眠に妥協することは、
人生に妥協することだ。

丸山 るい　東京都
枕だけであんなにすごいのに。

三木 小夜子　東京都
頑張ったわたしに、

タ　テンピュール・シーリー・ジャパン

頭から、足の先まで、ご褒美を。

味村真一　東京都
スウェーデン人の幸福度はなぜ高いのか？

宮崎創　東京都
体に触れている面積が最も多いマットレス。

森岡賢司　東京都
宇宙、水中、テンピュール。

安井幹雄　東京都
疲れをとるための睡眠で、疲れていたなんて。

山内昌憲　東京都
テンピュールの眠りは、
マットレスで完成する。

山下祥　東京都
「化粧変えた？」
「ううん、マットレス変えた」

吉本正春　東京都
カラダも枕が欲しいんだ。

米野真衣　東京都
雲の上で寝るのが子どもの頃からの夢だった

和喜田哲　東京都
生きてるマットレス。

渡辺駿　東京都
ベッドを疎かにすると、家庭は崩壊する。

渡辺駿　東京都
ゾンビで寝て、天使で起きる。

石田悠斗　神奈川県
この上にしかない幸せ。

工藤明　神奈川県
寝てない自慢より、眠れる自慢。

小林鴻世　神奈川県
寝具というより、医療器具。

高石幸典　神奈川県
寝起きが、疲れてた。

高橋文也　神奈川県
凹んでも大丈夫。僕が包むから。

高松寛智　神奈川県
ベスト・オブ・エブリ寝具。

野村亜矢　神奈川県
どんなに疲れた日でもできる健康法です。

畑本佳緒　神奈川県
あー、今日も6時間ムダにした。

坂内洋亮　神奈川県
カラダにとって、
あなたはやさしいご主人ですか？

飛田智史　神奈川県
普通に寝ると、人は疲れる。

洞田拓也　神奈川県
人がいちばん無防備になる場所は、
いちばん快適でなくちゃいけないと思う。

洞田拓也　神奈川県
宇宙遊眠。

宮坂和里　神奈川県
睡眠で疲れている人は、意外と多い。

八ツ橋哲也　神奈川県
みんな、本気で寝ていない。

柳元良　神奈川県
普通のマットレスは、
普通の睡眠しかとれません。

和智弘子　神奈川県
このマットレスの欠点は、
起きるのが嫌になることだ。

北原祐樹　新潟県
眠りを誇れる、おとなになろう。

北原祐樹　新潟県
睡眠にもブランドを。

蟹太郎　富山県
テンピュールは、
枕コトバではありません。

城川雄大　富山県
疲れをとるための睡眠で、疲れていた。

大井慎介　静岡県
枕だけで満足しちゃっていいんですか？

大井 慎介 静岡県
枕だけでも感動したのに、
マットレスだとどうなっちゃうんだろう。

鈴木 憲一 静岡県
買えば、人生の1／3は、上向きます。

本徳 智洋 静岡県
寝て、驚いて、
起きて、さらに驚く。

本徳 智洋 静岡県
美しい人は、しっかり寝ている。

本徳 智洋 静岡県
朝起きたら、体が痛くなっていませんか。

伊藤 史宏 愛知県
そりゃ布団とは違うわ。職人じゃなくて科
学者がつくってるんだもん。

伊藤 美幸 愛知県
よく眠るひとは、笑顔が素敵なひとでした。

岩田 のぞみ 愛知県
眠り続ける森の美女

後藤 菜子 愛知県
睡眠で損をしている、ということは人生の
3分の1を損していることになります。

遠山 侑里 愛知県
いいの？人生損してるけど。

橋口 賢一郎 愛知県
テンピュー、ルルル。

橋口 賢一郎 愛知県
寝てる時間も入れたら、
人生のほとんどは幸せ。テンピュールなら。

東 裕希 愛知県
大容量パワフル充電。

水谷 真由子 愛知県
わたしのお肌をささえる土台。

山田 園美 愛知県
人生の3分の1の過ごし方に
もっと悩むべきだ。

高津 裕斗 京都府
私と寝ないと損するわよ？

前川 竣 京都府
世界が認めたマットレスは、
とっくの昔に日本に上陸しています。

前田 考一 京都府
テンピュールは私のセラピスト。

山本 匡 京都府
「人生の1／3は寝る時間ですから、布団は
いいものをお求めになってください」
と言うのが、ふつうの布団やさん。
『テンピュール』なら、残りの2／3の時
間も快適に過ごせるんですよ」
とさらに続けるのが、私たちです。
1／3を制する者は、全てを制する。

岡田 耕介 大阪府
睡眠はパフォーマンスだ。

岡本 武士 大阪府
幸せな、無防備。

國井 裕弥 大阪府
あのテンピュール枕で全身包まれる思たら、
そら気持ちええわな。

颯々野 博 大阪府
毎日、生まれ変われるマットレス。

菅谷 敏通 大阪府
「ママと一緒のマットレスで寝る」

須黒 佳代子 大阪府
からだ、オートチャージ

高橋 歩 大阪府
寝返りアシスタント

西脇 亨 大阪府
世界を黙らせるマットレス。

西脇 亨 大阪府
睡眠でクマってる人に。

速石 光 大阪府
機嫌が悪い人は、眠りの質が悪い人でした。

速石 光 大阪府
人生に疲れたら、
まずマットレスを変えてみよう。

テンピュール・シーリー・ジャパン

速石 光　大阪府
運命を変えるのは、手相より寝相です。

福本 剛士　大阪府
寝るプレミアム

本條 秀樹　大阪府
妻は寝返り美人です。

本條 秀樹　大阪府
人生を豊かにする1／3は、土日でも祝日でもなく、毎日の睡眠です。

水落 祥　大阪府
天国は下にある。

森 奈穂子　大阪府
今夜も地球からエスケープ。

山下 祐輝　大阪府
寝るのも仕事。

山下 祐輝　大阪府
「生活習慣の見直し」には「マットレスの見直し」もいれてください。

尾関 由三子　兵庫県
おやすみＮＡＳＡい。

鹿谷 なつ　兵庫県
もはや寝具ではない。

新藤 元太　兵庫県
ストレスレスマットレス

松藤 拓也　兵庫県
寝ているときに疲れていると、
疲れはとれない。

密山 直也　兵庫県
どうして頭の寝心地しか
考えないのですか？

守谷 直紀　兵庫県
もしも、
あのテンピュールがベッドになったら。
実は、もうなっています。

平田 大翔　奈良県
あなたを覚えるマットレス。

浜中 将幸　和歌山県
いい夢は選べないけど、
いい眠りなら選べます。

浜中 将幸　和歌山県
1日の半分は夜です。

小名川 真司　広島県
枕は選ぶのに、マットレスは選ばないのは、
エジプトに行ってピラミッドを見ないことと
同じことだ。

小名川 真司　広島県
親は選べない。でも、マットレスは選べる。

飯山 健太郎　福岡県
眠れるテンピュール美女

大石 洋介　福岡県
起きた瞬間から、寝るのが待ち遠しい。

大城 昂　佐賀県
おい、会議中なのに部長が起きてるぞ。

林 寿子　大分県
「昨夜のコトは覚えてないんだ、ごめん」
が、本気で言えます。

林 寿子　大分県
まあ 枕も、自信作ではあります。

天田 晴菜　埼玉県　テレビCM
(飲み屋のカウンターで父子が飲んでいる)
息子「…父さん、オレついに生涯をともにしたい…」
店員「へい、おまちどうっ」
(注文した料理が運ばれてきて、会話がとまる)
父「…そうか、お前ももうそんな年か。…挨拶しなきゃいかんな」(嬉しそうな表情で)
息子「え？ あ、そうだ、よかったら、父さんも一度寝て感想聞かせてよ」
父「お、おまえっ」
NA：まるで抱きしめられているみたいな快適な寝心地
(息子の家のベッドでぐっすり寝る父。息子が仕方なさそうな顔でソファに向かう)
企業ロゴ

斎藤 貴美子　埼玉県　テレビCM

2時間あまったら何する編

左右に分かれている画面。

どちらもベッドで女性が寝ている（同じ人）。

1時間、2時間、3、4、5、6時間とテロップが出る。

左側の女性がスッキリした表情で目覚める。

右の女性は眠ったまま。

左の女性は、化粧をして、髪の毛をセットし始める。右の女性は眠ったまま。

テロップは、7時間。

左の女性は、台所で朝食を作り始める。右の女性は眠ったまま。

テロップは、8時間。

左の女性は、読んでいた雑誌を閉じ、家族を起こしにまわる。右の女性は、あわてて起床。

NA：もし8時間睡眠だったものが、6時間睡眠でも満足するようになったら、残りの2時間、何をしますか。

石井 雅規　千葉県　テレビCM

夜、ベッドの脇机の上に、始まりのページに栞が挟んである小説がある。

布団にもぐりこんだ若い男が小説に手を伸ばそうとする。

朝、小説の栞の位置は変わっていない。

起きた男は、大分歳を取っている。

夜、男が小説に手を伸ばそうとしてパタッと眠りに落ちる。

企業ロゴ

沢 俊吾　千葉県　テレビCM

「Sleeping Beauty」篇

森の中で、動物に囲まれながら棺の中で眠っている美女がいる。

そこに、白馬に乗った王子さまが現れる。

王子：なんて美しいんだ。目覚めのキスを。

棺の前に、ひざまづき、美女の唇にそっとキスをする。

しかし、美女は目を覚まさない。

何度もキスをするが、やはり美女は目を覚まさない。

棺の側面にテンピュールのブランド名が記載されているのが映る。

NA：あなたの眠りを守ります。テンピュールのマットレス。

西鳥羽 早織　千葉県　テレビCM

上司「俺は時間を手に入れた。」
部下「そんなことできます？」
上司「できる。なぁに、量より質だよ」
NA「最高の睡眠はマットレスから」

青沼 克哉　東京都　テレビCM

「暇すぎる男」篇

最近、仕事が暇だ。

仕事に余裕が出てきたからだろうか。

別に会社から干されているわけではない。

むしろ仕事量は増えたくらいだ。

空いた時間をどうしたらいいのだろう。

今まで仕事だけの生活を送っていたから、暇な時間をどう使ったらいいのかが分からない。

なぜ、こんなに時間をもてあそぶようになってしまったのだろう。

NA：マットレスをテンピュールに変えて、睡眠時間が短く済むようになったからです。

奥村 明彦　東京都　テレビCM

ベッドで眠りにつく
おじいちゃんとおばあちゃん
少し身体が重そう
眠りについた2人
と、幽体離脱みたいに身体を離れ
踊りだす
ミュージカル風の音楽
軽やかにステップを踏む2人
楽しそう
寝具 a s o n g!の文字
NA：心躍る眠りへ テンピュールのマットレス

金子 雄太　東京都　テレビCM

・カフェで女子トークをする独身30代の女性3人組。
女性A「えー何がそんなに良かったの？」
女性B「んーやっぱり体の相性かな。」
女性C「そうだよねー、長く一緒にいるんだから大事だよねー」
女性B「そこが合わないとなんかねぇ」
・（場面転換）ベッドに気持ちよさそうな表情で横になる女性B
女性B「やっぱりコレにして良かった」
・コピーin「決め手は、カラダの相性でした。」
・テンピュールロゴが決まる

テンピュール・シーリー・ジャパン

「寝心地 枕もマットレスもテンピュール」

河村 龍磨　東京都　テレビCM

ある日♪（森の中を歩く女の子）
夢の中♪（女の子は森の中を歩きつづける）
クマさんに♪（熊が女の子の前に現れる）
出逢った♪（驚いて、腰を抜かす女の子）
女の子はベッドの上で目を覚ます。
目の下にはくっきりとクマができている。
S：寝心地が悪いと、クマが出る。
S：テンピュールで安眠しよう。
テンピュールの商品アップとロゴ。

北川 哲　東京都　テレビCM

こっそり家に入って来る若い男、迎え入れる熟女
男「奥さん、良いんですか？旦那さん、家に要るんでしょ？」
女「大丈夫よ、ぐっすり眠ってるから」
男「で、でも、起きてきたりしたら…」
女「大丈夫よ、絶対起きてこないわ」
男「ま、まさか睡眠薬な…」
女「マットレスをテンピュールにしといたから」
N「よく眠れます。マットレスもテンピュール」

北川 哲　東京都　テレビCM

体操の跳馬のシーン
選手が走ってきて跳馬を飛ぶが、マットに着地した後、
勢い良く倒れ込んでしまう。
ざわつく観客席
N「大切なことも忘れて寝てしまうほどの寝心地 枕もマットレスもテンピュール」

小柴 桃子　東京都　テレビCM

小学生の体育の時間。

マット運動をしている。

次々に技を決めていく小学生たち。

転がった後、最後はみんな、寝てしまう。

NA　瞬殺、寝落ち。この心地よさ、テンピュール

小柴 桃子　東京都　テレビCM

男、女を部屋に招いて帰したくない様子。
女「じゃあ、私そろそろ・・・。」
男「ちょっと待って！まだ帰らないで！」
女「う～ん、まだ終電もあるし。」
男「いや、もう遅いし泊まってって！俺、床で寝るから！ベッドで寝ていいから！」
女「でも・・・。」
男「お願い！1回でいいから！1回でいいから寝てみて！頼むから！」
NA）人に勧めたくなる心地よさ。テンピュール

紺谷 知宏　東京都　テレビCM

3つに分かれた画面。左から白人、真ん中は日本人、右は黒人が眠っている。それぞれ仰向けだったり横を向いていたり、バラバラの体勢。しかし最後はみんな右を向いて、体を丸める。それが「z」の形になる。
S：世界の「zzz」を支えています。テンピュールのマットレス。

佐橋 香織　東京都　テレビCM

休日の夕方。
寝ている人がはっ、と目覚める。
時計を見て、
「ああ、1日無駄にしたー」
テンピュールのマットレスで寝てる人
同じく休日の夕方に目覚める
「ああ、いい1日だった」

柴田 さゆり　東京都　テレビCM

カフェで話す20代女性2人組の会話。
女性A：「ねぇ、昨日の合コンの後どうだった？」
女性B：「実は、1夜ともにしたら、ハマちゃって…」
NA：1夜で違いが分かるマットレス。テンピュール

田中 崇貴　東京都　テレビCM

寝起きの男性がベットの上で神妙な顔つきで、頬をつねる。

つねったり、腕をかんだりし続けたのち、にっこりと笑う。

NA「この寝心地、夢じゃなくてよかった。」

田中 貴弘　東京都　テレビCM

すごい音量でいびきをかいて寝ている女性。

グオー。ガオー。

カメラが引くと、女性の隣で男性が寝ている。いびきがまったく気にならない様子で、スヤスヤと気持ちよさげな寝顔。

NA「思う存分眠れます。テンピュールのマットレス」

谷口 智香　東京都　テレビCM

深夜、旅館の一室。
布団の上で何度も寝苦しそうに寝返りを打つ夫婦。
妻：眠れないね。
夫：ああ……。
妻：知らなきゃよかったね……。
夫：そうだな。
妻：テンピュールの寝心地なんて……。
NA：一度知ったら、戻れない。最高の眠りは、テンピュールのマットレスで。

遠西 高幸　東京都　テレビCM

【修学旅行】篇
先生：（先生が見回る様子）さて消灯時間だ。今年も寝ない生徒たちを注意するか。
先生：（ドアを開ける音）おーい、お前ら寝る時間・・・
生徒：（いびきの音）ぐぅ〜、ぐぅ〜。（気持ちよく寝ている生徒たちのカット）
（テロップが映し出される）ぐっすり寝ない人生なんてもったいない。テンピュール。

長井 謙　東京都　テレビCM

○お葬式篇
お葬式で泣く人々
突然、棺桶からお婆ちゃんが起き上がる。
息をのむ葬式会場
お婆ちゃん「…眠れない」
商品カット＆NA「人生の最後まで、安らかに眠れるマットレス。テンピュール」

長井 謙　東京都　テレビCM

○夫の悩み篇
夫婦が寝室で話している。
夫「最近全然寝付けなくてさ」
妻「そしたら、このマットレス試してみて」
夫「分かった、おやすみ」
電気を消すが、またすぐに明るくなる。
夫「なんでまた付けるんだよ」
妻「朝よ、あなた」
夫「え！？」
NA「あっという間に、心地よい眠り。テンピュールのマットレス」

長井 謙　東京都　テレビCM

○誘惑篇
ベッドで寝る男。
そこへセクシー女優が次々とベッドの中に入り、男を誘惑してくる。
それでも、男は寝たまま。
商品カット＆NA「テンピュールの誘惑には勝てない。心地よい眠りを誘う、テンピュールのマットレス」

中村 達矢　東京都　テレビCM

警察の先輩と後輩が話している。
先輩：どうだった？
後輩：証言とれずでした。
先輩：そうかぁ。
後輩：このホテルに宿泊した人は、口を揃えて、昨夜のことはよく覚えていない。っと。
その一点張りで。
先輩：これは、におうな。
後輩：ただ、これだけの多くの他人同士が、ここまで口車を合わせることができるのでしょうか。
先輩：そこなんだよなぁ。
先輩・後輩：う〜ん。
NA：なんのことはありません、このホテルのマットレスは、テンピュールのマットレス。
「人ひとりにあった眠りをご提供します。あなたも是非ご体験ください。テンピュールです。

藤田 篤史　東京都　テレビCM

夜、男性が勢いよくベッドに飛び込む。
すると、吸い込まれて消えてしまう。
朝になり、男性がベッドから飛び出し、伸びをする。
男：あー、よく寝たー。
NA：起床時間にタイムスリップ。テンピュールのマットレス。

山口 真吾　東京都　テレビCM

男：あっ。
男2：どした？
男：200m先のあの女の子・・・。
男2：どれどれ？
男：ブラひも見えてるぞ。
NA：良質な眠りがもたらす、高度な集中力。ベッドマットは、テンピュール。

テンピュール・シーリー・ジャパン

栗原 啓輔　神奈川県　テレビCM

アインシュタインが研究室の黒板の前に立っている。

黒板にチョークでマットレスの絵を2つ描き始めるアインシュタイン。

アインシュタイン「例えば、おんなじ睡眠時間でも、一般的なマットレスで寝たら、目覚めたときに『もう朝7時?』と思うだろう。

だが、テンピュールのマットレスで寝たら、目覚めたときに『まだ朝7時?』と思うようになる。それが相対性理論だ。」

アインシュタインがチョークを置く。

アインシュタイン「睡眠時間を長くしよう。テンピュールのマットレスで。」

玄田 裕隆　神奈川県　テレビCM

朝の風景。

朝刊を読みながら、コーヒーをすする父親。

ハッとした父親がキッチンの母親に尋ねる。

「おいしい・・・、あれ?豆変えた?」

「いつものコーヒーよ」

悪戯に笑う母親。朝食を食べながら、中学生の娘と小学生の弟も顔を合わせて笑う。

ナレーション【おいしいモーニングコーヒーは、豆でなくマットレスで決まる。】

藤井 将之　神奈川県　テレビCM

息子（小2ほど）、娘（年中ほど）、妻が一つのベッドにぎゅうぎゅう詰めで寝ている一方、夫はその横で布団を敷いて寝ている。

ここから父の回想。

「どうしてこうなったのだろう……」

「初めは息子だった。風邪を引いた息子を私のベッドで寝かせたら、それ以来居着いてしまった」

「次は娘。自分のベッドとの跳ね具合の差を目ざとく発見したようだ」

「最後は妻。ホラー映画が怖かったと言っていたが、そこに怯える人間の表情はなかった」

「どうしてこうなったのだろう」

「どうして、どうして、どうして……」

――犯人はテンピュール。

土屋 憲佑　山梨県　テレビCM

一流ホテルの部屋に入った家族。
母:「うわ~!すっごい部屋~!」
父:「今回は思い切って奮発したからな!もう二度と泊まれないぞ!」
息子:「わ~い♪」
息子が駆け出し、ベットにダイビングする。
息子:「・・・パパ、うちと一緒だよ?」
父母:「えっ?」
NA:マットレスだけなら、毎日一流ホテルにできる。
テンピュールのマットレス。

土屋 憲佑　山梨県　テレビCM

クリスマスイブの夜。

寝室で寝ている子どものもとへ、サンタがやって来た。

すると、そのまま子どもの布団に入り、一緒に寝る。

NA:サンタも夢見た、マットレス。

テンピュールのマットレス。

山口 敦子　長野県　テレビCM

寝室の夫婦。夫がたくさんの枕を並べて敷いている。
妻「なにしてるの?」
夫「テンピュールの枕が気持ちいいから、この枕の上で寝たらもっと気持ちいいかと思って、買ってきた」
妻「テンピュール、マットレスもあるよ?」
夫「…え?」
テンピュールは枕のブランドではありません。
スリープテクノロジーで眠りを幸せにするブランド。
マットレス&ピローのテンピュール。

堀江 成禎　京都府　テレビCM

夜の自由の女神。近づいてみると、目をつぶって眠っている。

夜の奈良の大仏。近づいてみると、目をつぶって眠っている。

夜のマーライオン。近づいてみると、目をつぶって眠っている。

夜のダビデ像。近づいてみると、目をつぶって眠っている。

NA:寝る国は育つ。

S:TEMPUR

青木 成人　大阪府　テレビCM

入院しているおじいちゃんがいる。

孫は過去にタイムスリップして小さい頃のおじいちゃんにテンピュールマットレスを渡す。

現代に戻った孫が入院先のおじいちゃんの元に行くと看護婦さんに「そんな方は入院していませんよ。」と言われる。

おじいちゃんの住んでいる家に行くと、庭で元気に盆栽を切っているおじいちゃんが。

「人生のお供に使って下さい。」

大谷 卓也　大阪府　テレビCM

小雨がぱらつく
マンションのゴミ捨て場に、
一枚のマットレスが捨てられている。
NA「テンピュールが、やってきた」

大村 尚也　大阪府　テレビCM

体育館での朝礼、校長先生が話している。
長くつまらない話に、生徒たちはうとうとしている。
竹刀をもつ体育教師や、
司会として隅に立つ教頭先生さえ、今にも眠りそう。
そのなかで、一人ぱっちりと目を開け、
校長先生の話を聞く少年。
NA：テンピュールじゃないと、眠れない。
少年以外が寝ているなか、校長先生の話が終わる。
少年ひとりだけの拍手が、体育館に響く。

酒井 麻里央　兵庫県　テレビCM

（テロップ）テンピュールのマットレスの夜
スースー・・・（男が寝ている）
ガサゴソ・・・（泥棒が入る）
スースー・・・（男は気づかず寝ている）
ガサゴソ・・・バタン（泥棒は金品を取って逃げる）
スースー・・・（何も知らずに幸せそうに眠る男）
（テロップ）テンピュールのマットレスじゃなかった夜
スースー・・・（男が寝ている）
ガサゴソ・・・（泥棒が入る）
ん・・・？誰だ、そこにいるのは!?（男が泥棒に気づく）
うわああああああ・・・!!!!!!（泥棒は男を刺し、金品をもって逃げる）
ああ・・・（男は絶命する）
NA：テンピュールのマットレスは、あなたの身を守ります。

井上 博隆　愛媛県　テレビCM

【アスリート・スーパープレイ編】

（ダイビングキャッチを試みる野球ｏｒアメフト選手）

（横っ飛びでラケットを伸ばすテニスｏｒバドミントン選手）

（ダイビングレシーブを試みるバレーボール選手）

（オーバーヘッドキックをするサッカー選手）

（横っ飛びでキャッチをするサッカーゴールキーパー）

（走り高跳びｏｒ棒高跳びの選手）

以上の中から、ＣＭ秒数の範囲内で2～4名を選択。

どのアスリートも着地する瞬間、地面がテンピュールのマットレスに変化する。やさしくバウンドし包み込むように受け止める –

ユニフォームからパジャマ姿に変化し、安らかに眠る –〈分割した画面で、それぞれのアスリートを逆再生で巻き戻し〉スーパープレイの再現シーンへ。

Na「スーパープレイは、最高の眠りから生まれる」

阿部 誠　福岡県　テレビCM

【至福の時間篇】
城の中、眠った姫に王子がキスをしている
起きない姫、王子は戸惑いつつも、さらにもう一度キス
しかし、起きない
監督：カットカットカット、困るよ、困るよ起きてよ
ようやく目を覚ます姫
姫：ごめんなさい、このマットレスがあまりに気持ち良かったもので・・・
NA：至福の時間を、テンピュールは約束します。

井上 裕貴　福岡県　テレビCM

テンピュールＴＶＣＭ【それでも篇】
残業している人たち。時間はＡＭ５時。
みんな寝袋を取り出したり、ソファに横になったり、
椅子を繋げたりして仮眠を取ろうとしている。

その中で一人、会社を出ていく人がいた。
その人は始発の電車に乗って家に向かう。
家に着いたら時間はAM6時30分。
荷物を降ろしてスーツを脱ぐ。
携帯で時間をアラームをセットする。
セットした時間はAM8時。そしてベッドにダイブする。
暗転。
コピー『それでも、寝たい。』
企業ロゴ『テンピュール』

柿本 和臣　福岡県　テレビCM
サラリーマンの二人組がトイレで立ち話している。
男1「お前、寝たのか。」
男2「寝たよ。」
男1「早いね」
男2「今までのやつとは違ったよ」
男1「テンピュールだろ」
男2「そっちね」
(商品カット)
コピー：あなたも虜になる。テンピュールマットレス

柿本 和臣　福岡県　テレビCM
寝室のベッドの隣にベビーベッドが置いてある。
ベビーベッドに寝かせつける。
母「おやすみ」
赤ちゃん「オギャー、オギャー」
母「あら、どうしたの」
自分の寝てるベッドで一緒に寝かせると泣き止む
母「落ち着いたみたいね」
また、ベビーベッドに寝かせつける。
赤ちゃん「オギャー、オギャー」
(商品カット)
コピー：寝心地に驚きませんか。テンピュールマットレス

新里 浩司　沖縄県　テレビCM
自由の女神のアップではじまり、画面を90度に回転しながら徐々にフェードアウトすると、テンピュールの上に寝ている。
Na：自由を奪う。
ロゴ：テンピュール

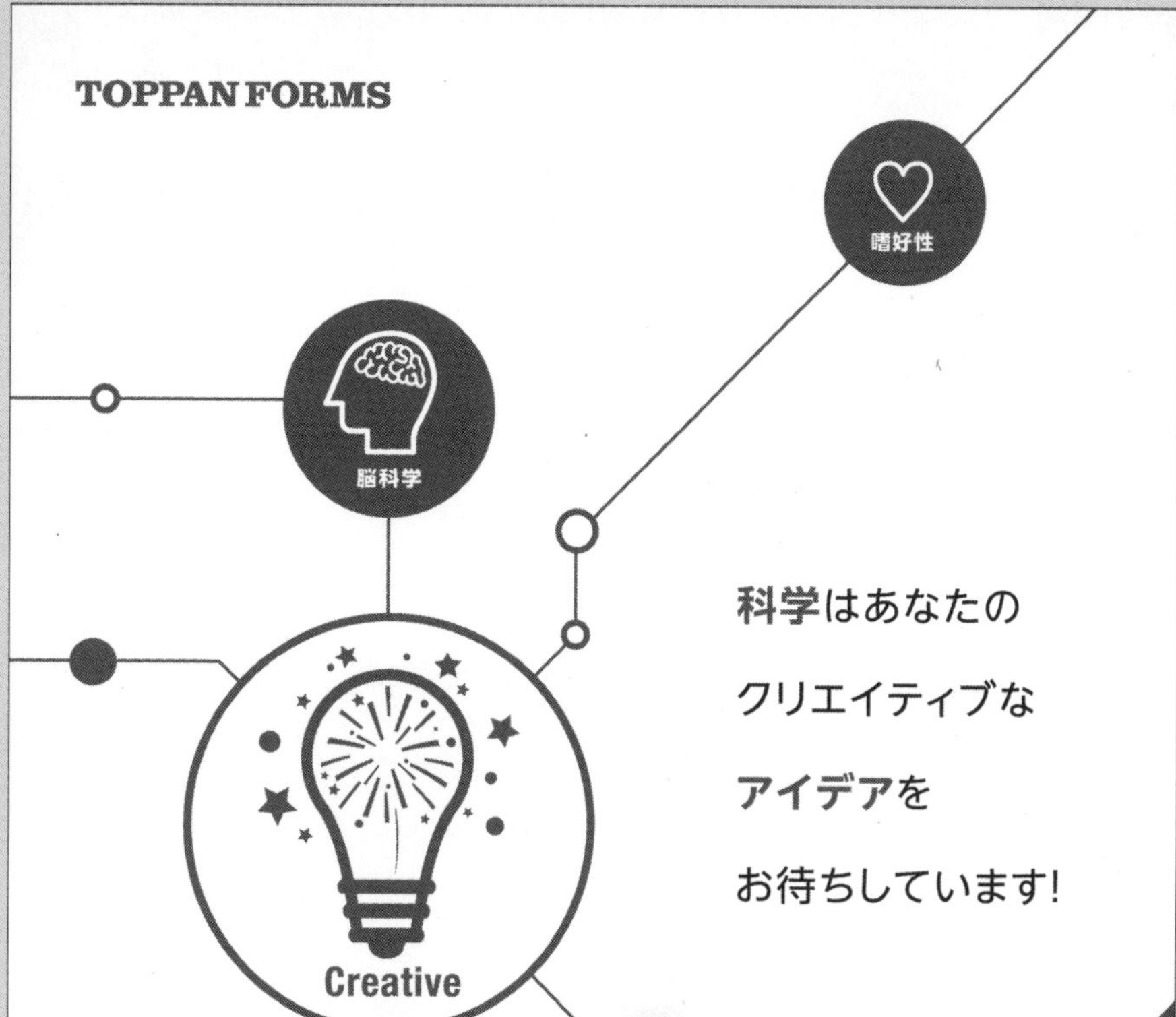

トッパンフォームズ

トッパンフォームズを自由に表現するキャッチフレーズ

[キャッチフレーズ]

協賛企業賞

三浦 秀雄（41歳）秋田県 大学職員

発送を転換しよう。

▼協賛企業のコメント
トッパンフォームズ 執行役員
営業統括本部 企画本部長
齋藤正博さん

このたびは、協賛企業賞受賞おめでとうございます。また、当社の難しい課題に応募頂きましたすべての皆さまに御礼申し上げます。今回、選ばせていただいた受賞作「発送を転換しよう。」はとてもシンプルですが、様々な捉え方ができ、大変奥深い作品だと思いました。ダイレクトマーケティングの分野も技術の進化と共に常に変化をし続けています。我々もこの変化を捉え、また、変化を起こし、お客さまの役に立てるよう、発想を転換しなければなりません。本作品はその点を捉えつつ、さらに「発想」が「発送」と表現されていることで当社らしさが出ている点も多くの支持が集まったポイントかと思います。最後になりましたが、ご応募頂きました皆さまに重ねて御礼申し上げると共に、今後のますますのご活躍をお祈り申し上げます。

三次審査通過作品

三上 佳祐　神奈川県

DMには、「ダイレクトメール」と「ダイレクト迷惑」がある。

二次審査通過作品

堀田 陽祐　愛知県

たいせつなことは、直接伝えたいじゃないですか。

速石光　大阪府

かゆいところにDMが届く。

大司 浩之　京都府

私とあの子を、20代前半で一括りにしないで欲しい。

一次審査通過作品

三浦 秀雄　秋田県

発送を転換しよう。

安部 眞史　茨城県

「伝える」を「伝わる」にするのが科学。

稲垣 弘行　埼玉県

当たってくだけないのが理想です。

稲垣 弘行　埼玉県

DMが届いたら、あなたの調べはついています。

トッパンフォームズ

小林雄大　埼玉県
「なんで私の欲しいものが分かったの?」
と言わせる会社です。

福島滉大　埼玉県
かゆいところに、御社が届く。

山本朝子　埼玉県
「おもうツボ」を作っています。

中村圭一　千葉県
白ヤギさんも、読まずには食べられない。

池田慧　東京都
事実を元にしたシナリオです。

王一伊　東京都
不特定多数への特定攻撃。

加藤晃浩　東京都
送るを、贈るへ。

佐藤日登美　東京都
雨の日には、このバナーはやめましょう。
という提案もできる。

清水亨祐　東京都
僭越ながら、
人を動かす仕事をしております。

清水雄平　東京都
白ヤギさんからお手紙着いた。
黒ヤギさんったら食べずに読んだ。

闞彰一　東京都
ラブレターの、包み方から提案する。

高澤邦仁　東京都
心の情報漏洩を疑った。

谷本はやか　東京都
A案かB案か、答えは科学が知っている。

出村浩之　東京都
ラブレターだって、
きっと科学の力で
開封させられる。

中村れみ　東京都
黒ヤギさんからお手紙ついた。
白ヤギさんたら思わず読んだ。

林次郎　東京都
「つい見ちゃう」の「つい」は、科学です。

福島慎一　東京都
伝える方法はたくさんあるが、
伝わる方法は少ない。

宮田義治　東京都
心に届け、心に語れ。

宮原渉　東京都
届いていても、届いてない

山内昌憲　東京都
どんなに上手い釣り人も、
魚のいない海では釣れない。

山内昌憲　東京都
さぁ、心を奪いに行こう。

石井倫太郎　神奈川県
関心のない情報は、迷惑です。

木村吉貴　神奈川県
伝えたつもり、を無くしたい。

酒向渉　神奈川県
いいプレゼンは裏付けが強い。

藤榮卓人　神奈川県
「あなた様へ」と「田中様へ」じゃ、
反応がちがう。

藤榮卓人　神奈川県
贈るDM。

伊藤美幸　愛知県
想いが届かなかったのは、
データとアイデアが足りなかったからだ。

山中彰　愛知県
宛先は分かっていても、
ターゲットを解っていなかった。

山中彰　愛知県
住所だけでじゃ、心までは届かない。

山中彰　愛知県
1ミリ単位でこだわったデザインが、
1ミリも見られていない場合もある。

桂田 圭子　滋賀県
数打ちゃ、疲れる。

山田 歩　滋賀県
脳に聞く。心に効く。

林 泰宏　京都府
企業のためのキューピット

河合 進　大阪府
送るのではなく、贈るのです。

北川 秀彦　大阪府
企業の思いは、たいてい片思いです。

田村 太　大阪府
DMは、必要なものとゴミに分別される。

速石 光　大阪府
サンタクロースと同じくらい、欲しいものを知っている。

向井 正俊　大阪府
心にハイッテクノロジー。

大城 翔平　沖縄県
どんなお客様も〝想定内〟と言える企業はかっこいい

富山 忠彦　沖縄県
遠くのCMより、近くのDM。

富山 忠彦　沖縄県
ほしいところにDMが届く。

タ
トッパンフォームズ

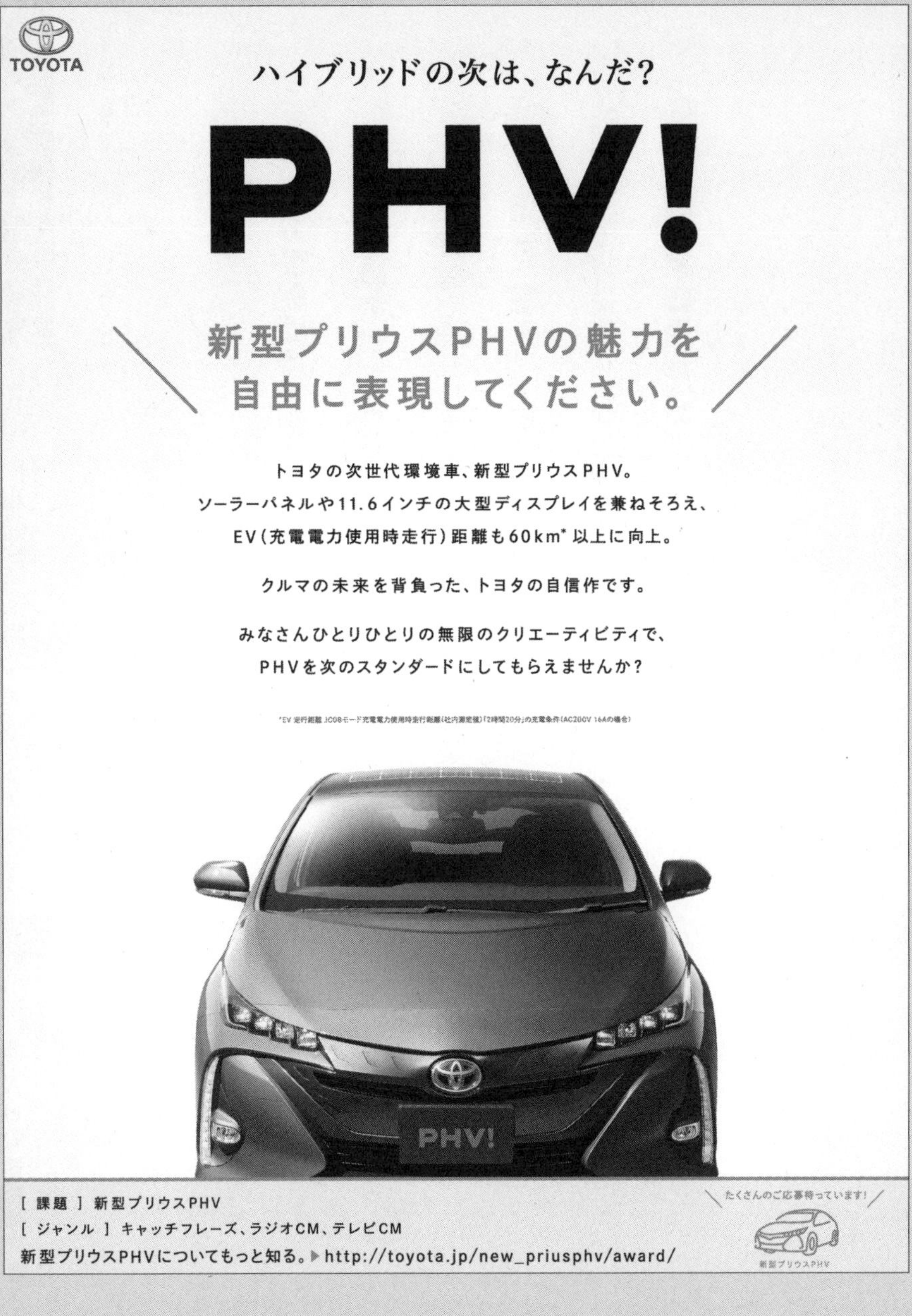
TOYOTA
ハイブリッドの次は、なんだ？
PHV!
新型プリウスPHVの魅力を
自由に表現してください。
トヨタの次世代環境車、新型プリウスPHV。
ソーラーパネルや11.6インチの大型ディスプレイを兼ねそろえ、
EV（充電電力使用時走行）距離も60km* 以上に向上。
クルマの未来を背負った、トヨタの自信作です。
みなさんひとりひとりの無限のクリエーティビティで、
PHVを次のスタンダードにしてもらえませんか？
PHV!
［ 課題 ］ 新型プリウスPHV
［ ジャンル ］ キャッチフレーズ、ラジオCM、テレビCM
新型プリウスPHVについてもっと知る。▶ http://toyota.jp/new_priusphv/award/
たくさんのご応募待っています！
新型プリウスPHV

トヨタマーケティングジャパン

新型プリウス PHV の魅力を自由に表現するアイデア
［キャッチフレーズ／テレビ CM ／ラジオ CM］

タ トヨタマーケティングジャパン

協賛企業賞

柴本純（49歳）東京都 I&S BBDO

テレビCM

「お受験面接」篇

小学校入試の面接。

試験官：今日は何でここまで来ましたか？

児童：電気、太陽光ときどきガソリンです

あっけにとられる面接官。

NA：家庭用電源でも太陽光でも走るプラグインハイブリッドカー。新型プリウスPHV。

▼協賛企業のコメント

トヨタマーケティングジャパン
プロモーション室
第1プロモーションG
グループマネージャー
大道康彦さん

このたびは、協賛企業賞受賞おめでとうございます。今回お題とさせていただきました新型プリウスPHVは、トヨタが本気で作った商品であり、本当に自信作です。持ち合わせた商品特徴も実は非常にキャラが立っており、知れば知るほど「なるほど」と思ってもらえるクルマです。ただし環境車という真面目で奥ゆかしい性格が故、自己主張やアピールが苦手なところがあり、みなさんに上手にイジってもらって、人気者にしたいという狙いがありました。皆さんの周りでもありますよね、もともといいキャラしているのに目立たないヤツが、ちょっとしたきっかけでブレイクすることが。今回の受賞作はそういったこのクルマのキャラをキャッチーにイジってくれたと思います。最後になりましたが、ご応募いただきました皆様に御礼申し上げるとともに、今後のご活躍お祈り申し上げます。

三次審査通過作品

南忠志　東京都
スタンドは天にある。

二次審査通過作品

安達岳　千葉県
この車はいずれ、日本を資源大国にする。

田辺拳斗　千葉県
走ってるワクワクと、
停まってるワクワクをハイブリッド。

池田順平
東京都　未来が、音をたてずに変わってゆく。

滝本時生　東京都
車の食糧問題を解決しました。

原学人　東京都
考え方が、高級車。

山浦総一郎　東京都
プリウスを買った。プリウスと別れた。

竹田豊　神奈川県
今度は、太陽とハイブリッド。

洞田拓也　神奈川県
太陽が、地球を冷ます。

松原ユウ　神奈川県
クルマは植物に近づいた。

鈴木謙太　愛知県
ちょっと日向で休みましょうか。

水谷 真由子 愛知県
**子どもの描くドライブの絵は
いつも太陽が一緒だ**

嘉藤 綾 大阪府
太陽の光は、値上がりしない。

林 恭子 大阪府
車道は、ほとんど屋根がない。

向井 正俊 大阪府 テレビCM
ホラー映画の雰囲気。
テキサスのような田舎道にあるガソリンスタンドに向かって、
1台の車が走ってくる。
そこで待ち受ける殺人鬼の影。
しかし車はそのまま行き過ぎる。
殺人鬼：え…
呆然と見送る殺人鬼。
NA：田舎道も怖くない。
トヨタ 新型プリウスPHV

中村 駿作 兵庫県 テレビCM
□新型プリウスと他の車が並走。新型プリウスの運転手が隣の車を見て言。
男：お先に。
□抜き去るかと思いきや、隣の車が先に進み、法廷時速の標識のカット。
NA：速度じゃない、「お先に」を言おう。未来の車、新型プリウスPHV。

一次審査通過作品

三上 智広 北海道
自動車史上、最も太陽が似合うクルマ。

三浦 秀雄 秋田県
トヨタの、エレクトリカルパレード。

三浦 秀雄 秋田県
人も車もノンオイル。

小野澤 真克 埼玉県
北風は今回も太陽に負けた。

小野澤 真克 埼玉県
世界で初めて妻が認可したエコカーです。

小野澤 真克 埼玉県
俺の車にだけ太陽がチャリンチャリンと降り注ぐ。

小野澤 真克 埼玉県
太陽の力を実感したのは虫眼鏡の実験以来だ。

木村 幸代 埼玉県
過度期が一番、おもしろい。

小林 奈央子 埼玉県
屋外駐車場なのにちっとも嫌な気がしない。

中島 崇 埼玉県
プリウスはいい子のふりをやめます。

タ

トヨタマーケティングジャパン

橋場 仁　埼玉県
未来、なう。

林 智彦　埼玉県
ガソリンは、あくまでも念のため。

山﨑 美穂　埼玉県
それは、走りのコンサルタント。

山本 朝子　埼玉県
ただの優等生だと思っていると、裏切られる。

安達 岳　千葉県
資源が少ない国の知恵の結晶です。

田辺 拳斗　千葉県
使っていいぞ、減るもんじゃないし。

山本 昌彦　千葉県
疲れを知らない子どものように

秋山 弘征　東京都
きっとエネルギーが無料になったら、争いはなくなると思う。

伊藤 渉　東京都
理想だけを語らないクルマ。

太田 隆之　東京都
雨にも。晴れにも。負けません。

太田 隆之　東京都
青空がこれほど似合うクルマ。あったかな。

太田 隆之　東京都
「あーしたてんきになぁれ」

香取 和　東京都
そろそろ罪悪感を捨てよう

狩野 慶太　東京都
父は、家族より地球のために車を選んだ。尊敬した。

北川 哲　東京都
屋根が開くから、何だというのだ。

木村 達志　東京都
走って、つくれ。つくって、走れ。

佐々木 貴智　東京都
それは、一つの解答例。

佐藤 晋　東京都
早く時代遅れになればいい。

佐藤 直己　東京都
太陽を盗んだ車。

島田 寛昭　東京都
My Car というより、Our Car。

鬮 彰一　東京都
燃料まで、国産になる車。

高木 宏夢　東京都
藤子先生、できました。

滝本 時生　東京都
新車と言うより、新種です。

田中 圭一　東京都
誰かのうしろを走ると、未来が見えない。

野田 正信　東京都
ガソリンがなくなったので、クルマで入れに行きました。

春山 豊　東京都
クルマの人生は、ほとんどが太陽の下でした。

正水 裕介　東京都
あれも、これも、それもカー。

南 忠志　東京都
降り注ぐエネルギーがある。

宮本 正輝　東京都
未来は、うららかにやってくる。

村上 朋子　東京都
未来にプラグイン

守屋 君紀　東京都
太陽ひとつ、あればいい。

柳舘 岳　東京都
「無人島に何かひとつだけ持っていけるとしたら?」
「プリウスＰＨＶ!!」

横田 歴男　東京都
いざという日は、小さな太陽になる。

鈴木 寿明　神奈川県
答えは、真上にある

タ

トヨタマーケティングジャパン

鈴木 寿明　神奈川県
太陽光は、
ずーーーっと無料。

高橋 直一　神奈川県
（ＥＶ＋ＨＶ）／２＝ＰＨＶ

洞田 拓也　神奈川県
太陽は、プリウスのスポットライトになった。

城川 雄大　富山県
クルマにはまだ、屋根が余っていた。

與嶋 一剛　岐阜県
首都高も、田舎の畦道も似合う。

新開 章一　静岡県
エネルギー保存の法則、に一番近いクルマです。

伊藤 史宏　愛知県
実用的でなければ、実用化しない。

伊藤 史宏　愛知県
挑戦をあきらめなかった顔してる。

伊藤 史宏　愛知県
ＴＯＹＯＴＡの自信は顔に出る。

河合 美名　愛知県
晴れの日に、出かけたくなる理由がまたひとつ。

佐野 貴浩　愛知県
屋上の駐車場が
早い者勝ちになる日まで。

鈴木 謙太　愛知県
何もないところを、自然の力だけで走りたい。

柳 晃太　愛知県
かかってこい、第三次石油危機。

山中 彰　愛知県
机上の空論より、路上の現実論。

山中 彰　愛知県
被災地へ、走れ。

桂田 圭子　滋賀県
太陽を跳ね返すことばかり考えていました。

柳澤 雅俊　京都府
使えるものは太陽でも使う。

貝渕 充良　大阪府
屋根つきの駐車場から、
青空駐車場に変えた。

國井 裕弥　大阪府
時代の先駆車。

田茂井 陽典　大阪府
ガソリンはたしなむ程度です。

田茂井 陽典　大阪府
地球を救いそうな顔してる。

西脇 亨　大阪府
※コンセプトカーではありません。

本條 秀樹　大阪府
このクルマは家計の太陽だ。

向井 正俊　大阪府
これまでの車を試作品にする。

元氏 宏行　大阪府
プリウスの驚きをもう一度。

山下 祐輝　大阪府
いつか来るから未来なんだ。

山下 祐輝　大阪府
誰だこんな子どもの夢みたいなのを実現したのは。

唐川 洋二　兵庫県
唯一、友人とかぶっても恥ずかしくない車。

前田 辰弥　兵庫県
10年乗るなら、
10年後に普通のクルマを買おう。

前田 陽一　兵庫県
電気が走るような衝撃。

守谷 直紀　兵庫県
いま必要なのは、
理想と現実のハイブリッドだ。

太田垣 学　奈良県
未来への第二歩。

金沢 政史　奈良県
ただいま充電駐！

金沢 政史　奈良県
太陽光に値上げはありません。

田中 克則　和歌山県
青信号より、太陽の方が前に進める。

大堀 陽平　香川県
太陽系です。

井手 宏彰　福岡県
ハレのクルマ。

江副 佑輔　福岡県
太陽で元気になる。人間みたい。

白石 文子　福岡県
いつもにも、もしもにも。

大城 昂　佐賀県
ＨＶでつくった常識を、ＰＨＶでアップデートします。

林 寿子　大分県
いまの答えだ。

小宮路 茂晃　宮崎県
光、あれ。

小宮路 茂晃　宮崎県
ガス欠って、何ですか?

斗内 邦裕　北海道　テレビCM
朝、慌ただしく登校準備中の女子高生の妹と、通勤前のスーツ姿の姉。

妹、スマホが充電器の脇にあるが、充電につないでいないのに気づき、あわてて電源を入れると、電池残量がほぼゼロ。

妹:うわ〜、スマホの充電忘れてた〜。超凹む〜。

姉妹、外に出て、プリウスＰＨＶに乗ろうとする。

姉、車を充電し忘れていたことに気づく。(充電しているなら繋いでいたはずのケーブルを、点滅させて示す。)

姉:うわ〜、車の充電忘れてた〜。でも、晴れてるし、ソーラーパネルで発電するから、ま、いっか〜。

2人、笑顔で車に乗り、発車する。

車のソーラーパネルのアップなど、最新機能を紹介する映像をバックに、
最後は車のアップ→企業ロゴ。

NA:世界初。走行中でも駐車中でも、ソーラーパネルでバッテリーを充電。

トヨタ 新型プリウス ＰＨＶ

成田 和優　茨城県　テレビCM
「母と娘とプリウスと」
高速道路。母親が運転するプリウスＰＨＶ。静かな車内。助手席には娘。
娘「おじいちゃん、元気そうだったね。」
母「ね。」
11.6インチの大きなカーナビがいう。「このまま、20Ｋm以上道なりに進みます。」
自宅の車庫に到着。

娘がプリウスＰＨＶに給電用のプラグをさしこみ、ぽんぽん、と労るように優しく叩く。

母に振り向いて、
娘「最近、ガソリンスタンド行ってないね?」

母「そうね。ガソリンの入れ方忘れちゃったかも。」

二人で笑う。

プリウスの、新しいカタチ。

プリウスＰＨＶ。

北川 哲　東京都　テレビCM
住宅に車が突っ込んで来る
運転手「すみません、コンセント貸してください」
住民「その前に言うことがあるだろ…」
N「コンセントで充電できる新しいハイブリットカー 太陽光エネルギーも使えます。ＴＯＹＯＴＡ 新型プリウス ＰＨＶ」

北川 哲　東京都　テレビCM
幹線道路の左側を走っている車
急に右側車線に移る。
さらに、蛇行運転を始める
実は、車が走っていたところは日向だった。
N「太陽光エネルギーも使える新しいハイブリットカー ＴＯＹＯＴＡ 新型プリウス ＰＨＶ」

柴本 純　東京都　テレビCM
小学校入試の面接。
試験官「今日は何でここまで来ましたか?」
児童「電気、太陽光ときどきガソリンです」
あっけにとられる面接官。
Na「家庭用電源でも太陽光でも走るプラグインハイブリッドカー。新型プリウス ＰＨＶ」

PHV。」

島田 寛昭 東京都 テレビCM

「アラスカ」篇
アラスカの雪原。
氷河が崩れゆくさまを見つめる一頭のシロクマ。
シロクマのアップ、横にスーパー入る
あなたのクルマ選びは、
どこかで誰かにつながっている。
アラスカのハイウェイを走るプリウスPHV、
空にスーパー・ロゴ入る。
想像力を、クルマに乗せて
PRIUS PHV

今井 隆文 神奈川県 テレビCM

［小学生高学年くらいの男の子の声でナレーション］
僕の父は普通の人です。
［父親の日常生活の映像］
服も靴も時計も料理も、こだわりがありません。
そんな父の口癖は、［父親の声で］「普通が一番」。
そんな父が車を買い替えました。
［父親が運転、息子が助手席でドライブ］
PHVというものらしいです。
あんまり見たことのない車です。
でも父は言います。［父親の声で］「うん！普通が一番」

十二 善彦 新潟県 テレビCM

とある青年が、ポケットからおもむろに100円の硬貨2枚を取り出す。
（自動販売機の前にて）
各ドリンクに表示されている価格を目にしながら、買わずに去っていく。
（コンビニにて）
オニギリのコーナーで同じく各商品の表示価格を目にしながら、買わずに去る。
青年：「少し遠くに行こっ。」
プリウスPHVに乗り込み、東京駅を出発する青年。
青梅の自然豊かな場所に到着。
車を降り、きれいな空気を存分に吸って、大自然を見入る青年。
青年：「（両手を広げながら）気持ち良ーいっ！！」
ナレーション：「200円で60km走れる車です。プリウスPHV。」

大司 浩之 京都府 テレビCM

「よくばり編」
NA（男性の恋人）：「私の彼は、とても欲張りだ。」
飛行機にて
CA：「ビーフorチキン？」
男性：「両方で！」
定食屋にて
店員：「本日Aランチがトンカツ、Bランチが刺身となっております。」
男性：「じゃあ〜、両方！」
NA：「欲張りな彼は時に損し、」
定食屋にて
男性：「しまった〜。頼み過ぎた〜。お前食べる？」
恋人：「いらない。」
NA：「時にトラブルを起こす。」
飛行機にて
CAの上司：「お客様申し訳ありません。どっちもと言うのは承れませんものでして・・・。」
男性：「そこをなんとか、頼むよ。」
NA：「だけど」
トヨタにて
営業スタッフ：「エコカーと言うことですが、EVとHVどっちがいいですか？」
男性：「じゃあ、両方で。」
営業スタッフ：「お客様お目が高い。今年新発売のプリウスPHVはEVとHVどっちの機能もあるんです。」
男性：「いいですね！それ！」
NA：「欲張りもたまには得するみたいだ。」
男性NA：「欲張りな貴方に、「どっちも」という選択を。プリウスPHV」

堀江 成禎 京都府 テレビCM

男性が着物を着て立っている。
NA：この人はどんな人ですか？
同じ男性が着物を着て立っている。横には新型プリウスPHVがある。
NA：この人はどんな人ですか？
NA：乗っているクルマも人柄の一部だと思う。
NA+S：新型プリウスPHV
TOYOTA

堀江 成禎　京都府　テレビCM

のび太：ねえねえ、ドラえもん。最先端のクルマを出してよ〜。
ドラえもん：プリウスＰＨＶ〜！
のび太：ドラえもん、これ家のクルマだよ。
ドラえもん：ええ！？
NA＋S：新型プリウスＰＨＶ
ＴＯＹＯＴＡ

堀江 成禎　京都府　テレビCM

男性がホテルのラウンジのような場所で科学誌「Ｎｅｗｔｏｎ」を読んでいる。
誌面をズームすると、表2の広告面が新型プリウスＰＨＶになっている。
NA：科学の結晶、新型プリウスＰＨＶ
S：ＴＯＹＯＴＡ

森本 芹奈　大阪府　テレビCM

週刊誌に、「プリウス二股から三股へ」とのでかでかとした記事。
大勢の記者に囲い込まれる男性。
記者A：プリウスさん、報道の内容は事実ですか？！
記者B：新しい相手は誰ですか？
記者C：ガソリンと家庭充電は、もう終わったんですか？
男性は堂々と自信をもった表情。
男性：報道は事実です。隠す必要はないので、はっきりとお伝えします。私は、ガソリンと家庭充電に加えて、新たに太陽光との関係をもちました。それぞれ私を支えてくれる、優秀なエネルギーです。
記者ら：おおー。
NA：未来への力を。新型プリウスＰＨＶ登場

與那城 由尚　沖縄県　テレビCM

未来の車
海のなかを走る 空を飛ぶ 車の色、形をその日の気分によって変えることができる
その他様々な未来らしい車ライフを流す
少しさかのぼってＰＨＶの性能を示す
ナレ「我々トヨタは未来を作るシゴトをしています」

北川 哲　東京都　ラジオCM

SE「ピンポーン（インターンホンの鳴る音）」
女「はーい」
男「あの、ガス欠を起こしまして…」
女「ガソリンですか？」
男「いや、コンセント貸してください」
女「え？」
N「新しいプリウスは、太陽エネルギー、電気、ガソリンの3つのエネルギーを使い分けます。
新型プリウスＰＨＶ ＴＯＹＯＴＡ」

島田 寛昭　東京都　ラジオCM

「覚えてください」篇
SE：すずめの声
男性A：あっ、山田さん。プリウス買ったんですよね？
男性B：ええ、プリウスＰＨＶを買ったんです。
男性A：いいですよねー、プリウス。
男性B：いいですよー、プリウスＰＨＶ。
SE：雷の前兆
NA（女性）：
覚えてください、別物です。
世界初、ソーラーパネル搭載
トヨタのプラグインハイブリッドカー、プリウスＰＨＶ

長井 謙　東京都　ラジオCM

○ニュース篇
男A「おい、今日の新聞みた？」
男B「え、何かあったっけ？」
男A「またガソリンの値段上がるらしいぞ！」
男B「ふーん」
男A「しかも一気に1リットル5円に！」
男B「ふーん」
男A「今の内に補給しかないとな！」
男B「うんうん」
男A「聞いてる！？」
NA「ガソリンの値段にいちいち一喜一憂しない車。電気でも走れる車、トヨタの新型プリウスＰＨＶ」

鈴木 聖太郎　愛知県　ラジオCM

A：「見て！ガソリンスタンドにプリウスＰＨＶが停まってる！」
B：「あ、本当だ。珍しいね。」
NA：電気とガソリンで走る、これからのエコカーのスタンダード。
『プリウスＰＨＶ』。

NICHIBAN

手で切れる！
貼ってはがせる！ 書き込める！
そんな便利な
ワザアリテープの
コピーを募集！

「ラベル」や「封どめ」等の食品保存
シーンで大活躍のワザアリテープ。
食材の整理・収納を簡単手軽にしてくれる
便利なキッチングッズです。
そんなワザアリテープを使いたくなるような
アイデアを募集します。

【課　　題】もっとたくさんの人が「ワザアリテープ」を使いたくなるような広告アイデアを募集します。
【ジャンル】自由
【参考資料】http://www.nichiban.co.jp/dear_kitchen/wazaari_tape/　　ワザアリテープ　検索

ニチバン

もっとたくさんの人が「ワザアリテープ」を使いたくなるような広告アイデア
［キャッチフレーズ／テレビ CM ／ラジオ CM］

協賛企業賞

山本（飯田）朝子（47歳）埼玉県　中央大学

お母さんの字は、冷たくなっても温かい

▼協賛企業のコメント
ニチバン　取締役執行役員
テープ事業本部長
原　秀昭さん

このたびは、協賛企業賞の受賞、誠におめでとうございます。今回初めての試みとして協賛をさせていただきましたが、本当にたくさんのご応募をいただきました。課題にご応募くださったすべての皆さまに御礼申し上げます。そのなかでも本作品は「ワザアリテープ」の封どめやラベルなどの機能面をしっかりとイメージさせつつ、あたたかい優しさに触れて安心できる世界観を強く感じました。また、当製品のコンセプトである「キッチン周りのひと手間をなくすお手伝い」から、さらに家庭のあたたかさをも表現されている点に、感動を覚えました。最後になりましたが、受賞者の方をはじめ、ご応募いただきました皆さまに心から御礼申し上げるとともに、今後の益々のご活躍をお祈り申し上げます。

ダイエットの敵は、封のできない包装にある。

四宮 大貴 愛知県

斗内 邦裕 北海道 ラジオCM

SE：ミーンミーン、ジジジ（セミが鳴いている）
若者：ふー、暑いなあ。
SE：トン（コップをテーブルに置く）
バタン（冷蔵庫を開ける）
トクトク…（コップに飲み物を注ぐ）
ゴクッ（ノドを鳴らして飲む）
ブーッ！（飲んだものを吹き出す）
若者：母さん！麦茶じゃなくて麺つゆだったら、ちゃんと書いといてよ！何度言ったら分かるんだよ！
母：母さんは、そうめん、麦茶で食べちゃった…。
NA：こんな悲劇、もうたくさんです。
ワザアリテープで、表示しましょう。
手で切れて、貼ってはがせて、書き込みできる
ニチバンDearKitchenワザアリテープ

二次審査通過作品

鎌田 明里 茨城県
輪ゴムには、文字は書けない。

赤井 大祐 東京都
それは猫の餌よ。

阿部 友紀 東京都
子供は、ちょっと食べたらすぐ飽きる。

闞 彰一 東京都
冷蔵庫も、片付ける部屋の一つだ。

田中 圭一 東京都
好きなものって、作り過ぎる。

橋本 知慧美 東京都
残り物には、テープがある。

春山 豊 東京都
残り物でさっと作れる人は、残り物を把握している人です。

横田 歴男 東京都
冷蔵庫は、お墓じゃない。

船津 洋 京都府
賞味期限をＳＨＯＷ ＭＥ期限に。

川端 恵子 大阪府
賞味期限は、開封日で変わる。

福島 滉大 埼玉県 テレビCM
【3年N組ニチバン先生】篇
冷蔵庫内で容器や袋に入った食べ物たちが、ワザアリテープに話しかけている。
袋に入った肉「先生、俺たち先生にホントに感謝してるんだぜっ」
タッパーに入った煮物「ああ、俺たちが腐らずやってこれたの!アンタがいたおかげだよ!」
開けかけの冷凍食品「ボクたち、先生がいなかったら、きっとこの世界（冷蔵庫）で忘れ去られてる存在になっていたはずだよ。」
ワザアリテープ「そんな!とんでもない!あなたたちをきちんと導くことが私の使命だもの!」
食べ物たち「先生ぇ!!」
ワザアリテープを使用して、封止めやラベル貼りをしている映像。
NA：封止めにもなる。文字が書けるラベルにもなる。
綺麗に整頓された冷蔵庫内の映像→ワザアリテープの商品画像。
NA：冷蔵庫内が優等生だらけになります。ニチバンのワザアリテープ。

菅沼 名生弘 東京都 テレビCM
夜。マンションの一室。
スーツ姿の父が冷蔵庫を開ける。

煮物が入った容器にワザアリテープがラベルとして貼られている。それを手に取る父。
部屋の扉があき、二十歳の娘が帰宅する。
父「今日もこんな時間まで遊んで…」
娘「父さんも」
父「おれは仕事だ」
娘がワザアリテープの貼られた容器をみて、
娘「あ、それ食べる」
父「話聞いてるのか?」
娘が、煮物を食べながら、
娘「二人とも遅いのに変わりはないよ」
娘が、父の胸ポケットからみえるボールペンに手をのばす。
容器のラベルに〝いつもありがとう!母さん〟と書く。
娘「父さんもいつも遅いんだから、何か書けば?」
父「(あきれた表情で) おまえ…」
父が渋々〝明日は早く帰ります〟とラベルに書く。
翌朝、母親が冷蔵庫を開ける。
父娘が書いたラベルをみて、ほほ笑む母親の顔。
タイトル「家族のテープの使い方」

栗田 一平　神奈川県　テレビCM
父が家に帰って、冷蔵庫を開ける。
タッパーには、ワザアリテープで何やらコメントが書いてある。
赤テープ:高校受験に、うカレー!(母より)
青テープ:うるせーな、分かってルーよ。気い使って、おつカレーくらいにしろよ。(息子より)
父:うまい。ワザアリ、一本。
NA:会話はなくとも、家族はつながる。

一次審査通過作品

鹿野 泰央　北海道
残りものじゃない。ストックです。

松田 佳子　北海道
冷蔵庫はもっと活躍したい。

宮地 克徳　群馬県
賞味期限もママも、キレやすい。

木村 幸代　埼玉県
捨てさせない、愛の元。

鈴木 一真　埼玉県
キッチンではたらく手は、大抵びしょ濡れだから。

中島 崇　埼玉県
料理が嫌いというか、料理したあとが嫌いでした。

橋場 仁　埼玉県
これを熟成肉とはいわない。

橋場 仁　埼玉県
ちょっと残すダイエット

橋場 仁　埼玉県
実家からの葡萄です。営業部 中田

山本 朝子　埼玉県
お母さんの字は、冷たくなっても温かい。

安達 岳　千葉県
男に「家庭的な人」と思わせるのは簡単です。

相沢 達郎　東京都
二人暮らしなのに、三人前が安い。

天野 正晴　東京都
湿気ったお菓子は、好きですか?

市山 裕史　東京都
はい、買うときは食べきれると思ってたん

です。

市山 裕史 東京都
空腹は計画性を奪う。

一法師 智恵子 東京都
付かず離れず、良い付き合い。

伊藤 渉 東京都
手づくりのおにぎりは、
なにも書かないと、
何味かわからなくなる。

鵜川 将成 東京都
まとめて作って、使い切るまでが、賢い主婦。

小野崎 花奈 東京都
料理上手が、家事上手とは限らない。

加藤 晃浩 東京都
ぜひ、お子様の手の届く所に。

加藤 佑一 東京都
テープの日付は、優しさです。

黒田 紀音 東京都
お母さん、テープの上でもうるさいなあ。

小宮山 玄一 東京都
勉強ができる人は、ノートもきれいだと思う。

闞 彰一 東京都
待ってくれ、それはめんつゆの作りおきだ。

瀬戸 ヒロノリ 東京都
オシャレなパスタ容器と引き換えに、
茹で時間を見失った。

田中 圭一 東京都
ばあちゃんの「まだいける」は、
かなり攻めている。

玉熊 文乃 東京都
娘は毎晩寝る前に、パパにメッセージを書く。

玉熊 文乃 東京都
忘れっぽいんじゃない、
やることがいっぱいなんだ。

手代森 修 東京都
未来への贈り物。

内藤 雅之 東京都
冷蔵庫のおかずを温かくするメッセージを
募集中。

中島 優子 東京都
生ものを、長生きに。

中辻 裕己 東京都
パパのプリンが、ママに上書き保存された。

永吉 宏充 東京都
欲しい量だけ買えるスーパーはない。

永吉 宏充 東京都
ほとんどの野菜は、一人暮らしには多い。

永吉 宏充 東京都
賞味期限は開封後、急激に早まる。

西垣 史朗 東京都
冷凍庫も、無敵ではない。

早坂 あゆみ 東京都
男は胃袋の前に冷蔵庫でつかめ。

早坂 あゆみ 東京都
もったいないが減りました。

林 次郎 東京都
突然の義母に。

春山 豊 東京都
子どもに「片付けなさい」と言うお母さん。
冷蔵庫を開けてみてください。

藤田 篤史 東京都
母が太るのは、
誰も食べないからだ。

山下 祥 東京都
-18℃と冷え込みますが、貼れるでしょう。

山下 祥 東京都
ゴミ箱に行くために作られた食べ物は、
この世にひとつもない。

山下 祥 東京都
食べずに捨てても、食費です。

岡澤 修平 神奈川県
あの人の遅い夕食に、
「ありがとう」を残そう。

崎山すなお　神奈川県
おいしい料理も、管理から。

竹田豊　神奈川県
袋に入った粉コーヒーは、酸素がお嫌い。

宮坂和里　神奈川県
うまくラクすることを、
主婦力というのかもしれない。

竹節忠広　長野県
キッチンが汚いと、
料理もまずそうに見える。

與嶋一剛　岐阜県
シェアハウスの規則に載っている。

大井慎介　静岡県
わたしが牛乳を開けた日を、夫は知らない。

大井慎介　静岡県
書いたことは、
書いてあることより忘れにくい。

島田宏哉　静岡県
ママの賞味期限は、ちょっと酸っぱい。

伊藤史宏　愛知県
「なーちゃんがはじめてつくった大事なプリン」
こんな長い名前でもいけます。

佐々木一之　愛知県
家族の伝言ゲーム。

佐野貴浩　愛知県
お母さんには
覚えておくことが多すぎる

庄司俊介　愛知県
残すのに勇気はいらない

鈴木謙太　愛知県
冷蔵庫に秩序を。

村上正之　愛知県
冷蔵庫とは、つまり、収納である。

柳晃太　愛知県
テープで愛をとじ込める。

山中彰　愛知県
「レンジで3分」と書いて貼った。

桂田圭子　滋賀県
賞味期限の字って、
なんであんなに小さいのかしら。

高津裕斗　京都府
楽しみをラベルしている。

三島直也　京都府
この便利さが分からないのは、
キッチンに立っていない証拠。

貝渕充良　大阪府
冷凍した肉が、
豚肉なのか牛肉なのか分からない。

嘉藤綾　大阪府
さっと見てわかるから、
冷蔵庫の電気代の節約にもなりました。

北川秀彦　大阪府
食材は、よんでも返事しない。

黒坂謙太　大阪府
肩肘はらずに、テープはろう。

園田彩衣　大阪府
冷蔵庫をインスタにあげてしまった

寺尾和浩　大阪府
覚えないワザ

速石光　大阪府
食べ物を大切にする、
という前提から作られたテープです。

藤井宏雄　大阪府
家族の人数に食品の容量を合わせるのは、
けっこう難しい。

松尾健介　大阪府
いのちを食べきる。

渡邊北斗　大阪府
貼るタイプの、収納です。

岡田上　兵庫県
シュフ、フフフ。

寺門眞一　兵庫県
つくり過ぎる言い訳になりませんように。

ナ
ニチバン

寺門 眞一　兵庫県
最後の一粒まで晩餐。

中村 駿作　兵庫県
キウイに、マジックで名前は書けない。

中村 駿作　兵庫県
輪ゴムや、クリップは、事務用品だ。

密山 直也　兵庫県
父の鼻はあてにならない。

密山 直也　兵庫県
昨日買ったたまごと、
去年買ったたまごは、
ほとんど見分けがつかません。

守谷 直紀　兵庫県
夫のパンツを挟んだ洗濯バサミで、
チップスの袋を挟むのですか。

萬 正博　兵庫県
そんな開け方した袋だと、
輪ゴムで封はムリでしょ。

金沢 政史　奈良県
賞味期限は見えにくい所にはいっている。

藤田 大地　岡山県
レシピ通りの材料が、揃った試しがない。

若林 淳一　福岡県
テープにしかできないことと。
テープができなかったことと。

松本 亮　長崎県
「わたしのプリン食べたでしょ事件」が、日本からなくなりますように。

福島 滉大　埼玉県　テレビCM
【キッチンにひと勝負】篇
道場内で主婦が正座している。
主婦の目の前には、開けかけの冷凍食品や煮物の入ったタッパーが置いてある。
主婦、閉じていた目を見開くとワザアリテープで開けかけの冷凍食品を封止めする。
主婦「秘技、食品封止め！」
さらに、隣にある煮物のタッパーにワザアリテープに作成日を書いて貼り付ける。
主婦「さらに、ラベルとして活用！」
額の汗をぬぐう主婦。隣で見てた夫が拍手をしている。
NA：一本取りたくなるテープ。ニチバン・ワザアリテープ。（商品画像）

石井 雅規　千葉県　テレビCM
未婚の若い女性対象のお料理教室。
先生「1年間お疲れ様でした。みなさん、この教室を通じて殿方のハートを掴む料理の腕を身に着けました。」
生徒「先生、本当にありがとうございました！」
先生「最後の授業は、、、冷蔵庫の整理方法です。」
NA「料理よりも冷蔵庫の中に女子力がでます。ワザアリテープで、お料理好きの冷蔵庫の中にしましょう。」

小林 猛樹　千葉県　テレビCM
■子どもがおせんべいを袋から出して食べている。
■おばあちゃんの手首にはまった輪ゴムのアップ。
子ども：おばあちゃん、なんで輪ゴムしてんの？
■おばちゃんが、手首の輪ゴムを外して子どもの持っているおせんべいの袋の口を輪ゴムでとめる。
おばあちゃん：ほら、便利だろ。
■子どもが冷蔵庫についているワザアリテープをちぎっておせんべいの袋の口をとめる。
子ども：ね、便利でしょ。
■子どもの笑顔とおばあちゃんの驚いた顔。
NA：食品保存は、ワザアリテープ。

佐藤 ちはる　千葉県　テレビCM
主婦が友達とランチを食べ終わり
互いの口にテープが貼られている
テープには「口止めワザ」と書いてある。
NA「口止めワザ」
(食品保存シーンで使える本来の利用例のカット)
NA「とめたいものを手軽に整理 ワザアリテープ」

石井あみ　東京都　テレビCM

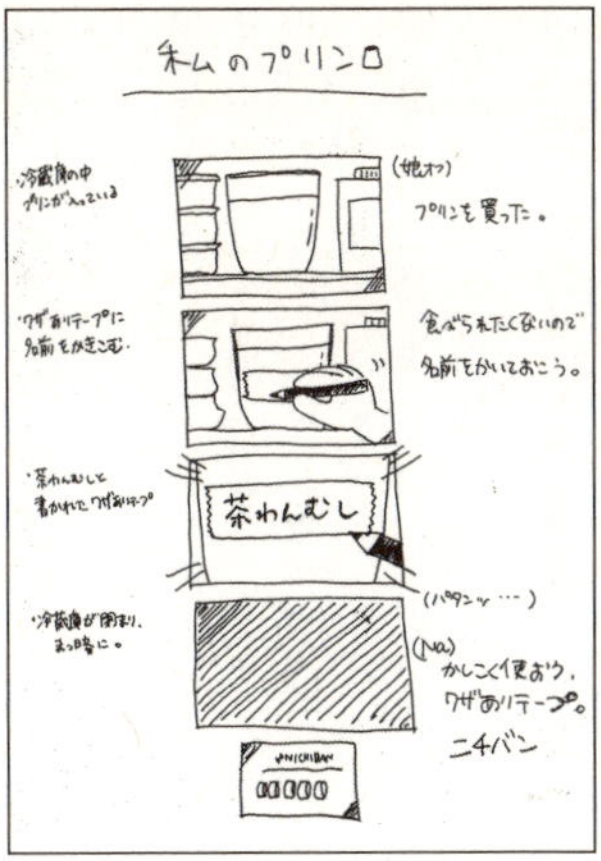

笹川勇　東京都　テレビCM

ぽっちゃり気味の女性。
スナック菓子が置かれた棚に
ワザアリテープを貼り、その上に
サインペンで「食べない」と書き込む。
1歩離れ、棚を見つめる。
女性の視線、棚の中のスナック菓子を
名残惜しそうに見続ける。
次の瞬間、女性はテーブルに座り
ポリポリスナック菓子を食べている。
棚に貼られたワザテープ、
「食べない」の「な」と「い」の間があき、
そこに「さ」の文字が貼られ、
「食べなさい」になっている。
NA：人生はやり直せる方がいい。
　ニチバンワザアリテープ。

佐藤和久　東京都　テレビCM

「発掘」篇
氷河のなか、氷の塊のようなものを、博士風の男とその助手が除けていく
男の表情アップ。何かを見つけた様子。
男「おぉ…これは…ずいぶん遠くに眠っておったのう。いったい、どのくらい前のなのだろうか」
氷の塊の奥から出てきたのは、氷漬けになった魚。
ワザアリテープが貼っており、「たら
11/24」と書かれている。
助手「2週間前のようです。まだ、きっと大丈夫ですね」
NA「冷凍庫で遭難する食品をなくそう。手で切れる、貼ってはがせる、書き込める。ワザアリテープ。ニチバン」

戸塚綾　東京都　テレビCM

キッチンにて
母「輪ゴム取って」
娘「はい、ニチバンのワザアリテープ」
母「あクリップもいるかも」
娘「はい、ニチバンのワザアリテープ」
母「ラベルどこだっけ?」
娘「はい、ニチバンのワザアリテープ」
母「ハサミちょうだい」
娘「いらないよ、ほらニチバンのワザアリテープ」

岡田達治　富山県　テレビCM

キッチンを覗き込む女の子
キョロキョロとママがいないことを確認
冷蔵庫の横にはりつけてある
ワザアリテープを手に取り
テープを伸ばしてピッと手で切る
「はって、はがせて、かきこめてー
　はって、はがせて、かきこめてー♪」
軽快に歌いながら
冷蔵庫の中をゴソゴソ
ママ、登場
冷蔵庫の中を見てびっくり
ジュースにプリン、冷凍庫のアイスにまで
女の子の名前が書いてある
「もう」
困りながらも笑ってしまうママ。
いたずらに微笑む女の子
女の子の元気な声
『ワザアリテープ』

塩井知憲　愛知県　テレビCM

「ボクシング控え室」篇
（『Dear Kitchen』のロゴ）
（ボクシング試合前の慌ただしい控え室）
トレーナー「オイ!テーピングは?!」
（扉を勢いよくあけて、エプロン姿のおばちゃん登場。
スタッフたちの額に4色のワザアリテープを貼り付け、
『肉じゃが』『ブロッコリー』『カレー』『9月1日～』と書き込む）
ボクサー「な、なんだよ」

(たじろぐボクサーの額に赤のワザアリテープを貼って『チャンピオン Go!』と書き込む)

おばちゃん「チャンピオン。ゴー!」

(控え室の扉を指さすおばちゃん。意気揚々とボクサーとスタッフたちが扉から出て行く)

(控え室の扉から、冷蔵庫の扉へオーバーラップ。男の子が冷蔵庫の扉を開く)

男の子「母ちゃん、またかよ〜」

(冷蔵庫から保存容器を取り出し、『チャンピオン Go!』をはがして、『ちゃんぽん 具』に貼り替える)

NA「ワザアリテープが、キッチンをチョット
　楽しくします」

(『NICHIBAN』のロゴ)

向井 正俊　大阪府　テレビCM
男性:キッチン整いました。
　いろいろ書けて、食べる時解く。その道
　具は、ワザアリテープでしょう。

向井 正俊　大阪府
保存容器にワザアリテープを貼ると、テープが口になり喋り出す。
保存容器:私は先週作ったサラダです。そろ
　そろ食べてくださいね。
NA:貼って、書ける。
　ワザアリテープ。ニチバン。

村上 恵里香　大阪府　テレビCM
まだ小さい娘(幼稚園児)は家具やおもちゃにシールを貼るのが大好き。
いつもそれで叱られている娘が、ワザアリテープをあちこちに貼って回る母親を見て一言。
娘「ママ、わたしにはあちこちシール貼っ
　ちゃダメっておこるのに・・・。」
納得のいかない顔でお母さんを見つめる娘。
視線の先で楽しそうに家事掃除に勤しむ母親。

小室 朋之　兵庫県　テレビCM
家の玄関にて、ホームステイを終えて帰る外国人を見送る日本人一家。
外国人:ミンナト、イッショニ、タベタゴハン、
　トテモオイシカッタ。
日本人一家:うん。(涙を浮かべながらうなずく。)
外国人:ママト、イッショニツクッタリョウリ、トテモタノシカッタ。
日本人一家:ありがとう。元気でね。
外国人:サイゴニ、イッコダケ、オネガイ、アル。
日本人一家:何?
外国人:ワザアリテープ、ホシイ。アレ、チョーベンリ。オネガイ、ワザアリテープ、イッコダケチョウダイ。
日本人一家:(呆然とする)

丸子 英一郎　福岡県　テレビCM
息子:ママ、ワザアリテープ貸して!
母:はいどうぞ。
何に使うか気になる母親が、息子の様子を見に行く。
食べかけのお菓子の袋をテープで止めて字が書いてある。
ーママとパパも食べてねー

堤 博文　千葉県　ラジオCM
妻:お父さんこの煮物食べてみて
旦那:美味しいよ
妻:よかった。まだ食べられるみたいね
旦那:おーい
NA　おかずだって製造年月日が必要です
　手で切って、書き込み、貼ってはがせる
　ニチバン わざありテープ

郡司 嘉洋　東京都　ラジオCM
司会者:さて、ここで問題です。
私の手元に、今日買ったジャムと、昨日買ったジャムと、
3日前に買ったジャムがあります。
今、私が手に取ったジャムは、いつ買ったものでしょう?
回答者:そんなの、分からないわよ!
NA:貼って、はがせて、書き込める。
　キッチン周りの整理には、
　ワザアリテープをご利用ください。

長井 謙　東京都　ラジオCM
○時が経つのは…篇
妻「あなた、時が経つのは早いわねぇ」
夫「そうだねぇ」
妻「本当に、時が経つのは早いわねぇ」
夫「そうだねぇ。…だからって、賞味期限切

れのやつは使わないでねぇ」
妻「厳しいわねぇ」
NA「切って張って、賞味期限をちゃんとメモできる。ニチバンのワザアリテープ」

長井 謙　東京都　ラジオCM

○ポジティブな主婦篇
SE「クンクン」（嗅ぐ音）
主婦「大丈夫！」
SE「クンクン」（嗅ぐ音）
主婦「多分、大丈夫」
SE「クンクン」（嗅ぐ音）
主婦「うーーーーん、まぁ、大丈夫っしょ！」
NA「家族の運命を、鼻に託す前に。切って張って賞味期限を書き込める。ニチバンのワザアリテープ」

山口 学　神奈川県　ラジオCM

夫「冷凍室のカレー、いつのだっけ」
妻「先週の火曜日」
夫「赤い容器は？」
妻「先月二十三日のミートソース。そろそろ使わなきゃ」
夫「じゃ、この緑は？」
妻「七年前の六月十五日。あなたが浮気で遅かった日の夕食のアジフライ」
N「記憶に自信がなければ、日付を書けるニチバンのワザアリテープ」

長縄 寛久　静岡県　ラジオCM

女：おかず作ったんです。中身が分かるようにラベルも貼っておきました。良かったら食べてください。
男：わざさわざありがとう。ほんと、わざわざありがとう。ほんと、「わざ…あり…」
NA：「ラベル」や「封どめ」に。キッチン周りで大活躍のワザアリテープ。ニチバン

大重 文恵　大阪府　ラジオCM

引き出しから出すのが面倒だった。
ちぎるといつも変になった。
ボールペンでは書けなかった。
かわいい無地テープがなかった。
水や冷えに弱かった。
すべて解決、技あり一本！
ワザアリテープで全て解決。

NISSHIN OilliO
"植物のチカラ。"

「おいしく揚げて、おいしく食べる。」
家族みんなでフライを楽しむ日

フライDAY

家族みんなが喜ぶメニュー「揚げ物」

そんな揚げ物料理を日清オイリオの食用油を使って、ジャンジャン揚げて、

どんどん食べて、おいしく、元気になってほしい。

そんな思いがつまったキャッチフレーズをお待ちしています。

【課　題】 企業広告
【ジャンル】 キャッチフレーズ
【参考資料】 http://www.nisshin-oillio.com/ninomiya/

日清オイリオグループ株式会社

日清オイリオグループ

日清オイリオの食用油を使って、揚げ物をつくって、おいしく食べて、元気になる!そんなキャッチフレーズ。
［キャッチフレーズ］

日清オイリオグループ

協賛企業賞

中島 優子（30歳）東京都 レマン

毎晩、ウチ揚げしよう。

▼協賛企業のコメント

日清オイリオグループ
コーポレートコミュニケーション部長
石橋功太郎さん

このたびの受賞、誠におめでとうございます。弊社企業賞の選定にあたりましては、テレビCM等のコミュニケーション活動で大切にしている、「家で揚げて、美味しく食べる」その一連のイベント感を、シンプルに、楽しく、ポジティブなイメージで表現されているか、という観点で評価させて頂きました。中島優子さまよりご応募頂きました、「毎晩、ウチ揚げしよう。」には、その要素が多く語らずとも詰まっており、調理の過程から、ジュワーッと良い音がしている揚げ鍋を囲んで、ワイワイと楽しんでいる、そんなシーンが想像できます。これなら、共感も得やすいだろうという判断と、このコピーにけん引されて、「ウチ揚げ」を行う方が増えてくれれば良いな、という願いとともに、企業賞として決定しました。重ねてお祝い申し上げますとともに、末筆ながら、弊社コピーにご応募頂きました皆さまに、心より感謝申し上げます。

二次審査通過作品

稲木 拓也　茨城県
揚げ物の日は、サクッと帰ろう。

秋田 英美　東京都
家族の愛に、油をそそごう。

大原 結　東京都
トンカツがあると、父は「おっ、ごちそうだな」という。

高見 大介　東京都
野菜はきらい。野菜フライはすき。

門 智之　福井県
つくり過ぎても、残らない。

河野 稜佑　大阪府
日本人は「サクサク」という擬音が大好きだ。

一次審査通過作品

八重柏 幸恵　北海道
揚げものの取り合いは、家族の思い出になる。

鎌田 明里　茨城県
スイーツが女にとっての別腹なら、揚げ物は男にとっての別腹だ。

青鹿 隆雄　埼玉県
妻からソース買ってきてのメール、ははぁ。

新井 翔太　埼玉県
何時に帰るか聞くのは、揚げたてを食べて欲しいから。

石井 達也　埼玉県
フライがあがって身構えるのは野球選手だけじゃない。

大塚 正樹　埼玉県
揚げものは、2度楽しめる

大野 忠昭　埼玉県
家出は、やっぱり明日にするか。

小林 雄大　埼玉県
熱い熱いと、言い合える幸せ。

鈴木 一真　埼玉県
ずっと、食べ盛りのキミでいてください。母より。

中根 一男　埼玉県
揚げ物を、植物の力でかるくする。

萩野 紀之　埼玉県
そとの油よりうちの油。

橋場 仁　埼玉県
一番好きな　衣　類です。

広瀬 岬　埼玉県
油がハネルと心も跳ねる!

安達 岳　千葉県
余り物だって、揚げれば主役になれる。

岩﨑 あかね　千葉県
油っぽいから、揚げ物は苦手でした。

鈴木 敦子　千葉県
揚げ立てだったのは、家族が揃うまでお母さんが待っていてくれたからだったんだ。

廣川 洋平　千葉県
揚げ物を食べさせたくなる人は、特別な人だと思う。

阿部 友紀　東京都
「あげる」は日本のポジティブワードだ。

新谷 建人　東京都
心が飛び立つフライの日。

飯塚 逸人　東京都
「あげる」とか「かつ」とか、揚げ物にはポジティブなイメージしかない。

池田 順平　東京都
揚げ物が嫌になる原因は、油だった。
揚げ物を好きになるのも、油だった。

池本 高徳　東京都
ホームラン級のフライ。

井沢 のぶ子　東京都
センター・フライ!

石川 知弘　東京都
作り過ぎ・・・ていなかった。

一法師 智恵子　東京都
お母さん、味見にしては、それ多くない?

伊藤 うらら　東京都
息子の好きな食べ物は、
「カリカリのところ」らしい。

今村 浩章　東京都
油であげると、脂がおちる。

大原 結　東京都
3日前って、
夕飯がトンカツだった日のこと?

大原 結　東京都
ごめん、やっぱ今日、帰るわ。

大原 結　東京都
人生の給油ポイント。

大渡 友貴　東京都
サクッとおうちで。

奥野 夏帆　東京都
愛情のおすそ揚げ

奥村 明彦　東京都
もう「油断しない」。

小駒 克己　東京都
サクッ、幸せの音がする。

梶塚 康太　東京都
一番好きな電話の切られ方は、
「今、揚げ物だから手が離せないの」です。

春日井 智子　東京都
近所誘惑。

片岡 理佐　東京都
「今度の試験は何日なんだ?」無口な父が珍しく話しかけてくる。「来週の水曜日だよ」単語カードから目を離さないまま、不機嫌に私は答える。「次のカツ丼は火曜日か。楽しみだな。」ほら、やっぱりカツ丼が食べたいだけじゃない。

河田 紗弥　東京都
ほら、野菜ばっか食べてないで、
揚げ物も食べなさい。

小柴 桃子　東京都
そうか、もう塩の良さがわかる歳か。

後藤 裕彦　東京都
肉に凝るより、
油に凝ったほうが
安上がり。

小松 真人　東京都
がんばって!
いいもの揚げるから。

齋藤 大樹　東京都
お弁当のおかず交換で、
揚げ物ほど強いカードはない。

佐藤尚志　東京都
何を揚げている音か
当てるところからが晩ごはんだった。

柴本純　東京都
ほいひいね。

鈴木純平　東京都
熱いものを食べる時、ひとは可愛い。

芹澤高行　東京都
母のフライは、毎回ヒットだ。

髙木守　東京都
一人だとなかなか作らないところが、
揚げ物のいいところ。

武田奈々　東京都
揚げ物を食べる、は美容法だ。

武田奈々　東京都
捨てられるより、あげられたい。

竹中夕貴　東京都
何考えてるのか「さっぱり」では分からない。

辻野史俊　東京都
わが家は全員カリあげ派。

土田充康　東京都
音までオイシイ。

手代森修　東京都
いい油だから、油っぽくない。

中島優子　東京都
毎晩、ウチ揚げしよう。

中園竜佑一　東京都
作りすぎたから、なんて嘘だ。大好きだ。

永田智子　東京都
下を向いた日は、フライにする。

野田正信　東京都
みんなのくちびるが輝いてる。

野田正信　東京都
いただきますの前に手が出ちゃうことを、
「フライ」ングと言います。

浜田英之　東京都
君の家は、シッポまで食べるんだ。

浜田英之　東京都
猫舌でよかった。ゆっくり味わえるから。

春山豊　東京都
１８０度３分で家族は笑顔になれる。

春山豊　東京都
沈んだり、浮いたり。私の恋愛みたいだ。

春山豊　東京都
本当の揚げたては、
家で食べるつまみ食いです。

平島桂子　東京都
油で潤んだ君の唇、
最上のおかず。

福嶋昇　東京都
油でカラダを洗う。

福森瑞己　東京都
家庭料理だからこそ、
こだわれるのが油です。

藤曲且子　東京都
「揚げ物はひかえてください」は昔の話です。

不破千也子　東京都
あふい、あふい、おいひい。

松吉彩　東京都
アゲて、オトす。

南忠志　東京都
揚げる音が、拍手に聞こえる。

南忠志　東京都
耳でも味わう。

南忠志　東京都
おふくろの音。

味村真一　東京都
宇宙では揚げ物はつくれないらしい。
地球に生まれてよかったなぁ。

宮原渉　東京都
カリカリしてないで、サクサクなうちに。

持木宏樹　東京都
揚げ物も、性格も、
カラッとしてる方がいい。

矢原 祥史朗　東京都
「がんばれ」は中国語で「加油」と言う。

山下 祥　東京都
母親作、サクサク。

山下 祥　東京都
日本列島は、ちょっとエビフライに似ている。

尹ジュヨン　東京都
揚げ物は、子どもたちをはねさせる。

石井 倫太郎　神奈川県
息子のためにつくった揚げ物に、
夫がいちばん喜んでいた。

酒向 渉　神奈川県
油が身体に悪いイメージなのは、
いい油を使っていないからです。

高石 幸典　神奈川県
一人暮らしの彼は、フライに飢えている。

津久井 将嗣　神奈川県
泳げ、天ぷら。

宮坂 和里　神奈川県
旨味を逃がさず火を通す、唯一の方法。

宮坂 和里　神奈川県
なぜ、犯人を自供させるのは、親子丼では
なくカツ丼なのか。

山下 英夫　神奈川県
じゅわる。

横山 健一　神奈川県
つまみ食いをされて叱るお母さんは、
どこかうれしそうでした。

城川 雄大　富山県
エビフライのスタンプでもうヨダレ。

吉川 佳菜　富山県
山菜が食べられるということを、
おばあちゃんの天ぷらが教えてくれた。

吉川 佳菜　富山県
春のふきのとう、夏の大葉、秋の鮎、冬の春菊。
大人の味は、母の天ぷらで覚えました。

二羽 富士夫　石川県
お子様ランチのエビフライが、
もし海老のうま煮だったら、
子どもたちはきっとげんなりすると思う。

二羽 富士夫　石川県
せっかくお母さんが揚げたフライが、
がまんをすると犠牲フライになってしまい
ます。

二羽 富士夫　石川県
唐揚げ、フライドチキン、油淋鶏。
どの国の人も、揚げ物が大好きです。

門 智之　福井県
つくり過ぎるくらいでちょうどいい。

土屋 憲佑　山梨県
いいなぁ、隣のうち今夜は揚げ物かぁ。

土屋 憲佑　山梨県
婚活よりも、豚カツだ。

與嶋 一剛　岐阜県
オヤジ、成長期か。

檜谷 廉太朗　静岡県
うちの子は、天ぷらならナスを食べる。

小林 建太　愛知県
揚げ物をしてくれる人は、
あなたを大切に思っている人です。

庄司 俊介　愛知県
晩ご飯のために、ランチを抜いた。

鈴木 謙太　愛知県
作るときも、食べるときも、
おいしい音がなる。

豊田 昂　愛知県
「早く帰ってきなさい」のかわりに、
「今夜はからあげだよ」と送った。
こうかは、ばつぐんだ。

中島 誠実　愛知県
壁ドンよりカツ丼。

水谷 真由子　愛知県
お兄ちゃんの分のエビフライ食べたの
バレないように、しっぽも食べちゃえ。

水谷 真由子　愛知県
作りすぎでちょうどいい。

山中 彰　愛知県
初めて親父を超えたのは、揚げ物を食べる量だった。

井美 春香　三重県
嫌いな食べ物は海老で、好きな食べ物はエビフライです。

松下 佳代子　三重県
少し残してお弁当にもいれてもらおう。

大司 浩之　京都府
煮ても焼いても食えないなら、揚げてみれば？

大司 浩之　京都府
親子丼では自白出来ないと思う。

船津 洋　京都府
中国では「がんばれ」を〝加油〟って書くんだぜ。

堀江 成禎　京都府
試験の前日、母は油を買ってきた。

三島 直也　京都府
揚げ時間は、調味料。

三島 直也　京都府
フライは立派な栄養食です。

岡 真一郎　大阪府
味の決め手は油です。

貝渕 充良　大阪府
美味しいの半分は、笑い声だと思う。

神田 健三　大阪府
衣があるからあったかい

北川 秀彦　大阪府
お弁当のトレード、ドラフト1位。

速石 光　大阪府
油が、一番の隠し味かもしれない。

速石 光　大阪府
食用油は、食卓の潤滑油です。

山下 祐輝　大阪府
「ごはん、多めに炊いといたわよ。」

中村 駿作　兵庫県
外食よりも、嬉しい夜。

竹林 穂弓　広島県
本当の揚げたては、作った人しか食べられない。

竹林 穂弓　広島県
カラッと揚げて、冷蔵庫も空に。

井上 裕貴　福岡県
明日のお弁当の分もつくってたのに。

江副 佑輔　福岡県
おふくろの味を覚える前に、子どもの大好物が外食だなんて。

岡本 英孝　福岡県
口のまわりが美味しそうだね。

白石 文子　福岡県
揚げたてを奪いあう家庭を築きたい。

若林 淳一　福岡県
水に流さず、油にあげよ！

小島 功至　熊本県
あなたの家族は、何カラッと？

小島 功至　熊本県
おかあさんのフライは、ボクにとってのホームランです。

小島 功至　熊本県
AgemonGO

日本レジストリサービス（JPRS）

日本のドメイン名「.jp」を使いたくなるような広告

［キャッチフレーズ／テレビ CM ／ラジオ CM］

ナ

日本レジストリサービス（ＪＰＲＳ）

協賛企業賞

密山 直也（32歳）兵庫県 会社員

日本でいちばんのブランドは、日本です。

▼協賛企業のコメント

日本レジストリサービス（ＪＰＲＳ）広報宣伝室 室長代理

園木 彰さん

協賛企業賞の受賞、誠におめでとうございます。ＪＰＲＳからは「日本のドメイン名『．ｊｐ』を使いたくなるような広告」をテーマに作品を募集しました。ＵＲＬやメールアドレスの末尾に当たるドメイン名について、日常的に意識している方は多くはないかもしれませんが、多種多様な視点から「．ｊｐ」の魅力を表現していただき、選考に際して多くの気付きを頂戴しました。そして、数々の力作の中から、「日本」そのものがブランドであるという表現により、「日本のドメイン名『．ｊｐ』」のブランド的価値を巧みに表現された本作品を選ばせていただきました。最後になりますが、受賞者の方をはじめ、ご応募いただいた皆さまには改めてお礼申し上げるとともに、今後のますますのご活躍をお祈り申し上げます。

日本のどメインなドメイン。

根本　曜　東京都
柴田賢一　茨城県

男1：はいよ、大間のまぐろの握り。
男2：うまい。
男1：はいよ、羅臼のうにの軍艦巻。
男2：うまい。
男2：ああ、おいしかった。
大将。お茶ちょうだい。
男1：はいよ、うちはコーラなんだ。
男2：お茶くれよ〜。
SE：シュワー
NA：ウェブサイトのURLも、最後まで日本にこだわりませんか。
日本産を証明する安心のドメイン「.jp」をどうぞ。
日本レジストリサービス。

二次審査通過作品

及川 知希　東京都

３文字で日本代表

佐藤 日登美　東京都

「いつかは日本を代表する会社に」って思ってるなら。

髙木 守　東京都

世界で効く印籠。

中島 優子　東京都

日本とわかれば、話は早い。

山内 昌憲　東京都

弊社、無国籍でした。

林 玲菜　神奈川県

「はじめまして、日本の会社です」をたった３文字で。

村上 正之　愛知県　テレビＣＭ

シーン１：舞妓が笑顔で通り過ぎる。
テロップ：ｊｐ（舞妓の顔のクローズアップにかぶるように、画面に大きくｊｐの文字）。

シーン２：最先端の自動車工場。
テロップ：ｊｐ（工場の絵にかぶるように、画面に大きくｊｐの文字）。
シーン３：日本の有名なアニメが流れる
テロップ：ｊｐ（アニメの動画にかぶるように、画面に大きくｊｐの文字）。
シーン４：富士山
テロップ：ｊｐ（富士山の山容にかぶるように、画面に大きくｊｐの文字）。
NA：日本と日本人がつくったブランド「ｊｐ」。私たちは日本のドメイン名「ｊｐ」でインターネットを支えるＪＰＲＳです。

長井 謙　東京都　ラジオＣＭ

○今すぐクリック篇
男「今しか見れません！月１００万円以上稼げるようになるための情報が、ついに解禁されました！さあ、今すぐこのアドレスをクリック！」
NA「というような怪しいサイトには、ドットジェイピーは使われていません。安心の証。ドットジェイピー。日本レジストリサービス」

一次審査通過作品

三上 智広　北海道
国籍をはっきりさせてこそのグローバル化。

稲木 拓也　茨城県
国民的ドメイン。

新井 翔太　埼玉県
．ｊｐを使うために社名を変えた会社があります。

山本 朝子　埼玉県
ポチッとしちゃったの？
．ｊｐじゃないドメインで？

山本 朝子　埼玉県
3文字で伝わる、真面目、勤勉、おもてなし。

山本 朝子　埼玉県
ＹＥＮは弱いが、．ｊｐは強い。

石山 博之　千葉県
上場企業と尻を並べよう。

石山 博之　千葉県
ほんとだ。
怪しいサイトには、
ついてない。

高森 真吾　千葉県
3文字で増す、説得力。

伊藤 渉　東京都
この国の信用力をお貸しします。

伊藤 渉　東京都
無名の会社でも、
はじめからジャパンブランド。

宇田川 侑子　東京都
世界でたたかうなら
世界とおなじでは、ダメだ。

大江 智之　東京都
信頼してほしいとき、
料理には「国産」と書いてある。

太田 圭祐　東京都
住所不定の外国人と、取引できますか。

郡司 嘉洋　東京都
国籍不明の人から、ものを買いますか？

佐藤 直己　東京都
子供に安心して見せられるサイトは、
だいたい「．ｊｐ」。

清水 雄平　東京都
危険に気がつかないのは．ｊｐのおかげです。

瀬戸 ヒロノリ　東京都
「このサイトは日本の会社が運営しております。突然英語のページなどに飛ばされることはありませんので、どうぞご安心ください。」というのを、3文字に込めました。

高崎 絢斗　東京都
はじめましての時は、
大抵出身地を聞かれる。

竹岡 建介　東京都
ＵＲＬにつける国旗だと思ってください。

鶴岡 延正　東京都
「．ｊｐ」ではない上場企業を見つける方が難しい。

長井 謙　東京都
公式ホームページ感。

長井 謙　東京都
2文字でできる、セキュリティー。

永野 広志　東京都
田中．ｊｐと、田中．ｏｒ
どっちが結婚したいですか？

西田 峻也　東京都
日本では、Ａｍａｚｏｎも、．ｊｐ。

日本レジストリサービス（ＪＰＲＳ）

二宮 猛　東京都
グローバルな時代だからこそ、「日本」であることを主張したい。

野口 拓也　東京都
ホームページがアウェイでどうする。

浜田 英之　東京都
表札がうさん臭い家に入りますか？

春山 豊　東京都
ひと目で日本が伝わるお得感。

春山 豊　東京都
グローバル社会だからこそ所在はひと目で伝えたい。

春山 豊　東京都
アドレスなのにどこの国かわからないなんて。

平沢 伸　東京都
ドーメイン・ジャパン

山田 沙子　東京都
ドメインには、都市も田舎もありません。

山田 沙子　東京都
玄関に、富士山かざってある感じ。

打田 倫明　神奈川県
外資系の会社が、.ｊｐを使っていると少し親近感もてる。

大塚 正之　神奈川県
日本が頑張ってきたからこそ、「.ｊｐ」は真価を発揮する。

片岡 佳史　神奈川県
ＪＰ酒、ＪＰ史、ＪＰアルプス。ほら、ちゃんとわかるでしょ？

栗田 一平　神奈川県
会社名だけだと、日本の会社か分からない。

高橋 琳太郎　神奈川県
日本の伝統を売りにしてるのに、「.ｊｐ」じゃないなんて。

宮坂 和里　神奈川県
名乗るだけで信用を得られる国に生まれた。

西山 隆輝　石川県
迷惑フォルダにメール送るのやめません？

西山 隆輝　石川県
なんだこの変な社名がついた安心なアドレスは。

吉田 厚子　石川県
オリンピックでも、「.ｊｐ」使ってるでしょ。

大井 慎介　静岡県
世界を相手にするために、日本を味方につけた。

黒川 哲也　愛知県
この2バイトが違うだけで、消費者はとっても不安になります。

堀江 成禎　京都府
.ｊｐにした。セキュリティ費用が浮いた。

三島 直也　京都府
悪いやつはだいたい.ｊｐじゃねえ。

江本 将丈　大阪府
住んでいる国名くらいは書いておかないとアドレスとは言えない。

貝渕 充良　大阪府
そのアドレスで安全って言われも。

貝渕 充良　大阪府
アドレス上、外資系でした。

速石 光　大阪府
日本語の通じない国でも.ｊｐは通じる

中村 駿作　兵庫県
日本と言えるドメインは、ただひとつ。

前田 辰弥　兵庫県
ＪＰだから、ウイルスはなさそうだ。

密山 直也　兵庫県
マズい。取得できなかったサイトだと思われた。

密山 直也　兵庫県
入口の怖い店に入る人はいない。

ナ

日本レジストリサービス（ＪＰＲＳ）

密山 直也　兵庫県

日本産にこだわる企業が
.jpじゃないなんて。

密山 直也　兵庫県

日本でいちばんのブランドは、日本です。

篠崎 亮　愛媛県

世界一短い説得力。

平嶋 慶太　福岡県

おもてなしは、表札から。

松浦 正幸　福岡県

どこの国からだって日本ってわかるじゃん。

塚田 陽　茨城県　テレビCM

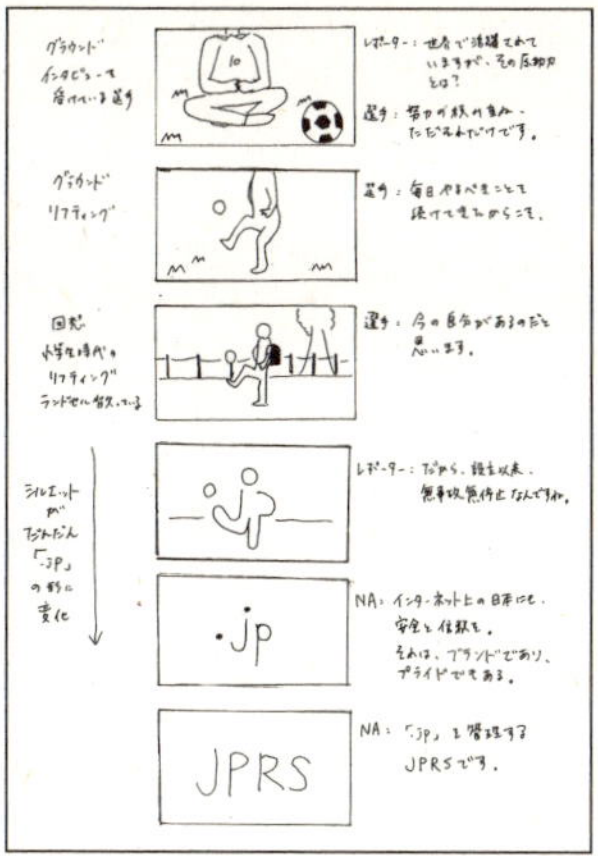

水出 由香里　群馬県　テレビCM

「ひよこ鑑定士」編
鑑定士：「・・・」（無言でひよこをひたすら判別する映像が流れる。）
NA：「わたしはお尻で判断しています。」
テロップ：「お尻で選ばれる喜びを。日本レジストリサービス」

塚谷 隆治　千葉県

SE：街の喧騒
街を行き交う人々。近づいてよく見ると、パンツやスカートのお尻に「.jp」という文字が張り付いている。
NA：やっぱり、オシリに「.jp」が付いていると安心ですね。

金崎 あゆみ　東京都　テレビCM

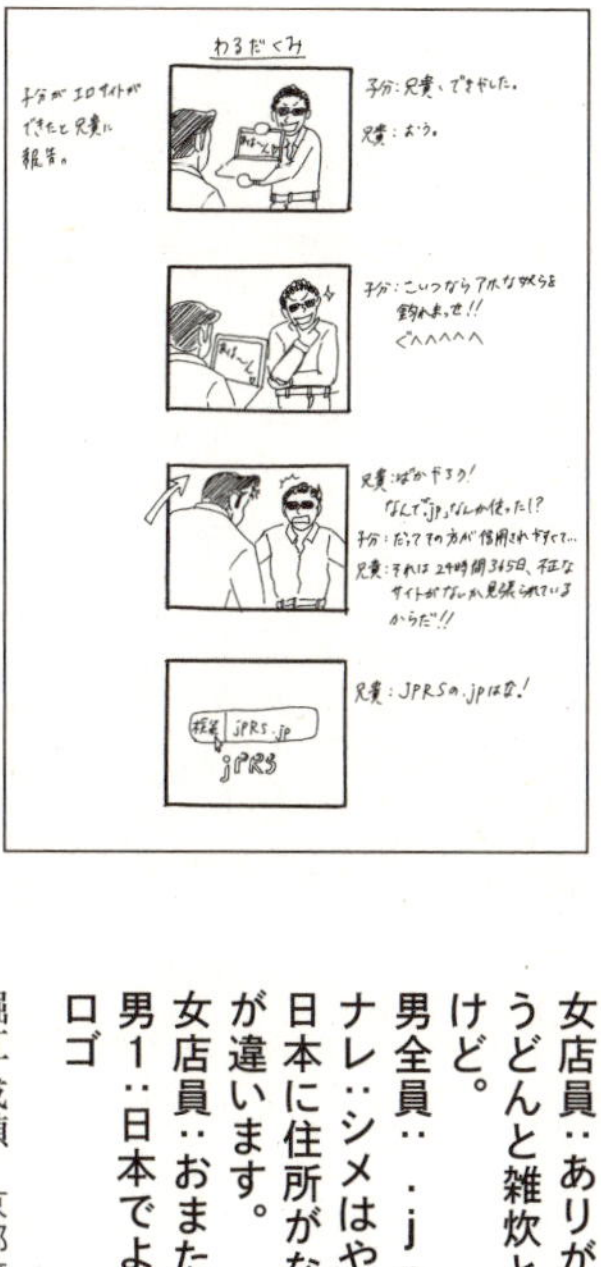

與嶋 一剛　岐阜県　テレビCM

「最後」篇
ドラマ。恋のクライマックス。
男がついに女に告白する。
男「君のことが好きなんだ！」
女が返事をしようとする瞬間、画面が切れる。
慌てて画面をつけるが、エンディング。
N：大事なのは最後だ。インターネットも.jpまで見よう。日本レジストリサービス

浜窪 拓海　京都府　テレビCM

料理屋 鍋を囲む 男たち
男1：いやー食ったなぁ。
男2：そろそろシメようか。
男3：すいませ～ん。
女店員：は～い
男4：そろそろシメで。
女店員：ありがとうございます！うどんと雑炊と、あと.jpがございますけど。
男全員：.jpで！！！！
ナレ：シメはやっぱり.jp。
日本に住所がないとつかえないから安心感が違います。
女店員：おまたせしました～
男1：日本でよかったぁ。
ロゴ

堀江 成禎　京都府　テレビCM

NA：数々の戦を勝ち抜いて来た織田信長。
しかし、彼にも負け戦がある。
必死に退却を命じる信長。
信長軍は総崩れになっている。
退却する信長軍の最後尾で奮戦しているのは秀吉だった。

日本レジストリサービス（ＪＰＲＳ）

信長は秀吉が追ってくる敵を退けたので、無事に逃げ切ることができた。
九死に一生を得た信長は、無事に信長の元に戻ってきた秀吉と一緒に笑っている。
NA：アドレスも、一番後ろが大切です。
NA：．ｊｐにしよう。
S：日本レジストリサービス

上原 脩平　沖縄県　テレビCM

野球の試合中。
キャッチャーが構えるミットをめがけストレートを投げ込むピッチャー。
しかし、ボールは構えたミットから大きくそれてしまう。
審判「ボール！」
ピッチャー、大きく息を吐く。
その時、後ろを守る選手からピッチャーを励ます声。
選手（声）「お前の後ろには俺たちがついている！
だから安心して打たせろ！」
後ろを振り返るピッチャー。
しかし、守っているのは全員ヨボヨボのじいさんたちだった。
選手たち「（力なく）ばっちこーい」
ピッチャー「よく言うよ…」
NA「後ろが不安だと、信頼できない」
平凡なフライを落球してしまう選手。
ピッチャー、ため息。
NA「あなたのバックに安心感を。ドメインの後ろにはドットジェーピー」
CI+ロゴ「日本レジストリサービス」

福島 滉大　埼玉県　ラジオCM

【抑えの守護神】篇
SE：野球場の音
ナレーターの男「さあ、9回の裏、ここを抑えられるかが勝負です。」
ナレーターの男「最後に登板するのはやはり抜群の安定感を誇る守護神、『．ｊｐ』選手です！」
解説の男「最後に出てきたときの安心感が尋常じゃないですよね。絶対的な信頼を寄せられているのが『．ｊｐ』選手です。」
ナレーターの男「さあ、そう言っている間にもう抑えてしまった！すごい！まさに日本を代表するドメインです！」
NA（女）：最後に出てくる安心感。ドメイン登録は『．ｊｐ』

金坂 将史　東京都　ラジオCM

パブロ・ディエゴ・ホセ・フランシスコ・デ・パウラ・フアン・ネポムセーノ・マリーア・デ・ロス・レメディオス・クリスピアーノ・デ・ラ・サンティシマ・トリニダード・ルイス・イ・ピカソ
なぜピカソと呼ばれるのか。
なぜ．ｊｐをつけるのか。

長井 謙　東京都

○迷惑メール篇
女「いきなりのメール失礼します。私は29歳の未亡人です。主人がオオアリクイに殺されて1年が過ぎ、ようやく主人の死から立ち直ってきました。ですが、毎日の孤独な夜に体の火照りが止まらなくなる時間も増えてきました。主人の残した財産は莫大な額です。謝礼ならいくらでもできますので、私の孤独な夜を癒してほしいのです。返信はこのアドレスからお願いします」
NE「というような怪しいメールには、ドットジェイピーは使われない。安心の証。ドットジェイピー。日本レジストリサービス」

長井 謙　東京都　ラジオCM

○信頼できる言葉篇
男A「前向きに検討致します」
NE「意味：前向きに検討しないこと」
男B「あぁ、行けたら行くよ」
NE「意味：行けても行かないこと」
女「また今度一緒に飲もうね」
NE「意味：もうしばらくは一緒に飲まないこと」
NE「信頼できる言葉が少ない時代だから、せめて信頼できるドメインを使おう。ドットジェイピー。日本レジストリサービス」

長井 謙　東京都　ラジオCM

○真似篇
男A「信じてください！私が公式のホームページです！」
男B「信じてください！私が公式のホームページです！」
男A「ほら、ここに企業のロゴが！」

男B「ほら、ここに企業のロゴが！」
男A「サイトポリシーまであるんだぞ」
男B「サイトポリシーまであるんだぞ」
男A「うちのドメインは、ドットジェイピー！」
男B「…」
男A「フフフ。さすがに、このドメインまで真似できないようだな。」
男B「くそー」
NE「信頼できるドメインなら、ドットジェイピー」

長井 謙　東京都　ラジオCM

○安全篇
男「安全安全安全安全安全安全安全安全安全安全安全安全安全…」
NE「いっぱい言わなくても、2文字で伝えられる安全がある。安全なドメインなら、.jp」

北原 祐樹　新潟県　【昔ばなし】篇

NA1「むかしむかし、あるところにおじいさんとおばあさんが……」
さえぎるように男のセリフが入る。
男「あるところってどこですか?」
(ざわざわ音)
仕切り直して再度話はじめるNA。
NA2「むかしむかし、あるところにおじいさんとおばあさんが……」
再度、さえぎるように男のセリフが入る。
男「ねぇ、あるところってどこでなの?」
(ざわざわ音)
バックミュージックにハレルヤが流れる。
NA2「人は意外と場所が気になる。ドメインに .jpを、JPRS」

向井 正俊　大阪府　ラジオCM

男性が泣きそうになりながら。
男性：最近、妻がメールばかりしてるんです。気になって覗いたら、男とメールしてたんです。
きっと妻は、騙されてるんですよ。そいつのアドレスが .jpじゃないんですよ！
NE：.jpなら信頼できる。日本レジストリサービス。

岡村 しんし　福岡県　ラジオCM

女医「それでは、お尻を見せてください。」
男『これでいいですか?』
女医「あら、これはちょっと不安ね。『.jp』出しときましょう」
NA「日本のドメインのお尻には、安心の『.jp』」

パナソニック

「ヘアドライアー ナノケア」の特徴をより魅力的に伝えるためのアイデア

［キャッチフレーズ／テレビ CM ／ラジオ CM］

協賛企業賞

滝本時生（37歳）東京都　フリーランス

私のサロンは、深夜に5分ほど営業しています。

▼協賛企業のコメント

パナソニック　コンシューマーマーケティングジャパン本部
クリエイティブ課
竹本幸美さん

このたびは協賛企業賞の受賞、誠におめでとうございます。今回の課題は「速く乾いて、髪質改善までできるヘアドライヤー ナノケアの特徴をより魅力的に伝えるためのアイデア」でした。本作品は、「速乾と髪質改善」を両立するドライヤーの必要性を切実に感じるであろう、「忙しくて、髪のケアに時間をかけられない女性」をターゲットに設定することでその価値を強調し、「おうちでヘアエステができる」という商品の魅力を「私のサロン」とユニークに表現されている点で評価させていただきました。また、「深夜に5分ほど」と具体的なシーンを読み込むことで、その手軽さを実感を伴って伝えている点も効果的だと思います。受賞者の方をはじめ、ご応募いただいた皆さまには心よりお礼を申し上げるとともに、今後ますますのご活躍をお祈り申し上げます。

末松 学史 東京都

片手に美容室。

矢島 源太郎 東京都

父も兄も美しくなってきた。

井上 裕貴 福岡県 テレビCM

【わたしがかけたまほう篇】
女の子＝高校生の女の子、 あの人＝同じクラスの男の子
女の子「まほうをかけた。 あの人に、 ペンを貸してもらった。」
女の子「まほうをかけた。 あの人と、 廊下を一緒に歩けた。」
女の子「まほうをかけた。 あの人と、 お昼を一緒に食べれた。」
女の子「まほうをかけた。 あの人と、 一緒に帰れた。」
女の子「まほうをかけた。 あの人を、 デートに誘えた。」
女の子「まほうをかけた。 あの人に、 スキって言えた。」
女の子「このまほうはドライヤーでかけている。」
女の子「自分に自信をつけるまほう。 ヘヤドライヤーナノケア」

二次審査通過作品

後藤 優太　北海道
忙しいけど美しい。が、美しい。

奈良 純嗣　秋田県
女はとらいよ

大野 忠昭　埼玉県
月1回の美容院じゃ、月1回キレイになるだけ。

飯田 麻友　東京都
顔はほめにくい。髪はほめやすい。

狩野 慶太　東京都
第一印象は、毎朝きまる。

小西 秀昭　東京都
多忙と美貌は両立できます。

柴田 さゆり　東京都
服はワンシーズン、髪はオールシーズン。

日月 雅人　東京都
後姿も、前向きに。

日月 雅人　東京都
運命の人が、前から来るとは限らない。

日月 雅人　東京都
美人の半分は、後姿です。

林 次郎　東京都
ああ、あの髪のきれいな人?

春山 豊　東京都
乾かしてるんじゃなくて、キレイになってるの。

福田 瑞穂　東京都
髪は見た目が10割。

松田 孝一　東京都
髪が疲れていると、私が疲れている。

水谷 真由子　愛知県
失恋した。髪を伸ばすことにした

山中 彰　愛知県
髪が女の命なら、私は今、死にかけている。

抜け毛までもが美しい

赤嶺 輝彦 大阪府

女の半分は、後ろ姿だから。

三宅 幸代 大阪府

ナンパしたら、おばちゃんだった。

宮崎 薫 兵庫県

倉田 健一 東京都 テレビCM

―久しぶりに会ったA子とB子。
B：髪切った？
A：切ってない
B：シャンプー変えた？
A：変えてない
B：染めた？
A：そめてない
印象をかえる。
ヘアドライヤー ナノケア

山崎 大輝 東京都 テレビCM

【初めての同棲】
友人「女の準備は長いぞ〜！」
NA彼氏「そう脅されていた。」
彼氏、彼女の方を見る。
NA彼氏「でも、眺めているのも悪くない」
彼女「いこっか！」
NA「速く、美しく。パナソニックのヘアドライアー ナノケア。」

長井 謙 東京都 テレビCM

○何でもない篇
男「マユミさん！」
女「はい！」
男「…いや、何でもないです」
女「あ、そうですか」
男「…あ、マユミさん！」
女「何ですか？」
男「…やっぱり、何でもないです」
女「もう」
男「…あ、マユミさん！」
女「何ですか！？」
男「あ、いや、その、…何でもないです」
女「何なの！？」
NA「何度も振り返らせたくなるほど、美しい髪にする。髪質まで改善する、パナソニックのヘアドライヤー ナノケア」

久下 尋厚 大阪府 ラジオCM

朝、髪型がすんなり決まった。
コンビニでお釣りなく払えた。
ホームに着いたら電車が来た。
とっさにうまいこと言えた。
苦手な上司の機嫌が良かった。
新しい手帳が、きれいな字で書き出せた。
置き傘が役に立った。
毎日は、小さないいことでつながっている。
ナノイーで、髪にうるおい。パナソニック「ナノケア」。
朝、髪型がすんなり決まった。

一次審査通過作品

寺坂純一　北海道
フラれた次の日も、私の髪は美しい。

山崎舞　北海道
できるだけキレイでいたい人も、
できるだけベッドにいたい人も。

阿部智也　宮城県
時間よりヘアドライヤーナノケアが欲しい

小室真理絵　茨城県
美しい人はお金をかける場所を知っている

塚田陽　茨城県
この商品は矛盾しています。

大野忠昭　埼玉県
類似品は、ヘアエステです。

大野忠昭　埼玉県
ふふ、まだシャンプーの話してる。

木村幸代　埼玉県
「忙しい?」って髪を見て言われるのは、
嫌いです。

熊坂郁美　埼玉県
美人の始め方

紺野善史　埼玉県
あまり、売れませんように。（27歳 女性）

齊藤梨佳　埼玉県
髪は女の命
この言葉、やっと好きになれた。

佐藤望美　埼玉県
わたしのトリートメントは、ドライヤー。

鈴木一真　埼玉県
乾かすという、トリートメント。

木村有花　千葉県
今朝も、ヘアサロンに行ってきました。

秋山弘征　東京都
ミネラルを髪にかけるという、
新発想ドライヤー。

阿部まゆみ　東京都
ドライヤー型、ヘアエステマシン

天沢もとき　東京都
上司は、髪も会議もサラッとまとめてくる。

天野真理子　東京都
髪をかきあげただけなのに、
誘惑になっていた。

新谷建人　東京都
ただのドライヤーじゃ、可愛さも乾いてゆく。

新谷建人　東京都
後ろの顔も美しく。

安藤健太　東京都
俺の髪で浮気を疑われた

飯塚逸人　東京都
働くママより、美しいママより、
美しく働くママがかっこいい。

池田慧　東京都
リンスインドライヤー。

石井沢子　東京都
わたしに吹く風が、
ぜんぶナノケアだったら
いいのに。

石塚勢二　東京都
うるおいすぎて、幽霊失格。

市島智　東京都
Ｈａｉｒの75%は、Ａｉｒです。

尾形美帆　東京都
私が好きな私じゃなきゃ、私がかわいそう。

尾形美帆　東京都
とことんわがまま、よくばってわたし。

小原 美和　東京都
恋とかナノとか、
キレイになるには見えない力が必要だ。

加藤 佑一　東京都
一見、矛盾したドライヤー

金山 大輝　東京都
ちょっと、おばあちゃん！
白髪が眩しいんだけど！

狩野 慶太　東京都
美容師は、持ち歩けないから嫌だ。

鎌谷 友大　東京都
ツヤのある美しい髪の毛は、
1万円ちょっとで売ってない。

上村 風太　東京都
かつての世界三大美女の髪は、
たぶんそこまで美しくない。

國利 洸貴　東京都
得意の厚化粧も髪にはできない

後藤 裕彦　東京都
少し前までは、貞子と呼ばれてた。

紺谷 知宏　東京都
ドライヤーの真価は、乾いた後に分かる。

齋木 悠　東京都
「ただ乾かすだけ」が、
「ヘアをメイクする時間」に。

パナソニック

阪中 昭夫　東京都
乾くだけのドライヤーなんて、
さらさら無いわ。

佐々木 剛哉　東京都
美人に勝てるのは、髪の毛くらい。

佐々木 萠　東京都
「髪が痛んでる人が好き」な人、挙手

佐藤 日登美　東京都
どこのシャンプー使ってるの、って
よく聞かれます。

佐藤 舞葉　東京都
傷んだ髪の毛が流行ったことはまだない。

柴田 さゆり　東京都
毎日の習慣より、
道具を変えるほうが、
続けられる。

鈴木 純平　東京都
ついでに顔も美しくしてほしい。

鈴木 純平　東京都
仲間由紀恵になりたいのに、貞子になった。

鈴木 宣彦　東京都
私は毎日、0・4ｍｍずつ美しくなっていく。

鈴木 理子　東京都
この風は、自然界に吹かない。

関根 大　東京都
いいシャンプーに、いいコンディショナー。
で、そのドライヤー？

瀬戸 秀平　東京都
毎日きれいなひとにしか、
偶然の出会いは訪れない。

瀬戸 秀平　東京都
キレイな髪が似合わない女性はいない。

高木 宏夢　東京都
髪がまとまると、雨の日だって好きになる。

高澤 邦仁　東京都
1日を25時間にしてあげられない代わりに。

滝本 時生　東京都
私のサロンは、深夜に5分ほど営業してい
ます。

滝本 時生　東京都
忙しそうに見えないのは、困ったぞ。

滝本 時生　東京都
髪は、痛くもないのに、傷んでいく。

武田 道生　東京都
私の髪は、女優です。

玉熊 文乃　東京都
ドライヤーを変えるという、
アンチエイジング。

パナソニック

土田 充康　東京都
ケアドライヤー

永井 清子　東京都
プラスになるマイナスを浴びる

中島 優子　東京都
夏のＵＶにも、
冬の乾燥にも、
私の怠慢にも、
負けない髪へ。

永田 智子　東京都
泣いてる間に、乾かそう。

中辻 裕己　東京都
新しい自分は、電気屋で見つかる。

中野 花心　東京都
かわいくなるから、ちょっと待ってて！

中野 敬子　東京都
おうちのドレッサーが、行きつけの美容室

橋本 知慧美　東京都
ごめんなさい、既婚者です。

橋本 知慧美　東京都
最近、妻が艶っぽい。

春山 豊　東京都
ドライヤーは、髪を乾かすものといたわるものに分けられる。

樋口 秀光　東京都
寝起きのセリフが、
「あと5分」から「あと10分」になりました。

平山 瑞帆　東京都
課長にプレゼントしたい。私の枝毛。

平山 瑞帆　東京都
サロンの魔法は、翌日消える。

福田 瑞穂　東京都
あなたの大好きなひとが
最後に見つめるのはあなたの後ろ姿。

藤曲 旦子　東京都
就寝前美容院。通勤前美容院。

彭 淳賛　東京都
あなたも水原希子になれる。髪だけなら。

細田 哲宏　東京都
「全力できれいに」じゃなく
「高速できれいに」

眞木 茜　東京都
ナノの小町。

松井 一紘　東京都
ドライヤーということばが、もう不十分だ。

松本 和音　東京都
あだ名が、「貞子」から「壇蜜」に。

三浦 万裕　東京都
いいシャンプーなのに、もったいない。

三浦 万裕　東京都
頭ポンポンのつもりが、頭ザクザクだった。

三島 将裕　東京都
エステから出社して、エステに帰宅した。

味村 伊澄　東京都
買い換える数を考えると、
シャンプーより慎重に選ぶべきでした。

宮田 義治　東京都
さぁ、今日もでかけよう。

宮田 義治　東京都
支度してたら、きれいになった。

森 明美　東京都
つぶれかけてた銭湯が、持ち直した。

矢崎 剛史　東京都
乾かしてるのに、潤っていく。

矢島 源太郎　東京都
シャンプー？ 変えてないよ。

矢島 佑一郎　東京都
シャンプーを色々試してもダメだった人へ。

尹 ジュヨン　東京都
いつもの手間に、ゼロ手間加えるだけ。

吉本 惠美子　東京都
ね。全っ然、乾かないでしょ？

石塚啓　神奈川県
おじいちゃんのロマンスグレーが、
ロマンスシルバーに。

石塚啓　神奈川県
いいシャンプーを、
ドライヤーが台無しにしていた。

小倉加奈子　神奈川県
大人のキレイには、
時間的余裕も含まれている。

酒向渉　神奈川県
どんないいシャンプーも
仕上げはドライヤーだ。

高石幸典　神奈川県
日々、髪質向上。

高石幸典　神奈川県
「家全体の髪質向上。

高橋琳太郎　神奈川県
シャンプー?市販のよ。

竹田豊　神奈川県
シャンプーを変える前に、
ドライヤーを変えよう。

林玲菜　神奈川県
美容師が泣いてすすめるドライヤー。

飛田智史　神奈川県
毎日使う。10年使う。
ドライヤーは、大きな買い物です。

パナソニック

眞野惠介　神奈川県
毎日美容院な感覚です。

柳元良　神奈川県
不覚にも部長の髪がキレイだと
思ってしまった

米沢健吾　石川県
わたし、髪が勝ってる

門智之　福井県
ついでにヘアエステしておきますね。

黒田夏子　福井県
乾かしているときの指が幸せ。

竹節忠広　長野県
おじぎの角度が深くなる。

大井慎介　静岡県
お父さんが、「いいから触ってみろ」って
うるさい。

大井慎介　静岡県
「シャンプー変えた?」美容師さんが
いちばん驚いた。

大井慎介　静岡県
全部のホテルのドライヤーを、
ナノケアにしてほしい。

大井慎介　静岡県
髪を切るのがもったいなくなった。

大井慎介　静岡県
久しぶりに、髪を伸ばしてみたくなった。

本徳智洋　静岡県
ドライにしないドライアー。

本徳智洋　静岡県
髪をキレイにするのは、
シャンプーだけじゃない。

石樽康伸　愛知県
ブローが、メイクに。

小川晋太郎　愛知県
美しくなる時間より、
美しくある時間を長く。

中西あゆ子　愛知県
キレイなお姉さんを想像した時、
髪はどうなっていますか?

西村美希　愛知県
「綺麗な髪」は永遠のトレンドです。

前田満　愛知県
乾かすだけじゃナノ足りない。

丸田遠乃　愛知県
時間をとりますか、美しさをとりますか、
両方とりますか

船津洋　京都府
女性の髪が輝くと、
世の中も少し明るくなる気がする。

パナソニック

速石 光　大阪府
ラクとキレイ、女性が好きな2つが叶う。

速石 光　大阪府
空気を読みまくるドライヤー。

速石 光　大阪府
仕事をほめられたいけど、
髪はもっとほめられたい。

深川 恵　大阪府
人は見た目が9割。
髪は、見た目の何割?

向井 正俊　大阪府
美容室から出るように、家を出た。

阿部 正太朗　兵庫県
風になったコンディショナー

伊藤 大輔　兵庫県
乾かすまでがシャンプーです。

岡田 上　兵庫県
今までのはドライヤー。

田路 裕基　兵庫県
髪までクタクタなあなたへ

密山 直也　兵庫県
好きな人が出来ました。鏡に映る私です。

宮武 美佳　兵庫県
しっとり
さらさら
しなやかな……
もう飽きた!!
私らしい私の髪へ。

中村 謙一　広島県
あれ、髪質変えた?

中村 聡志　広島県
たしかに「何もしてないよ」と言ってしまう。

山田 龍一　長崎県
シャワーの後に、浴びるもの。

福島 滉大　埼玉県　テレビCM
【事件】篇
とある警部補が、警部と携帯で連絡を取りながら女性の風呂場を調査している。
警部補「警部!だめです!シャンプーやトリートメントはありますが、これ以上ここには何も見当たりません!」
警部、電話越しに警部補を叱咤する。
警部「ばかやろう!髪質の改善はお風呂場で起きてるんじゃない!ドライヤーで起きてるんだ!」
女性がナノケアで髪を乾かす映像。
NA:早く乾いて、髪質改善もできる。パナソニックのナノケア登場。

青沼 克哉　東京都　テレビCM
「鈍感な彼氏」篇
(リビングで、彼女の髪をドライヤーで乾かす彼氏)
彼女NA:私の彼氏は、鈍感だ。

三島 直也　京都府
普通のドライヤーは、空気しか出てこない。

柳澤 雅俊　京都府
オトナノイイドライヤー

鮎川 幹　大阪府
あの子の「何もしていない」は本当でした。

大家 萬理奈　大阪府
校則にひっかからないオシャレです。

大野 千聡　大阪府
落ち込んでも、明日も綺麗だ。大丈夫。

沖垣 みのり　大阪府
365日、勝負髪。

加藤 明奈　大阪府
髪までが、顔だ。

北川 秀彦　大阪府
後姿しか見なかったですけど、
犯人はナノケアを使ってると思います。

國井 裕弥　大阪府
Amazonのレビューをご覧ください。

太洞 郁哉　大阪府
髪を本当に乾かしてどうする。

田中 陽子　大阪府
乾かすんじゃない。潤すんだ。

田村 太　大阪府
パナソニックは、余計なことまでします。

(ネイルのアップ)
彼女NA：ネイルを変えても、
(目のアップ)
彼女NA：化粧を変えても、
(耳のアップ)
彼女NA：ピアスを変えても、気づかない。
(不服そうな顔をする彼女)
(彼氏、彼女の髪の毛を触りながら、得意げな顔で)
彼氏「あれ？シャンプー変えた？」
彼女NA：ドライヤーを変えたんだっつーの。
(商品アップ)
NA：男でも気づく、この髪質。
パナソニックのヘアドライヤー ナノケア。
(嬉しそうな彼女の顔)

加藤 晃浩 東京都 テレビCM

女性2人が子供の名前について話している。
女1：ねぇ、もし子供が産まれたらなんて名前にする？
女2：そうだな～男の子だったら「潤」とかいいかなー
紙に潤という字を書く
女1：潤か、いいね！
女2：それか「潤平」、「潤二」とかね！（文字が見えるように名前を書く）女の子だったら「潤子」、「潤奈」、「潤香」・・
NA：「潤い」が止まりません。
ミネラルマイナスイオンで髪に潤いとツヤを与えます。ヘアードライヤーは、ナノケア。

北川 哲 東京都 テレビCM

水泳の表彰台。
2位、3位の選手は水着を着ていて、髪から水が滴り落ちている
1位の選手は、可愛らしい服に着替えて髪も完全に乾いている。
N「早く乾いて髪質改善 パナソニックのヘアドライヤー ナノケア」
1位の女性が、おもむろに髪をかきあげる。

北川 哲 東京都 テレビCM

民家の中、きらびやかな服を来た4人の女性
女1「王子様が女性を捜しているらしいわ」
女2「この間の舞踏会に来た女性らしいわよ」
女3「ガラスの靴だけが手がかりなんですって。ぴったり入ったら玉の輿よ！」
女4「こんなチャンス逃せないわ！」
女性が出て行く。部屋にはみすぼらしい服を着て、髪を乾かしている若い女性。
SE「ゴー（ドライヤーの音）」
シンデレラ「え、ちょ。髪が乾いてないから行けない。それ、私なのにー！」
N「運命の出会いは待ってくれない。早く乾いて髪質改善
パナソニックのヘアドライヤー ナノケア」

北川 哲 東京都 テレビCM

繁華街を二人で歩く男女 女は常に男の逆方向を向いている。
男「なあ」
女「…」
男「なあって」
女「…」
男「おーーい」
N「髪がキレイになると、いっぱい見て欲しくなる。
早く乾いて髪質改善。パナソニック ヘアドライヤー ナノケア」

北川 哲 東京都 テレビCM

水泳の表彰台。
2位、3位の選手は水着を着ていて、髪から水が滴り落ちている
1位の選手は、可愛らしい服に着替えて髪も完全に乾いている。
N「早く乾いて髪質改善 パナソニックのヘアドライヤー ナノイー」
1位の女性が、おもむろに髪をかきあげる。

小柴 桃子 東京都 テレビCM

学校の音楽室。音楽家たちの絵が並ぶ一面の壁。
バッハ、モーツァルト、ベートーベンの髪が、全員サラサラ。
NA：ドライヤーを変える。人が変わる。ナノケア

紺谷 知宏 東京都 テレビCM

父親が後ろ姿の娘に向かって話しかけている。
父：おい、就活は順調か？
どうなんだ？おい、くみこ？

聞こえてるんだろ?

娘がこっちを振り向くと、実は妻だった。

母：ここにはくみこはいませんよ。

父：あ…お…おまえか…。

（心の声）妻の後ろ姿が娘に似てきた。

S：キレイな髪は見た目年齢を若くする。

パナソニック「ヘアドライヤーナノケア」。

田中貴弘 東京都 テレビCM

女性が部屋で「リング」を見ている。

すると、画面から本当に貞子が出てくる。

驚く女性。近寄ってくる貞子。

すると女性が、

「貞子の髪、傷みすぎだよ！ちゃんとケアしてる?」

「え…」

戸惑う貞子。

「これ使いなよ！」

貞子にナノケアをわたして使わせる。

バックに「リング」の音楽が流れる。歌詞が違う。

♪く~る~、キューティクル~♪

コピー：怖いくらいに、髪うるおう。パナソニックのナノケア
サラサラ髪になって笑顔の貞子。

田中未来里 東京都 テレビCM

□ある日、教室に走って入ってくる女子高生。
女子高生A：ちょっと聞いて!!今日駅のホームにH君いたのー！超ラッキー！
□翌日、昨日とは違い不機嫌な顔で歩いて教室に入ってくる女子高生。
女子高生A：ちょっと聞いて!!今日駅のホームにH君いたの!!超ついてない…!!
NA＋ロゴ：あの人がいてラッキーかどうかを決めるのは、あなたの準備次第。髪の準備、オッケーですか?パナソニックのナノケア。

岡田量太郎 神奈川県 テレビCM

鏡台の前に和装で正座する女性。
ナレーションとともに、無言で手早く髪をケア。
ナレーション：
「髪道」
一、
「風の強弱差」で、毛束をほぐして水滴を作る。
二、
「風圧」で水滴を吹き飛ばす。
三、
適度な「風量」で「風温」をむらなく髪に届けて水膜を蒸発させる。
四、
温冷リズムで、髪の表面を整え、ツヤ感をアップ。
五、
スカルプモードの温風で、地肌をやさしく乾燥。
以上
「以上」の声とともに、女性はバサッっと髪を広げながら、頭を下げ礼をする。
畳には黒く艶やかな髪が広がる。

金塚安伸 神奈川県 テレビCM

「それ、私のナノ」シリーズ
・私（娘、女子高生）が自分のお気に入りのナノケアを使っている。
・家族が、娘の部屋からこっそり持ち出して使ってしまう。
それを見つけた娘が一言。「それ、私のナノ！」
・お母さん編、お父さん編など

藤田祐子 神奈川県 テレビCM

女：あ。終電なくなっちゃった。
男：じゃあ泊まってけば?
女：ねぇ、ドライヤーって、ナノドライヤー?
男：え?
女：ドライヤーって、ナノドライヤー?
男：え…違うけど。
女：わたし、ナノドライヤーじゃなきゃダメなの。帰ります。タクシー!!
NA：もう、普通のドライヤーには戻れない。
男：そんなにいいのか。ナノドライヤー。

山下英夫 神奈川県 テレビCM

小学校の教室。女性教師がテストを返却するシーン。

先生：はい、じゃあ、この間の国語のテストを返します。

最高点は、松下くんの97点！

間違いは1問だけでした。惜しかったね！

生徒が悔しそうにテスト用紙を受け取り、席に戻る。

テスト用紙を見ると1問だけ×がついている。

(問題文のアップ)

問題：対義語の関係になる言葉の組み合わせを5つ書きなさい。

「乾く⇔潤う」という答えに×印がついている。なぜ不正解なのかわからず、生徒が手を挙げる。

生徒：先生！「乾く」の反対は「潤う」じゃないんですか？

先生：うーん、この間まではそれで合ってたんだけど…

パナソニックが出しちゃったから、これ。

先生が「ヘアドライヤーナノケア」を教壇の下から取り出す。

(先生がドライヤーで髪を乾かしているシーンに)

先生：髪が速く乾くのに、ナノイー&ダブルミネラルが髪に浸透して、うるおいまで与えてくれるのよ。

(教室のシーンに。ツヤツヤの髪をかきあげながら)

先生：つまり、乾いたうえに潤っちゃうの。だから、不正解。

(唖然とした様子の生徒のアップ)

NA：素早く乾いて、たっぷり潤う。パナソニック「ヘアドライヤーナノケア」。

土屋 憲佑　山梨県　テレビCM

競泳の国際大会で優勝した女性選手。

プールから上がりインタビューを受ける。

リポーター：大会新記録での優勝、おめでとう御座います！今のお気持ちは？

女性選手：早く髪を乾かしたいです！！

リポーター：え？

女性選手：このあとすぐ表彰式ですよね！？

各国に中継されるんですよね！！？？急がなきゃ！！！

走り去っていく女性選手。

NA：記録よりも、記憶に残る、美しい髪へ。ヘアードライヤー ナノケア パナソニックから。

表彰台に、満面の笑みで上がる女性選手。

2位と3位の選手の髪は濡れているが、女性選手の髪は美しく乾いていて、観客達の目を奪っている。

土屋 憲佑　山梨県　テレビCM

高校教室で、黒板に字を書く30代の女性教師。
教師：「みんな！ここテストに出るからね！」
男子生徒も女子生徒も、なぜか先生を見ている。
教師：「あれ？黒板のここよ、ここ？な、なんかみんな、先生のこと見てない？」
NA：美しい髪は、ちょっとだけ授業妨害だ。ヘアードライヤー ナノケア パナソニックから。

與嶋 一剛　岐阜県　テレビCM

「貞子」篇
テレビから出て来る貞子。
女「キャーーーーー！何で…何で…そんな髪キレイなの？」
N：キレイな髪と生きよう。ナノケア
貞子と仲良くナノケアする女のカット。

榊原 慎吾　愛知県　テレビCM

宮澤賢治「雨ニモマケズ」の朗読ナレーション。

「雨にも負けず」

夕方。雨の中を一生懸命は走るOL。

雨に濡れた髪のアップ。

「風にも負けず」

別の日の夕方。風の中を一生懸命は走るOL。

風に吹かれた髪のアップ。

「雪にも夏の暑さにも負けぬ」

さらに別の夕方。雪が降る日。夏の暑さがある日
「女性のための」

自宅の玄関に到着して洗面台の前に走って行き
ナノケアで髪を乾かす女性。

そこにスーパーとナレーションーN
「好きな時間を1秒でも長く。」

家を飛び出していき、彼氏と合流する女性の笑顔。

「パナソニックのヘアドライアー ナノケア」

佐々木 一之　愛知県　テレビCM

レイヤーショートの女性が登場。※画面下に〝レイヤーショート〟と表示
次にマニッシュショートの女性が登場。※画面下に〝マニッシュショート〟と表示
その次にカジュアルショートの女性。※画面下に〝カジュアルショート〟と表示

次にヘルシーショート、こなれショート、ニームコアショート、マスキリンショート、ショートボブ、前下がりショート、マッシュ、フェザーボブ、エアリーショート、グラデーションボブ、と次々に登場。※画面下にはそれぞれの髪型の表示
NA：ショートカットだけでも、13種類。髪型を選ぶ前に、まずはドライヤーを選ぼう。ヘアエステする「ヘアドライヤー ナノケア」
※NAと同時に「ヘアドライヤー ナノケア」を使用している女性登場
商品＆ロゴ

福島 亮介　愛知県　福島 亮介

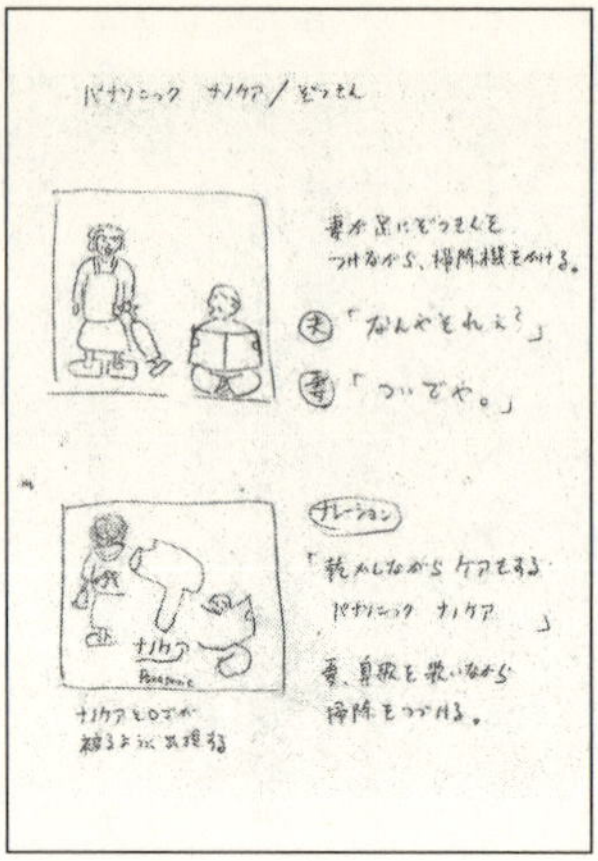

國井 裕弥　大阪府　テレビCM
『ナンパ』篇
ナンパしようとしている男の目線で、サラサラヘアーの女性を後ろから追いかけている。
男性「ちょっと、そこのお姉さん！」
女性「はい？」
女性がスローモーションで振り返る。顔はおばさんだった。
男性「え？お母さん！」
うろたえる男もサラサラヘアー。
女性「え？たかし！？」
男性「…そっか、同じドライヤー使ってるもんな…。」
乾かすだけで、サラサラなめらか。
『ヘアドライヤー ナノケア』

向井 正俊　大阪府　テレビCM
女性の後ろ姿。
女性：だーーーーーーるーーーーーー
まーーーーーーさーーーーーー
んーーーーーーがーーーーーー
こーーーーーーろーーーーーー
んーーーーーーだーーーーーー
NA：ずっと見せていたいほど美しい髪へ。
ヘアドライアー ナノケア。
パナソニック。
女性：だーーーーーーーーーーーーー。

江副 佑輔　福岡県　テレビCM
【ビショビジョ】篇
お風呂上がりの女性。髪が濡れている。

髪を扱う仕草に合わせて、アテレコが入る。

「ビショ…ビショビショ…ビショビショ…」

ヘアドライアー ナノケアで髪を乾かす女性。

アテレコがだんだんと美声に変わっていく。

「ビショビジョ…ビショビジョ…美女…」

髪を乾かし終えた女性が髪をかきあげる。

「美女〜」

鏡台に置かれたヘアドライアー ナノケア。

『美しく、乾く。』

『ヘアドライアー ナノケア』

ロゴ：Panasonic Panasonic Beauty
Panasonic

若林 淳一　福岡県　テレビCM
画面に大きく「美」という漢字が映し出される。
画面がズームしていくと、「美」という漢字の粗が目立ってくる。
パソコンやテレビの画素数のように。
ナレーション「あなたの美を、ナノサイズから。ヘアドライアー ナノケア。」

一法師 智恵子　東京都　ラジオCM
取調室にて
警察官：「犯人たちを目撃したのはあなたですね。犯人の特徴を教えてください。」
目撃者：「突然のことで覚えてないですが、ひとりは髪がストレートのまっすぐで、ひとりは茶髪でショートカット、ひとりはボサボサ頭でした。顔はよく覚えていません。」
NA：髪は、自分が思っているより見られている。
美しい印象を残したいなら、パナソニックのナノケア。

一法師 智恵子　東京都　ラジオCM

A子：あの人の名前なんだっけ、あの髪の綺麗な人。
B子：あー、佐藤さん？
A子：あー、そうそう！ 佐藤さんが、あの人、えーっと、いつも髪のボサボサの
B子：あ、山田さんね？
A子：そうそう、山田さんと彼氏を取り合ってるらしいわよ。
B子：えー、そうなのー。
NA：名前は、忘れられても、髪の印象は覚えられています。
綺麗な髪の人と、呼ばれたい。
パナソニックのナノケアで印象に残る髪に。

伊東 美貴　東京都　ラジオCM

ラジオCM15秒 ナノケア ビフォーアフター
NA：ナノケアの利用前と後を、世界で初めてバイオリンの音にしました。
ナノケア前は
バイオリンの軋む音…
NA：ナノケア後は
バイオリンの艶のある滑らかな音！
使っただけで、ケアできる。
ナノケア
Panasonic

北川 哲　東京都　ラジオCM

娘「ママ、なんで織り姫様は、彦星様に年に1回しか会えないの？」
母親「天の川で濡れた髪が乾かないからよ」
N「早く乾けば一緒にいれるのに
早く乾いて髪質改善。パナソニック ヘアドライヤー ナノケア」

塩脇 生成　東京都　ラジオCM

SE：ガラガラ（部屋のとびらを開ける音）
体育会系の女子「起きろー！合宿2日目が始まるよー」
後輩女子「押忍！先輩、おはようございます！」
体育会系の女子「ん？あんた誰？」
後輩女子「押忍！山田っす！」
体育会系の女子「え！髪の毛、そんなだった…？」
後輩女子「押忍！合宿所のドライヤー使ったらつやつやっす！」
NA：髪の潤いが、あなたの印象を別人のように変える。パナソニックのヘアドライヤーナノケア。

武田 裕輝　東京都　ラジオCM

美容師：本日担当します。吉田です。
今日はどのようになさいますか？
女性：カットで。
20cmくらいバッサリいってください。
美容師：嫌です。
女性：え？
美容師：そんな綺麗な髪、僕には切れません。
NA：切るのが、もったいない髪へ。
Panasonicヘアドライヤーナノケア

平嶋 さやか　東京都　ラジオCM

【ヒーロー篇】
SE：街で怪獣が暴れている音
レッド：早く怪獣を倒さないと！…みんな揃ったか？
イエロー：ピンクがまだです！
レッド：何だって？
SE：プルルル（ケータイをかける音）
レッド：ピンク何やってるんだ、まだか！？
ピンク：さっきシャワー浴びたばかりで、髪が乾かないのよー。
レッド：こんな時に…仕方ない、4人で戦おう！
怪獣：ガオーーーー！！
4人のヒーロー：わー、ダメだー！
NA：ヘアードライヤーナノケアなら、速く乾いて、美しく仕上がる。
ピンク：つぎはナノケア買っとくから！

藤榮 卓人　神奈川県　ラジオCM

男性NA：平安京のメンズ100人に聞きました。あなたがグッとくるのは、どんな女性？まずは第3位！
若い男性1：「そうっすね〜、やっぱりお歯黒っすかね！」
若い男性2：「お歯黒とか・・・かなりみやびですよね。うん。」
男性NA：第3位、お歯黒。続いて第2位は！
若い男性3：「んー、歌上手い子はいいっすよね。え？あーちがうカラオケじゃない！和歌のほう。」
若い男性4：「納言・清少とかー、式部・

紫とかー、フリースタイル性もすげー高いんで、最近超リピートしてますね。」
男性NA：第2位、和歌が上手い。さあそれでは、栄えある第1位は！
若い男性5：「うーーーん、やっぱり、髪がきれいな人ですね。」
若い男性6：「髪の毛がきれいな人が一番かな。」
若い男性7：「髪がツヤツヤしてる人、いとおかし！！」
男性NA：というわけで第1位は、髪が美しい女性、でした！以上、平安京からでした！
女性NA：髪の美しさは、千年たっても、女の武器です。乾かすだけで、ヘアエステ。パナソニックのヘアドライヤー、ナノケア。
SE：カチッ、ブオオオー（ドライヤーの音）
若い男性たち：「うおおお神風？神風？？」

中西あゆ子　愛知県　ラジオCM

【チクチク】篇
父母と、その間に娘が手を繋ぎながら散歩をしている。
娘「ねぇお父さん疲れちゃった、抱っこして～」
父「よしよし、ほ～らおいで」
娘「わ～チクチク痛いよ～（泣）」
父「ごめんごめん、おヒゲ剃っておくからね」
母「仕方ないわね、ほら私のところへ来なさい」
娘「わ～チクチク痛いよ～（泣）」
父「ん？」
娘「髪が、お顔にあたるよ～（泣）」
母「…今日帰ったらナノイーするね」
娘「わ～ん（泣）」
NA「チクチクの関係を、触れ合う関係へ。パナソニック」

原田誠太郎　愛知県　ラジオCM

（扇風機の風に向かって声を出すように）
（最初はガラガラした声で）
女性）
あ－－－－－－－－－－－－－－－－－－－－－
（だんだん声がキレイになっていく）
女性）あ～～～～～～～～～～～～～～～～～～～～～～～～
NA）風のチカラで髪をキレイに。
パナソニック「ナノケア」

森本芹奈　大阪府　ラジオCM

女：雨ニモマケズ風ニモマケズ
残業にも子どもの夜泣きにもマケヌ
うるおいとつやがあり、
指通りがよく、いつもきれいにまとまっている
ソウイフ髪ニワタシハナリタイ
NA：じゃ、ナノケアはじめてみて。パナソニック

吉賀星斗　大阪府　ラジオCM

【浮気】篇
男「おまえ浮気しただろ？」
女「してない！」
男「いやいや、絶対しただろ？」
女「何度もうるさいなー。してないわよ！」
NA「いつもの美容室に行ったら、別の美容室に行ったことを疑われた。」
NA「ヘアドライアーはパナソニックのナノケア」

嶋田研人　福岡県　ラジオCM

NA：（ヘロヘロの声で）こんにひは。キューひクルでふ。ひゃいきん疲れがたまってて、なんだかげんk
SE：ドライヤーの音）うぃーーーーん
NA：クリス・ペプラーみたいな良い声）元気がなかったみなさん、パナソニックのヘアドライヤー ナノケアで、しっかり潤いをチャージして、明日もしっかり頑張りましょうね。以上、キューティクルがお伝えしました。

明日をささえる
PiCa

60th
おかげさまで、これからも

ピカっと光る

アイデアをピカまで。

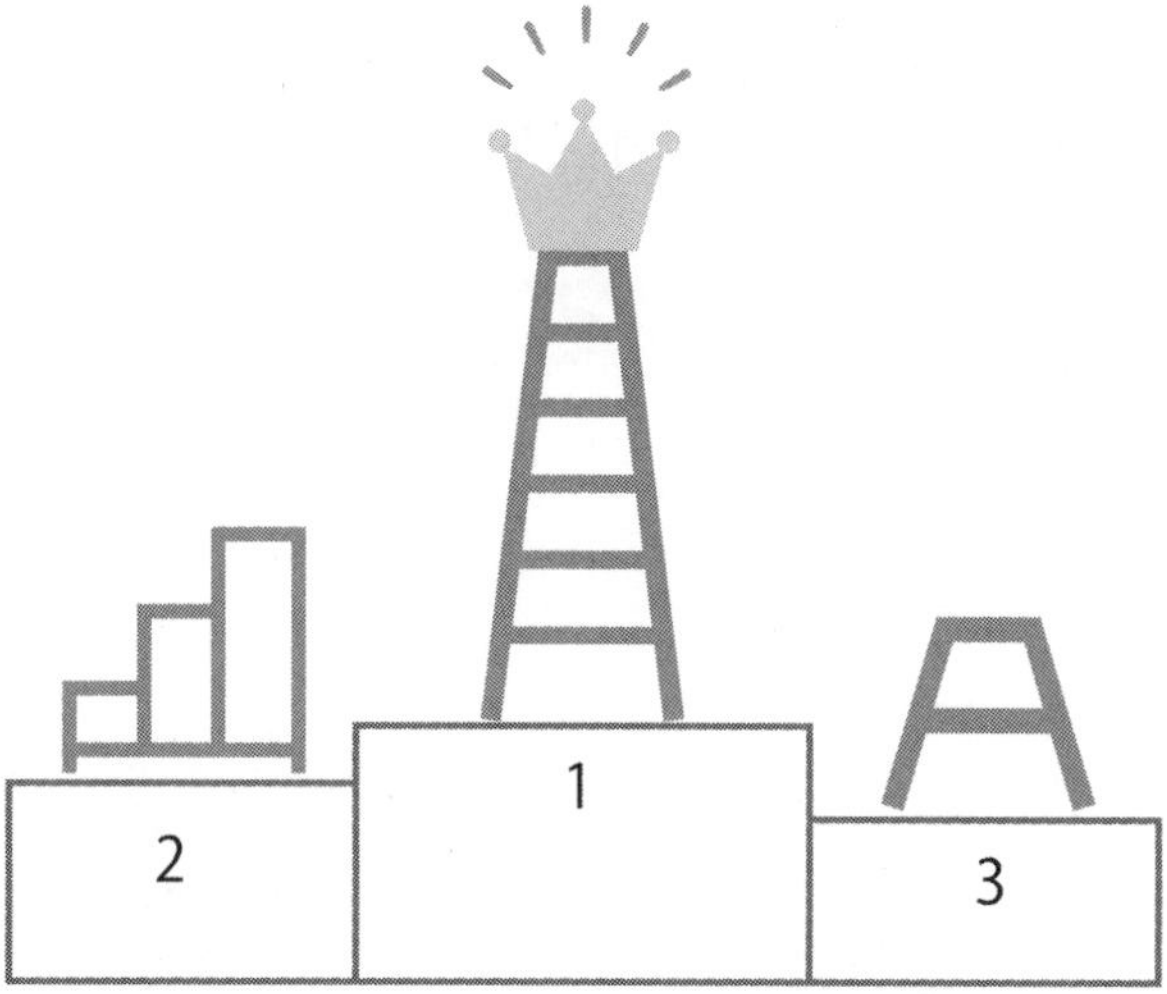

はしご・脚立業界実績 No.1 の当社が、来年 60 周年を迎えます。
良いアイデア、考えていただけませんか？

課題	ピカコーポレイション 60 周年の企業広告	決定した作品は 1 年間ありとあらゆる販促物・広告・WEB サイトで使用させていただきます。
ジャンル	自由	
参考資料	http://www.pica-corp.jp/	

ピカ コーポレイション

ピカ コーポレイション 60 周年の企業広告
［キャッチフレーズ／テレビ CM ／ラジオ CM］

協賛企業賞

鵜川 将成（25歳）東京都 アサツー ディ・ケイ

届かないを、なくしたい。

▼協賛企業のコメント

ピカ コーポレイション
経営企画開発部 取締役部長
坂口泰生さん

このたびは受賞おめでとうございます。我々は安全な製品を世に出し、それによりしっかりと使用者さまの作業を支えるという使命を持っていますが、その不文律のさらに根底の理念を今回応募いただいたキャッチフレーズが表現できていると感じ、選定させて頂きました。また、今回たくさんの応募をいただき、日頃皆様が考えているはしご、脚立、足場のイメージを感じることができ、非常に勉強になりました。受賞者、応募者の皆さまに深く御礼申し上げます。

三次審査通過作品

鈴木 謙太　愛知県

人が上に立つ会社。

藤森 一樹　東京都　ラジオCM

（NA）豆知識です。
高い所にあるものを取る時に使う「脚立」。その「脚立」の単語の語源は、「あなたは触れる」の英文「You can touch.」の「can touch」の部分が訛ってできました。実は外来語です。

（間があって）

嘘です。

ただ、脚立業界実績No.1が「ピカコーポレイション」が60周年というのは、本当です。

脚立に登れば「You can touch.」ピカコーポレーション

二次審査通過作品

鵜川 将成　東京都

届かないを、なくしたい。

佐藤 穣　東京都

この狭い国を、広げる。

佐藤 日登美　東京都

はしごは、「人」という字に似ている。

石榑 康伸　愛知県

目標は、常に高い所にある。

（女性は苦笑いを浮かべる）
NA「僕たちは支えます、脚立で。60年目のピカコーポレイション」

三島 直也　京都府
人はせいぜい2m

速石 光　大阪府
世界を上下に広げます。

大友 杏子　福岡県
背伸びしない、会社です。

向井 正俊　大阪府　テレビCM
男が木を刈って植栽アートをつくっている。
全体が映ると、全部上の方が汚いまま。
NA：技術を高いところまで。
ピカ コーポレイション
商品カット

真子 千絵美　千葉県　テレビCM
【運命の彼】篇
図書館で高い棚にあるお目当の本を頑張って取ろうとする女性。
でも届かない。
背後からイケメンらしき男性の声「これですか？」
女性「…！！ありがとうございま…」
女性が振り返ると、
そこには脚立を手に持つ男性。
男性「？どうぞ。」

中山 莉花　神奈川県　テレビCM
父「これからは何でもスマホが代わりになる時代がくるんだぞ」
息子「ふぅ〜ん？」
父「カメラも、ＴＶも、地図帳も、万歩計も、サイフだってもういらないんだ！」
息子「じゃあ、ハシゴは？」
父「え？」
息子「じゃあ、ハシゴは？」
NA「これから60年後の未来も変わらない、ハシゴはＰｉｃａ」

一次審査通過作品

牟田 雅武　北海道
オチはいらない。

山本 朝子　埼玉県
いつもスクープの現場にいます。

吉田 洋晃　埼玉県
エジソンが電球を発明し、
ピカが取り付けを可能にした。

佐藤 勝　宮城県
背伸びをしても届かない世界へ

山本 朝子　埼玉県
ここにピカがあるということは、
上に何かいいものがあるってことだ。

安藤 智哉　千葉県
よくできた新人が来たときみたいだ。

大野 瑛里加　千葉県
ロミオとジュリエットへ

田辺 拳斗　千葉県
よりによって、
替えの電球も高い所にしまってたりする。

田辺 拳斗　千葉県
男の世話にはならない。

田辺 拳斗　千葉県
高いとこの柿のほうが、日に当たってる。

真子 千絵美　千葉県
問題：脚立を逆さまにしてみてください。
ヒント：おめでたい

渡辺 百花　千葉県
君の下の力持ち

赤井 大祐　東京都
日本の75％以上が高所だ。

赤井 大祐　東京都
ドラマが生まれやすい道具だと思う。

新谷 建人　東京都
面白い本は、上の方にあったりする。

池田 慧　東京都
「目」には高さが必要だ。

泉 良樹　東京都
工事のプロはいても、
はしごのプロってなかなかいない。

入江 亮介　東京都
お客様は、上様です。

上田 拓也　東京都
地上1mも、地上3mも、地上10mも、
地上のように。

上田 拓也　東京都
創業以来日本人の平均身長は10cm伸びまし
たが、私たちの役目は変わりません。

鵜川 将成　東京都
「高」品質主義。

鵜川 将成　東京都
無事に降ろすまでが、脚立の使命です。

鵜川 将成　東京都
世界一の踏み台になりたい。

奥村 明彦　東京都
はしごした翌日も大丈夫なはしご。

小野崎 花奈　東京都
足は、頭を支えている。

加藤 晃浩　東京都
【悲報】あなたの身長は、
きっともう伸びません。

川本 浩　東京都
人は高いところに、隠しごとをしたがる。

小柴 桃子　東京都
「休め」で働き「気をつけ」で休む。

佐藤 稜　東京都
足で立てたから進化した。

高城 亮仁　東京都
「安心してのぼれるハシゴ」は、
「安心しておりれるハシゴ」だ。

田村 耕一郎　東京都
そこには登った者にしか見えない
景色がある。

西口 類　東京都
これまで60年、多くの人を高いところから
安全に降ろしてきました。

早坂 あゆみ　東京都
アイドルのコンサートから宇宙開発まで。

林 次郎　東京都
俺ももう若くないし、妻ももう軽くない。

林 次郎　東京都
「プロ仕様」以上のコピーがあるだろうか。

廣本 嶺　東京都
命を奪うかもしれない商品をつくり続けて
60年。

藤曲 旦子　東京都
人間は世界一でも身長251センチ。

藤曲 旦子　東京都
脚立を担いでる人が、
ヒーローに見えるのは、なぜだろう。

南 忠志　東京都
はしごは人を選べない。

横田 歴男　東京都
ロミオ、これ使って。

清宮 里美　神奈川県
電球を1人で取り換えられる女子を
増やしてしまいました。

天畠 紗良　神奈川県
我が社は「電球変えにお部屋来て？」を
応援しています。

柳元 良　神奈川県
高所ワクワク症。

眞木 雄一　石川県
脚立を使わずに、
本気で掃除はできない。

伊藤 史宏　愛知県
脚立を見ていたら、
だんだん「人」という字に見えてきた。

黒川 憲子　愛知県
手の届かない所まで、行ける。

佐々木 一之　愛知県
人の上に立つことよりも、
人の下に立つことを選びました。

羅川 航嗣　愛知県
地上に降りた猿が、
何百万年もかけて作りだした道具。

ハ

ピカ コーポレイション

飛田 哲志　愛知県
上下関係を、気にする会社です（笑）

見田 英樹　愛知県
翼は持てないけれど、はしごは持てる。

山口 良美　愛知県
この国の脚元を支えています。

高津 裕斗　京都府
60歳、美脚。

堀江 成禎　京都府
※類似していない商品にご注意ください。

堀江 成禎　京都府
こんなに地に足のついた会社が他にある
か？

三島 直也　京都府
10m先の物を取るより、
10m上の物を取る方が大変だ。

三島 直也　京都府
建物は、タテに長い。

奥谷 和樹　大阪府
人生に長さはあっても、高さはない。

貝渕 充良　大阪府
高さを便利に変える。

嘉藤 綾　大阪府
次の100年も、
はしごに代わる道具は出てこないと思う。

北川 秀彦　大阪府
手の届かないところにも、家賃を払っていた。

本田 真貴子　大阪府
脚立に乗ったパパは、別人だ。

向井 正俊　大阪府
ツリーを大きくしたのは脚立です。

東山 秀樹　奈良県
人の下に立つ仕事です。

三吉 学　岡山県
地に足をつけた会社です。

井上 裕貴　福岡県
脚立をちゃんと買う家なんだと思った。

井上 裕貴　福岡県
この庭師は信用できるな。

岡本 英孝　福岡県
手の届く場所が増えました。

柿本 和臣　福岡県
天井が高い家に引っ越した。

宮原 秀尚　福岡県
白鵬乗っても大丈夫

斗内 邦裕　北海道　テレビCM
工場内。ハシゴや脚立をたくさん使って、大型の部品などを製造している。工場長に、営業マンがカタログを見せながら、自社製品をアピールしている。

男：工場長、お願いしますよ。品質と安全性には、絶対の自信がありますから。
工場長：それは俺だって分かってるって。評判は聞いてるんだよ。でもさあ、社名がなあ。ウチの会社じゃ、絶対にダメなんだよ。
男：そこを何とか…。
工場長：じゃあ、社名変更してよ。
男：それは…。
工場長：悪いな。
品質は「ピカ」イチだろうけどなあ。
毛髪がかなり少ない社長が傍らを通り、鬼の形相で
社長：今、何か言ったか！
工場長：いえ！な、何にも…。
社長、工場長を睨みつけ、ゆっくりと去る。
工場長：な、分かったろ…。
男：は、はい…。
工場長：うっかり、口が「滑った」ぜ。
社長、振り向いて、工場長に怒鳴る。
社長：おい！
画面、ハシゴや脚立を使用している光景。
メーカー名の部分にクローズアップ。
NA：ピカッと輝く、品質と安全性。
ハシゴ・脚立はピカコーポレイション。

河内 大輝　東京都　テレビCM

「かぐや姫」篇
竹林の中を進んで行く、昔風のお爺さん
夜なのにぼんやりと上から光が見える
見上げると、1本の竹の節が輝いている
お爺さん「な、なんと」
しかし、光っている部分はかなり高く、届きそうにもない
お爺さん急いで家に帰り、数分後、はしごを持って走って戻って来る。
竹にはしごをかけ、その節を切ると中から小さくて可愛い女の子が。
お爺さん「いやぁ、はしごがあってよかった～」
NA　もしもの時に、必要です。はしご、脚立はピカ。

小柴 桃子　東京都　テレビCM

運動会のパン食い競走のシーン。

背が小さい男の子、スマートに脚立であんぱんを優雅に食べる。

NA　届かなければ、届けばいい。

脚立と向き合って60年。ピカコーポレイション。

紺谷 知宏　東京都　テレビCM

自宅。高い所に置いてある物が取れなくて困っている父親。
父親：あー、高いとこ手が届かないな…
三姉妹：私達に任せて！
キャッツアイの格好をした娘三姉妹。三人で脚立を持っている。
父親：何やってんだ？
三姉妹：私達…キャタッツアイ！
手際よく脚立をセッティングし、二人が脚立を支えて、一人が脚立を登っていく。
そして、簡単に高い所に手が届く。
三姉妹：はい、お父さん。
父親：あ、ありがとう…。
NA：おかげ様で創業60周年。
脚立・はしごのことなら、ピカコーポレイションにお任せください。
あなたの会社やご自宅にも、キャタッツアイが現れるかもしれません！？

高橋 寛之　東京都　テレビCM

会社の屋上にて
夜空を見上げ、何かを探す社員達。

そこに流れ星が。

社員a「あ！！！」

全社員
「日本人の平均身長が伸びませんように日本人の平均身長が伸びませんように日本人の平均身長が伸びませんように。」

社員b「ふー、間に合ったか。」

NA「ピカコーポレイションは日本人の明日をささえます。

脚立、ハシゴの会社です。」

社員の願いに応えるかのように、流れ星がピカっと光った後
会社ロゴと60周年の文字が表示されend。

達橋 亜希　東京都　テレビCM

＜結婚式 篇＞
（♪～結婚行進曲）
教会で結婚式をあげるヒキの映像。
神父と、ヘルメットをかぶった作業服の男性と、
ウェディングドレスを着た人がいる。
徐々に3人にズームして行く。

神父がウェディングドレスを着た人に誓いの言葉を促す。
神父「あなたは、病めるときも、健やかなるときも、
生涯支える事を誓いますか?」
ウェディングドレスの人「はい、もちろんです」
神父「上っているときも、下っているいるときも、生涯支えることを誓いますか?」
ウェディングドレスの人「はい、もちろん!
これまで60年間、そうしてきましたから。
これからも、ずっと。」
嬉しそうな作業服の男性の横顔。
神父「それでは、誓いのキスを」
作業服の男性がベールを上げると、
ウェディングドレスを着ていたのはピカコーポレイションの脚立だった。
キスをしようとする2人の映像に、タイトルイン。
タイトル&NA「あなたを支え続ける脚立・はしごを、一生。」
NA「プロユーザーを支え続けて、60年。」
C.I.&NA「ピカコーポレイション」

中切 友太 東京都 テレビCM
「重なる運命」篇
街で脚立を持ち歩く男女がすれ違う。
すれ違おうとするが、同じ方向に避けてしまう。
女「ふふっ、ごめんなさい」
男「あれ、その脚立…」
まったく同じ脚立を持ち歩いていることに気が付く。
見つめあう二人。
NA:こんなことも起こるかも。だって脚立がピカ コーポレイション。
テロップ「業界実績No.1」
(カフェの外に置かれる2台の脚立)

竹田 豊 神奈川県 テレビCM
【ロボット作業編】
字幕「2057年、近未来の日本。」
作業の現場に、2足ロボットが、働いている。
ロボットが、ピカコーポレーションの脚立に昇ったり、降りたりしている姿。
別の場所では、ロボットが、ピカコーポレーションの昇降作業台を動かしている姿。
コピー『40年後、ピカコーポレーション
100周年。
乗る者が変わっても、乗る物は同じ。』
字幕:2017年に、ピカコーポレーションは、60周年を迎えました。
ピカコーポレーションロゴ

榊原 慎吾 愛知県 テレビCM
オリンピックの体操競技の会場。

花屋さんの格好をした女性が出てくる。

平均台風の演技が始まる。(女子競技)

実況「はじめはお店のシャッターを開けるポーズ。」

解説「すがすがしいですよ。」

実況「次は高いショーケースに並べるポーズ。」

解説「とっても綺麗ですよ。」

実況「最後は大技は店内POPを張り替えるポーズだ。」

解説「足元、安定しています。」

カメラが女性の足元にパーンダウンするとピカコーポレーションの作業台の上で演技をしていた。

そこにスーパーとナレーションーN
「働く美しさは足元から。」

(男子競技)

今度が脚立でポーズを決める作業服の男性。

「はしご・脚立のことならピカコーポレイション」

高津 裕斗 京都府 テレビCM
□会社の飲み会(一次会)部長が社のビジョンを語る。
ひょうきんな部下「いやぁー部長の様に先を見通せるようになりたいですわ!」
NA「ピカ中」
□会社の飲み会(カラオケ)部長が歌う。
お世辞にも上手いとは言えない。
ひょうきんな部下「よぉ!部長!歌うま日本一!」
NA「ピカ中」
□会社の飲み会(帰り)部下がよっぱらった部長を支える
部長「おぉれえは、先を見てるんだぁ。」
ひょうきんな部下「部長っ……!僕、部長ならついていきたいですっ……!」(重くてちょっとつらそう)
NA「ピカ中」

NA「人をのせて60年、ピカコーポレイション。」

荒井 諒 愛知県 テレビCM

宇宙到達編
男：今まで売ってきた梯子を組み合わせて宇宙まで登ってきました。
男：息ができませんねぇ…
男：………
NA：死ぬほど売れるのには訳がある。梯子、脚立のピカ。

尾関 由三子 兵庫県 ラジオCM

【ちょっとちがうよ編】
SE：プルル（電話コール音）
社員A：「お世話になります。ピカコーポレイション（SE：キラーン）の山田です」
取引先：「ピカコーポレーションさんですね。」
社員A：「ちょっとおしい！ピカコーポレイション（SE：キラーン）です」
取引先：「ピカコーポレイション（SE：キラーン）なんですか」
SE：チャラララ ララーン ラララララ ラーン（コンビニ入店音）
レジ係：「領収書、宛名はいかがいたしましょうか」
社員B：「ピカコーポレイション（SE：キラーン）でお願いします」
レジ係：「ええっと、ヒザコーポレーションですか？」
社員B：「けっこう違ってて、ピカコーポレイション（SE：キラーン）です」
レジ係：「あぁ、ピカコーポレイション（SE：キラーン）ですね」
NA：ちょっと紛らわしいけど、60周年なんで覚えてやってください。はしご、脚立のピカコーポレイション（SE：キラーン）

永田 陽二 奈良県 ラジオCM

なりたいのは、国を支える人、を支える人。

岡田 英子 広島県

妻　あなた、窓ふきするから、肩車してくれない？
NA　妻を支える自信のないあなたの力になります
私たちは、おかげ様で60周年、はしご、脚立業界No.1のピカ コーポレイションです

ハ
ピカ コーポレイション

新しい派遣エンジニアの働き方で産業界に革新をもたらしている
バリューチェーン
イノベーター
が創るその価値を、世の中に伝えるための
革新的アイデアを大募集します。
VSNが提唱する「バリューチェーン・イノベーター」って何？
VSNは正社員型派遣のリーディングカンパニーとして全国に約3,000名のエンジニアを派遣しています。派遣エンジニアが技術提供だけにとどまらず、お客さまの事業課題を発見・共に解決するVSN独自のサービスを「バリューチェーン・イノベーター」といいます。
単なる派遣でもコンサルティングでもないこのオンリーワンのサービスは現在、多くのお客さまに高く評価いただいています。これまでになかった新しいこのビジネスモデルは、みなさんがイメージしている"派遣エンジニア"の働き方とは大きく異なり、数年後、このスタイルで働くエンジニアがきっと世の中のスタンダードになっていることでしょう。
お客様
Value
Chain
Innovator
VSN
課　題
VSNのサービス
「バリューチェーン・イノベーター」を
世の中に伝えるためのアイデア
ジャンル
自　由
参考資料
http://www.vsn.co.jp/sdk54
VSN
www.vsn.co.jp
VSNイメージキャラクター
鈴木 ちなみさん

VSN

「バリューチェーン・イノベーター」を世の中に伝えるためのアイデア

［キャッチフレーズ／テレビ CM ／ラジオ CM］

協賛企業賞

ハッケンをハケンする。

永末晃規（23歳）京都府　龍谷大学

▼協賛企業のコメント

VSN　執行役員
西村正一さん

協賛企業賞受賞、おめでとうございます！伝えたいテーマ自体が難解であればあるほど、説明文章になりがちな中、非常に明快、かつ「バリューチェーン・イノベーター」よりも少ない字数で表現していただいていること。「ハケン」という、ややネガティブに捉えられがちなワードは使わないコピーを望んでいましたが、それを打ち消すほど、語呂合わせもよく、リズムも小気味良かったこと。さらに「企業協賛賞」ということで、VSN全員で選出したいという想いから、数点の作品から社内投票を行ったところ、最も人気の高い作品だったことで、満場一致の選出となりました。また、今回ご応募いただきました多くのみなさまへ、社員一同、厚く御礼申し上げます。

三次審査通過作品

長井 謙 東京都 テレビCM

○探し物篇

男が部屋で眼鏡を頭にかけたまま、眼鏡を探している。

コピー&NA「自分では気づけないことって、たくさんある。」

NA「それは会社も同じです。第三者の立場から会社の課題を共に解決する、VSNのバリューチェーン・イノベーター」

二次審査通過作品

山本 朝子 埼玉県

客観的に親身になってくれる。

菊地 将哉 千葉県

つまりは家政婦が来てリフォームまでしてくれるかんじ。

林 次郎 東京都

問題は、外からのほうがよく見える。解決は、中からのほうがよくできる。

正水 裕介 東京都

木も見て、森も見る。

片岡 佳史 神奈川県 ラジオCM

【恋愛】篇

女「明美ー!助っ人の紗季ちゃんだよ!恋愛経験豊富ですっごい頼りになるの!」

紗季「はじめまして、紗季です。恋愛テクニックは任せてね」

明美「ありがとうございます!実は今、好きな人がいるんですけど、自信なくて告白できないんです」

紗季「なるほどねー。もちろんテクニックは教えてあげられるんだけどさー。ちょっとぽっちゃりだね。まず、痩せよう!そして、そのダサい服もおしゃれなやつに替えよう。落としのテクニック

フレッシュなベテランがくる。

高石 幸典　神奈川県

一次審査通過作品

石井 雅規　千葉県
私たちには3000人の技術力と、
400社の常識があります。

石川 知弘　東京都
技術力、というより、戦力だ。

板垣 外　東京都
「期待通り」は、褒め言葉ではありません。

伊藤 渉　東京都
お手並み拝見という視線が、心地いい。

今崎 秀司　大分県
会社のことは社内の人間しか分からない。
会社の課題はいろんな会社を知らないと
分からない。

小田 道夫　石川県
自分の会社じゃないから、言えることがある。

河合 進　大阪府
忠実なイヌであり、
器用なサルであり、
視野の広いキジであり、
改革のオニでもある。

神田 真理子　青森県
私達を必要としてくれる場所が
私達の職場になる

國井 裕弥　大阪府
派遣+コンサルティング
=バリューチェーン・イノベーター

佐々木 貴智　東京都
中にいながら、俯瞰して見れる人材。

佐藤 穣　東京都
多くの会社を知ってこそ、応用力が生まれる。

佐藤 晋　東京都
下から目線のコンサルティングサービス

杉田 慎吾　東京都
家政婦が、
家族の問題を解決していくスタイル。

鈴木 謙太　愛知県
自社に足りない、他社の知恵。

瀬戸 ヒロノリ　東京都
だって、何社も見てきましたから。

瀬戸 ヒロノリ　東京都
ハッケンのお仕事。

竹田 豊　神奈川県
そのエンジニアには、代替案あり。

武田 陽介　宮城県
意外と会社は、
自分のことに弱い。

竹村 弥生　東京都
自信がなければ、派遣にならない。

谷田 明仁　神奈川県
『エンジニアは見た!』
残された貴社の課題。
浮かび上がる真実と、その可能性。

坪内 孝真　愛知県
派遣エンジニアの、第三者による提案力。

永末 晃規　京都府
ハッケンをハケンする。

速石 光　大阪府
革命を派遣する。

速石光　大阪府
上からでも下からでもなく、
中から目線です。
早坂あゆみ　東京都
第三者の視線と当事者の想いを
大切にしています。
林恭子　大阪府
ひとづくりが、ものづくりを変えていく。
春山豊　東京都
組織を変える提案は、
組織の中からは出てこない。
久田伸　東京都
次の価値を生み出すのは、
今の価値を疑う者だけ。
藤田大地　岡山県
派遣には、やりがいを。
会社には、雇いがいを。
堀田陽祐　愛知県
革新に確信がある。
松尾健介　大阪府
エンジニアとコンサルタントに、
同時に相談できる。
宮坂和里　神奈川県
はじめまして、第三者のプロです。
宮坂和里　神奈川県
派遣のプロは、第三者のプロだ。

宮田義治　東京都
エンジニアの手にかかれば、
新たな働き方も創造できる。
山内昌憲　東京都
社長と対峙できるエンジニア。
山本朝子　埼玉県
名前は長いが、解決までは短い。
輿嶋一剛　岐阜県
スーツも着こなすエンジニア。
輿嶋一剛　岐阜県
派遣のプロではなく、革新のプロです。
輿嶋一剛　岐阜県
火が燃え続けるには、新しい風が欠かせない。

斗内邦裕　北海道　テレビCM
大規模工場で、大勢集まった部下たちを前に、工場長を叱責する専務。
図面を見ながら、うろたえる工場長。
専務：言われたとおりに、やれば良いんだよ！
工場長：しかし、今の方法は、専務もOKを…。
専務：社長から、変更を命じられたんだ！しょうがないだろう！
工場長：この方法では、とても品質も、完成も保障できません…。
佐藤：専務には、技術者としてのプライドがないんですか！
工場長：よさないか！佐藤君！
専務：何だね、君は。
佐藤：今は専務でも、この工場を1人で立ち上げた、伝説の技術者じゃないですか！
経営が苦しくなって、銀行から送られてきた社長だからって、素人に遠慮する必要無いでしょう！
専務：私だって、本当は…。
佐藤：工場長のおっしゃる通り、私の経験からも、この方法では品質も劣り、すぐに故障するでしょう。
現場が作り上げて、専務もOKされた今の方法が、最善です。
専務：そこまで分かってくれてたのか…。あれ、君はいつから我が社に？
工場長：佐藤君は派遣社員で…。
専務：はあ？
佐藤：あっ！派遣だってこと忘れてました。
色んな職場で、生き生きと働く、VSNの派遣技術者たちをバックに、
最後に企業ロゴに。
NA：正社員だからこそ、気づきにくいこと、言いにくいことがあります。
技術提供にとどまらず、お客様の事業課題を発見し、共に解決する派遣エンジニア。
それが「バリューチェーン・イノベーター」。
VSNは、「バリューチェーン・イノベーター」で、産業界に革新をもたらします。

板垣外　東京都　テレビCM
王様が、裸で街を行進している。
民衆A「これはキレイなお召し物で…」
民衆B「とってもお似合いで…」

王様、満面の笑みで手を振る。
子どもが、一人だけ指をさして笑っている。
子ども「うわ、あの人何も着てないよ！」
王様、子どもの言葉に驚き、近寄ってくる。
王様「本当か…教えてくれてありがとう」
子ども「何なら、僕が服も仕立ててあげようか？」
王様「…え？」
NA「組織の課題解決から、最適なシステム開発まで一貫して手掛けます。VSNのエンジニア」
子ども、王様にピッタリの服を手渡す。
王様、ご満悦。
子ども「代わりに王様もやってあげようか？」
王様「えーっ！？」
企業ロゴ

片岡 佳史 神奈川県 テレビCM

【かさ地蔵】篇
おばあさん「おかえりなさい」
おじいさん「すまない、笠は全然売れなくてのう。雪も降っていたことだし、帰り道にいらしたお地蔵様へ差し上げてきたよ」
おばあさん「それはよいことをしたね」
NA「つ作るのにかかる時間はどれくらいですか？」
おじいさん「え？1時間くらい」
お地蔵様「他と比べて効率悪いですね。このツールを使うといいでしょう」
おじいさん「ありがとう…」
NA「今までのエンジニア派遣は技術提供がメインでした。これからは、課題発見・問題解決もお手伝いする時代です」
親指を挙げてにっこり笑う7体のお地蔵様。
お地蔵様&テロップ「バリューチェーンイノベーター」

山本 晃久 神奈川県 テレビCM

【言えない編】

男女のカップルが道を歩いている。

話の最中、男は女性の歯に青のりが付いていることに気付く。

そのことを言いたくても言えない男。

すると、突然見知らぬ少女に道を尋ねられる。

女性は親切に道を教えると少女に「ありがとう」とお礼を言われる。

「いいえ」と笑顔で答える女性の歯に青のりが付いていることに少女も気付く。

少女は女性に耳打ちでこっそり「歯に青のりが付いてるよ」と伝える。

女性は恥ずかしそうに「ありがとう」と言って少女を見送る。

その立場からじゃ言えない問題、私たちなら解決できる。（キャッチコピー）

新開 章一 静岡県 テレビCM

「社員表彰」篇
社内の経営会議、プロジェクターで議題（「社員表彰の件」）が映し出されている。

人事部長：「営業部の山田は、10億円の大口顧客を取りました」

担当役員（社長の反応が薄いのを横目で眺めて）：「もう一つだね、他の候補者は？」

人事部長：「アメリカ支社の鈴木はどうでしょう、合弁事業を立ち上げました」

社長：「違うんだなぁ、ほら、あの業務改革、20億円のコスト削減があったじゃないか」

人事部長と担当役員が困惑の表情で顔を見合わせる。

人事部長（冷や汗をかきながら）：「あれは……、社員の実績ではございませんで……」

NA：「技術者派遣のVSNは、バリューチェーンイノベーターで、お客様の企業価値向上を実現します」

社名とバリューチェーンイノベーターのロゴ

奥村 明彦 東京都 ラジオCM

女1：あっ、新しいハケンの人
女2：素敵…
男：ハケンにはマケンぞ俺は
負けたらセケンに
顔向けできない
女1：見て！課長、ミケンにしわが寄ってる
女2：実力不足がロケンするのが恐いんだよ
女1：うん、あのハケン、すごくキケン
N：かってない派遣がやってきた
派遣エンジニアならバリューチェーン・イノベーター

長井 謙 東京都 ラジオCM

○合コン帰り篇
男A「合コン楽しかったな！女の子の連絡

先聞けた？」
男Ｂ「いや、教えてくれなかった。なんでだろう。今日のために服もバッチリ決めてきたのに！」
男Ａ「お前、服前後ろ逆だよ」
男Ｂ「まじ！？」
NA「自分で気づけない問題ってたくさんある。それは会社も同じ。第三者の立場から会社の課題を共に解決する、ＶＳＮのバリューチェーン・イノベーター」

長井 謙　東京都　ラジオＣＭ

○指摘篇
男Ａ「あのー、ここの設計図間違ってると思うんですけど」
男Ｂ「新人のお前にな、この会社のルールを教えてやる。この設計図はうちの部長が作ってるんだ。そして部長の言うことは絶対なんだよ。だから、たとえ間違っていても…」
男Ａ「部長！この設計図間違ってます！」
男Ｂ「おい！聞けよ！」
NA「社員が言い出しにくい問題まで、切り込みます。単なる技術者派遣で終わらない、ＶＳＮのバリューチェーン・イノベーター」

野村 京平　東京都　ラジオＣＭ

SE：ザバッ（池から何かが出てくる音）
男：あっ、あなたは、もしや神様!?
神様：いかにも。
　さて、おぬしが求めているのは
この金の指示待ちエンジニアか？
それともこの銀の指示待ちエンジニアか？
好きな方を選ぶがよい。
男：えーっと…って、どっちもいらねーよ。
NA：自ら課題を発見して、共に解決していける。
そんな派遣エンジニアをお探しなら。
バリューチェーン・イノベーターのＶＳＮ

cloud.config《クラウドコンフィグ》

[課題]

日本企業に創造的破壊を促すためのコピー

2020年までに、クラウドを使わない企業はインターネットを使わない企業と同じくらい珍しい存在になるとの予測があります。

IoTの世界では、あらゆるものがインターネットに繋がり、人間が解析しきれない程に巨大化するビッグデータを生み、その途方もなく膨大なデータを人工知能：AIが分析して、我々人類に、これまでになかった「気づき」を与えてくれる。

そんなSFのような世界が現実になろうとしていますが、残念ながら、まだ多くの日本企業は、その可能性に懐疑的です。

ものづくりでは不断の努力を続けてきた我々日本人は、ITの世界で起きるイノベーションの蚊帳の外で、このままゆでガエルになってしまうのでしょうか。

マンガやアニメの世界では、どの先進国よりも早く、ヒトと幸せに暮らす、仲間のような、友達のようなロボットを描いてきた日本です。

空想ではない現実の社会でも、ヒトとテクノロジーが共存する社会を実現するために、日本発のdigital disruption＝デジタル時代の創造的破壊をバックアップしたいと思っています。

そんな我々の想いを後押しする力強いコピーをお待ちしております。

［ジャンル］ キャッチフレーズ
［参考資料］ http://cloud-config.jp

FIXER

FIXER

日本企業に創造的破壊を促すためのコピー
[キャッチフレーズ]

協賛企業賞

天沢 もとき（非公開）東京都 フリーランス

世界のスピードには、残業じゃ追いつけない。

▼協賛企業のコメント

FIXER
コーポレート戦略部 広報
島田紗也加さん

このたびは協賛企業賞の受賞、おめでとうございます。そして素晴らしいコピーを誠にありがとうございます。日々刻々と進化する最先端のテクノロジーを駆使して、今までにない新しい未来を切り拓いていく。そのためには、国も社会も個人も、従来なら当たり前だったかもしれない考え方や価値観を、柔軟に変化させていかなければいけないと思います。天沢さまのコピーは、そんなメッセージが多くの人に伝わる言葉でポジティブに表現されておりましたので、この協賛企業賞に選出させていただきました。最後になりましたが、この度の難しい課題に対してコピーをご応募いただきました皆さまに心よりお礼を申し上げるとともに、より一層のご活躍を祈念いたします。たくさんのご応募を誠にありがとうございました。

三次審査通過作品

鷹巣 仁哉 東京都

「今まで通り」という最大のリスク。

二次審査通過作品

山崎 舞 北海道

「周りもやっているから」だと、超後手です。

飯塚 逸人 東京都

新しい時代に、
古い武器で戦おうとするリーダーを
無能と呼びます。

後藤 裕彦 東京都

クラウドなんて必要ないという
あなたが、必要とされていない。

長橋 好美 滋賀県

日本の景気回復は政治じゃない。
技術が成し遂げるんだ。

輿嶋 一剛 岐阜県

日本人の世界進出を阻むのは、
英語だけではない。

一次審査通過作品

山崎 舞　北海道
会社のシステムだって、ワクワクできなきゃ。

山科 麻伊　福島県
「人間にしかできない仕事」は、何だ?

名越 貴浩　茨城県
生き残るのは、
儲かっている企業でも、
アイディア力のある企業でもなく、
変化に対応できる企業である。

近藤 雄介　埼玉県
どこでもアクセスできないことが、
長時間労働の原因になっていた。

中島 崇　埼玉県
ビジネスチャンスは、
テクノロジーを取り入れる企業に訪れる。

倉持 裕希　千葉県
「そうしてきた」から
「こうしていく」とは、ならない時代に。

阿部 亮介　東京都
クラウドでのデータ共有は、
社員を過労死から救う。かもしれない。

天沢 もとき　東京都
頑張るための環境を整えませんか。

天沢 もとき　東京都
世界のスピードには、残業じゃ追いつけない。

池田 慧　東京都
世界と戦うためには、残業ですか?

上田 拓也　東京都
シンプルだけど大量な仕事はITに任せて、
人間は新しいことに取り組もう。

大槻 祐依　東京都
cloud configでテクノロ
ジーの武器を手に入れろ。

加藤 晃浩　東京都
このままじゃ、このままだ。

加藤 里奈　東京都
世界は変わった。さぁ、どうする?

阪中 昭夫　東京都
テクノロジーの領域から見ると、
日本はまだ発展途上国です。

佐川 功　東京都
IT武装による危機管理を、開始せよ。

清水 亨祐　東京都
来年も、今年と同じことをする企業は、
つぶれます。今年、来年と
違うことをする企業が残ります。

神保 恵美　東京都
サーバー容量とか、そろそろ死語です。

鈴木 純平　東京都
御社の競合は、御社です。

鈴木 純平　東京都
競合は、過去だ。

須藤 時男　東京都
雲をつかむような話ですが、
クラウドプラットフォームなら
安心をつかめます。

關 彰一　東京都
デジタルは、英語以上の共通言語だ。

玉熊 文乃　東京都
その残業は
クラウドで減らせるかもしれない。

冨田 有沙　東京都
あなたの会社が、
時代に取り残されないために。

冨田 有沙　東京都
わからないから、クラウドコンフィグが有る。

中村 有史　東京都
石橋は叩き壊しましょう。

林 次郎　東京都
成長している会社には、
クラウドという共通点がある。

春山 豊　東京都
家でも仕事できる。
つまりあなたは満員電車に乗らなくていい。

春山 豊　東京都
情報は持たないことが
いちばんのセキュリティです。

廣本 嶺　東京都
いつでもデータとつながろう。

味村 真一　東京都
未来から見れば、
今こそがチャンスなのに。

山内 昌憲　東京都
このままじゃ、世界との差は広がるばかりだ。

山内 昌憲　東京都
自社が、もう1段階上のレベルに
行くチャンスと考える。

山内 昌憲　東京都
世界と戦う準備はできているか。

山内 昌憲　東京都
デジタルは、取り込んだもの勝ち。

石塚 啓　神奈川県
挑戦的な若者は、挑戦的な会社に集まる。

石塚 啓　神奈川県
「デジタルは苦手で…」という会社に、
若者は自分の未来を託せるだろうか。

高橋 直一　神奈川県
変態セヨ。

藤榮 卓人　神奈川県
使えるものを使える企業は、勝つ。

西口 滉　神奈川県
世界の進化に、
いまの日本でついていけるだろうか？

八ツ橋 哲也　神奈川県
倒産してからでは、
クラウドは導入できない。

八ツ橋 哲也　神奈川県
クラウドという産業革命に
出遅れていませんか。

加藤 晋平　愛知県
クラウド入れないと痛手を食らうど。

佐々木 一之　愛知県
クラウドにした。
知らず知らずセキュリティも強化されてい
た。

濱口 真衣　愛知県
時代の先駆者はいつも、
未来の可能性を信じてきた。

山中 彰　愛知県
最新技術は、
最新のうちに取り入れないと意味がない。

山中 彰　愛知県
囲碁でチャンピオンを破るような頭脳、
ビジネスに使わない手はありません。

天野 健一朗　京都府
楽することに罪悪感を感じていては
21世紀は働けません。

天野 健一朗　京都府
この国はそろそろ効率を極めるべきだ。

高津 裕斗　京都府
ウイルス、盗難、地震、
企業には様々な災害リスクが孕んでいる。
防災対策としてのクラウド。ＦＩＸＥＲ．

三島 直也　京都府
企業には、ケチってはいけないことがある。

貝渕 充良　大阪府
災害にも強い。
人災にも強い。

貝渕 充良　大阪府
データをクラウドにすると言うことは、
セキュリティレベルを
最高にすると言うことだ。

貝渕 充良　大阪府
PCが壊れた。
がデータが壊れたにならないように。

國井 裕弥　大阪府
いよいよ21世紀らしくなってきた。

廣田 顕久　岡山県
日本企業が生き残れないと、
日本は生き残れない。

川村 真悟　福岡県
今のところ、
どこでもドアは開発されておりませんが、
誰でも今すぐ、どこでも仕事が
できる環境はつくれるようです。

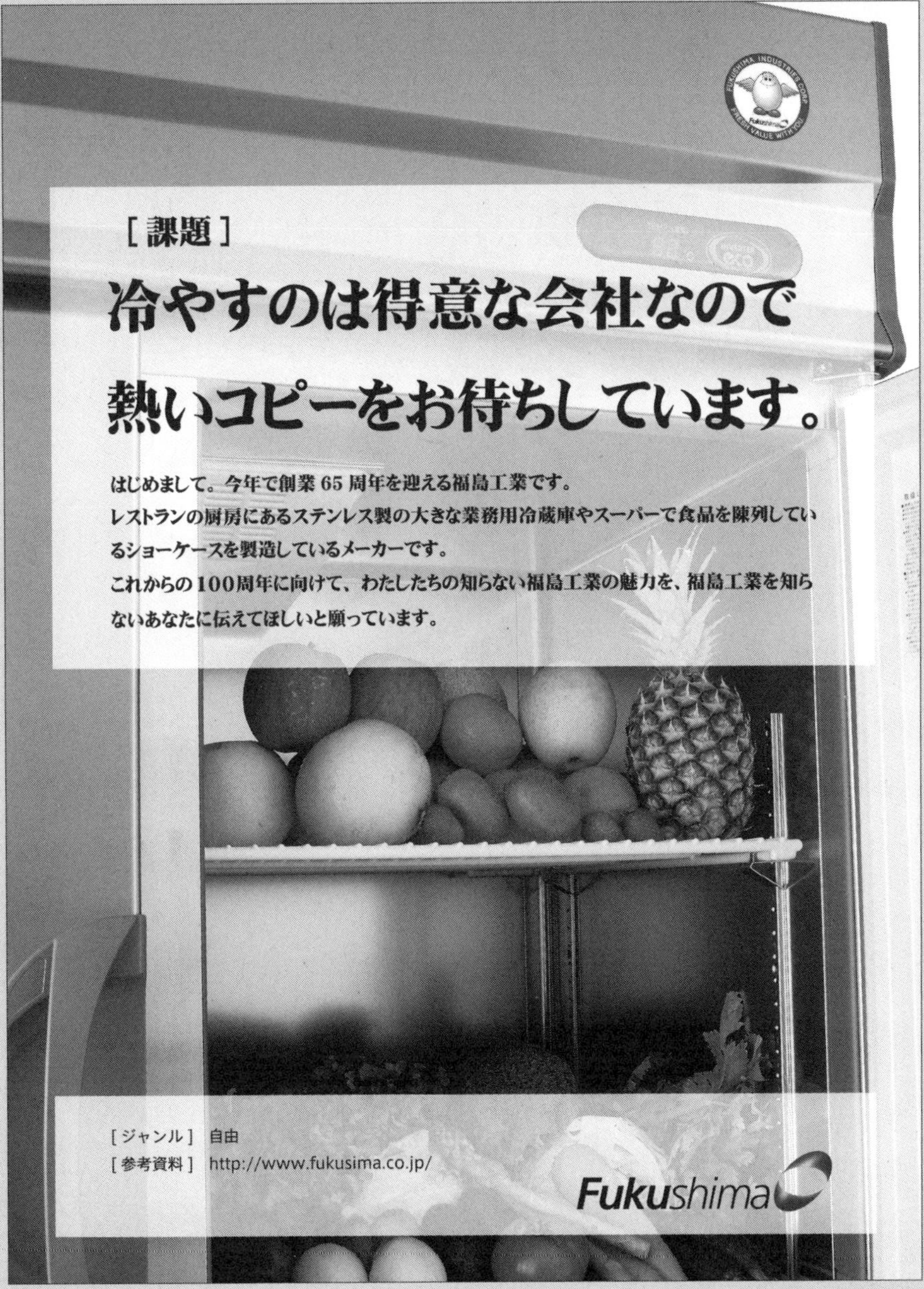
[課題]
冷やすのは得意な会社なので
熱いコピーをお待ちしています。
はじめまして。今年で創業65周年を迎える福島工業です。
レストランの厨房にあるステンレス製の大きな業務用冷蔵庫やスーパーで食品を陳列しているショーケースを製造しているメーカーです。
これからの100周年に向けて、わたしたちの知らない福島工業の魅力を、福島工業を知らないあなたに伝えてほしいと願っています。
[ジャンル] 自由
[参考資料] http://www.fukusima.co.jp/
Fukushima

福島工業

これからの 100 周年に向けて、福島工業の魅力を伝えるアイデア

[キャッチフレーズ／テレビ CM ／ラジオ CM]

協賛企業賞

冷やすことに、熱すぎる会社

萬 正博（43歳）兵庫県 会社員

▼協賛企業のコメント

福島工業 営業戦略部
町田夏季さん

今回初めて宣伝会議賞に協賛させていただき、当社の課題に多くの作品が集まりましたこと大変嬉しく思います。この作品は全社員からの投票で決定しました。レストランの業務用冷凍冷蔵庫、スーパーやコンビニのショーケースを製造・販売しているメーカーとして、社員は《日本の食を支えている》という自負をもって働いています。その気持ちがストレートに表現されている点が、社員から選ばれた理由だと思います。協賛企業賞の受賞、誠におめでとうございます。

三次審査通過作品

星合 摩美　東京都

冷蔵庫を見れば、店の実力がわかる。

土屋 憲佑　山梨県　テレビCM

ラーメン屋の入り口に
「冷やし中華 はじめました」と書かれた紙がはってある。
カメラが店内へ入っていき、厨房の業務用冷蔵庫にズーム。
すると冷蔵庫には「１９５１年から、冷やしはじめました。」の
文字が。
NA：冷やし一筋、66年。
業務用冷凍冷蔵庫、冷凍冷蔵ショーケースの、福島工業。

二次審査通過作品

中島 崇　埼玉県

名店かどうかは冷蔵庫を見ればだいたいわかる。

鈴木 純平　東京都

冷蔵庫のことは、冷蔵庫のことばかり考えてる人に相談したい。

日月 雅人　東京都

「とれたて」と「できたて」の間に。

一次審査通過作品

三上 智広　北海道
冷やした果実の顔がちがう。

和田 亜美　宮城県
美味しく安全なお店の目印。

稲垣 弘行　埼玉県
舐めてかかると、低温やけどするぜ。

川野辺 誠　千葉県
福島工業が冷やせないもの、
それは社員の情熱です。

菊地 将哉　千葉県
なぜ福島を選ぶのかは、
環境に聞いてみてください。

木村 有花　千葉県
65年目でも、新鮮さがウリです。

田辺 拳斗　千葉県
毛ガニもサザエもまだ海だと思ってる。

天野 力栄　東京都
鮮度は落とさせんど

上田 拓也　東京都
シェフの味も、主婦の味も支えて65年。

鵜川 将成　東京都
自分の店を持ったんだと実感したのは、福
島が来た時でした。

鵜川 将成　東京都
ウチの店では、生け簀と呼んでいる。

鵜川 将成　東京都
おっ、この店、期待できそうな冷蔵庫だな。

鵜川 将成　東京都
ビール冷えてます、を支えています。

大江 智之　東京都
スーパーの陳列棚がなかったら、
この夕食もなかったかもしれない。

大原 結　東京都
あの店のお肉売り場は、
なぜかテンションが上がるなぁ。

熊谷 祐介　東京都
社員の情熱以外は何でも冷やせます。

佐藤 直己　東京都
覚えていませんか?
スーパーマーケットやレストランで
何度もお会いしてるんですが…。

杉田 洋平　東京都
「夕飯どうしようかな」。
その目線の先に、福島工業。

芹澤 高行　東京都
おいしいも。おいしそうも。

田辺 雄樹　東京都
ケーキ屋さんを目指す女の子にも
知ってほしい、福島工業。

寺門 常幸　東京都
保存も国産です。

冨田 有沙　東京都
キンキンに冷えた美味しいビールの、
キンキンを作っています。

中島 優子　東京都
食の健康をささえることで、
人の健康をささえている。

林 次郎　東京都
シェフ、冷蔵庫にも「おいしかった」と
伝えてください。

春山 豊　東京都
冷やすのは、野菜ですか、クジラですか。

福井 康介　東京都
冷やしているというより、
守っているに近い。

星合 摩美　東京都
おいしさと安全は、同じ場所で守られている。

星合 摩美　東京都
「ベストコンディションで本番を迎えたい」
とレタスは思った。

三木 小夜子　東京都
各コンビニでビール、冷やしときました。

味村 伊澄　東京都
あなたが思い浮かべた厨房の景色に、
きっといる。

味村 伊澄　東京都
地球と胃袋のあいだに。

味村 真一　東京都
食品は、のどを通る前に、福島を通る。

森 明美　東京都
1週間たったレタスも、
朝どりのシャキシャキ感。

山下 祥　東京都
当店では、福島工業の冷蔵庫を100％
使用しています。

石井 倫太郎　神奈川県
菌に食わせる食材はない。

高橋 直一　神奈川県
お店のなかで、
私たちの製品が目立たないようなら、
成功なのです。

畑本 佳緒　神奈川県
使いやすい、洗いやすい、電気やすい。

深瀬 大　神奈川県
「おいしそう」は「おいしい」の一部です。

宮坂 和里　神奈川県
彼らがいなければ死んでいたと思う。（野菜）

松井 涼　石川県
日持ちさせるのではなく、
美味しさを長持ちさせているのです。

村松 紳一郎　静岡県
上手に冷やす、という隠し味。

伊藤 史宏　愛知県
冷たくする会社が、
熱いことを言うじゃないか。

鈴木 謙太　愛知県
いい料理は、いい冷蔵庫からでてくる。

堀田 陽祐　愛知県
店頭に並んでいるのに、
買われることのないものをつくる会社。

村上 正之　愛知県
「おいしい！」も。「おいしそう！」も。

山中 彰　愛知県
ひとの口に入るものを、預かる仕事。

堀江 成禎　京都府
主婦とシェフに育てられました。

奥川 凌　大阪府
1億人の冷蔵庫

貝渕 充良　大阪府
冷蔵庫に入るまでの冷蔵庫。

嘉藤 綾　大阪府
一人のシェフのクセが、
開発のヒントになることもある。

桑田 泰博　大阪府
シェフは代わっていません。
替えたのは冷蔵庫だけ。

中澤 翔　大阪府
いいホテルに泊まった翌日は気分がいい。
いい冷蔵庫に入っていた食材も鮮度がいい。

速石 光　大阪府
日本は、おいしさの長寿大国でもある。

松尾 健介　大阪府
買おう。お刺身の色がいい。

向井 正俊　大阪府
生で食べる国の冷蔵庫。

山下 晴正　大阪府
わが社の製品はどこのスーパーにも
置いてありますが、売っていません。

萬 正博　兵庫県
冷やすことに、熱すぎる会社。

藤田 大地　岡山県
シラスからダイオウイカまで。

たった1℃の過ちも、私たちは許しません。

小島 功至　熊本県

寺尾 賢人　東京都　テレビCM

少女漫画調のアニメ
○学校の教室（朝）
教室には、クールな印象の男の子と、主人公らしき女の子ふたりだけ。
女の子「また、知らない間に助けてくれたんでしょ?」
男の子「（クールに）たまたまだよ」
女の子「もう……クールぶっちゃって」
ボン!という音。
突然男の子が福島工業の業務用冷蔵庫に変わる。
男の子（冷蔵庫）「そんなんじゃねえよ」
女の子、頬を赤らめる。
女の子N「わたし、知ってるんだから、本当の福島君」
NA「熱い思いで冷やしてきました。創業65年、福島工業」

中垣 雄介　東京都　テレビCM

美食家編
険しい顔の美食家。
料理を神妙そうに口運ぶ。
美食家「ん!?うまい!君、冷蔵庫は福島工業だろ!」
シェフ「左様でございます。」
美食家「あっぱれじゃ!」
NA：冷蔵庫は品質のかなめです。

永吉 宏允　東京都　テレビCM

ある寒い日、信長が庭に出ようとしている。
すかさず秀吉が草履を差し出す。
信長：おっ!草履が温かいではないか。
秀吉：はっ!私の懐で温めておきましたので。
ある暑い日、信長が庭に出ようとしている。
すかさず秀吉が草履を差し出す。
信長：お!草履が冷たいではないか。
秀吉：はっ!井戸の水で冷やしておきましたので。
信長：・・・なるほど、だから濡れているのか・・・。クビ。
NA：人は、自分の力で冷やせない。特技は冷やすこと。福島工業。

平澤 貴大　東京都　テレビCM

□スーパーの食品売り場。
主婦：この商品、凄く良いわぁ!
店員：品質には自信がありますから。
主婦：ぜひください。おいくらですか?
店員：冷凍パスタですか?￥８００です。
主婦：いや、そっちです。
店員：あ、グラタンは￥５００です。
主婦：違います。その冷凍庫。
NA：安心・安全・高品質の業務用冷凍庫・冷蔵庫。福島工業です。

廣本 嶺　東京都　テレビCM

「大トロおいしいね」篇
マグロをさばいている料理人。
赤身を切り出し、きれいな赤身の刺身をつくる。
大トロを切り出し、ゴミ箱に捨てる料理人。
NA：冷凍技術が乏しかった江戸時代、傷みやすい大トロは処分されていました。
大トロの刺身をつくる料理人とその大トロをおいしそうに食べる家族。
背景には福島工業のショーケースが大トロを冷やしている。
NA：冷凍技術は、おいしさをつくる。
CI：福島工業

福島 裕介　東京都　テレビCM

【熱すぎる会議】篇
とある会社の会議室。頭にハチマキを巻いて、やる気満々の社員たちが座っている。
上司「いまから、売上げ1兆倍計画の会議をはじめる!お前、何かアイデアはあるか!」
部下A「とにかく気合いです!」
上司「お前は、どうだ!」
部下B「根性です!」
上司「よーし!いいぞ!福島、お前はどうだ!」
部下の福島さん、バケツに入った氷水を急にみんなにぶっかける。
熱かった会議がシーンとなる。
上司「（落ち着いた様子で）1兆倍は、さすがに無理だよね、福島くん」
NA「冷やすのが得意な福島です。業務用冷蔵庫なら、福島工業」

岡本 武士　大阪府　テレビCM

○スーパーの冷凍保管庫

白い息の男女。
男が女を後ろから抱きしめる。
男「あなたの事が……」
女「だめ、あなたはまだ若いわ……」
男「そんなの関係ない！」
ブオーと冷気が漂い、二人を包み込む。
男「こともないですね、たしかに……」
女「そうね、もっと社会経験を積みなさい」
離れて仕事を始める二人。
ナレーション「どんな熱も冷まします。業務用冷凍冷蔵庫の福島工業です！」

石井 雅規　千葉県　ラジオCM

女：「気付いた時には、もう、、冷たくなっていました、、。」
刑事：「やったのは、お前なんだな？」
女：「はい、私です。」
刑事：「どうして、こんな、こんな（ゴクゴクゴク）、うまいんだー。キンキンに冷えたビールってやつはー。」
女：「お客さん、本当にビールが好きですね。沢山冷やしてあるから慌てなくていいですよ。」
NA：「業務用冷蔵庫なら福島工業。」

郡司 嘉洋　東京都　ラジオCM

SE：レストランの喧騒
女性客：あのー、この料理のお肉、どちらからのものですか？
シェフ：フクシマです。
女性客：じゃあ、このトマトは？
シェフ：フクシマです。
女性客：もしかして、このデザートのアイスも？
シェフ：フクシマ、からただ今取り出しました。
NA：冷やす技術で「おいしい」を支えています。
業務用冷凍冷蔵庫、ショーケースなら福島工業。

千葉 龍裕　東京都　ラジオCM

【お礼】篇
「今日はお礼を言いたいと思います。

いつも冷たくしてくれて……、ありがとう。

トマト一同」

（以下、いろいろな声で）

「マグロ一同」

「ヨーグルト一同」

「もやし一同」

「ワイン一同」

「サーロインステーキ一同」

（みんなで）「ありがとう、福島工業〜！」

NA：大切な食材たちを、まるで生きたまま保存します。福島工業。

平野 あゆみ　神奈川県　ラジオCM

男「ウチの娘は、福島さんとこに世話になりたいね。

大事に育てた娘だからさあ。手塩にかけて、雨の日も風の日も…。

いつかはこうして手を離れるってわかっていてもね…いや、だからこそね…（涙声になる）

（気を取り直して）あの誠実さ、あの包容力。冷たいのも優しさってもんだ。福島さんに預けたらその先はもう安心よ」

NA「農業に信頼されるこの一台。冷凍・冷蔵庫なら福島工業」

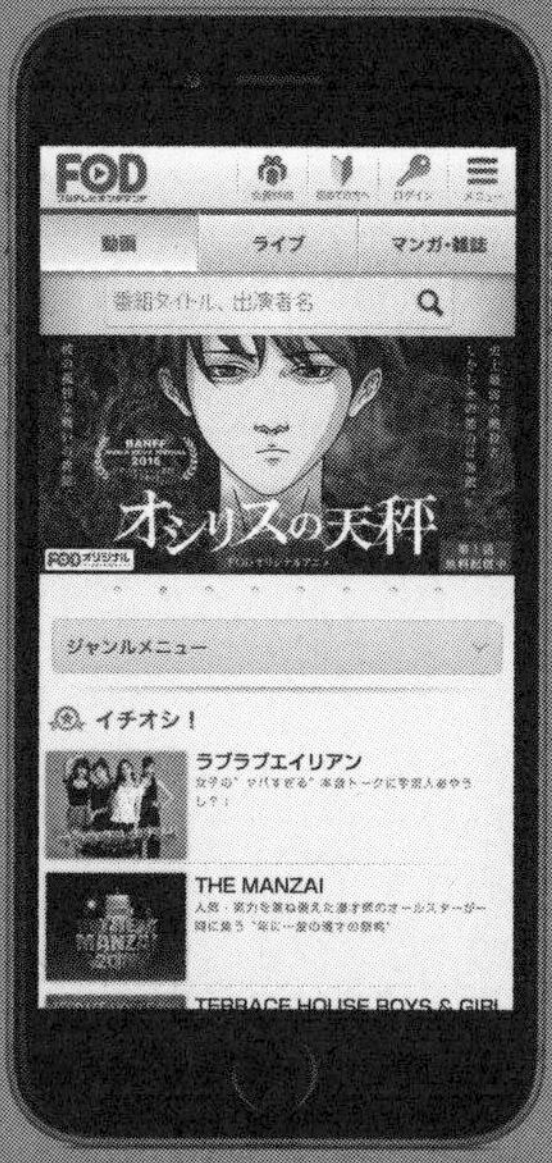

思わずFODを人にすすめたくなる

アイデアを大募集！

● **FOD(フジテレビオンデマンド)とは**

FOD(フジテレビオンデマンド)とは、フジテレビの最新ドラマや名作ドラマ・映画・アニメ・バラエティなどの動画に加え
フジテレビ以外の作品・電子書籍も利用できる、総合エンタテイメントサービスです。

【　課題　】FODを人におすすめしたくなるようなアイデアを大募集
【ジャンル】自由
【参考資料】http://fod.fujitv.co.jp/s/

FOD
フジテレビオンデマンド
FOD

フジテレビジョン

FOD を人におすすめしたくなるようなアイデア
［キャッチフレーズ／テレビ CM ／ラジオ CM］

ハ　フジテレビジョン

協賛企業賞

大塚　浩二郎（29歳）千葉県　東京藝術大学

テレビCM

「通学／友達」篇
早朝、冬の駅。
ホームで電車を待つ女子高生が電車に乗りケータイを取り出す。
女子高生：
　応援している友達がいる
明るくて、元気で、泣くときは大声で泣いて、裏表のない娘。
　1つ上の先輩が大好きで、
でも先輩は好きな人がいて、
先輩に振り向いてもらおうと一所懸命に背伸びをしてる。
手にするケータイの画面。
ドラマの中で女子高生が先輩を前にたじろいでいる。
女子高生：
　この娘が告白したら、私も告白する。
真剣な眼差しでケータイを握りしめる。
NA：フジテレビオンデマンド

▼協賛企業のコメント
フジテレビジョン
コンテンツデザイン部　副部長
野村和生さん

おめでとうございます。FODの特徴をとらえた、優れたコピーやコンテばかりで選考には非常に苦慮いたしました。その中でも受賞作は、誰もが親近感のある日常の風景の中でFODを利用するシーンが描かれており、配信している作品とユーザーの心がリンクして、行動の後押しになっていく様子がありありと伝わってくるもので、フジテレビとして、コンテンツを提供する私たちの想いと重なるところがあり、協賛企業賞に選ばせていただきました。ご応募いただいた皆さま、ありがとうございました。皆さまの今後のますますのご活躍を祈念しております。

三次審査通過作品

平野 夏絵　静岡県

おじいちゃん、鬼平犯科帳はじめるよ

藤田 大地　岡山県　テレビCM

女性が目を覚ますと、
返却し忘れたDVDが机の上にあった。
そして、ホイットニーヒューストンの、
「I Will Always Love You」が流れ出す
女性「えんたあああああい、いやあああああああ！」
NA「延滞なしで、見放題。フジテレビオンデマンド。」

二次審査通過作品

清水 大　千葉県

母の月9は、昼ドラです。

天沢 もとき　東京都

あの頃も、この場面で泣いてた。

新谷 建人　東京都

ゴールデンタイムは、人によって違う。

冨田 有沙　東京都

俺は今、この電車で一番感動している。

南 忠志　東京都

母と同じ男を好きになった。

城川 雄大　富山県

キャンプに行って、結局テレビで盛り上がった。

山中 彰　愛知県
連続ドラマは、連続で見たい。

佐藤 真　東京都　テレビCM
「にやリスマホ」篇
駅のホームをおじいさんが歩いている。歩きスマホをしている人とすれ違う。
おじいさんNA：最近、歩きながら携帯電話を触っている人が増えた。
おじいさんが壁に貼ってあるポスターを見る。「やめましょう。歩きスマホ。」と書いてある。
おじいさんNA：それを「歩きスマホ」と言うらしい。
おじいさんが電車に乗る。席に座っている人が微笑みながらスマホを見ている。
おじいさんNA：最近、笑いながら携帯電話を触っている人も増えた
　そういう人のことはなんと言うのだろう。「にやリスマホ」とでも呼ぼうか。
おじいさんが辺りを見渡せば「にやリスマホ」をしている人たちが何人もいる。
おじいさんNA：なんにせよ、若い人たちが笑っているのは、いいことだと思う。
S：やりましょう。にやリスマホ。
NA：にやリスマホするなら、フジテレビオンデマンド。

中切 友太　東京都　ラジオCM
部長：田中、明日の出張、飛行機のチケットは取れたのか。
田中：いえ、経費削減のため、電車で行こうと思っています。
部長：なんだお前、いい心がけだな。でも電車だと時間がかかるんじゃないか。
田中：はい、5時間かかります。
NA：移動時間は、自由時間だ。
田中：早起きして見ます！いや、行きます！
部長：いい心がけだ。
NA：フジテレビオンデマンド

一次審査通過作品

八重柏 幸恵　北海道
事情により、地上波では再放送はありません。

八重柏 幸恵　北海道
まさか、節約になろうとは。

奈良 純嗣　秋田県
月9が24時間になりました。

柴田 賢一　茨城県
病室から笑い声が聞こえている。

青鹿 隆雄　埼玉県
録画は見ないことのほうが多い。

鈴木 一真　埼玉県
画面が小さいほど、二人の距離は近くなる。

石山 博之　千葉県
通学時間は2時間ですか。つまり映画1本分ですね。

石山 博之　千葉県
好きっていっちゃえ、もう着くぞ。

田辺 拳斗　千葉県
つまらない番組でも、

見てないことのほうが恥ずかしい時もある。

田辺 拳斗 千葉県
この年になって初めて面白いと思う名作がある。

新谷 建人 東京都
手持ちぶさた。が、死語になる。

池田 慧 東京都
視聴率ナンバーワンの勢いをどうぞ。

池田 慧 東京都
父の口癖は、ここからきていた。

石塚 勢二 東京都
旅先では景色を楽しみましょう。

伊藤 渉 東京都
きょうは初恋しようかなぁ、
不倫しようかなぁ。

入江 亮介 東京都
見たドラマより、見逃したドラマの方が多い。

入江 亮介 東京都
名作ドラマは、放送終了後に、名作になる。

入江 亮介 東京都
フジテレビより、おもしろい。

上田 拓也 東京都
80万人が、
お金を払ってフジテレビを見ています。

内山 亮平 東京都
YouTubeにはあがっていないから。

大関 健太郎 東京都
ちょうど洗濯機を回してる時間で
終わるくらいの動画が豊富です。

小野 紘嗣 東京都
スマホ見てしかめっ面な人と、
大笑いしている人、どちらが幸せだろう。

加藤 晃浩 東京都
俺って泣けたんだ。

加藤 晃浩 東京都
もうすぐ暇人が、
絶滅危惧種になりそうです。

加藤 晃浩 東京都
お義母さんの趣味がわかった・・・!

加藤 晃浩 東京都
好きなドラマで仲良くなって、
嫌いなドラマでもっと仲良くなった。

加藤 晃浩 東京都
そうか、部屋も広くなるのか。

鎌谷 友大 東京都
あのドラマ、
ビデオテープでしか
残ってないんだよな、というあなたに。

河原 康宏 東京都
子ども番組しか見れないお父さんへ。

北川 哲 東京都
見せられない趣味のマンガ、
ドラマありませんか?

熊谷 祐介 東京都
同じドラマの話ができる担当者は
どことなく信用できる。

駒 将平 東京都
不倫ドラマを観ている私の顔は、
たぶんエグい。

小宮 央 東京都
母の青春が、
すこし見えた気がした。

小宮 央 東京都
電車での大号泣には、
お気をつけください。

鈴木 純平 東京都
再々放送も見逃した。

鈴木 純平 東京都
レンタルになった時は、この熱も冷めてる。

長井 謙 東京都
部長と自分は、
トレンディードラマでつながっている。

長井 謙 東京都
明日の電車は、ついに最終回だ。

長井 謙　東京都
2時間待ちは、
2時間ドラマのチャンスだ。

永妻 英剛　東京都
むかしは「チャンネル権」なんて言葉があってな。

永吉 宏充　東京都
退屈だから、暇なのだ。

新田 省吾　東京都
昔話しをする母はいつもよりうれしそうだ。

新田 省吾　東京都
わたしの思い出が子どもの思い出になる。

新田 省吾　東京都
自分の青春で子供と泣いた。

春山 豊　東京都
一時停止して、この可愛い人が誰か検索した。

東 成樹　東京都
「おかあさん、録画おねがい」は
卒業しました。
さみしいけど。

藤曲 旦子　東京都
今いいところなので、お先にどうぞ。

藤曲 旦子　東京都
このドラマに、ちょうどいい行列だ。

フジテレビジョン

藤曲 旦子　東京都
通勤時間を利用すると、
年間80本映画が見れるご存知ですか。

細田 哲宏　東京都
今、受験生じゃなくてよかった。

三木 小夜子　東京都
フジの本気が、きっとあなたをダメにする。

宮原 渉　東京都
あのとき一緒にみてた人まで、
思い出しちゃった。

森 裕治　東京都
見直したぞ、フジテレビ。

山浦 総一郎　東京都
一週間後には前回のことを忘れている

栗田 一平　神奈川県
俺の人生も、なかなかドラマチックだったな。

三富 里恵　神奈川県
子どもにテレビの見すぎを注意している私が、リビングでは見られない。

三富 里恵　神奈川県
受験勉強している息子がいる隣で、
TVは見づらい。

山下 英夫　神奈川県
ははあ、お母さんのファッションセンスはここからか。

吉田 極　神奈川県
海賊版が、怯えてる。

城川 雄大　富山県
番組の途中ですが、
ここでお母さんから着信です。

川守 恵利香　石川県
本当に好きだったの。思い出せないけど。

久木 誠彦　石川県
世界名作劇場を、
子供に持ち歩かせよう。

富岡 勇貴　静岡県
話題になるのは、いつも終わった後だ。

加藤 芙美　愛知県
隣のおじさんが、泣いていた。

鈴木 謙太　愛知県
話題のドラマは、
周りで話題になってから観たくなる。

鈴木 謙太　愛知県
今の時代、再放送もDVD化もされていないドラマがあるなんて知らなかった。

鈴木 謙太　愛知県
話題にならなかったドラマにも、傑作はある。

東 裕希　愛知県
今朝、通勤電車で、
殺人現場を目撃した。

山中彰　愛知県
スマホと一緒に、ハンカチが手放せなくなった。

三島直也　京都府
視聴率を気にしたら
絶対に生まれなかった番組もある。

三島直也　京都府
親には見せられないテレビほど、面白い。

國井裕弥　大阪府
1日を30時間にしてください。

國井裕弥　大阪府
DVDを借りても、全部観れずに返却してしまう。

小橋元樹　大阪府
会社のトイレが、満喫になった。

速石光　大阪府
神様、なぜ1日は24時間なのですか?

林恭子　大阪府
車内でゲームやってる場合じゃない。

深川恵　大阪府
向かいにいる人の顔が、やばい。

向井正俊　大阪府
すべての充電は帰り道のためにある。

中村駿作　兵庫県
仕事は、CMみたいなもんです。

密山直也　兵庫県
やっとWi-Fiの必要性がわかった。

藤田大地　岡山県
夜中に目が覚めると、夫がスマホを見てニヤけていた。

吉崎裕樹　岡山県
休日が終っていた。

岡本英孝　福岡県
息抜きのつもりが本気になってしまった。

岡本英孝　福岡県
隣の人も覗きこんでいた。

白石文子　福岡県
ゴールデンタイムがとまらない。

白石文子　福岡県
若い時夢中になった作品は、いつまでも好きな作品だ。

大城昂　佐賀県
お昼なのに、母が起きてこない。

大城昂　佐賀県
徹夜できない私が徹夜した。

鎌田明里　茨城県　テレビCM
女子大生が大学の中庭でランチを食べながら恋バナをしている。
女子大生A：最近彼氏とどう〜?
女子大生B：え〜順調だよ〜。
女子大生C：Aはどうなの?喧嘩したって言ってなかったっけ?
女子大生A：あっあれね〜仲直りした〜!Cは?
女子大生C：よかったね!私も順調だよ〜。
笑顔のまま固まる三人。
女子大生ABC：・・・・・・・・(盛り上がるような恋のネタがない!!)
NA：現実よりドラマティックな恋を見たいなら。
女子大生3人がゴクリと固唾を飲んで一つのスマホに魅入っている。
A：不倫、純愛、玉の輿、なんでもあります。FOD。

大塚浩二郎　千葉県　テレビCM
早朝、冬の駅。ホームで電車を待つ女子高生が電車に乗りケータイを取り出す。
(女子高生)
「応援している友達がいる
明るくて、元気で、泣くときは大声で泣いて、裏表のない娘。
1つ上の先輩が大好きで、
でも先輩は好きな人がいて、
先輩に振り向いてもらおうと一所懸命に背伸びをしてる。」
手にするケータイの画面。
ドラマの中で女子高生が先輩を前にたじろいでいる。
(女子高生)
「この娘が告白したら、私も告白する。」
真剣な眼差しでケータイを握りしめる。

Na「フジテレビオンデマンド」」

倉持 裕希　千葉県　テレビCM

【やっぱ】篇

大きくFODロゴのカット。じわじわこちらに向かってくる。

A「時代はフォーディーだわ」
B「やっぱすごい?」
A「映画はもう全部アレになるだろうね」
B「こんど連れてってよ」
A「は?」
B「メガネ要らないんでしょ?」
A「は?」
NA「スマホで見るもの、いっぱいです。」
A「おまえ、なんの話してるの?」

井沢 のぶ子　東京都　テレビCM

「魅惑の深夜番組編」

NA「魅惑の深夜の30分間のために起きていた時代もありました。」
ソファでうたた寝する男性
NA「無理するな、中年。それは朝見ればいい。」
朝、歯磨きをしながらフジテレビオンデマンドを見ている男性
NA「フジテレビオンデマンド」

伊藤 拓　東京都　テレビCM

【待ち合わせ】篇

広場の時計の下で、周囲を見回す女性。ため息をついた後、スマートフォンでフジテレビオンデマンドのドラマを見はじめる。
30分後、男性が息を切らして走ってくる。
男性「ごめん!おまたせ!」
(怒りながら顔を上げる女性のカット)
女性「もう!早すぎるよ!せっかくいいところだったのに!」
NA「時間を忘れさせる。フジテレビオンデマンド」

金崎 あゆみ　東京都　テレビCM

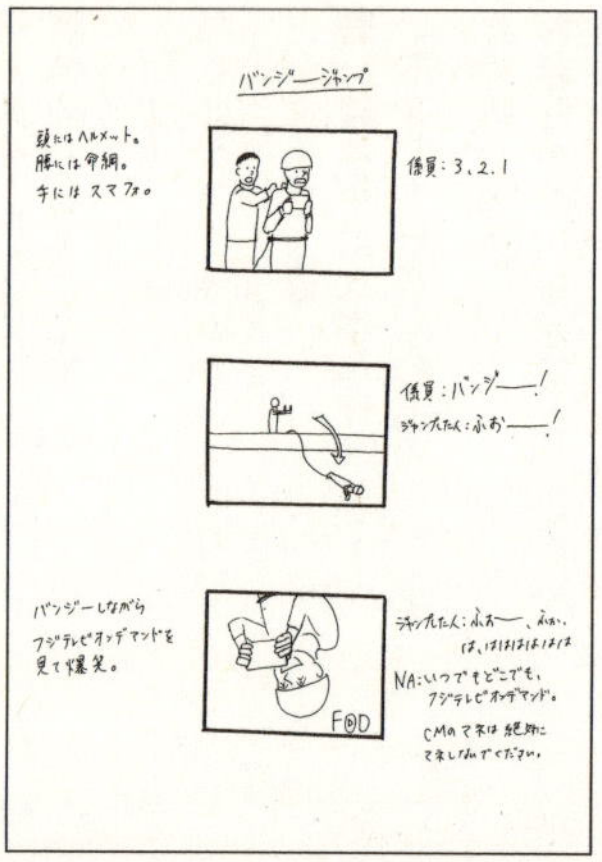

佐藤 有紀子　東京都　テレビCM

同じ職場の上司の男性、佐野(仕事も出来て素敵な男性だが、仕事に追われまだ結婚はしていない。36歳)に想いを寄せる部下の女性、樋口(控えめな女性。28歳)。接点もあまり多くなく、会社で会話を交わす程度の関係。

会社の飲み会。

酔っ払ってる佐野の上司達。昔のドラマの話をしている。

上司1「月9って言ったらやっぱ101回目のプロポーズだろ〜!」

上司2「僕は死にましぇ〜ん!」笑いが起こる。

(♪愛には愛で〜 主題歌を肩を組んで合唱)

佐野は酒が強く笑ってその様子を周りの社員達と見ている。

佐野「俺も子供ながらにあれ好きだったなー。大人になってからもう1回見たけど良かったな。」

近くに座っている樋口はさりげなく会話を盗み聞き。樋口は101回目のプロポーズは何となく聞いた事があったが見たことはない。

帰りの電車でスマホで101回目のプロポーズを検索。

FODで見れる事を知り、飲み会の帰りの日から通勤の行き帰りや家でドラマを視聴。

数日後。出勤の時に2人出会う。

樋口「おはようございます。」

佐野「おうおはよう。」

信号待ち。

樋口「(勇気を出して)佐野さん101回目のプロポーズ好きなんですか?」

佐野「あれ?樋口101回目のプロポーズ知ってんの?」

樋口「あなたが好きだから・・」

佐野「えっ!?(ドキっとする)」

樋口「・・ってセリフのやつですよね?」

佐野「お、・おう。そうそう。昔流行った

やつで武田鉄矢がさー・・」

信号青になる。

あの人が好きなエンタメも揃ってる。フジテレビのＦＯＤ。

長井 謙　東京都　テレビCM

○大行列篇
大行列のアトラクションに並ぶ男。ずっとスマホを見ている。

時間が経ち、ようやく先頭になる。

しかし、なぜか列を外れ、また一番後ろに並ぶ。

NA「夢中になる番組がたくさんある。空いた時間にテレビを見るなら、フジテレビオンデマンド」

長井 謙　東京都　テレビCM

○居眠り？篇
電車でスマホを見ている男に女が寄りかかって眠っている。

女性をアップすると、薄めで男性のスマホを見ている。

商品カット＆ＮＡ「気になる番組が好きな場所で見られる。フジテレビオンデマンド」

平澤貴大　東京都　テレビCM

□「合格」のハチマキを巻いた受験生。筆記試験でスラスラと解答中。
ＮＧＯ「非政府組織」
ＦＴＡ「自由貿易協定」
ＷＨＯ「世界保健機関」
ＦＯＤ「」
……。
□ＦＯＤで指が止まり、考え込む。
NA：正解は、総合エンタメサイトのフジテレビオンデマンド！休憩時間にどうぞ！
□企業ロゴ。

平澤貴大　東京都　テレビCM

□刑事と部下の張り込みシーン。
刑事：容疑者があの建物に入っている。出てきたところを、取り押さえるぞ。
部下：今夜は長くなりそうですね。
□スマホでお笑い番組を観て盛り上がる二人。
部下：あれ、今の容疑者ですか？
刑事：気のせいだろ。
NA：いつでも、どこでも、見放題・読み放題！総合エンタメサイトの「フジテレビオンデマンド」。

平田直也　東京都　テレビCM

昭和の雰囲気の居間で、若者がテレビを見ている。

テレビには、「テレビから十分離れてご覧ください」のテロップ。

するとその若者は座ったまま何かの力によってテレビからぐんぐん離れ、居間が現代風にタイムスリップしていく。

テレビはもうなくなってしまい、若者の手にはスマホが握られている。

スマホにカメラがアップして、文字が映し出される。

「テレビ離れしすぎたあなたに、ＦＯＤ」

藤松 武　東京都　テレビCM

築10年のマンションの小ぶりのリビングルーム
白い布地のソファに小太りの主婦（45）が寝転んで、サイドテーブルに置かれたパソコンで101回目のプロポーズを見ている。
パソコンの横にはコーヒーのマグカップとパーティー開けしたポテトチップスが置いてある。
na）トレンディドラマに憧れて上京してきて25年。それなりに恋愛もして結婚もしたけれど・・・
パソコンの画面に101回目のプロポーズが映る。
リビングのドアが開いて、頭がはげ上がっている小太りの主人（46）が帰宅する。
主人）ただいま
主婦）おかえり
主婦は顔も動かさず、口だけで応える。
na）今じゃ、旦那の髪だけがトレンディ。
フジテレビオンデマンドのロゴが映る
na）フジテレビオンデマンド

十二善彦　新潟県　テレビCM

（電車内にて）

吊り広告に視線を向ける男の子。

そこに出ている「ＦＯＤ」の広告を見て、ポケットから携帯電話を取り出し、ＦＯＤのサイトへ接続する。

（接続完了と同時に男の子は試合中のサッカーのフィールドに瞬間移動）

外国人選手が目の前をものすごい速さでド

リブルで駆け抜けていく。
耳元からは、誰かの生実況が聞こえ、
その方向を見ると、ボールから目を離さずに興奮気味に実況を行うアナウンサー。
その瞬間、側頭部（を通ったボール）に風圧を感じ、
振り向くと、日本の代表選手が放ったシュートがゴールに突き刺さる。
耳元ではアナウンサーが「ゴォォォォォール!!!」と。
（再び電車内にて）
車両内では、男の子の携帯電話を覗き見していた人々が
得点に対する歓声を上げ、男の子は隣で覗き見していた
見知らぬ人とハグする。
NA：「FODで広がる世界、始めませんか?」

土屋 憲佑　山梨県　テレビCM

公園のベンチで、スマホでFODを観ている男性。
すると突然、UFOが襲来し男性を吸い込む。
男性：「わ〜！助けてくれ〜!!!!」
しかし男性はすぐに地上に降ろされ、
手に持っていたスマホだけが無くなっている。
NA：UFOも観てみたい、FODの多彩なコンテンツ。
フジテレビオンデマンド

フジテレビジョン

黒川 憲子　愛知県　テレビCM

父親の面会に、老人ホームを訪れる娘。
部屋のベッドから、窓を眺めている父親。
娘：お父さん、元気してた?
父：どちらさま?
娘：あなたのひとり娘ですよ。
とりとめのない会話をしながら、娘がスマホを取り出し、昔、一緒に見に行った映画を父親に見せる。
しばらく映画を凝視し、娘に話しかける。
父：よく、娘を連れて映画を見に行ったんですよ。
娘：まぁ、そうなんですか。
嬉しそうに微笑む父親の顔。
NA：お父さんは、忘れていません。親子の時間をもう一度、FOD。

柴田 賢一　茨城県　ラジオCM

子供：お母さん。
フジテレビジョンの「ジョン」って誰のこと?
NA：スマホ・タブレットで
フジテレビの多彩なコンテンツを楽しむ方が増えています。
フジテレビオンデマンド。

柴田 賢一　茨城県　ラジオCM

女：テレビってどうして日曜の深夜に放送しないの?
男：放送機材のメンテナンスでしょ。
女：昔はそうだったかもしれないけどさ、
今は技術も進化してるでしょ?
男：まあまあまあ。
フジテレビオンデマンドでも観てれば。
女：フジテレビオンデマンドは観るけど、
わたしだって日曜深夜は寝てるわよ！
男：じゃあ何も問題ないじゃん！
女：そうよ！何の問題も無かったのよ！
男：愛してる！
女：わたしも！
NA：一日の終わりは、グッドエンディングがいい。
多彩なコンテンツが24時間楽しめる
フジテレビオンデマンド。

石井 雅規　千葉県　ラジオCM

男：あれ、モモカちゃん、こんなところでどうしたの?
女：ううん、何でもないよ。ただ、ちょっと疲れちゃっただけ。
※少し涙声。
男の心の声：あ。テラスハウスに使えそうなセリフがあった気がする。
ナレ：恋のチャンスは突然です。FODで
恋愛の先生から学びましょう。
名作ドラマ、映画、テラスハウスもあります。

長井 謙　東京都　ラジオCM

○待ち合わせ篇
男「ごめん、15分も遅刻しちゃって」
女「もう、最悪」
男「本当に、ごめん」
女「なんでもっと遅れてこないの?今いい所なのに」

男「え？」
NA「退屈な時間が楽しみになる。空いた時間にテレビを見るなら、フジテレビオンデマンド」

廣本 嶺　東京都　ラジオCM

「だいじょうぶ」篇

女：ヤバイ！録画するの忘れた！
男：だいじょうぶ、FODがある。
女：ヤバイ！あの番組もう1回見たい！
男：だいじょうぶ、FODがある。
女：ヤバイ！テレビ壊れた！
男：だいじょうぶ、FODならスマホで見られる。
女：ヤバイ！婚期逃しそう！
男：……それは知らん。
NA：テレビを、もっと楽しく、便利に。FOD。

長縄 寛久　静岡県　ラジオCM

男：うわ、しまった。楽しみにしていたドラマ見逃した！
女：タイムマシーンで戻ればいいじゃん。
男：うん、そうする。
NA：タイムマシーンをお持ちでない方はFODフジテレビオンデマンドで

キャッチコピー待ち

B.V.D.®
Ladies

※ロゴカラーは 2017年よりブラック ベースからレッド ベースへと変わります。

20周年を飾る、心をがっちりつかむ言葉を贈ってください。

B.V.D. というブランドは、ご存知ですか？
Men'sでは、認知度の高いアンダーウエアブランドなのですが、
実は B.V.D.Ladies も来年（2017年）でデビュー20周年を迎えます。

これを記念して、**B.V.D.Ladies** を広く知ってもらうために、皆様からアイデアを募集します。

20周年を飾る、心をがっちりつかむ言葉を贈ってください。

お待ちいたしております。

課 題	B.V.D.Ladies を広く知ってもらうためのアイデアを募集。
ジャンル	自 由
参考資料	B.V.D. ホームページ http://www.bvd.jp/

FUJIBO
The Focus on Innovation
富士紡ホールディングス株式会社

富士紡ホールディングス

B.V.D.Ladies を広く知ってもらうためのアイデア
［キャッチフレーズ／テレビ CM ／ラジオ CM］

協賛企業賞

中島 優子（30歳）東京都 レマン

つけ忘れてはいけないけど、つけてることは忘れたい。

▼協賛企業のコメント

富士紡ホールディングス
広告宣伝部 部長
藤本 実さん

中島さま、企業協賛賞の受賞おめでとうございます。B.V.D.Ladies 20周年を迎えるこの節目に第54回 宣伝会議賞へ協賛し、皆さまに広く認知してもらうためのアイデアを募りました。応募頂きました作品は、B.V.D.Ladies商品の特徴を正面から捉え、思考をこらしたアイデア溢れる作品が多い中からシンプルでありながら人の心をつかむユニークな表現が、部内で高い評価を得ることとなり、中島さまの作品を選出する運びとなりました。日常使いのアンダーウエアでありますが、着用される人の気持ちが素直に表現されており、当社商品の目指す着け心地のよさをアピールするにふさわしいと感じ企業協賛賞といたしました。今後B.V.D.Ladies認知度アップのため、活用させて頂く予定です。最後になりましたが、ご応募頂きました皆さまに御礼申し上げますとともに、今後のご活躍をお祈り申し上げます。

三次審査通過作品

三浦 大輝　東京都

夏でも女は一枚多い。

二次審査通過作品

三上 智広　北海道

ＯＬは、スポーツだ。

石井 雅規　千葉県

勝負下着は、一瞬しか活躍しない。

中島 優子　東京都

つけ忘れてはいけないけど、
つけてることは忘れたい。

永妻 英剛　東京都

僕は好きです。（27歳・会社員）

中村 れみ　東京都

防災袋にＢ.Ｖ.Ｄ

町田 香苗　東京都

無人島に持っていきたいパンツ、No.1。

宮坂 和里　神奈川県

結果的に、色気も出た。

佐々木 一之　愛知県

この年で胸が痛いのは、きっと下着のせいです。

高津 裕斗　京都府

体はノーブラだと思っているかな。

三島 直也　京都府

母の動きが、いつもよりスポーティだ。

貝渕 充良　大阪府
おっぱいの揺ればかり見ている社員がいます。

速石 光　大阪府
外したときにホッとするような下着ではいけません。

奥村 明彦　東京都　テレビCM
おしゃれな部屋に２人

ニューハーフ：アタシ、下着はＢ．Ｖ．Ｄ．なのよ
イケメン：ふ〜ん、意外だな
ニューハーフ：そお？
イケメン：うん
ニューハーフ：ヤダっ違うっ！Ｂ．Ｖ．Ｄ．レディースよ
イケメン：な、なんだかすごくややこしいな
Ｂ．Ｖ．Ｄレディースを履いた「彼女」の姿
NA：女より男より女 Ｂ．Ｖ．Ｄ．レディース

一次審査通過作品

三上 智広　北海道
女を知ったね、Ｂ．Ｖ．Ｄ．

鎌田 明里　茨城県
仰向けってこんなに楽だったんだ。

髙橋 光輝　群馬県
どんな日だって、ワタシなんだから。

木村 幸代　埼玉県
かわいいも、かっこいいも、好き。

福島 滉大　埼玉県
下着にだって、考えがある。

丸山 佑介　埼玉県
リビングで寝ても怒られなくなりました。

糸井 弘美　千葉県
パンツとパンティの間。

神谷 怜　千葉県
いいえ、着てます

堤 博文　千葉県
男に独占させておいて
いいわけない

堤 博文　千葉県
あなたどうして教えてくれなかったの？

眞家 善ノ介　千葉県
私たちの、俺流。

新谷 建人　東京都
胸を忘れたい時もある。

井沢 のぶ子　東京都
動機。Ｂ．Ｖ．Ｄ．。

稲葉 一哉　東京都
「おさまり」がいいんだって。彼が言ってた。

上田 拓也　東京都
今日は、一駅歩こう。

鵜川 将成　東京都
現代にくノ一がいたら、きっとこのブラを選ぶ。

栄野元 均　東京都
このブラは私も着けてみたいと思いました。
42才男性

海老沼 督弘　東京都
ふたりで選ぼう。

王 一伊　東京都
なんか、知るか。

奥村 明彦　東京都
私をジャマしない。

筧 明子　東京都
汗をかかずに生きたくない

加藤 佑一　東京都
環境って、下着一枚で変わるんだね。

北島 春奈　東京都
レースは勝負の日だけでいい

金 紗愛　東京都
毎日Tバックなんてはいてられるか!

金 紗愛　東京都
勝負下着って、食い込むよね。

黒木 俊太郎　東京都
かわいいパンツじゃ、踏ん張れない。

佐々木 貴智　東京都
お前のパンティ、男前だな。

佐藤 和久　東京都
一緒に走る胸だから。

佐藤 日登美　東京都
男に見せたいブラは、別にある。

佐藤 佑樹　東京都
特別じゃない日は特別な下着。

瀬戸 ヒロノリ　東京都
おっぱいは、疲れている。

瀬戸 ヒロノリ　東京都
どうやら彼女は、今日から本気で走るらしい。

芹澤 高行　東京都
男め、ずっと楽してやがって。

武田 耕一　東京都
あ!いつものジョギング美女だ!

土田 充康　東京都
もっと、女性やろうぜ!

寺村 南希　東京都
「F」が「B」になった日。

中島 優子　東京都
勝負するのは、下着ではなく、わたし。

根津 歩美　東京都
私たちは、下着ごころであふれてます。

野村 京平　東京都
女の「勝負」が
デートだけだと誰が決めたの?

広井 圭介　東京都
既にオトコで実験済み

星合 摩美　東京都
男とか女とかまだ言ってるの?

松野 卓　東京都
勝負下着は、何と戦っているのか?

山内 昌憲　東京都
うん、私だ。

横田 歴男　東京都
アンダーメンタル

工藤 明　神奈川県
そろそろ、女が主役でいいんじゃない?

小松崎 健士　神奈川県
本当の気持ちを、
胸に手を当てて聞いてみなさい

酒向 渉　神奈川県
下着がいいと、上を向く。

高橋 直一　神奈川県
今じゃ、クリントンといえば、
ヒラリーさんですよね。

竹田 豊　神奈川県
この国の、最初の女性総理大臣になる人に、
着ていてほしい。

竹田 豊　神奈川県
男で試して、女で完成した。

宮坂 和里　神奈川県
長い目で見れば、彼のため下着。

北原 祐樹　新潟県
「使ってる」と、言いたい下着。

藤井 陽見　長野県
ランジェリーとは、呼ばせない。

新開 章一　静岡県
どうして素直になれなかったんだろう。

松崎 誠　静岡県
B・W・HにB・V・D・

伊藤 美幸　愛知県
週1のジムより、毎日のブラ。

伊藤 美幸　愛知県
このからだは、ずっと使う。

小川 晋太郎　愛知県
見えない部分が、私の強さ。

佐々木 一之　愛知県
おっぱいのことばかり考えています。

飛田 哲志　愛知県
苦しゅうない。

山中 彰　愛知県
1日の機嫌は、下着にけっこう左右される。

山中 彰　愛知県
はいてる日は、一歩が大きい。

山中 功貴　愛知県
素の貴方が、素敵です。

三島 直也　京都府
肌着はあなたを整える。

嘉藤 綾　大阪府
スタイルのいい女には、スタイルがある。

ハ

富士紡ホールディングス

嘉藤 綾　大阪府
胸とこころは近くにある。

川端 恵子　大阪府
締め付けられるのはイヤ。
自由すぎるのもイヤ。それが女。

國井 裕弥　大阪府
着けていることをお忘れなく。

松尾 健介　大阪府
やる気がズレない。

向井 正俊　大阪府
目的が着せる。

安本 実織　兵庫県
無理をして頑張るのが大人だと思ってた。

穐田 大樹　鳥取県
誰に好かれたいわけ？

藤田 大地　岡山県
20年間、おっぱいのことばっか考えてました。

大石 洋介　福岡県
男だけに、
心地いい思いはさせない！

掃本 健児　福岡県
あいつとは別れても、
こいつと別れる気はない。

小宮路 茂晃　宮崎県
お母さん、かっこいい。

小原 勇人　秋田県　テレビCM
「実はおそろい」編（15秒）
（カップルとその友人の会話）
彼女「今日ね、彼氏とおそろいなの」
友人「えっ、全然衣装そろってないじゃん」
彼女「おそろいなのよね〜」
彼氏「ね〜」
NA：そう、彼も彼女もB・V・D・。
内面から磨け！ B.V.D.Ladies。

石井 雅規　千葉県　テレビCM
颯爽とオフィス街を歩くキャリアウーマン突然、はっと何かに気付いた表情で立ち止まる。
Yシャツの襟を少し上げ、胸元を覗く女。ドキリとする、周りの男性。
女の心の声：「良かった、ちゃんと着てた。」
安心して颯爽と歩きだす女。
NA：「着ていることを忘れるくらい、あなたと一体になるアンダーウエア。B.V.D.Ladies」

佐藤 和久　東京都
「女心」編
男女が険悪な雰囲気
女「ねぇ、なんであれこれ口出してくるわけ？そうやってきゅう屈なのはイヤなの！」
また別の日。男女がまたしても険悪な雰囲気
女「ねぇ、私に興味ないわけ？無関心で放っておかれるのはイヤなの！」

NA「締め付けない、でも逃さない。女性の〝ちょうどいい〟を支える。**BVD Ladies**」

吉川 文義　新潟県　テレビCM

大都会の街路。行き交う多く人たちとそのざわめき。

そこに大名行列がやってくる（時代劇衣装。なお、男たちの持つそれぞれの大名行列アイテムには大きな**B.V.D.Ladies** ロゴ印がついている）。

先頭の男：「下着〜、下着！下着〜、下着！（繰り返し）」

通行人（子供）：「パパ、何、あれ？」

通行人（パパ）：「大名行列、だよな？」

なぜか遠くから来る駕籠のそばで、男たちだけが次々に土下座していく（通行人の女性らは立ったまま）。

まもなくパパの前にも駕籠が。駕籠の中には通行人に手を振る若い外人女性。

通行人（パパ）：「へへ〜！（あらためて土下座）」

通行人（子供）：「パパ、何してるの？」

通行人（パパ）：「おまえも大人になれば分かるさ」

N：「大人の女性は、すでに分かっている」

画面と重なり「**B.V.D.Ladies**」のロゴ。

N：「アンダースタンダード!? **BVD Ladies**」

村上 正之　愛知県　テレビCM

シーン：

朝日が昇る街を黙々とランニングする女性。

疲れたのか、膝に手をやり、白い息を吐き、汗がにじむ。思い直したように、視線を前に向け、また走り出しいく。

NA：あきらめなかったのは、アンダーウェアのせいかもしれない。

女性の運動をサポートする。
B.V.D.Ladies

向井 正俊　大阪府　テレビCM

ロミオとジュリエット編
窓に向かって叫ぶロミオ。
カーテンの閉まった窓に、
シルエットだけ見えるジュリエット。
ジュリエット：ロミオ！
ロミオ：シルエット！
ジュリエット：ロミオ！
ロミオ：シルエット！
NA：美しいシルエットを。
B.V.D.Ladies

柴田 賢一　茨城県　ラジオCM

女1：アンダーウェアを**B.V.D.Ladies** にしたら、
体を締め付けられないけど
きちんと抑えててくれる感じで、窮屈じゃない。
女2：ラジオじゃ伝わらないじゃん。
女1：下着って見せるものじゃないし。
NA：見えない場所で、女性をささえる。
素材・フィット感にこだわり、
女性らしいボディラインを美しく見せます。
下着なら、**B.V.D.Ladies**。

糸原 拓也　東京都　ラジオCM

「交際」篇
N「交際初日。」
女性「ねぇー、たかしぃー、返事してよぉー。」
N「交際1週間目。」
女性「あれ？たかし？返事は？」
N「交際二週間目。」
女性「口答えしたら、ぶん殴る。」
N「女性は進化する。強く、たくましく生きる女性の、機能性、応援肌着、**B.V.D.Ladies**。激しく動く時は、**SPORTS**。普段着は**DAILY**。富士紡ホールディングス。よろしく。」

大重 卓也　大阪府　ラジオCM

女性の声でのモノローグ：
「あなたは勝負下着よ」
そう言われて、タンスのなかで出番を待ち続ける日々でした。
ある日、ついにお呼びがかかりました。
いざ勝負！と、張り切って出かけました。
なのに、気が付いたら、ベッドの下に投げ捨てられていたのです。
誰のための勝負だったのでしょう。
わたしに本当の勝負をさせてください。

電気は目に見えない、
どこの電気も同じに見える。
電力会社のコピーは難しいです。
その分やりがいもあります。

【課題】
やっぱり電気は北陸電力から買おう、と思ってもらえる広告アイデア。

○背　　景：平成28年度から電力小売全面自由化により、自由に電力会社を選べるようになりました。そんななか「今まで通り北陸電力から電気を買おう」と思っていただけるようなキャッチフレーズや広告のアイデアを募集します。
○ジャンル：自由
○参考資料：http://www.rikuden.co.jp

北陸電力

北陸電力

やっぱり電気は北陸電力から買おう、と思ってもらえる広告アイデア
[キャッチフレーズ／テレビCM／ラジオCM]

協賛企業賞

柳元 良（30歳） 神奈川県 メディアハウスクリエーション

北陸を明るくしたい気持ちは、どこにも負けないと思う。

▼協賛企業のコメント

北陸電力 地域広報部長 吉村直樹さん

Congratulations!「電気」は差別化の難しい商品です。電力自由化となり、いかにして当社の電気を選んで頂けるか、効果的なPRに日々、頭を悩ませています。今回、想像を超える沢山のご応募があり、たった1つの作品を選ぶのは難しい作業となりました。協賛企業賞に選出いたしました作品は、電力会社としての原点をお客さまに改めて伝えることができるだけでなく、電気を安定してお届けするという使命感、地域へ貢献したいという思い、お客さまを第一に考える姿勢など、当社社員の日頃の思いを代弁しており、秀逸でありました。うまく伝えることの出来なかった私達の気持ちを言葉にしてくださり、本当にありがとうございます。また、その他の作品においても、素晴らしい作品が沢山あり、CM・広告制作のアイディアとして有効に活用して参りたいと思っています。ご応募下さった皆様に心から感謝申し上げます。

三次審査通過作品

浜田 英之　東京都

最低な電気です。料金が。

二次審査通過作品

佐々木 瞭　宮城県

電気にも、故郷がある。

斎藤 貴美子　埼玉県

電力会社を選ぶことは、電気の作り方も選ぶということです。

塚谷 隆治　千葉県

サイテーな電力会社です。※

※電気料金が全国最低水準

堤 博文　千葉県

電気だって知っている生産者から買いたい

三島 直也　京都府　テレビCM

「ふるさと納税」だけでなく、「ふるさと電気」もあります。

角田 陽一　神奈川県　テレビCM

舞台は重厚な雰囲気の喫茶店。
いかにも通、といった感じのマスターが講釈をのべる。
マスター：僕はね、お茶やコーヒーには絶対妥協しないんだよ。
お客：ほおお！
マスター：豆や茶葉にこだわるのはもちろんだ。でもそれで満足しちゃあいけない。肝心なのはお湯だ。北アルプスがいい。標高2000メートル級の山々が冬の季節風を浴びれば、山は雪に覆われるだろう。やがて春ともなればほとばしる雪解け水…
お客：いいですねぇ。目に浮かぶようだ！その水でお茶を淹れるんですね！
マスター：うん。雪解け水から生まれた電気でお湯を沸かしてね。
北アルプスの雪解け水で淹れると思っていた客、答えが外れて一瞬唖然。
電熱器で沸き上がるヤカンのアップ。
重厚な木のテーブル。淹れたての紅茶が湯気を立てる。
マスター（感極まったような口調で）：どうだい、一味違うよ！
NA：清冽な水が生んだ電気で、清冽な水を沸かす幸せ。北アルプスの雪が生んだ電気です。北陸電気！

高津 裕斗　京都府　テレビCM

□石川のお母さんが、インターネットで電気代の引き落としを確認して東京で下宿している息子の生存確認をする。
ＰＣの隣には息子を中心とした家族写真（息子は冴えないオタク風）。
母「電気代高いわねぇ……。家にばっかりいるんじゃないかしら。」

□東京の息子、北陸電力の電気料金の通知書をみて。
息子「そろそろ電話してみるか。」
≪プルプル≫
息子「あ、母さん、おれさ……、彼女出来たよ。」
NA「この北陸は忘れない。北陸電力。」

一次審査通過作品

佐藤 文浩　北海道
電気の産地直売所。

宮地 克徳　群馬県
節約した電気代は、
あなたを少し幸せにします。
支払った電気代で、
北陸を少し幸せにしませんか。

安達 岳　千葉県
おいしい水で作りました。

安達 岳　千葉県
飲んでもうまい水で、作りました。

安達 岳　千葉県
原材料は、美しい水です。

新居 奈津　東京都
雪解け水から生まれたものは、
ミネラルウォーターではなく電気でした。

荒川 惇　東京都
電気に色を付けるなら、
北陸電力は水色です。

飯野 朝美　東京都
この電気をつくっているひとは、
私の故郷のことばを話してる。

井沢 のぶ子　東京都
人間の70％は水でできてる。この電気の
26％は水でできてる。

井沢 のぶ子　東京都
日本で1番水が好きな電力会社です。

石川 知弘　東京都
私が育った電力で、この子も育てたい。

伊藤 渉　東京都
ダムを満たす雨は、
電気代を抑える雨でもある。

大石 将平　東京都
その電気代、北陸の人に渡しますか？
東京の人に渡しますか？

大石 将平　東京都
電気まで東京から買うようになったら、
この街はおしまいだと思う。

大石 将平　東京都
おなじ雪と戦っている。

大石 将平　東京都
部屋の灯りまで、東京から買いますか。

大関 健太郎　東京都
北陸のおいしい水が生んだ電気。

小野崎 花奈　東京都
このでんきつくってる人、
たぶん知り合いの知り合いの知り合い以内。

ハ

北陸電力

葛原 健太　東京都
北陸の電気で炊いたご飯は、
なんだかおいしい気がする。

小嶋 弘之　東京都
同級生が作った電気。

佐藤 晋　東京都
今夜のごはんは、北陸の雪解け水で
生まれた電気で炊いてみました。

佐藤 日登美　東京都
うまい水は、電気をつくるのもうまい。

浪岡 沙季　東京都
北陸のおいしい水でつくられた電気です。

浪岡 沙季　東京都
電気だって地産地消。

浜田 英之　東京都
都会の電気は、つめてえな。

林 正人　東京都
電力会社を変えたら、
息子が自然の大きさを知った。

林 正人　東京都
大きな会社と言われるより、優しい会社と
言われたい。

平岩 沙織　東京都
電気だって、地産地消。

藤曲 旦子　東京都
いい水を選ぶように、いい電気を選ぼう。

星合 摩美　東京都
電力会社っていうより、電気やさんです。

堀 雅木　東京都
北アルプスの雪解け水を使って
すっきりとした使い心地にこだわって
仕上げました。

宮原 渉　東京都
電気は「どう使うか」と同じくらい
「どう作るか」が大事だ。

矢島 源太郎　東京都
清流育ちの電気です。

矢島 源太郎　東京都
北陸の水で、育ちました。

矢島 佑一郎　東京都
地産地消を電気にも。

横田 歴男　東京都
わが家のお湯は、水で沸く。

横田 歴男　東京都
ていねいに作られた電気は、
ていねいに使いたくなる。

米村 唯　東京都
しっかり者の母が選んだのは、
北陸電力でした。

青木 美穂　神奈川県
自然の力をおすそわけしてもらった
明かりです。

三枝 峻宏　神奈川県
きれいな水から生まれました。

鷺 成一　神奈川県
北陸電力から立山の天然水で作った電気を
お届けします。

高石 幸典　神奈川県
水でつくった電気は、誰も傷つけない。

宮坂 和里　神奈川県
いつか電気も、
北陸の名産品になりますように。

八ツ橋 哲也　神奈川県
この部屋の明るさは、
北陸の豊かな水から生まれた。

柳元 良　神奈川県
北陸を明るくしたい気持ちは、
どこにも負けないと思う。

堀江 亮太　富山県
越前ガニも北陸
寒ブリも北陸
電気も北陸

松原 史恵　富山県
地元の電気を使うほど、地元が元気になる。

吉川 佳菜　富山県
地元の水や空気をたいせつにするように、地元の電気をたいせつにできる子にそだってほしい。

吉川 佳菜　富山県
ゆたかな自然が産み出した、
水と空気と電気でわたしは育った。

中山 由貴　石川県
おとくに全力、
ほくりく電力。

古田 博之　岐阜県
飲んでもおいしい水でつくった、
ちょっと贅沢な電力です。

新開 章一　静岡県
北アルプスの雪どけ水が、
北陸の電気になりました。

加藤 しょうへい　愛知県
帰宅して、電気のスイッチ入れるとき。
「お帰りなさい」届けています。

長瀬 久在　愛知県
北陸から、産地直送。

山中 彰　愛知県
近所の電柱にのぼる配電マンの仕事ぶりを見てから決めてください。

三島 直也　京都府
電球を変える感覚で、
電力会社も変えられる。

大重 卓也　大阪府
北陸のおいしい水で作った電気

沖垣 みのり　大阪府
ふるさと納税もいいけど、
ふるさと電気もいいな。

黒坂 謙太　大阪府
おいしい水が、生むでんき。

西脇 亨　大阪府
人も、充電していると思う。

速石 光　大阪府
仕送りしてあげたいくらい
クリーンなエネルギーです。

竹之内 敏文　奈良県
産地直送
北陸電力。

高橋 誠一　広島県
電気にも故郷があると思う。

若林 淳一　福岡県
故郷が、エネルギーをくれる。

山田 龍一　長崎県
北陸の、水で作った電気です。

長井 謙　東京都　テレビCM
○南極の氷篇
大量に石炭を燃やす映像の後に、北極の氷が崩壊するスロー映像。
NA「遠くまで電気を供給するのに、大量の資源が使われます」
コピー&NA「北陸の皆さん、近くの電気を使ってくれませんか?」
ロゴ&NA「北陸電力」

長井 謙　東京都　テレビCM
○バケツの水篇
ポタポタ水をこぼしながら、遠い家までバケツを運ぶ人
水をあまりこぼさず、近くの家までバケツを運ぶ人
NA「例えば水の場合、遠い距離まで水を一滴もこぼさずに運ぶのは難しい。近くであれば、あまりこぼさずに、すぐ運べます」
電線の映像
NA「電気も同じです。遠い発電所から電気を届けると、電気にロスが生じます。地元の発電所を使えば、ロスが少なく、無駄な電気を抑えられます」
北陸電力の映像
NA「北陸の皆さん、資源の無駄を、一緒に減らしませんか?北陸電力」

浪岡 沙季　東京都　テレビCM
輪島塗りの職人、生菓子の職人、メガネのフレームを作る職人が細かい作業をしている。
手元を照らすライトにフォーカス。
その活躍に、スポットライトを。
NA:北陸電力

浜田 英之　東京都　テレビCM

男女が日本海の荒波漂う断崖絶壁にいる。
男：リクコ！
女：来ないで！どうせあたしより他を選ぶんでしょ！
男：そんなことはしない！
女：嘘よ！どうせ私は安っぽいわよ！
男：違う！お前は…本当に安いんだよ！
女：!?
男：だから、だからお前がいいんだ！リクコ！
女：あたしも！別れたくなんかない！
抱き合う二人。
NA：電力自由化しても、今まで通り大変お安い北陸電力をオススメします。

國井 裕弥　大阪府　テレビCM

『民衆を導く自由の女神』篇
ドラクロワ作「民衆を導く自由の女神」に描かれた人物たちが絵画から抜け出している。
女神：みんなー、日本で電力自由化が始まってるわよ！自由と聞いたら、私たちが行くしかないでしょー！
民衆：ウォォオオオ！！
民衆A：日本のどちらに行かれますか？
女神：北陸よ！北陸電力が安いって聞いたわ！
民衆：ホクリクゥウウウウ！！
女神：ついでに、21世紀美術館にも行きましょ！
民衆：ウォォオオオ！！
民衆A：（ホントはそっちが目的なんじゃ…）
NA：自由になっても、北陸電力。

上原 脩平　沖縄県　テレビCM

部屋飲みをしている、三人の男性。
男1「（窓から夜空を眺め、しみじみと）もう15年も経つのか…
俺らが北陸からこっちへ出て来て」
男2「（天井を見上げ、しみじみと）そうだな…でも今の俺の生活があるのは北陸のおかげだけどな」
男1「（笑って振り向く）それはさすがに言い過ぎでしょ。お前がこっちで成功したのは、お前自身が頑張ったからだろ」
男2「いや、そうじゃなくて。（部屋の照明を指差し）うちの電気、
実際に北陸電力から買ってるんだよ」
男1「あ、そっち!?…でも何でわざわざ北陸電力と契約してんの？東京なのに」
男2「生まれ故郷に少しでも貢献しようと思ってな」
男3「（鼻で笑い）って言ってるけど、単にこいつポイントが欲しいだけだぞ！なぁ？」
男2「おい、言うなよ！せっかく格好つけようとしてたのに！」
NA「北陸電力で契約すると、ほくリンクポイントやTポイントが貯まります」
男1「そっか…（再び夜空を眺め）そろそろ俺も故郷に貢献するか…」
男3「どうせお前もポイント目当てだろう！」
NA「同じ電気なら得する方が良い」
CI＋ロゴ「北陸電力」

本平 幸男　北海道　ラジオCM

男：よっし、外回りに同行するか。
女1：ありがとうございます。でも、もうそろそろ一人立ちしなければと思っているんです。
今日、高井先輩は、横に立っているだけで、何も話さないで、見守っていてもらえませんか。
男：おっ、そうか分かった。
（間）
SE：ピンポーン（インターホン）
ガチャ（ドアの開く音）
女2：どちらさまですか。
女1：北陸電力の、安井です。
NA：電気の契約は、北陸電力へ。

ハ
北陸電力

浪岡 沙季　東京都　ラジオCM

NA：福井県 幸福度ランキング1位
富山県 幸福度ランキング3位
石川県 幸福度ランキング5位
NA：北陸の幸福度が高いのは、電気料金が全国的にも安いことと、何か関係しているのかもしれない。
NA：北陸電力

曽田 真太郎　福岡県　ラジオCM

【仕送り編】
電話で話す息子と、母。
母：どう？東京の生活は？
息子：まだ慣れないね…
母：ご飯ちゃんと食べてる？
息子：うん…
母：本当に？なんか送ろうか？
息子：うん…
母：お米送るね！
息子：うん…
母：あと、パンツ！
息子：うん…
母：あと、洗剤！
息子：うん…
母：あと、北陸電力！
息子：うん……えっ？
NA：地元の電力を仕送りに。北陸電力

マスメディアン

結婚や出産を経ても仕事を続けたい女性クリエイターに「しゅふクリ・ママクリ」を利用してもらうアイデア

［キャッチフレーズ／テレビ CM ／ラジオ CM］

マ

マスメディアン

協賛企業賞

田口 恵子（34歳） 東京都 電通クリエーティブX

この子のために生きること、は
この子のために諦めること、ではない。

▼協賛企業のコメント

マスメディアン しゅふクリ・ママクリ担当 キャリアコンサルタント
長野 茜さん

しゅふクリ・ママクリのサービスがスタートし、コピーライター、デザイナー、Webクリエイターなど多くの優秀な女性の方々とお会いしています。皆さまとてもエネルギッシュで、交友関係も広く、仕事ができるクリエイターばかりですが、やはりどこかで何かを諦めなければいけないのでは？と不安を感じている方が多いようです。このコピーはそんなママさんクリエイターの肩に手を置き、そっと背中を押す素晴らしいコピーだと思います。「この子のために」というリフレインが耳に心地よく、守るべきものがあるクリエイターの芯の強さも感じることができます。このコピーに負けないよう、しゅふクリ・ママクリも、より一層働く女性を応援していけるよう邁進していきます。このたびは誠におめでとうございます！

三次審査通過作品

アイデアママン。

市村 大祐 東京都

二次審査通過作品

私は赤ちゃんを生んだ。
その赤ちゃんは新しい視点を生んだ。

福島 滉大 埼玉県

ちょっと世界もあやしてくる。

田辺 拳斗 千葉県

ワーク ワイフ バランス。

尾形 絵理奈 東京都

だんながなんだ

正水 裕介 東京都

うちの子より大人しいですね、
このクライアント。

伊藤 史宏 愛知県

私の抜けた穴は、私が埋めたい。

鈴木 謙太 愛知県

旧戦力は、即戦力だ。

速石 光 大阪府

土屋 憲佑 山梨県 テレビCM

家で女の子（3歳程）が、テレビを観ている。
母：「晩ごはん、何がいい～？」
娘：「ん～？」
すると、カレーのCMが流れる。
娘：「・・・カレー！！！」
ガッツポーズをする母。
娘：「ママ、どうちたの？」
母：「なんでもないわよ！じゃ、一緒にお買い物行こっか？」
娘：「うん♪」
母：「（心の声）もう少し大きくなったら、教えてあげるね。ママのお仕事。」

母がカレーのＣＭ撮影をしていた映像の回想。
NA：おいしいカレーも、おいしそうなカレーのＣＭも、創ろう。
クリエイティブ職に復帰して、誰かの心を動かすなら。
ママを応援する「しゅふクリ・ママクリ」

榎本 祐大　愛知県　テレビCM

ママの思い悩む表情。
ママ「・・・やってしまった」
息子「ママ、すご～い！！！」
ママ「・・・やってしまった」
そこは、学校の夏休み課題ポスターの入賞発表展示場。一際完成度の高い作品がある。その前で佇むママと息子。
ママ「・・・息子の宿題のポスターで金賞をとってしまった」
息子「いい絵だもんね～！」
ママ「どうしよう。・・・また描きたい」
ママの表情に被せて、
『ママだってクリエイティブでいたいじゃないか？』
NA「女性クリエイターの強い味方。しゅふクリ・ママクリ」

町田 香苗　東京都　ラジオCM

子供：ママーおうまさん、うまくかけないよー
母親：うーんそうね、もうちょっとお鼻と首を長くして、骨格をしっかりさせて、大腿筋が発達してるから、太ももをがっちりさせて
もっと影をつけて立体感を出せば、ほーらそっくりよ！
NA：引退はまだ早いです。結婚や出産を経ても仕事を続けたい女性クリエイターに。「しゅふクリ・ママクリ」

一次審査通過作品

宮地 克徳　群馬県
切り口は、千切り。

新井 美和子　埼玉県
一昨年：結婚おめでとう。
去年：出産おめでとう。
今年：再就職おめでとう。

居川 理恵　埼玉県
能力を発揮できないと、
人はイライラする。

居川 理恵　埼玉県
ダンナは変わらない。
わたしが変わろう。

池内 健太　埼玉県
仕事から少し距離をとれたことも、
収穫でした。

川面 沙斗美　埼玉県
肩書きは、替えるんじゃなく、
増やすものであっていいのよ。

木村 幸代　埼玉県
「希望」を「わがまま」にしない世の中に。

中島 崇　埼玉県
ライバルは、産む前のわたし自身。

長嶺 壮悟　埼玉県
愛の始まりは、夢の終わりじゃない。

池田 久美子　千葉県
どうして〝オメデタイ〟が、
人生の足かせになるの？

石井 雅規　千葉県
子供には好きなことをして欲しい。じゃあ、自分は？

田辺 拳斗　千葉県
あなたの悩みを聞いてくれる人が、職場にはいる。

田辺 拳斗　千葉県
育児だけだと辛いこともある。仕事もすると育児は癒しに変わる。

阿部 航介　東京都
こんなサービスも、いつか必要なくなればいい。

天沢 もとき　東京都
みんなの復帰第一作目が、街をにぎわす。

新谷 建人　東京都
言葉のママになろう。

井口 稲子　東京都
来世まで待てない。

入江 亮介　東京都
「ＪＡＧＤＡ新人賞２０１５」を受賞したのは、ママです。

入江 亮介　東京都
巨匠に男が多いのは、仕事を続けられるからだ。

マ　マスメディアン

植村 明弘　東京都
「仕事と私、どっちが大切なの？」と、夫に言われる世の中になってもいいと思う。

奥村 広乃　東京都
女が働きにくい世の中を、変えるのはやっぱり女だと思う。

加藤 晃浩　東京都
このアイデアとおっぱいは僕には出せない。

加藤 晃浩　東京都
三児の母が、三次も通過。

加藤 晃浩　東京都
出産したを、履歴書に書こう。

狩野 慶太　東京都
家事を分担しないなら、仕事を分担してやる。

河津 清一　東京都
宇多田ヒカルは母となって、新たな魅力を歌にしました。

小柴 桃子　東京都
ライオンは、メスが狩りをする。ニンゲンも、そうさせてください。

後藤 裕彦　東京都
時代をつくる業界が、時代遅れになってはいけない。

坂口 留実　東京都
息子よ、ママはライダーじゃなくてライターよ。

柴本 純　東京都
仕事に家庭を持ち込むわ。

全 ミン京　東京都
10年後の後輩たちには、あなたの生き方が見本になる。

菅原 麻子　東京都
一婦多才。

関 佐和子　東京都
世界で一番大変な仕事、経験済みです。

瀬戸 ヒロノリ　東京都
「ママ」は職業ではありません。

田口 恵子　東京都
「ママ」は、仕事ではない。

田口 恵子　東京都
この子のために生きること、は
この子のために諦めること、ではない。

竹村 弥生　東京都
主婦は立派な経歴です。

竹村 弥生　東京都
好きなら、産もう。

鶴岡 延正　東京都
母になることは、なにかを諦めることではない。

鶴岡 延正　東京都
待機しているのは児童だけじゃない。

中辻裕己　東京都
男の言葉は嘘ばかりだ。

永吉宏充　東京都
母親目線と母親の目線は、大きく違う。

並川隆裕　東京都
「おめでた」の次は、
「おかえり」と言われたい。

野田正信　東京都
女性にしかできない仕事の次には、
私にしかできない仕事がしたい。

野田正信　東京都
私は、女子の視点も、妻の視点も、
母の視点も持っている。

野村京平　東京都
ほら、
この広告が
あなたの弟よ。

林田淳　東京都
いつか、こんなサイトが不要な社会になり
ますように。

福島慎一　東京都
コピーのママになる。

福森瑞己　東京都
「好き」を諦めない。娘にそう示すのも、
ママの役目かもしれません。
福森瑞己　東京都
あなたの帰りを待っているのは、
子どもだけではない。

藤曲旦子　東京都
アイデアなら何才でも産める。

藤曲旦子　東京都
アイデアも高齢出産アリ。

南忠志　東京都
女は、母になってからが長い。

宮原渉　東京都
プロポーズは、受ける方にも勇気がいる。

宮原渉　東京都
キャリアウーママ

森岡祐二　東京都
ママでもできる仕事より、
ママでもやりたい仕事を。

山神悠理　東京都
眠らせるのは子供だけでいい

横尾乾星　東京都
この仕事のために、
私は何年「私」を育てたのだろう。

石井倫太郎　神奈川県
クリエイターは、男性のための職業ではない。
石塚啓　神奈川県
色んなママを見て、
どういうママになるか決めたい。

打田倫明　神奈川県
企画書に子供の落書きがあった、
少し場が和んだ。

酒向渉　神奈川県
仕事以外にママとして知りたいことも
知れる。

宗野裕一　神奈川県
両立は苦しい。諦めるのはもっと苦しい。

林一平　神奈川県
全国の「ただいママ」、応援しています。

平野あゆみ　神奈川県
ママタレは飽和している。
ママクリはどうだろう。

北原祐樹　新潟県
「主婦」は立派な肩書きだ。

近藤英俊　岐阜県
コトバは、一生産める。

長縄寛久　静岡県
辞めるのを止めた

伊藤史宏　愛知県
出産は実績です。

佐野 貴浩 愛知県
入るのは難しいのに
出て行くのは簡単だ。

鈴木 謙太 愛知県
「子供のせいで」より、
「子供のおかげで」の方が多い業界。

田中 みちか 愛知県
「妻」「嫁」「母」、
名刺には載らない肩書きが増えました。

中谷 佳純 愛知県
寿入社はいかがでしょう。

東 裕希 愛知県
井上と和田の二つの人生を歩んでますから

飛田 哲志 愛知県
苗字は、変えた。生き方は、変えられなかった。

廣岡 弥生 愛知県
あのころよりもたくさんみえる、
あなたがほしい

山中 彰 愛知県
人妻は、昼間に刺激を求める。

山中 彰 愛知県
定時で帰る工夫も、
立派なクリエイティブだと思う。

山中 彰 愛知県
台所でひらめくアイディアは、会議室で
出るアイディアとは、全然違うと思う。

マ マスメディアン

野田 陽子 京都府
近い将来、
このサービスがなくなっていますように。

三島 直也 京都府
あなたにしかできない仕事があるのに、
誰でもできる仕事をするのですか。

上野 由加里 大阪府
しあわせと引きかえに、
しあわせを手放してはいけない。

貝渕 充良 大阪府
前例がいくつもできれば、常識になる。

北川 秀彦 大阪府
主婦目線で考えるより、
主婦が考えるほうが早い。

高橋 歩 大阪府
「お帰りなさい」家以外の戻れる場所。

西岡 あず海 大阪府
どんなクライアントも赤子同然

野木 隆司 大阪府
家事や育児だって、
立派なキャリアです。

速石 光 大阪府
生活感は武器になる。

林 恭子 大阪府
女性は、産みだす天才です。

松村 康矩 大阪府
運命の人と出会った。夢を諦めるのも運命
だと思った。

水落 祥 大阪府
今度は、頭で産みましょう。

山下 祐輝 大阪府
子育てが終わるのを待っているあなたを、
時代は待ってくれない。

篠田 将一 兵庫県
与謝野晶子の代表作は、
母になってから生まれた。

中島 正顕 兵庫県
結婚後の人生の方が長いから。

久野 絵美 兵庫県
好きな人と好きな事は、同じじゃなくていい。

松田 一晟 兵庫県
男女平働。

守谷 直紀 兵庫県
クライアントの担当者にも、
ママが増えています。

守谷 直紀 兵庫県
コピーは経験がものをいう。
じゃあママってすごい経験だ。

安本 実織 兵庫県
1日5時間だけ、ママを休もう。

安本 実織　兵庫県
生きる世界が変わると、アイデアが変わる。

吉原 太郎　兵庫県
遅咲きの花が、次の季節を連れてくる。

田中 克則　和歌山県
男の知らない感動は、武器になり続ける。

藤田 大地　岡山県
寿入社。

藤田 大地　岡山県
「ともや」、作品できたわよー！」

藤田 大地　岡山県
ママにだって処女作を。

長門 萌　広島県
打ち上げは、
ランチでやろうと言ってもらえた。

長門 萌　広島県
寿入社しよう。

江副 佑輔　福岡県
お母さんを知っているコピーと、
お母さんをしているコピーは違う。

五阿彌 直子　大分県
家の中では、咲かない花がある。

大城 翔平　沖縄県
〝ママ〟は仕事じゃありません。

マスメディアン

杉村 和彦　北海道　テレビCM
美大に通う女子学生。一生懸命、授業の課題に取り組む姿。
女性「あの頃は、クリエイターになることが夢だった」
卒業後、クリエイターとして働き出す元女子学生。
残業や徹夜をして、コンペに勝ち、仕事が世の中にでる。
女性「夢は叶えられると知った」
彼氏とのデート。そして、ついにプロポーズ。
仕事を続けたい気持ちもあり迷う女性の表情のアップ。
NA：夢は叶えるものではなく、
　続けるもの。
女性クリエイターのための
「しゅふクリ、ママクリ」

橋場 仁　埼玉県　テレビCM

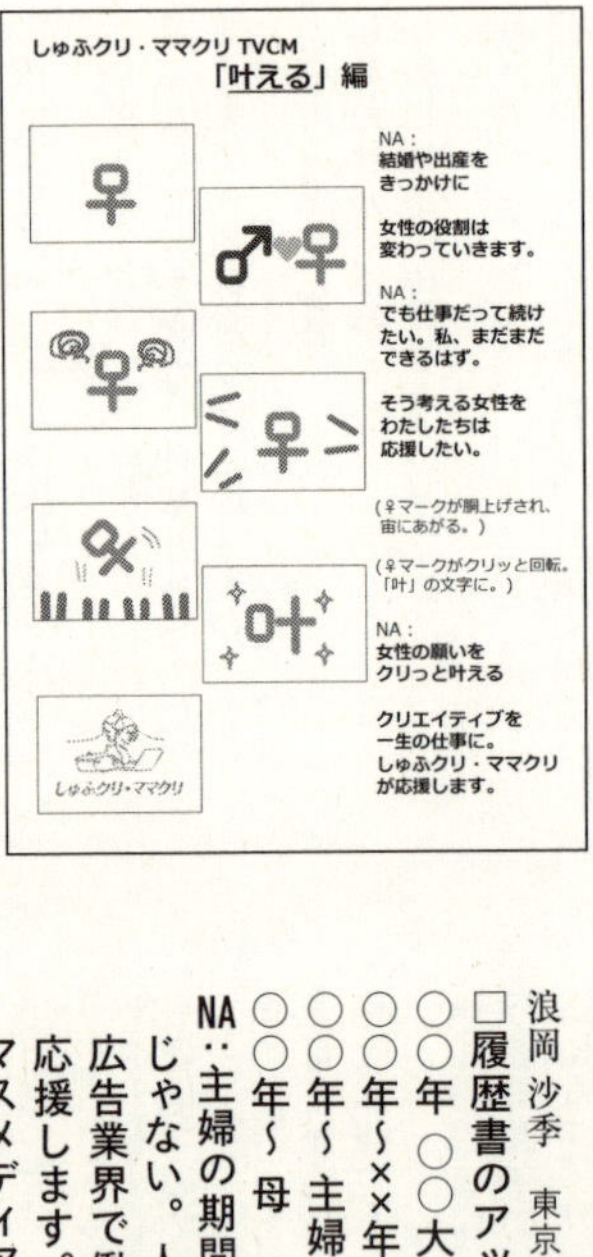
しゅふクリ・ママクリ TVCM
「叶える」編
NA：
結婚や出産を
きっかけに
女性の役割は
変わっていきます。
NA：
でも仕事だって続けたい。私、まだまだできるはず。
そう考える女性を
わたしたちは
応援したい。
(♀マークが胴上げされ、宙にあがる。)
(♀マークがクリッと回転。「叶」の文字に。)
NA：
女性の願いを
クリっと叶える
クリエイティブを
一生の仕事に。
しゅふクリ・ママクリ
が応援します。
しゅふクリ・ママクリ

河内 大輝　東京都　テレビCM
「いないいないばぁ」篇
電車内で
母親が赤ん坊を抱いて座っている
周りに座っているのはサラリーマンや大学生
母「いないいない、ばーっ！」ちょっと変な顔
周りの人微笑ましく見る 赤ちゃん笑う
母「いないいなーい、ばぁ！」すごく変な顔
赤ちゃん笑う 周りの人も少しにやける
母立て続けに
「いないいない、ばぁ！(変顔)ばぁ！(変顔)ばぁ！(変顔)ばぁ！……」(永遠に「ばぁ！
と同時に様々な変顔を作る)
赤ちゃんも周りの人も呆然とする
NA　クリエイティビティを持て余してるあなたへ、しゅふクリ・ママクリをお勧めします。
母「ばぁ！」(両鼻に花火をさしながら変顔)

浪岡 沙季　東京都　テレビCM
□履歴書のアップ
○○年 ○○大学卒業
○○年〜××年 ○○広告会社
○○年〜 主婦
○○年〜 母
NA：主婦の期間も、ママの期間も、ブランクじゃない。人生の強みだ。
広告業界で働きたい女性クリエイターを応援します。
マスメディアンの、しゅふクリ・ママクリ

佐枧樹功一　神奈川県　テレビCM

【サンタさん！】編

娘・美優　ママは動いてない時がない。（心の声）

ママ「さあ、美優食べちゃって。幼稚園の時間」

手の込んだ料理アップ。言われた通り、素直に食べる六歳の娘。

パパ「ママ、ネクタイどっちがいい？」

ママ「そのシャツなら、そっち」

姉「ママ、髪うまくセットできない！」

ママ「ワックス貸して」

兄「ママー、お道具袋は？」

ママ「ごめん！あと五分頂戴！」

赤ん坊の泣き声。

ママはお道具袋を仕上げながら、赤ん坊をお手製のお面で笑わす。

パパ「じゃあ、行ってくるよ」

ママ「はーい行ってらっしゃい」

兄・姉「待って！」

ママ「車気を付けてねー！ああ、美優！お片付けしてくれるの」

娘はいそいそと空いた食器を片付ける。

そこへ迎えのバスが来る。

ママ「あ、来た！もういいわ、ありがとう！」

急いで外へ出る母娘。

バスに乗り、窓際の席から、ママに手を振る娘。

バスが動く。娘は腕を組んで考え込む。

友達「美優ちゃん、どうしたの？」

隣の席の子が尋ねる。

美優「うちのママ、ママ以外のこともしたいの。けどね、できないの」

友達「なんで？」

美優「だって、主婦はいそがしいから！」

友達「でも、うちのママ、してるよ。てんしょくしたんだよ」

美優「本当！？」

友達「うん。えっとぉ・・確か、クリスマスみたいな感じの人に相談したって言ってたなぁ」

美優「・・・サンタさん？」

友達「うん！サンタさん！」

N「いえ、サンタさんではありませんが、しゅふクリ・ママクリは結婚・出産後も働きたいと考える女性クリエイターたちの、これからのキャリアに、明るい希望を感じてもらえるプロジェクトです」

美優「すぐママに教えてあげなきゃ！先生、降ります！」

先生「ええ！？」

スーパーMESSMEDIAN

都竹玲子　愛知県　テレビCM

向井正俊　大阪府　テレビCM

おもちゃの広告を見て駄々をこねる子供。

子供：あれほしいー！ほしい！ほしい！

母親：そうでしょ、欲しくなるでしょ！

子供を見て喜ぶ母。

NA：ママになっても広告作りを。

しゅふクリ・ママクリ

白石文子　福岡県　テレビCM

授業参観篇

（小学生の授業参観の作文発表にて、少年が作文を読んでいる）

子ども：うちのお母さんは、その日のおしごとで、夕飯の献立が変わります。

おしごとがうまくいった日は鼻歌まじりの手作りハンバーグ。

うまくいかなかった日は、レトルトカレー。

マ　マスメディアン

観覧の母親たち：クスクス・・・
○少年の母親、うつむく
○作文を読む少年のアップ
子ども：でも、いっしょうけんめいお仕事しているお母さんは、いつだってすっごく、楽しそうです。そんなお母さんが、ぼくは大好きです。
○少年の母親、うつむいていた顔をあげて、涙ぐむ。
NA：大変な仕事だからこそ、喜びもやりがいもあること、
子どもにもきっと伝わっている。
しゅふクリ・ママクリは、女性クリエイターが母になっても
クリエイティブの仕事を続けられるように応援するサービスです。
○ロゴアップ
NA：しゅふクリ・ママクリ

神田 真理子　青森県　ラジオCM

ママになる前はクリエイター
ママになってからは元クリエイター
元は嫌だ 今もクリエイターでいたい
ママになってわかることもある
でも変わらないのは働きたいってこと
そんな貴方を
しゅふクリ・ママクリは応援します

長井 謙　東京都　ラジオCM

○高い篇
男「ちょっと、奥さん。新しい洗剤が出たんだけど、買っていかない？」
女「うーん、ちょっと高いわね」
男「それなら、特別に200円引き！」
女「少し高いわ」
男「じゃあ、おまけで、500円引き！」
女「やっぱり高いわ。…フォントの位置が」
男「え？」
NA「値段より、ついデザインを見てしまう奥さんへ。子育てしながら、デザイナーとしても働ける職場探しなら、しゅふクリ、ママクリ」

長井 謙　東京都　ラジオCM

○辞めた理由篇
息子「ママー、練習大変だからサッカー辞めたい」
母「あんたがやりたいって言ったんでしょ！最後まで頑張りなさい！」
息子「じゃあ、ママは何でデザイナー辞めたの？」
母「それは…」
NA「子育てを言い訳にしたくないあなたに。広告業界で働き続けたいママ応援します。しゅふクリ、ママクリ」

夏目 環　東京都　ラジオCM

息子：ぼくのママは、カッコいいんだ。いそがしいってきくと、ぼくはちょっとさみしい。

でもママがつくったものをみせてくれると
ぼくは嬉しい。

じまんのママなんだ。

NA：子どもは母親の輝いている姿が好きだ。

家族を理由にクリエーターの道を悩んでいる女性へしゅふくり、ママくり。

浪岡 沙季　東京都　ラジオCM

NA：山田ママの場合
山田母：いつまでゲームやってんの！バカッ早く勉強しなさい！
NA：コピーライター田中ママの場合
田中ママ：そのゲーム、クリアするの難しい？舞台となっている、ローマ時代の世界史の教科書を読めば、ヒントがみつかると思うなぁ。
NA：子どもの心がわかるママは、人を動かすクリエイターになる。
広告業界で働き続けたい女性を応援します。
しゅふクリ・ママクリ

石関 恵子　神奈川県　ラジオCM

アナウンサーの男：国民的アイドル引退の理由は？
アイドルの女：結婚するからです。
SE：（どよめく会場）
女：私がクリエイターを辞める時はとても静かだった。
NA：しゅふクリ・ママクリは、女性クリエイターが結婚や出産を理由に引退しない世の中を目指しています。マスメディアン。

寺崎 和隆　神奈川県　ラジオCM

【新・創世記】篇（60秒）

イブ：ねえ、アダム。
アダム：なんだい、イブ。
イブ：私、作りたいの。
アダム：えっ？・・・だ、だって、作ったばっかりじゃないか。
イブ：子供じゃなくて、広告よ、広告。
アダム：ああ、びっくりした。そうか。才能、もったいないもんね。
イブ：なんとかしてくれるの？
アダム：（狸寝入り）ぐー。
イブ：もー・・・、おやすみ。
SE：ライトを消す音
イブ：（祈りを込めて）主よ、創造の主よ。広告の世界の半分は目を閉じたまま、あと半分の創造力は、眠り続けるのでしょうか？
SE：ライトを点ける音
イブ：目を開けてくれたんだ。
アダム：おまえの才能活かせない俺なんか、どこがクリエイティブだよ。
イブ：ありがと。
アダム：眠らせてたまるか。
SE：キス
N：広告を生む、すべてのアダムとイブに、光を。
就職支援サービス、しゅふクリ・ママクリ。
マスメディアン。

長縄 寛久　静岡県　ラジオCM

男児：ぼくのママはクリエイターです。でも、学校から帰るといつも家にいてくれます。

NA：週3日、16時までなど働きやすい環境を提案します。

子どもも嬉しい、ママも嬉しい
「しゅふクリ・ママクリ」

マスメディアン

砂川 夏海　兵庫県　ラジオCM

記者 間もなく田中選手コピーライター引退会見が開かれます。
田中　この度出産を機に引退を決断しました。
記者　しゅふクリ・ママクリは検討されないんですか？
田中　はい？
記者　結婚・出産後の女性クリエイターの就職支援サービスですよ。
田中　そんなものが…！引退、取り消します！
SE（ざわつく会場）
NA　クリエイターを一生ものに。しゅふクリ・ママクリ。

マ
マスメディアン

ティラティスの魅力がより多くの人に伝わる
アイデアを募集します。

都内のイタリアンレストランで広まっているチーズのような豆乳クリームから生まれたソイティラミス。
その包み込まれるようなやさしい味わいと、カラダ想いで環境にもやさしいスイーツであることからイタリア語の

ティラミス「Tira mi su！＝私を元気にしてくれる」

に対して、

ティラティス「Tira ti su！＝あなたを元気にする！」

として新たに誕生しました。

まめプラス

【課題】 新スイーツ「ティラティス」の魅力が伝わるアイデア
【ジャンル】 自由
【参考資料】 まめプラスサイト「ティラティス」 http://www.mameplus.jp/world/tiratisu/

まめプラス推進委員会

新スイーツ「ティラティス」の魅力が伝わるアイデア
［キャッチフレーズ／テレビ CM ／ラジオ CM］

協賛企業賞

もらうとうれしい。意味を知ると、もっとうれしい。

下川 恵利奈（35歳）神奈川県　会社員

▼協賛企業のコメント

まめプラス推進委員会
（不二製油グループ本社）
マーケティンググループ
岩舘澄江さん

このたびは、協賛企業賞の受賞、誠におめでとうございます。〝チーズのような豆乳クリーム〟を使用した新しいコンセプトスイーツ「ティラティス」の価値を普及させるべく、この1年取り組んで参りましたが、より多くの人々の心に響くアイデアがあればと長らく考えておりました。今回、数多くの応募作品の中から本作品を選ばせていただいたのは、「ティラティス」が生む喜びと、人と人との絆、コミュニケーションを最も端的に表現してくださっているからです。一時のトレンドスイーツではなく、コミュニケーションアイテムとして定着させるべく、この「もらうとうれしい。意味を知ると、もっとうれしい。」をキャッチコピーに、洋菓子業界を盛り上げる新たな文化として広めていきたいと思います。素敵なアイデアを考案いただき本当にありがとうございました。今後、一層のご活躍をお祈り申し上げます。

三次審査通過作品

山下 英夫　神奈川県

「ティラミスじゃないの?」から会話が生まれる。

二次審査通過作品

小野崎 花奈　東京都

ティラティスは、口実になる。

手代森 修　東京都

ベツバラも、オダイズに。

鈴木 正実　神奈川県

ソイじゃ、いただきます。

天畠 紗良　神奈川県

誤植じゃありません、試食してみてください

宮村 亮大　神奈川県

だいずきなあなたへ。

二羽 富士夫　石川県

だいずきなあの人に。

柿本 和臣　福岡県

深夜3時におやつで食べた。

小林 猛樹　千葉県　テレビCM

■少女Aの真面目な中学時代の写真。
■はじけた大学生になった今の少女A。
NA：女は変わる。
■地味な大豆の写真。
■美味しそうなティラティス。
NA：お豆も変わる。お豆のスイーツ「ティラティス」。

まめプラス推進委員会

三島 直也　京都府　テレビCM

食卓にて。夫婦が食事をしている。
夫：冷奴ある？
妻：あー、無いけど、近いのはあるよ。
夫：じゃあ、それで。
妻：はい
ティラティスが夫の目の前に置かれる。
呆然とする夫。
NA＋S：大豆から生まれたスイーツ。
　ティラティス

土屋 憲佑　山梨県　ラジオCM

業者の人：社長!!!
この度は「鉛筆１００本」のご注文を、
弊社のミスで「煙突１００本」と
間違えて納品してしまい、誠に申し訳・・・
相手社長：いいよいいよ!!（遮るように）
それより早く食べよ!!
その手土産、ティラティスでしょ!?
NA：大事な時に頼りになる、大豆の美味しさ。
　新スイーツ「ティラティス」

一次審査通過作品

安達 岳　千葉県
「元気出して」って言葉は、たまに重いから。

冨田 哲子　千葉県
「大豆好き？」のつもりが
「大好き？」と訊いていた。

荒井 洋真　東京都
だいずき。

池田 慧　東京都
だまされた。けど幸せ！

石川 知弘　東京都
あげる相手は違っても、
あげる理由は同じです。

鵜川 将成　東京都
おやつ禁止！※ただしティラティスは可

竹村 弥生　東京都
ブームで終わらせたくないので、
少し遅れてやってきました。

加藤 千尋　東京都
まだ普通のティラミス食べてるの？

長坂 祥治　東京都
「また来てね。ティラティスと一緒に。」

小西 秀昭　東京都
だいずきです。

中辻 裕己　東京都
流行りに敏感な人が、
キレイなのはなんでだろう。

小西 秀昭　東京都
祖母が「私はいいよ」と言わなくなった。

野田 正信　東京都
ソイも甘いも。

齋藤 大樹　東京都
ナポリタン、魚のカルパッチョ、ティラティス。日本人は、イタリアンの発明が得意だ。

林 次郎　東京都
体重にプラスか。体にプラスか。

高澤 邦仁　東京都
二つ注文していいとは言ってないよ。

星合 摩美　東京都
甘い言葉なんてなくていい。

星合 摩美　東京都
口で伝えなくても、ひと口で伝わった。

松尾 栄二郎　東京都
デザート抜きじゃ、ワタシじゃない。

森 明美　東京都
デザートを食べながら、
健康の話をした。

矢島 佑一郎　東京都
「飲み行くぞ」が効く時もあれば、
「これ食べて」が効く時もある。

石井 倫太郎　神奈川県
買って帰れば、甘い夜になる。

栗田 一平　神奈川県
キミのことが、ダイズキなんだ。

酒向 渉　神奈川県
甘いだけじゃ、
優しさとは言えない。

下川 恵利奈　神奈川県
もらうとうれしい。
意味を知ると、もっとうれしい。

高橋 直一　神奈川県
健康のために、と言って、
母は父の分まで食べた。

マ まめプラス推進委員会

竹田 豊　神奈川県
女子は、クリームが食べたくて、
スイーツを買う。

竹田 豊　神奈川県
女は、結局、マメに弱い。

柳元 良　神奈川県
ティラミスのことは、
一度忘れてください。

柳元 良　神奈川県
ティラミスが好きな人は、
もっと好きになるかも。

蟹 太郎　富山県
ディナーとセックスの間に、
ティラティスを。

穐山 定文　山梨県
恋をしたから、ティラティスに変えた。

竹節 忠広　長野県
食べる理由が1つ増えた。

輿嶋 一剛　岐阜県
会いたくて買ったり。
買って会いたくなったり。

坂入 貴行　愛知県
オイシソイだったから、
君のために買ってきた。

鈴木 謙太　愛知県
父は、ティラミスだと思って食べてる。

幸せそうに。

飛田 哲志　愛知県
今だけの笑顔か。これからも笑顔か。

堀田 陽祐　愛知県
スイーツってだけでも、うれしいのに。

山中 彰　愛知県
「きれいになれる」が、いちばんおいしい。

高津 裕斗　京都府
ダイズキなひとへ。

三島 直也　京都府
食べすぎと、
美しくなりすぎにご注意ください。

三島 直也　京都府
実は大豆、の「実は」が大事。

三島 直也　京都府
ご褒美にもなる。
栄養にもなる。

谷川 舞穂　大阪府
ティラティスって名前がね、もうずるい。

速石 光　大阪府
元気はカロリーに比例すると思っていた。

速石 光　大阪府
何時のおやつにも。

林 恭子　大阪府
ダイエット中につき、遠慮なくいただきます。

林 恭子　大阪府
たいていの女は、「ソイ」に弱い。

藤本 哲司　大阪府
「お疲れさま」のあとに。

水落 祥　大阪府
好きなものを食べて後悔するなんて、悲しくないですか。

水落 祥　大阪府
もう、甘い誘惑に負けてもいいんだ。

山下 祐輝　大阪府
※トクホではありません。

中村 駿作　兵庫県
大阪府　だいずき

中村 駿作　兵庫県
選んだ理由も、贈りたいスイーツです。

守谷 直紀　兵庫県
ティラティスの意味を知ったとき、誰の顔が浮かぶだろう。

中村 謙一　広島県
やけ食いして、この美肌。

江副 佑輔　福岡県
あなたのことが、大豆きです。

江副 佑輔　福岡県
こちら、こまらないものですが。

マ

まめプラス推進委員会

小島 功至　熊本県
濃いを卒業して、愛を知る。

鹿野 泰央　北海道　テレビCM
＜取り調べ編＞
刑事：「豆乳でつくった新ティラミス「ティラティス」を食べたのはお前だな？」
容疑者A：「違います。私が食べたのは普通のティラミスです。」
容疑者B：「違います。僕が食べたのは普通のティラミスです。」
容疑者C：「違います。私が食べたのは普通のティラミスです。」
容疑者D（髪がツヤツヤで、肌が白くみずみずしく美しい）：「違います。私が食べたのは普通のティラミスです。」
コピー：豆乳の効果は隠せない。
NA：豆乳クリームのソイティラミス「ティラティス」新登場
商品カット、ロゴ

斗内 邦裕　北海道　テレビCM
古びた小さな喫茶店。おばあちゃんが1人で切り盛り。
ショーケースのお菓子に「ティラティス」と手書きの表示。
若い女性が入店して座り、注文する。
女1：すいません。
店主：ご注文は？
女1：ティラティスとコーヒーのセットお願いします。
店主：はい、かしこまりました。
近くのテーブルに、中年女性が2人。
女2：ねえ聴いた？ティラ「ティス」ですって。（「ティス」を嫌味に強調）
女3：ほら、ショーケースに「ティラティス」って書いてたじゃない。おばあちゃんだから、間違ってても、合わせてあげたんでしょ。
店主：お待たせしました。ティラティスとコーヒーです。
SE：トン、カチャッ。（皿やコーヒーカップなどを置く）
女3：ほら、「ティラティス」って言ってる。
女2：本当は「ミス」だけど、まあ、言わぬが花ってことね。
SE：カチャカチャ（女1がティラティスを食べている）
女1：おばあちゃん、流行リモノも分かってるんだよなあ。美味しい。
NA：大豆だからヘルシー。食べるあなたを元気にします。
1文字違って、一味違う。覚えてね、ティラティス。

福島 滉大　埼玉県　テレビCM
【本場の味は】篇
とあるイタリアレストランで、ティラティスを食べたイタリア人が一人で激怒している。
イタリア人「イタリア語（字幕：なんだこのティラティスとかいう食べ物は！！本当にふざけている！！）」
イタリア人「イタリア語（字幕：ティラミスを豆乳ミルクでアレンジしたスイーツ

だって!?笑わせてくれるね!!こんなのをイタリアレストランで出されちゃ、僕たちイタリア人は失笑するしかないよ!)」
イタリア人「イタリア語（字幕：本当にこの店の考えることは分からないね!常識を疑うよ!)」
すると、目の前を店員が通りかかる。
イタリア人「イタリア人（字幕：あっすいません!これおかわりお願いします!)」
（商品映像）
NA+S：本場にはない、ソイタリアン。ティラティス。

秋葉 紫乃　東京都　テレビCM

公園のベンチでうなだれているアラサー女性。大きなため息をつく。

通りすがりのイタリア人男性が「ソイヤ、ソイヤ…♪」と掛け声を出し小躍りしながら笑顔で近づいてくる。

さらに、どこからともなく「ソイヤ、ソイヤ…♪」とイタリア人男性がどんどん出てきて、女性を取り囲む。

驚き固まる女性。イタリア人男性2人が女性の前で跪き、ティラティス1個をそれぞれ差し出す。

イタリア男A「ソイやで!」

イタリア男B「ヘルシーやで!」

女性も笑顔になり、2つのティラティスを受け取る。

女性「・・・うん!食べちゃう!!」

ナレーション「あなたを元気にしてあげる。

　大豆のスイーツ、ティラティス。」

大原 結　東京都　テレビCM

美女：私、甘い物大好きで～
NA：一見優雅に浮かんでいるように見える白鳥は
（寝室で、白鳥柄のジャージ姿美女。ひっつめ髪で野菜スティックをかじり、激しく腹筋運動）
NA：じつは水中で激しく水をかいている。・・というのは、嘘かも。
（美女、野菜を放り出し、髪をほどき、ティラティスを食べる）
NA：美味しい、体にいい。豆乳生まれのスイーツ、ティラティス。

金崎 あゆみ　東京都　テレビCM

北川 哲　東京都　テレビCM

森の中を歩く幼い兄妹
少し歩くと眼前にお菓子の家が広がる
家の前にはいかにも怪しげな老婆
老婆「ほら、おいで。お腹すいたろう。
　ここにはクッキーも、ケーキもチョコもあるよ。」
妹「ティラティスは?」
老婆「え?」
兄「ティラティスは?」
老婆「な、なんだいそれは?」
N「大切な人にあげたい 新しいスイーツ
　あなたを元気にするティラティス

佐藤 真　東京都　テレビCM

「先輩と後輩篇」
女性2人がカフェでスイーツを食べている。
女性A：はぁ～、幸せ。ね、先輩。
女性B：うん。美味しい。
女性BのNA：はぁ。また太っちゃう。明日はジム行って泳ごう。
女性B：ねぇ、リサが食べてるの、何て言うの?
女性A：ティラティスです。
女性B：ティラミスじゃなくて?
女性A：うん。豆乳を使って作られてるから、ヘルシーなんですよ。
女性B：え?じゃ、あんた、私みたいに「美味しい」って言いながらも、心の中では「ダイエットしなきゃ」とか思ってなかったわけ?
女性A：先輩、スイーツ食べてる時、そんなこと思うんですか?なんか、気の毒…。
女性BのNA：この女…。

NA：スイーツを食べてる時は、心から幸せになろう。

関根 頌子　東京都　テレビCM

「あの子、変わった」篇

オフィスの風景
1人のテキパキと仕事をこなすＯＬと
その後ろ姿を見て噂をする何人かのＯＬ
A：「あの子最近変わったよね」
B：「思いやりあるっていうか…」
C：「うん、何かやさしくなった」
A：「しかも受け身だったのが最近積極的！」
B：「なんだろう、一言でいうと…」
ABC：「「マメになった！」」
NA：マメになって変わりました。
OL：振り向きながらウィンク
NA：ソイティラミス「ティラティス」。

早坂 貴弘　東京都　テレビCM

NA「大豆農家の方々に、ティラティスを食べていただきました」
農家「うん、おいしいね」
（おいしいと感想を言い合う農家の方々、よい感触そう）
リポーター「実はこれ、大豆でできてるんです」
農家「えぇっ！？」
（驚きの表情を出す農家の方々）
農家「なんというか…びっくりしましたけど、でも嬉しいですね、なんか」
NA「親も驚く、意外な一面。大豆由来の新スイーツ、ティラティス！」

島崎 純　長野県　テレビCM

皿に乗ったティラティスのアップ。
パンツェッタ・ジローラモの声：お姉さん、ティラティスだよ。ティラミスじゃないよ。ティ・ラ・ティス。わかった〜？ティラ・・・
（喋っているところを遮って）
NA：イタリア生まれ、日本アレンジ。豆乳クリームから生まれたソイティラミス、ティラティス。

與嶋 一剛　岐阜県　テレビCM

「愛」篇
テイク1：おいしそうにティラティスを食べる長友。
長友「僕のアモーレ」
愛梨「コラー！」（珍しく怒る愛梨）
テイク2：おいしそうにティラティスを食べる長友。
さっきとは違い、額に小さな絆創膏。
長友「僕のもう一つのアモーレ」
愛梨「うんうん」（満足したように頷く愛梨）
N：日本生まれの新イタリアン・豆乳スイーツ。ティラティス
長友と愛梨が2人で仲良く食べるカット。

和田 友希　福岡県　テレビCM

洗い物がたまったままの部屋で
赤ちゃんを寝かしつけている新米ママ。
（ドアを開ける音）
パパがお土産を下げて帰ってくる。
パパ「ただいま。はい、お土産。」
ママ「なに？ティラミス？？」
パパ「違うよ。ティラティス。
チーズじゃなくて豆乳でできてるみたい。
ママにいいかなと思って。」
微笑むママ。一口食べる。
ママ「…、おいしい。」
（赤ちゃん泣き声）
泣いている赤ちゃんに、母乳をあげにいくママ。
微笑みながら母乳をあげる。
NA／「大事な人と繋がる、優しい味です。」

松本 慎平　東京都　ラジオCM

【早口言葉篇】
女1「ピラティスって10回言って」
女2「ピラティスピラティスピラティスピラティスピラティス
ピラティスティラティスピラティスピラティスピラティス」
女1「チーズのような豆乳クリームから生まれたイタリアで大流行のスイーツは？」
女2「ごめん、もう言っちゃった」
NA「ただいま巻き戻しております」（声が巻き戻っている音）
女1「ピラティスって10回言って」
女2「ピラティスピラティスピラティスピラティスピラティス
ピラティスティラティスピラティスピラティスピラティス」
女1「チーズのような豆乳クリームから生まれたイタリアで大流行のスイーツは？」

石関 恵子　神奈川県　ラジオCM

男：（川平慈英さん風）ムムッ、ティラティス！ティラミスじゃないんです！豆乳クリームを使ったティラティス、でいいんです！（一口食べて）クゥーーー。
NA：豆乳クリームを使い、食べる人を元気にするティラティス。まめプラス推進委員会。

金本 ひとみ　神奈川県　ラジオCM

孫娘：「あれ？おばあちゃん、ティラミス食べてるんだ！？美味しそー!!」
祖母：「ティラティス。」
孫娘：「一口ちょーだい！そのティラミス！」
祖母：「ティラティス。」
孫娘：「美味しい〜ねー！このティラミス!!」
祖母：「ティラティス」
NA：「大豆クリームを使用した、カラダに優しいＮＥＷスイーツ。『ティラティス』」

鈴木 章仁　神奈川県　ラジオCM

「出発」篇
おじいさん：桃太郎や、出発の準備は済んだか？
桃太郎：はい。
おじいさん：この箱は、きびだんごか？
桃太郎：いえ、豆乳を使ったスイーツ、「ティラティス」です。
おじいさん：今どきのイヌ、サル、キジは、ヘルシー志向じゃのう。
NA：大切な仲間、家族に、「ティラティス」を贈ろう。まめプラス

土屋 憲佑　山梨県　ラジオCM

母：タカシ・・・あんた、本当に行くの？
息子：僕は本気だよ、母さん。
母：で、でも・・お姉ちゃんが風邪だからって、なんであんたが代わりに女子会に行くのよ!?
息子：だって・・・ティラティス女子会なんだもん!!
NA：みんな、ティラティス、食べたいっす。女子会のお供にも！大豆で出来たヘルシースイーツ「ティラティス」を！

森上 佳奈　静岡県　ラジオCM

部長：ああ、知ってる知ってる。今流行りの東野カナの歌だろ？
私：方向が真逆！西！
部長：お前らあれ、好きだろ、ブーニャカウダ。
私：バーニャカウダね！頭文字から違うから！
部長：ところでこのスイーツ旨いな。何て言うの？へぇ、ティラティス。
私：ティラミスね！勝手に新しいスイーツ作らないで下さい！
部長：ははは、さてはお前、知らないな？
私：え・・・？
na：体に優しい豆乳から出来たティラミス、ティラティス。

加藤 芙美　愛知県　ラジオCM

女Ａ「ねぇ、昨日ティラティス見かけたらしいじゃん。Twitter見たよ。」
女Ｂ「そうなの、ティラティス超かわいくて・・つい写真撮っちゃった・・・」
女Ａ「かわいさもあるけれど、落ち着いた感じがいいよね〜」
女Ｂ「それな、ティラティスのギャップ萌えな。」
女Ａ「しかも、あの見た目で健康志向なところもポイント高いよね。」
女Ｂ「わかるわ〜ティラティス豆乳かよ！的な」
女Ａ「わかるわかる〜」
女Ａ・女Ｂ「あははは」
ナレーション「ティラティスって、なんだ。大豆と豆乳の情報サイト、まめぷらすで、検索。」

森本 芹奈　大阪府　ラジオCM

男：（アントニオ猪木のごとく）元気ティスかー？
元気がないならティラティスあげる。
1、2、3、ティーーース！
NA：元気でいてね。思いやり豆乳スイーツティラティス

Mitutoyo

加工現場や検査部門では
知られているんですけどね。
一般的にはあまり馴染みがないんですよ。
そこをちょっと
テコ入れしたいなと。

私たちは主に長さを精密に測定する測定機を製造・販売する総合メーカーです。
・・・といっても、ほとんどの皆さんはミツトヨという会社の名前をご存知ないですよね？
私たちの提案する各種測定機は、様々な工業製品をつくる工場で製品や部品の長さを精密に測定する、どちらかというと「縁の下の力持ち」的な製品です。

自動車・航空機・工作機械・家電・スマートフォン・文房具などは、精密測定なくしては生産できません。

そんな様々な世界中の工場で私たちの製品は活躍しているのですが、いわゆる「B to B」企業ですので、一般の皆さんにあまり伝わっていないのです。

そこで、ミツトヨの名前を広く皆さんに知っていただくためのキャッチフレーズを募集したいと思います。

【課　題】 ものの長さを精密に測定する測定機を製造・販売しているミツトヨが多くの人に伝わるキャッチフレーズをつくってください。

【ジャンル】 キャッチフレーズ

【参考資料】 http://www.mitutoyo.co.jp/

精密測定で社会に貢献する
株式会社 ミツトヨ

ミツトヨ

ものの長さを精密に測定する測定機を製造・販売しているミツトヨが多くの人に伝わるキャッチフレーズ
[キャッチフレーズ]

ミツトヨ

マ

協賛企業賞

嘉藤 綾（27歳）大阪府　カンシタ／SRC

「つくれるかどうかは、はかれるかどうかです。」

▼協賛企業のコメント

ミツトヨ　営業本部
副本部長／販売促進部　部長
加藤大輔さん

このたびは協賛企業賞の受賞、誠におめでとうございます。ものの長さを精密に測定する測定機を製造・販売しているミツトヨが、多くの人に知っていただくためのキャッチフレーズを募集いたしました。今回初めての試みで宣伝会議賞のキャッチフレーズに参加いたしました結果、予想以上のご応募をいただきありがとうございました。なかでも受賞作品は、モノづくりには「はかる」ことが大切で、「はかる」を端的に表現され、ミツトヨが「モノをはかる」会社であることが素直に伝わるキャッチフレーズのため選出させていただきました。最後になりますが、ご応募いただきました皆さまに御礼を申し上げますとともに、皆さまの今後のご活躍をお祈り申し上げます。

二次審査通過作品

グェンウォックヒ　千葉県
1㎜が、1.00㎜であることのほうが少ない。

鈴木 章仁　神奈川県
「1ミリも好きじゃない」とフラれたあなた、まだまだ望みはあります。

宮坂 和里　神奈川県
誰がやっているんだろう、とさえ思われない仕事です。

鈴木 聖太郎　愛知県
ねぇ、0.0001ミリもずれてるよ。

山中 彰　愛知県
大きな仕事ほど、小さな仕事が問われる。

嘉藤 綾　大阪府
つくれるかどうかは、はかれるかどうかです。

速石 光　大阪府
目標の小ささがケタ違い。

向井 正俊　大阪府
ミツトヨには点も線に見える。

一次審査通過作品

寺坂 純一　北海道
そんな大きなミスで、クヨクヨするな。

三上 智広　北海道
日常生活に必要ない、日常生活に必要な技術。

田中 岳陽　栃木県
「1ミリも思わない」なんて、笑止です。

橋場 仁　栃木県
本当の世界の共通語は、長さだ。

栁 真太郎　埼玉県
ナノがつくほど、几帳面。

押方 容　千葉県
精密さに関しては、1μ歩も譲らない。

池田 慧　東京都
同じ商品が、同じ大きさなんて、当たり前だと思っていた。

伊藤 佐知 東京都
気持ちは測れないけれど、
測ることには気持ちを込めて。

伊藤 拓 東京都
1ミリ? ……
ああ、1000ミクロンのことか。

鵜川 将成 東京都
型破りな製品は、型通りの部品で出来ている。

鵜川 将成 東京都
あなたの髪の毛は約1/10㎜。その1/
1000が私たちのフィールドです。

笹川 勇 東京都
定規の長さも測っています。

佐野 克弥 東京都
「東京ドーム」という単位は認めません。

高澤 邦仁 東京都
紙一重の事業です。

中島 優子 東京都
はかりごとを手助けしています。

中島 優子 東京都
同じことは、いいことだ。

長竹 慶祥 東京都
長さを測るより、短さを測るほうが、
得意です。

中野 花心 東京都
最もわかりにくい人類の進歩。

野田 正信 東京都
「誤差どうでもいい」は、
「誤作動でもいい」と同じだ。

林 次郎 東京都
製品にある「アソビ」も、
実は測定されている。

丸山 浩樹 東京都
紙一重って、かなりの差だ。

味村 伊澄 東京都
測っているのは、リスクです。

宮本 翔太郎 東京都
1ミリ違うってことは、
1000000ナノメートル違うってこ
とだぞ。

山内 昌憲 東京都
長さを知ることは、
世界を正確に知ることでもある。

石井 倫太郎 神奈川県
高さ、奥行き、幅、厚み、大きさ。
これらは結局、長さです。

石井 倫太郎 神奈川県
構造は、たいていの場合、長さのことだ。

栗原 啓輔 神奈川県
この仕事に、0はない。

高石 幸典 神奈川県
クレーマーも黙る精度。

高橋 正憲 神奈川県
ミリ単位(笑)

竹田 豊 神奈川県
これ位を、コレにする。

藤榮 卓人 神奈川県
Q.どっちが長いでしょう。
①――――
②――――

藤榮 卓人 神奈川県
Make Fμtμre.

藤榮 卓人 神奈川県
長さが狂うと、世界が狂う。

坂内 洋亮 神奈川県
車に乗っているひとは、ほとんど知らない。
車を造っているひとは、ほとんど知っている。

程塚 智隆 神奈川県
0.01㎜と0.02㎜の違いは、
1㎞と2㎞の違いと同じだ。

柳元 良 神奈川県
なんてスケールの小さい仕事だ。

西山 隆輝 石川県
あれっ髪のびた?

土屋 憲佑　山梨県
「ほんのちょっと」の、ケタが違う。

與嶋 一剛　岐阜県
子「パパ、飛行機はなぜ飛ぶの？」
父「それはね、測る人がいるからだよ。」

與嶋 一剛　岐阜県
0.000001生懸命。

玉水 守　静岡県
ミツトヨとトヨエツくらい、測れば違う。

家田 亮　愛知県
いいアイデアかどうか、
測ってみないとわかりません。

鈴木 聖太郎　愛知県
かっこいいデザインですね。
でも、長さが違います。

萩原 雄樹　愛知県
狂ってるヤツがいたら更生させてます。

飛田 哲志　愛知県
精度インジャパン。

飛田 哲志　愛知県
メジャーで3割。

飛田 哲志　愛知県
読めないのは、空気じゃなくて、サバです。

マ

ミツトヨ

松田 綾乃　愛知県
どんなに大きなものも、
小さなものからできています。

水谷 真由子　愛知県
顕微鏡がなくても見えるように、
広告をつくりました

山中 彰　愛知県
人をいちばん助けている法は、寸法だと思う。

山中 彰　愛知県
進化って、だいたい小型化ですから。

高津 裕斗　京都府
私達の目標は、小さい。

山田 真大　京都府
四捨五入は誤算です。

貝渕 充良　大阪府
1ミリメートルの間に、
1000通りの違いがある。

嘉藤 綾　大阪府
モノづくりの進化は、
測り方の進化でもある。

嘉藤 綾　大阪府
精密かどうか、私たちが決めています。

嘉藤 綾　大阪府
たった1ミクロンの狂いも許さないのは、
メーカーではなくミツトヨです。

河合 進　大阪府
コンマ数ミリ 道を外れたら、
不良と呼ばれる世界。

野木 隆司　大阪府
「アバウト」と「アウト」は同義語です。

速石 光　大阪府
ズレは、世間と業界の認知度だけ。

速石 光　大阪府
差が少ないから、差がつきます。

松尾 健介　大阪府
世の中は、
合格した部品でできている。

伊藤 大輔　兵庫県
話は盛りません。

氏家 達浩　兵庫県
その1ミリはどのくらい1ミリですか。

守谷 直紀　兵庫県
人の心とゼロだけは、測れません。

太田 垣学　奈良県
「1ミクロンは長い」と考える企業です。

平田 大翔　奈良県
1ミクロンと2ミクロンじゃ、長さは倍違う。

石橋 賢　島根県
みんなちがって、みんないい。
とは、いかない物もある。

職人のカンにも答えを出す。

高橋 誠一　広島県

ミクロの、
あら探し。

大石 洋介　福岡県

メディプラス

メディプラスゲルで女性を「ここち、らくちん。」にするアイデア

［キャッチフレーズ／テレビ CM ／ラジオ CM］

協賛企業賞

手をかけることが愛ではない。

與嶋一剛（32歳）岐阜県　会社員

▼協賛企業のコメント

メディプラス　取締役
吉田典央さん

このたびは、協賛企業賞受賞おめでとうございます。はじめに、今回初めての協賛で期待と不安のなか、実に多数の「ここち、らくちん。」なコピーをご応募いただきました事、御礼申し上げます。そして、その中のひとつである「手をかけることが愛ではない。」というコピーが、私どもの商品「メディプラスゲル」の特性を上手く表現しつつ、私たちが貢献したい相手である〝働くママ〟が持つ悩みに届くメッセージになるのではと考え、協賛企業賞として選考させていただきました。「獅子は我が子を千尋の谷に突き落とす」の意味にも似た深い愛情をも汲み取ることのできるこのコピーを通じて、忙しい女性の心と肌に「ここち、らくちん」という〝気づき〟を届けていけることを期待して、御礼の言葉に代えさせていただきます。最後に、受賞者の方はじめご応募いただきました皆様にも御礼申し上げるとともに、皆様の一層のご活躍をお祈りしております。

三次審査通過作品

竹村弥生　東京都

女性は欲張りだが、面倒くさがりでもある。

二次審査通過作品

堀有希子　東京都

逆に何で別々だったのか

調べてたら、もう午前4時でした。

橘祐衣子　東京都

30歳を過ぎたら、キレイでいるのもスキルの1つ。

城川雄大　富山県

手の込んだ、手抜きです。

春山豊　東京都

肌は生き物。
生き物をそんなに触るな。

與嶋一剛　岐阜県

何もしてませんはウソだけど、
ほぼしてませんは本当です。

矢崎剛史　東京都

ベッドで意識を失う直前の
最後の力でできるスキンケアです。

山中彰　愛知県

ついにあのセリフを言う時がきた。
「特に何もしていません」。

矢崎剛史　東京都

コスメサイトのクチコミ。

田中正康　大阪府

お1人様、1本限り。

岡本 英孝　福岡県
もう13時間、息してない。

榎本 祐大　愛知県　テレビCM
オフィスでのOL同士の会話。
OL1「あっ!今朝、彼氏とケンカしたでしょ」
OL2「えっ?どうして?」
OL1「顔に書いてあるもん」
(OL2の顔が映る。文字で『彼氏とケンカ』と書いてある)
OL2「やだ～」
OL1「気を付けなさいよ」
OL2「先輩は、…色々大変ですね」
OL1「えっ?」
(OL1の顔が映る。文字で埋め尽くされている)
NA「肌は正直すぎるから。ここち、らくちん。メディプラスゲル」

一次審査通過作品

三上 智広　北海道
わたしは手間がかからない女。

奈良 純嗣　秋田県
「スキンケア」順番違うと「アスキケン」

鎌田 明里　茨城県
女は、寝る前にも一仕事ある。

趙 恒権　茨城県
がんばったのに、またがんばるの?

鈴木 一真　埼玉県
みんなが寝静まった後も、
暗闇でペタペタペタ…。私は妖怪か。

鈴木 一真　埼玉県
ズボラな妻が、美しい。

田中 隆造　埼玉県
私、暗がりでは美人でした。

糸井 弘美　千葉県
他人の顔色より、自分の顔色を気にしたい。

齋藤 亮太　千葉県
戦えば、ボロくなる

齋藤 亮太　千葉県
デートの前の日だけは、
メディプラスだけでは不安です。

田辺 拳斗　千葉県
疲れたワタシの一本締め。

田辺 拳斗　千葉県
頬で止まるな涙。

田辺 拳斗　千葉県
明日の私をプッシュする。

塚谷 隆治　千葉県
私はこれで戦闘モードを解除する。

山内 敬介　千葉県
お肌の曲がり角は、まっすぐ進む。

浅村 友美　東京都
女性への
風当たりは、
まず肌にくる。

安宅 小春　東京都
メイクオフ後の闘い、やめました。

新谷 建人　東京都
言い訳をなくす化粧品。

マ メディプラス

新谷 建人 東京都
過剰な愛は、男にも肌にも嫌われる。

新谷 建人 東京都
誰よりも悩んだ人が、つくった化粧品。

新谷 建人 東京都
お風呂上がりくらい、頑張りたくない。

飯田 瑛美 東京都
肌は勝手に、歳をしゃべる。

池田 慧 東京都
気の置けない友達の家でも、
手は抜けなかった。

岩崎 浩之 東京都
時間は奪う。だから守る。

鵜川 将成 東京都
「特別なことはしてないんですよ」
と言うのにも、慣れてきた。

鵜川 将成 東京都
かつて、ここは砂漠でした…。

大川 聖哉 東京都
肌がだいじょうぶなら、女はだいじょうぶ。

大川 聖哉 東京都
女の風呂あがりの一本は、
缶ビールじゃなくて、これだ。

大関 健太郎 東京都
触れる回数より、
触れられる回数を増やそう。

倉田 健一 東京都
めし、ふろ、ゲル。

小柴 桃子 東京都
たまには肌の力ぬいて。

小宮 央 東京都
疲れが、顔に出るのは男。
肌に出るのが女。

清水 秀幸 東京都
母はいつの時代も忙しい。

髙木 守 東京都
キスするとき、顔を持たれる。

高見 大介 東京都
ハリを与え、潤いを与え、
睡眠時間を奪っていた。

田中 未来里 東京都
同棲しはじめたら、
洗面所に3本も4本もおけない。

田辺 雄樹 東京都
「何歳に見える?」クイズの難易度を上げるゲル。

玉熊 文乃 東京都
キレイだねの「キレイ」って、
大半は肌のことだと思う。

玉熊 文乃 東京都
美人にはなれないけど、キレイにはなれる。

冨田 有沙 東京都
気合いは、イッパツでいい。

鳥居 朋広 東京都
化粧を落としただけでは肌のストレスは消えない。

永田 智子 東京都
恋をしなくても、肌は潤う。

中辻 裕己 東京都
カメラの性能が、私を追い詰める。

永久 眞規 東京都
メイクのベースは、ファンデではなく肌質だと思う。

永吉 宏充 東京都
夫が荒らす、妻の肌。

浪岡 沙季 東京都
昨日何が起きたのか。肌は、嘘をつけない。

野田 和穂 東京都
化粧水さえ面倒になったら、手に取ってみてください。

野田 正信 東京都
一本ですまないことも、ストレスです。

早坂 あゆみ 東京都
お手入れブスになっていた。

星合 摩美　東京都
化粧水と乳液が同じタイミングでなくならないのは、使用量が間違っているのかもしれません。

細田 純　東京都
家事も育児も仕事もがんばるオールインワン女性たちへ。

細田 哲宏　東京都
キレイになるのに、すり減ってはいけない。

丸山 るい　東京都
「疲れてる?」は遠回しの「肌荒れてるよ」です。

宮原 渉　東京都
めんどくさいは、正しい。

森 明美　東京都
仕事の勲章が、シミ・シワではいけない。

矢崎 剛史　東京都
私の肌は、ベタベタされるのが苦手です。

安井 幹雄　東京都
今までのわたしは、どんだけ手間のかかる女だったんだろう。

岩渕 沙梨　神奈川県
女性総ゆる~り社会。

栗原 啓輔　神奈川県
全部妖怪のせいにできたら良いのになぁ。

酒向 渉　神奈川県
寝ぼけながらのスキンケアはいつも化粧水止まりだ。

高石 幸典　神奈川県
オンナの24時間は、短くなった。

波々伯部 綾　神奈川県
与えないぜいたくもある。

三上 佳祐　神奈川県
過保護にすると、肌はなまける。

柳元 良　神奈川県
もう、自分の肌をきらいにならないでください。

蟹 太郎　富山県
女子力は、肌力だと思う。

竹節 忠広　長野県
うれしい年齢詐称疑惑。

後藤 麻衣子　岐阜県
肌に触れる回数を少なくすることこそが、肌へのやさしさです。

輿嶋 一剛　岐阜県
手をかけることが愛ではない。

輿嶋 一剛　岐阜県
乳液くらいでいつも寝そうになる。

輿嶋 一剛　岐阜県
エステに行く顔がない。

大井 慎介　静岡県
肌は、うそをつくのがヘタだ。

大井 慎介　静岡県
大丈夫じゃなくても、大丈夫っていっちゃうあなたに。

新開 章一　静岡県
お肌の子守唄。

加藤 芙美　愛知県
クマにはもう会いたくない。

久保田 正毅　愛知県
最後の1滴まで、4役です

小林 建太　愛知県
あなたの肌は鬱かもしれない。

西山 智香　愛知県
キッチン家電は時短の時代。
基礎化粧品はどうですか?

東 裕希　愛知県
いい加減、プリクラ画像の待ち受け画面を、卒業したい。

水谷 真由子　愛知県
寝てもリセットできなくなったら。

山中 彰　愛知県
母と女は、両立できる。

渡邉 香織　三重県
朝、洗顔するのがもったいない

上野 美枝子　京都府
疲れてるときにやたらとイジられたくない
のは、肌も同じ。

永末 晃規　京都府
肌に貫録は要らない。

速石光　大阪府
努力に裏切られて喜んだのは初めてだ。

林 恭子　大阪府
洗顔後の一本入魂。

松尾 健介　大阪府
絵の具だって、
いろいろ混ぜると黒くなる。

向井 正俊　大阪府
ストレスは静かに出て行きました。

山下 晴正　大阪府
66種類の美容成分が入っていますが、
ここまでは素顔と認めらます。

山下 祐輝　大阪府
貴女の肌はまだチャームポイントになれる。

渡邊 北斗　大阪府
フラれたアイツに会える同窓会が、
待ち遠しい。

密山 直也　兵庫県
肌は消耗品です。

密山 直也　兵庫県
「いいなあ、男はラクで。」といえなくなった。

萬正博　兵庫県
そういえば、うちのカミさん、肌はキレイ。

山村 紘平　奈良県
技ありの一本

江副 佑輔　福岡県
時短の次は、美短です。

柿本 和臣　福岡県
写真アプリは、
あなたを魅力的にしてしまう。

林 里穂　福岡県
いいオンナになるほど、所有物が少なくなる。

山田 大輝　福岡県
「疲れ」という字は「皮」の「病」です。

岩本 梨沙　大分県
スマホのアルバムに自撮り写真が増えた。

金崎 あゆみ　東京都
顔に書いてある

浪岡 沙季　東京都　テレビCM
洗顔後、何種類ものスキンケアを重ね塗り
する女性
女性：若い時から、美容には頑張って気をつ
けてきた。
遅く帰ってきても、顔のマッサージを欠か
さない
女性：も頑張れば頑張るほど、ストレスも
たまっていった。
女性：私らしい美しさってなんだろう。頑張
り過ぎない自然体が、私のままの美しさ
かもしれないね。
メディプラスゲル1本で素早くケアする女
性
NA：肌の力を抜こう。
ここちを、らくちんにする、メディプラ
スゲル。

穐山 定文　山梨県　テレビCM
部長席前。
女性部長に叱られ、うなだれている若い女
子社員。
夜。
一人残って、仕事に悪戦苦闘している女子社
員。
女子トイレ、洗面台前。
涙顔を猛然と洗っている女子社員。
その前に、メディプラスゲルが置かれる。
思わず横を見る女子社員。
隣で、女性部長も顔を洗っている。
NA：叱る方も、叱られる方も、ストレスが
たまる。働く女性にメディプラスゲル。

土屋 憲佑　山梨県　テレビCM
夜、美しい女性が訪ねて来る。
女性：「一晩、泊めて頂けないでしょうか？」
女性を温かく迎え入れる老夫婦
女性：「決して覗かないでください。」
そう言うと、女性はふすまを閉める。

女性：「ふぅ～♪」「はぁ～♪」
部屋の中から女性の気持ち良さそうな声が聞こえて来る。
思わず中を覗いてしまう老夫婦。
すると、女性はメディプラスゲルを使っていた。
老夫婦：お肌キレイ～。
NA：あなたの肌へ、つるつるの恩返し。
　メディアプラスゲルで
　ここち、らくちん。

土屋 憲佑　山梨県　テレビCM

娘（4歳程）：あっちむいてほい！あっちむいてほい！あっちむいてほい！
あっちむいてほい！あっちむいてほい！
あっちむいてほいっ!!
…ねぇママ～？なんで右と左ばっか向くの～??
ママ：うふふ、だって～♪
NA：見せたくなる肌を、あなたに。
メディプラスゲルで「ここち、らくちん。」に。

土屋 憲佑　山梨県　テレビCM

BGM：（緊迫感のある曲）
効果音：キーン（飛行機の機内音）
CA：緊急事態！！！
　どなたか、どなたかお客様の中に…
「メディプラスゲル」をお持ちの方はいらっしゃいませんか～!?
　どなたか～！！！！
NA：お肌の緊急事態を防ぎたい。
「メディプラスゲル」で「ここち、らくちん。」に。

廣田 顕久　岡山県　テレビCM

【頑張る】篇
NA：がんばらないでって言っても、がんばるよね。
だからそっと、これ置いとく。
これなら、スキンケアもがんばれない。
いろいろ言葉をかけるより、がんばらないで済むように、メディプラスゲル。
（小声で）がんばれー

江副 佑輔　福岡県　テレビCM

【オールインワン】篇
実況：入るか、入るか…
SE：（拍手のように肌を叩く音）
実況：入った！オールインワン！
化粧水・乳液・美容液・クリームが1本になった
オールインワンゲル『メディプラスゲル』が肌に入っていきます！
実況：いや～、見事な一本です。
NA：株式会社メディプラス

Yahoo! JAPANの技術力を
広く世にアピールするアイデアを募集します!

情報技術で人々の生活と社会をアップデートすることをミッションに掲げ、100以上のサービスを提供するYahoo! JAPAN。その背後には大きく技術の力が働いています。今回、訴求したいのはYahoo! JAPANを支える技術力です。マルチビッグデータを起点として、機械学習や自然言語処理などのサイエンス、インフラネットワークからアプリケーションまで広い領域の技術、UIやUXなどのデザイン。それら総合的なYahoo! JAPANの技術力を、魅力的に表現したコピーを募集します。

【課　題】 Yahoo! JAPANを背後で支えている技術力を広く世にアピールするアイデア
【ジャンル】 キャッチフレーズ、ラジオCM、テレビCM
【参考資料】 http://www.yahoo.co.jp/
http://hr.yahoo.co.jp/engineers/index.html

ヤフー

Yahoo! Japanを背後で支えている技術力を広く世にアピールするアイデア
[キャッチフレーズ／テレビCM／ラジオCM]

協賛企業賞

山下 英夫（33歳）神奈川県 C・C・レマン

ヤ

ヤフー

1日に約20億回人が来て、これだけ安心な場所もそうそうない。

▼協賛企業のコメント

ヤフー CTO

藤門千明さん

協賛企業賞の受賞おめでとうございます。今回、当社は「宣伝会議賞」に初めて協賛しました。2016年に20周年を迎えたYahoo! JAPANは数多くのサービスを提供し、これまでさまざまなプロモーションを展開してきましたが、技術力のアピールは新しい試みです。サービスではなく、その背景にある技術力を訴求する課題は非常に難易度が高かったと想像します。本作品は、日本最大級のアクセス数というファクトと、当社が築いてきた安心というイメージをストレートに使い、それらが技術力とその価値そのものであるという表現により、ブランド名、社名を使わずして当社を想起させるものです。既知のブランドイメージを異なる観点から再認識させるという点で評価し、選出しました。難しい課題にも関わらず、たくさんの作品のご応募をいただきました。応募してくださったすべての方に心より感謝申し上げます。

二次審査通過作品

慶本 俊輔　東京都

それではここで、20年前の
Yahoo!トップページをご覧ください。

梶谷 知世　滋賀県　テレビCM

パソコンの前に座っている女性が突然大声で言う。
女性：ヤッホー!!!!
するとパソコン画面からやまびこがたくさん帰ってくる。
NA：その向こうには、多くの技術がありました。
　Yahoo! JAPAN。

一次審査通過作品

狩野 慶太　東京都

ドラえもんはすごい。
ドラえもんを作った人はもっとすごい。

杉田 慎吾　東京都

月667億ものPV数が、
ヤフーの研究材料です。

山内 昌憲　東京都

それ、できませんでした。昨日までは。

八ツ橋 哲也　神奈川県

それ、あったらいいね。やろう、やろう。

八ツ橋 哲也　神奈川県

そんなことまでスマホでできるの。

山下 英夫　神奈川県

1日に約20億回人が来て、
これだけ安心な場所もそうそうない。

堀田 陽祐　愛知県

しあわせを実装する。

堀江 成禎　京都府

時価総額よりもユーザー数を誇りたい。

大野 友輔　兵庫県

ヤフー見た?そんな会話、昔はなかった。

唐川 洋二　兵庫県

みんなが好きなことをする会社。

佐藤 瑠一　岩手県　テレビCM

「YAHOO!」の『OO』から男性が
こちらを覗いている。
男「おや、目が合いましたね。
　つまり私たちは、もう知り合いだという
　ことです。
　知り合いなんですから気軽になんでも聞
　いてください。
　私、物知りなんですよ。
　では、また、会いましょう…。」
NA「顔の広さが自慢です。
　『YAHOO!』」

内村 雅也　東京都　テレビCM

1匹のモグラが何人かの人の話を聞いてい
る。
人：「Yahoo! Japanを支え
　る技術ってすごいらしいじゃん」
Yahoo! Japanの会社の下に
モグラが潜る。

モグラ：「なーんだ。何もないじゃん。」
NA：見えないけどすごい！Yahoo！
　Japanを支える技術。

長井 謙　東京都　テレビCM

○交通整備篇
交通整備員が複数またがる道路の前に立っている。
・カップルがやってくる。
カップル「あたし達、電撃結婚しました！」
交通整備員がカップルを誘導する。
・野球チームがやってくる。
監督「私達、優勝しました！」
交通整備員がチームを誘導する。
・気象予報士がやってくる。
気象予報士「明日は、台風が来そうです」
交通整備員が気象予報士を誘導する。
・警察官がやってくる
警察官「大変だ！事件が起きた！」
交通整備員が警察官を誘導する。
NA「忙しい日本の情報を整備する。ヤフージャパン」

岡島 大介　神奈川県　テレビCM

やります。
やるんです。
やってるんです。
やってやるって。
やってみせます。
やるっきゃないって。
やらせてください。
やりたいやりたい。

そんなこともやってるんすか。
を、やっています。
Yahoo！JAPAN

向井 正俊　大阪府　テレビCM

Yahoo！JAPANのロゴ。
横から見ると、すごく長い。
NA：裏は技術でいっぱいです。
Yahoo！JAPAN
Yahoo！JAPAN

斗内 邦裕　北海道　テレビCM

SE：野球場ガヤ
投手：まずは、外角低めに落ちるカーブだ。
SE：ヒュッ、カキーン！（投球を打たれる）
解説：凄い落差のカーブ、しぶとく打ちました。
投手：じゃあ次は、内角高めに、超速球だ。
SE：ヒュッ、カキーン！（投球を打たれる）
解説：日本最速タイだ！これも打ちましたねえ。
投手：あーもう！何やってもダメだ。やってられんねえよ！
SE：ヒュ〜ッ…（天井に向けて投球）
　…ヒュ〜ッ（やっと落下してくる）
カキーン！（投球を打たれる）
解説：おおっと、天井に向けたような暴投！必死に打ち返した！
投手：頭きた！もう、ぶつけてやる！
SE：ビュッ（豪速球）
カキーン！（投球を打たれる）
解説：打者の頭を狙ったかのような豪速球！
　しかも日本最速新記録！
目にも留まらぬ速さで、打ち返した模様です。
一体、どうやって打ったのでしょうか。
投手：何でこのチームは、どんな球でも打ち返すんだ！
NA：ネットユーザーのニーズの進化に、技術とチームワークで応えます。
Yahoo。

柴田 賢一　茨城県　テレビCM

子供：このゆびとーまれ！
子供たち：わー！
子供：じゃあ、みんなでゆびをとめずにがんばろう！
NA：Yahoo！JAPANの技術者たちは、協力し、指を動かし、社会を動かしています。
技術力がわたしたちの武器です。
Yahoo！JAPAN。

中村 真　大阪府　テレビCM

♪幸せは一歩いてこないだから歩いて行くんだよ♪
A：そのとおりだよね
♪1日一歩、三日で三歩♪
A：着実、確実
♪三歩歩いて、二歩下がる♪
A：ダメダメ、退歩は許されない。技術革新あるのみ
♪休まないで、歩け〜♪
NA：ヤフージャパンからのお知らせでした。

日本中の皆さんが
Yogibo に座りたい、欲しいと思うような
アイデアを募集します

イスにも、ソファにも、ベッドにもなる
魔法のビーズソファ Yogibo。
米国からやってきました。

この素敵で便利なソファを日本全国の皆さまに
「座っていただきたい」「買っていただきたい」
と考えています。

ですから
「座りたい！」「欲しい！」と日本中の皆さんが思うような、
素敵な CM やコピーを考えてください。

持ってない人がいないくらい
日本一有名なソファにしてください。

課題

日本中の皆さんが Yogibo に座りたい、
欲しいと思うようなアイデア。

ジャンル

自由

参考資料

http://yogibo.jp/

yogibo

Yogibo Japan

日本の皆さんが Yogibo に座りたい、欲しいと思うアイデア
［キャッチフレーズ／テレビ CM ／ラジオ CM］

協賛企業賞

宮崎 圭佑（21歳） 熊本県 熊本学園大学

座り心地が良い部屋は、居心地が良い部屋だ。

ヤ Yogibo Japan

▼協賛企業のコメント

Yogibo Japan 取締役
岸村大安さん

協賛企業賞の受賞、誠におめでとうございます。米国で発明されたYogiboは、ソファ、イス、リクライナー、ベッドなど、1つの商品で様々な用途に応えることができるソファのイノベーションとして誕生いたしました。人は家で過ごす際、その多くを「座る・寝る」といった姿勢で過ごしている、だから座り心地こそが居心地なのだとこの受賞作品は教えてくれました。言われてみれば確かにその通りです。言われて始めて我々も気付かされました。とても素晴らしい作品だと思います。すべての部屋にYogiboを。Yogiboがある部屋は良い部屋だと思って頂けるよう頑張ります。最後に、受賞者の方をはじめ、当社課題に応募してくださった皆さまに御礼申し上げます。他の作品もとても楽しかったです。ありがとうございました。

二次審査通過作品

青木 一剛　東京都
全米が、座った。

小坂 悠来　東京都
まだ知られていない、寝相がある。

佐々木 貴智　東京都
他人の家で、よくそこまでくつろげるな。

左東 多佳子　東京都
こんなに楽に、読み聞かせできるなんて。

芹澤 高行　東京都
ベッドを置いた部屋は、ベッドルームにしかならない。

横田 歴男　東京都
抱きベッド

横田 歴男　東京都
オレ、今から赤ちゃんな。

高石 幸典　神奈川県
反抗期だけど、リビングにいる。

宮坂 和里　神奈川県
夫よりも私よりも、息子を寝かしつけるのが上手い。

速石 光　大阪府
いろいろなバリエーションの「あ〜」が出ます。

真子 千絵美　千葉県　テレビCM
【本能】篇
木製の椅子が真っ白な空間に置かれている。
そこに慎重に近づくサル。
下にもぐったり、叩いてみたり、使い方がわからない様子。
(画面は切り替わり、)
Yogiboが真っ白な空間に置かれている。
そこに近づく同じサル。
何も迷わずYogiboに直進、気持ち良さげに熟睡。
NA「本能でわかる気持ち良さ。魔法のビーズソファYogibo」

鎌田 裕一　東京都　テレビCM
久しぶりに実家に帰ってきた娘
娘「ただいま、お父さんの様子はどう?」
母「最近は、ほとんど寝たきりになって…。」
娘「昔は体動かすのが好きだったのに…。立てないの?」
母「二度と立てないかもって…。」
笑顔になる母娘
視線の先には、ヨギボーで心地よさそうに横になっている父

ヤ
Yogibo Japan

NA：起きたくなる魔法のソファ
ロゴ

土屋 憲佑 山梨県 テレビCM

赤ちゃんがスヤスヤと寝ているアップの映像。
カメラが少しずつ引いていく。
すると赤ちゃんはお母さんに抱っこされていた。
さらにカメラが引くと、お母さんもスヤスヤと寝ていた。
さらにさらにカメラが引くと、
お母さんは、Yogiboのビーズソファに座っていた。
NA：家族みんなの、ゆりかごです。
すわる、やすらぐ、笑顔になる。
ビーズソファ「Yogibo」

土谷 真伊人 大阪府 テレビCM

〝きびきびとスーツで働く女性。部下にも指示をだし、手際よく仕事をしていく。

仕事が終わると、家に帰り、ふわふわのパジャマに着替えて、yogiboに頭を突っ込んで寝転がっている。

声にもならない声を呻いて、足をばたばたしている。

NA：「部屋ならダメでもいいじゃない」

yogiboのロゴ。

向井 正俊 大阪府 テレビCM

丹下段平：立て、立つんジョー。

立てー!!立ってくれー!!

変わってくれ!

NA：二度座ると立ちたくないソファ。

ヨギボー

ヤ Yogibo Japan

原 学人 東京都 ラジオCM

SE：電話の音
部下「今日会社休ませてください。」
上司「どうしたんだ?」
部下「立ち上げれなくて。」
上司「体調悪いのか?」
部下「いや、むしろ気持ちいいっていうか・・・」
NA：立ち上げれないくらい、気持ちいいソファ。Yogibo

中森 規仁 大阪府 ラジオCM

＜DV?篇＞
*報道ニュース風に
NA（男性）：
昨夜、夫の帰りが遅いことに腹を立てた妻が、
帰宅した夫にソファを投げつけ、イスで顔面を複数回、殴打。
逃げようとする夫を、さらにベッドの下敷きにしました。
その後、二人は仲直りし、
一緒の布団で眠りについたとのことです。
夫にケガはありませんでした。
NA（女性）：
ふわふわと柔らかく、イスにもソファにもベッドにも形を変えられる
Yogiboならではの心温まる話題でしたね。
では、この辺で。
次回は店頭でお会いしましょう。

一次審査通過作品

三上 智広　北海道
パウダースノーが、ウチにきた。

山崎 舞　北海道
1畳でしあわせ。

山崎 舞　北海道
人生の半分は、寝ているか座っている。

稲垣 弘行　埼玉県
スマートなソファ、スマファ上陸。

斎藤 貴美子　埼玉県
お義母さん、あの土地の件なのですが。

鈴木 一真　埼玉県
米国から、おもてなし逆輸入。

山本 朝子　埼玉県
あ、これおじいちゃんが使った後だ。

石井 雅規　千葉県
きっと、「考える人」の椅子は堅かったんだろう。

大野 勝司　千葉県
人間の関節数は、およそ360個あるのだそうだ。

菊地 将哉　千葉県
クララが立った！　あ、また座った。

田辺 拳斗　千葉県
日本人の3人に1人は痔です。

廣川 洋平　千葉県
死のうと思ったけど、
Yogiboに座ったら、
どうでもよくなってきた。

廣川 洋平　千葉県
座ったら、死ぬのやめたくなっちゃった。

鵜川 将成　東京都
ひつじが跳ぶ間もなかった。

鵜川 将成　東京都
こんな気持ちいい金縛りは初めてだ。

鵜川 将成　東京都
王子様は姫にキスをしました。
目覚めませんでした。

大谷 翔子　東京都
雲の上って、これより気持ちいいのかな。

大原 結　東京都
息子が突然乳離れした。

奥村 明彦　東京都
宣伝会議賞の課題なのに買いそうになった。

北川 哲　東京都
あなたの部屋が1畳分広くなります。

熊耳 亮　東京都
73億通り

幸地 里実　東京都
ソファくらい私にあわせて欲しい。

小林 美和　東京都
おしりが座りたいって言ってる。

佐々木 貴智　東京都
疲れていたのさえ忘れた。

佐々木 貴智　東京都
今、何を言われても許せる気がする。

鈴木 純平　東京都
ぶっ座れる。

芹澤 高行　東京都
部屋は変形できないから。

高見 大介　東京都
座ったら、オーダーメイド。

竹中 夕貴　東京都
ボブ・ディランは沈黙の間、
「それ」に座っていたのだ。きっと。

竹村 弥生 東京都
人の体は、みんな違う。

田中 貴弘 東京都
姉が、あり得ない姿勢をしている。

田中 貴弘 東京都
日本人よ、休むっていうのはこうやるんだ。

丹野 美里 東京都
読書がはかどりません。

中園 竜佑一 東京都
つめかえビーズで生き返る。

野田 正信 東京都
ピザ屋さん、ここまであがってくれる？

野村 京平 東京都
A5ランクの松阪牛サーロインステーキが焼けた？あー、後でいいわー。

早坂 あゆみ 東京都
ソファからベッドに移動するのは、いかにも「SEXします」って感じで恥ずかしい。

久田 恵理子 東京都
泣く子も眠る。

廣本 嶺 東京都
「ソファで「寝ないでよ！」
「ベッドだよ」
「ベッドの上でお菓子食べないでよ！」
「ソファだよ」

福島 慎一 東京都
リビングを寝室にする。

藤田 篤史 東京都
パパ、お酒くさい。
ここで寝て。

星合 摩美 東京都
住み心地って、座り心地だったんだ。

松永 実 東京都
人類に、新しい動詞が必要だ。

松永 実 東京都
中毒製。

森 明美 東京都
コピーライターは、
人生の1／3以上、座ってる。

森尻 修平 東京都
人にも、床にもやさしい。

森本 祥司 東京都
社長のイスは、もういいや。

飯田 憲伍 神奈川県
自分の知らない声が出てきた。

飯田 憲伍 神奈川県
うちが、Googleのオフィスっぽい。

飯田 憲伍 神奈川県
おじいちゃんが、動かない。

柴田 尚志 神奈川県
瞬間オーダーメイド。

天畠 紗良 神奈川県
誰だ、これ会社に納入したやつ

柳元 良 神奈川県
え？いまソファのときの話してます？
ベッドのときの話してます？

山下 英夫 神奈川県
大切な予定がある時は、
決して座らないでください。

石原 佳典 愛知県
まったく怖くない金縛り体験。

西原 明誠 愛知県
ライバル企業にプレゼント。

西山 智香 愛知県
家庭訪問に来た先生が帰ってくれない。

山中 彰 愛知県
立ち上がるたび、社会復帰。

小佐井 和秀 大阪府
ソファで寝て、ベッドで起きた。

高橋 歩 大阪府
2回に1回はピンポンを無視する。

都留 詩織 大阪府
また犯人がわからなかった

ヤ

Yogibo Japan

中村匡　大阪府
おまえは嫌いだけど、
おまえん家には行きたい。

中村匡　大阪府
ケンカを、座ってするようになった。

西岡あず海　大阪府
友人が、死んだように生き返っている

速石光　大阪府
妻が寿司のネタに見えてきた。

速石光　大阪府
型にはまるのも悪くないなぁ。

林武央　大阪府
社長のイスより欲しいイス。

山崎悠　大阪府
子宮にいた頃を思い出す

唐川洋二　兵庫県
ドラえもんにソファーを頼んだら、
きっとこれを出すだろう。

密山直也　兵庫県
どこでもドアがあっても、
どこにも行きたくないなあ。

密山直也　兵庫県
世間がポケモンで騒いでいる中、
わが家でいちばん流行っているゲームは、
椅子取りゲームです。

密山直也　兵庫県
トイレが来い。

密山直也　兵庫県
この感動は、ＳＮＳじゃ共有できない。

密山直也　兵庫県
いつもの家賃が、
なんだか安く感じた。

密山直也　兵庫県
いまの私は、
高田純次より適当です。

密山直也　兵庫県
同窓会は、スカイプでしょう。

密山直也　兵庫県
うちの旦那、立たないの。

宮本祐希　兵庫県
もう、なんか、どうでもいいやぁ。

守谷直紀　兵庫県
三大欲求は、四大欲求になりました。

田中克則　和歌山県
妻の実家で落ち着ける、ただひとつの場所。

三吉学　岡山県
シンプル イス ベスト。

飯田祥子　福岡県
〝彼女がぼくのお腹を
求めなくなった〟

井手宏彰　福岡県
僕のソファ、君のベッド。

大城昂　佐賀県
そろそろ、本気で立つよ。

宮崎圭佑　熊本県
座り心地が良い部屋は、居心地が良い部屋だ。

鹿野泰央　北海道　テレビCM
<外食編>
父：今日は久しぶりに寿司でも食べに行こうか！
妻：（Ｙｏｇｉｂｏに座っている）家にいましょうよ
息子：（Ｙｏｇｉｂｏに座っている）家にいようよ
娘：（Ｙｏｇｉｂｏに座っている）家にいようよ
コピー：座る、という幸せがある。
商品カット、ロゴ
父：仕方ない、ポチ、散歩でも行くか
ポチもＹｏｇｉｂｏに座っていて動こうとしない

鹿野泰央　北海道　テレビCM
<お葬式編>
棺に納められたおばあちゃんと最後のお別れ。
すすり泣く孫たち。
突然おばあちゃんが目覚める。
おばあちゃん：「この棺、床固いわ〜。ちょっと誰か、Ｙｏｇｉｂｏ持ってきて」

息子がYogiboを持ってくる
おばあちゃん：「これやこれ、天国やわ～。
あ、天国はこれから行くんか、ほな」
コピー：天国の座り心地。
商品カット、ロゴ

鹿野 泰央　北海道　テレビCM

＜白雪姫編＞
小人たち：「王子様助けてください！」
王子様：「なんと美しいお姫様、私か救いましょう」
口づけをする王子様
目を覚ます白雪姫
王子様：「よかった。私の国で一緒に幸せになりましょう。さぁ白馬にお乗りください」
白雪姫はYogiboのうえに横たわっている
白雪姫：「えームリ。あたしここ離れらんない。」
コピー：愛にも勝る座り心地
商品カット、ロゴ

芦田 和歌子　東京都　テレビCM

【「殺人事件!?」篇】
とても大きな豪邸の外観。
中に入っても、きれいで広くて豪華な部屋がいくつもあるが、
しかし、家中をまわってみると、
住人から使用人まで、色んなところで人が倒れている。
何故か？倒れている人にカメラが寄っていくと、実は下にyogiboがあり、みんなそこでくつろぎきっていた。
NA「座ってしまったが最後。動けなくなるソファ・yogibo」

稲葉 次郎　東京都　テレビCM

「母子」篇
ママの豊かなバストにすっぽり顔を埋めて、
気持ち良さそうに眠る赤ちゃんのアップ。
カメラがゆっくり引いていくと、
大きなYogiboにすっぽりフィットして、
ぐっすりと眠っているママの全身。
「うもれる幸せ。」のテロップと
「Yogibo」ロゴが画面に表示。

北川 哲　東京都　テレビCM

yogiboのビーズソファに座っている自由の女神
途中でお腹をぽりぽりをかき始める。
N「立ち上がりたくなくなる座り心地
体にフィットするビーズクッション
yogibo」

北川 哲　東京都　テレビCM

仰向けにベットの上で眠る白雪姫。その近くを通りかかる王子様。
王子「おお、かわいそうな白雪姫。でも、私のキスで目を覚ますのです。」
白雪姫にキスをする王子、むせながら口から毒リンゴの破片を吐き出す白雪姫。
王子「白雪姫、もう大丈夫。さあ、目を開けるんだ。」
白雪姫、ちらっと目を開ける。ため息をつきながら、
白雪姫「気持ちよく寝てるから、後にしてくんない？」
王子「え？」
N「起き上がりたくなくなる最高の寝心地。ベットにもなるビーズソファ
yogibo」

北川 哲　東京都　テレビCM

井戸端会議をしている奥様方。
奥様1「ねえねえ聞きました？山田さんの奥さん、寝たきりになっちゃったそうよ。」
奥様2「聞きました。この間、田中さんの奥さんが見たって。」
奥様3「まだ若いのにかわいそうに。」
男性が通りかかる。（上半身のみ画面にうつる）
奥様1「あ、山田さん。奥さんが寝たきりになられたそうで…。」
男「ええ、この通り。」
画面が引いて、男性の下半身が映る。
男性はリアカーを引いていて、リアカーにはyogiboのソファで寝転がる奥さん。
N「起き上がれなくなる最高の寝心地。ビーズクッションのyogibo」

紺谷 知宏　東京都　テレビCM

Yogiboで寝ていた男性が目を覚ます。
カーテンを開けて、光を浴びながら大きく

伸びをする。

周りを見渡すと家具がひっくり返っていたり、引き出しが開いたままになっていたり、部屋がめちゃくちゃになっている。

まだ寝ぼけてボーっとしている男性。

そこにある家族が帰ってきて、男性と鉢合わせる。

家族：ど、泥棒だっ!!!

男性：……あっ!!しまった!!

NA：気持ち良すぎる使い心地。魔法のソファYogibo。

櫻井 香子　東京都　テレビCM

大学生の男女が、二人きりで勉強をしている。
男が時計を見る。
男：あ、けっこう遅くなっちゃったね。
駅まで送ろうか。
女：もう少し座ってたいから、
もう少し居ようかな。
NA：いいソファは、いい時間をつくる。
SL：ビーンズソファYogibo

佐藤 和久　東京都　テレビCM

「空き巣」篇
空き巣がコッソリと部屋を後ろ歩きで歩いている。
うっかりYogiboにつまずき、その上に背中から倒れ込んでしまう。
そのままうっとりとした表情で、
Yogiboから動けなくなってしまう空き巣。
テロップ「快適で動けなくなる魔法のソファー。Yogibo」
Yogiboごと警察に連行されている空き巣。

田中 貴弘　東京都　テレビCM

【罠】篇
男が彼女を部屋に招き入れる。
「へー、けっこうキレイにしてるんだ」
「そうかな。まぁその辺に座ってよ」
さりげなく女をソファに誘導する。
「え、このソファすっごい座り心地いいね!
なんだかずーっと座っていたい。
なんだか…帰りたくなくなっちゃった…」
男、にんまりと笑みを浮かべる。
カメラ、ソファにズーム。
コピー：この座り心地、もはや罠。
yogiboのソファ。

田中 貴弘　東京都　テレビCM

【泥棒】篇
ある家に忍び込んだ2人組の泥棒。

「変わったソファがあるな。なんだこれ」

と、ひとりの泥棒がソファに座る。

そこへ家の人が帰ってくる。

「やべぇ、アニキ逃げましょう!」

「えー、逃げるの?」

「逃げるんスよ!」

「逃げたくないなぁ。お前だけ行けよ」

「なに言ってんだよアニキ!」

コピー：この快感からは逃れられない。

yogiboのソファ

田中 未来里　東京都　テレビCM

『ボクシングの試合』篇
セコンド：立て!立つんだジョー!
ジョー：も、もう無理だよ…。
セコンド：無理じゃない!立つんだ!立つんだジョー!!!
SE：（ゴングが鳴り響く）カンカンカン
レフェリーの声が響きわたる
レフェリー：終了ー!勝者
yogiboーーー!!!
yogiboに幸せそうな表情で倒れこんだまま起き上がらないジョー。
NA：立ち上がれなくするソファー
yogibo。

玉熊 文乃　東京都　テレビCM

土曜日の朝：部屋の中の様子
男：はぁ〜、休みだ。晴れてて気持ちいいなぁ!
今日は一日どうしようかなー。
Yogiboに座ってじっくり考えようっと。
（男、Yogiboに座ろうとする）
SA：ドンドンドン!（部屋の外から窓をたたく音）
未来の男1：おい!やめろ!朝からそれに座るのはやめろ!!
男1：え!?もう一人俺がいる!なんで?
未来の男1：俺は未来からきた俺だ!わざわざここにやってきたのは、
希望に満ち溢れた土曜の朝から、その椅子に座るのを止めさせるためだ!

休日の朝からそれに座ると、心地よすぎて動けなくなって一日が台無しになるぞ！ホントだぞ！心地よすぎて気付いたら夜になってるんだぞ！
男：ええっ？まさかー。（座ろうとする）
未来の男1：うわーやめろーーーー！いいからやめてくれー!!
（座ってしまう）
男：あー、幸せ。
（Yogiboでくつろぐ男のアップ）
NA：快適で動けなくなる魔法のソフ
「Yogibo」。

寺田 篤弘　東京都　テレビCM

娘父母の三人家族のある日の出来事
母「娘ちゃんもう出かけるよ」
娘「うごけない～起こして～」（娘はYogiboに寝転がっている）
母が娘の手を引き起こそうとするが娘が脱力し過ぎて逆にYogiboに倒れ込んでしまう
母も脱力
父「何やってるの行くよ」
父が母と娘の手を引いて起こそうとするがYogiboに倒れ込む
「Chill out」
そのまま3人川の字で寝てしまう

中野 花心　東京都　テレビCM

仕事が終わり、帰り支度をする男性。

帰りの満員電車でサラリーマンに寄りかかられ、そのせいで隣にいた女性にぶつかってしまい、謝る男性。ため息をつく。

帰宅すると、玄関先に起立したyogiboが。躊躇いなくyogiboに寄りかかり、そのままyogiboもろとも倒れる男性。幸せそうな表情。

NA「たまには、もたれ掛かってください。あなたを受け止める、yogibo」

原 佳菜子　東京都　テレビCM

サンタが見つかる夜

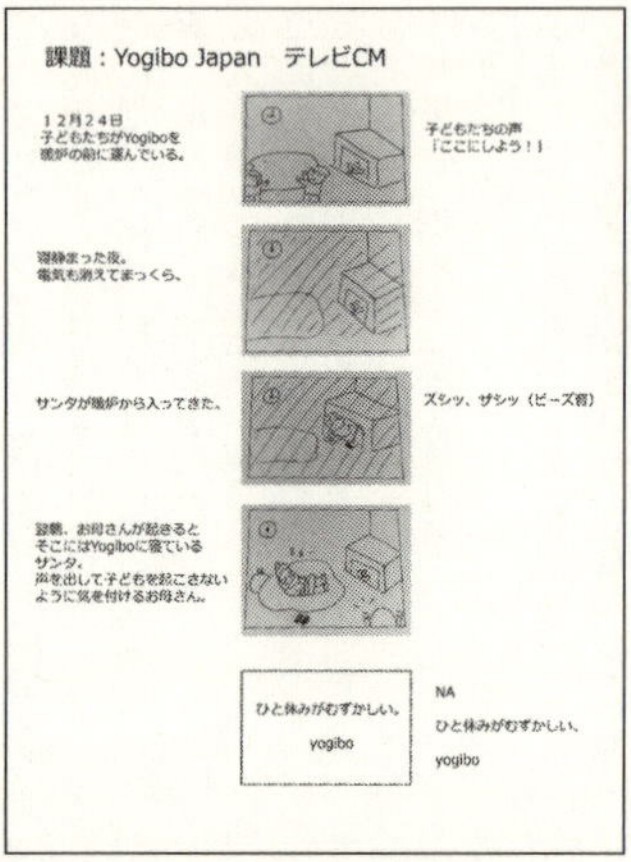
課題：Yogibo Japan　テレビCM
12月24日
子どもたちがYogiboを暖炉の前に運んでいる。
子どもたちの声「ここにしよう！」
寝静まった夜。電気も消えてまっくら。
サンタが暖炉から入ってきた。
ズシッ、ザシッ（ビーズ音）
翌朝、お母さんが起きるとそこにはYogiboに寝ているサンタ。
声を出して子どもを起こさないように気を付けるお母さん。
ひと休みがむずかしい。
yogibo
NA
ひと休みがむずかしい。
yogibo

星合 摩美　東京都　テレビCM

寝室で朝、子どもが目を覚ますと枕元にクリスマスプレゼントがある。
ダイニングの扉を開け、プレゼントを抱えた子どもが入ってくる。その視線の先にYogiboに座って気持ちよさそうにしているサンタクロース。
子ども：「なんでサンタさんいるの…？」
NA：座ったら離れられない気持ちよさ。
ロゴ：Yogibo

細田 哲宏　東京都　テレビCM

「泥棒」編
男がリビングにて、
Yogiboに夢中になっている。
すると警察が入ってくる。
手錠をかけられ、連行される男。
NA：泥棒だって、思わず試してしまう心地よさ。Yogibo

三浦 光太郎　東京都　テレビCM

『yogibo 師匠と弟子 篇』
道着を着た師匠と弟子の二人が山奥の岩の上に立っている。バックには滝が見える。
師匠：「お前は立派に育った。よくぞわしの厳しい修行についてきた。」
弟子：「押忍！」
師匠：「お前に最後の試練を与える。これだ」
（yogiboのビーズソファを見せる）
弟子：「!?」
師匠：「己を律し、このソファに打ち勝つことができればお前は一人前だ。」
弟子：「押忍！」（ソファに飛び込む）
弟子：「ふにゃ～ん」（リラックスした表情）
師匠：「情けない。わしを見ておれ！」（ソファに飛び込む）
師匠：「ふにゃ～ん」（リラックスした表情）
二人並んでリラックス。
Na：誰も勝てない気持ち良さ。

yogibo

土屋 憲佑　山梨県　テレビCM

ボクシングの試合。赤コーナーに選手が座っているアップの映像。
セコンドが選手を奮い立たせている。
セコンド：「おい！立つんだ！立つんだショー!!!」
しかし選手は、脱力系の笑顔で座ったまま。
セコンド：「立つんだ！ショー!!いつまで座ってんだ！！？？」
選手：「ずっと〜♪」
画面が引くと、選手は真っ赤なYogiboに座っていた。
NA：ノックアウトの、座り心地。ビーズソファYogibo

石原 佳典　愛知県　テレビCM

藤波辰爾がドラゴンリングインする。
着地点にはヨギモーのソファがある。
藤波はそのまま寝転んでしまう。
対戦相手が戸惑いながら、フォール。
スリーカウントが入り、試合終了。
NA：きっと、あなたも動けなくなる。
Yogibo Japan

板倉 重治　愛知県　テレビCM

家庭の居間。
朝食を作る主婦。慌ただしく作っている。
途中、チラリとyogiboを見る。表情は愛しいものを見るように！
次に、慌ただしく掃除をする主婦。
また、yogiboを愛おしく見る。
次に、庭で洗濯物を慌ただしく干す主婦。
yogiboを見ようと窓越しに部屋の中を見ようとするが、
なかなか見えずに転ぶ！
洗濯物を干し終わった主婦が家の中へ急いで入ってくる。
そのままyogiboに座り、穏やかに眠る。

小川 晋太郎　愛知県　テレビCM

娘：またあしたー！じゃーねぇー。
□小学校の校門前で友達と別れを告げた後に、突然猛ダッシュする娘。
□パート先の壁時計を見て、急いで着替えて商店街を猛ダッシュする母。
□駅に着いた電車を降りて猛ダッシュするサラリーマンの父。
娘：ハァ、ハァ。
母：ハァ、ハァ。
父：ハァ、ハァ。
NA：家族の誰よりも早く帰りたい場所がある。
□汗だくになりながら、自宅のドアを我先に開けて部屋に入ろうとする家族3人。
□部屋に入ると、飼い犬がYogiboの上で横になりくつろいでいる。
SE：ドスン！（全員が力尽き、鞄やランドセルを床に落とす）
NA：本能が知っている、心地良さ。
飼い犬：ワン！
Cl：Yogibo

真城 光紗紀　愛知県　テレビCM

シーン1
街中に人がいない。まるでゴーストタウン。
シーン2
頭を抱える店主達
シーン3
何故か宅配ピザのバイクが目立つ
シーン4
みんなyogiboのソファーから離れられない。座ったまま気持ち良さそう。
最後に「すわり心地にも程がある」

津田 惇　京都府　テレビCM

【動物編】
Yogiboでくつろぐナマケモノ（動物）。
←
ナマケモノからYogiboのクッションを奪う。
←
ものすごいスピードでナマケモノが追いかけてくる。
（「都市伝説？ナマケモノ高速で走る」という新聞記事が翌日、発行される）
ナレーション「ナマケモノをやる気にさせる。Yogiboのクッション」”

井上 亮　大阪府　テレビCM

映画の完成記者会見
司会：「これにて、完成記者会見を終了したいと思います。」
ゴシップ記者：「（大御所女優に）女優Aさ

ヤ
Yogibo Japan

んの問題についてどう思われますか？」

大御所女優ノーコメントでにこやかな笑顔を向ける。

スタッフ：「すいません、会見終了です。」

スタッフ、大御所女優を先導して帰らそうとするが椅子に座ったまま一切動かない。

スタッフ、大御所女優を引っ張ってでも帰らそうとするが椅子をガッチリ握って動かない
帰らないのでゴシップ記者からまた同じ質問が飛ぶ。

大御所女優ノーコメントでにこやかな笑顔。

仕方ないので、スタッフ達が椅子ごと担いで帰る。

NA：「離れられなくなる椅子
　ｙｏｇｉｂｏ」

西岡 あず海　大阪府　テレビCM

男性が、仕事を終えて自分の部屋に帰ってくる
電気をつけると、泥棒がＹｏｇｉｂｏに座っている
男性「え!?」
泥棒「あ・・・あと5分だけ、通報するの待って」
男性・泥棒「・・・・・・・・・・」
NA：ずーっと座ってたい
新感覚ビーズクッション
Ｙｏｇｉｂｏ

上原 脩平　沖縄県　テレビCM

デスクの上で原稿用紙を前に考え込む作家風の男。
すると突然男は頭をかきむしり
男「あーくそー!」
そう言って原稿用紙をくしゃくしゃに丸め、投げ捨てる。
(デスクの周りには同じ様にくしゃくしゃに丸められた紙くずが大量に落ちている)
男「今日も負けだ!」
男は椅子から立ち上がり、部屋の中央へと移動する。
男(NA)「0勝100敗。
　好きなマンガや海外ドラマ、インターネットにも打ち勝ってきた俺が…」
男が移動した先にＹｏｇｉｂｏが置いてある。
男(NA)「Ｙｏｇｉｂｏの誘惑には勝てない」
男「どっこいしょ」
そう言ってＹｏｇｉｂｏにもたれかかる
男「はぁ～極楽、極楽」
NA：快適過ぎてダメになる。魔法の座り心地、
Ｙｏｇｉｂｏ」

上原 脩平　沖縄県　テレビCM

Ｙｏｇｉｂｏに座りリラックスするおじいちゃん。
その様子を見つめていた女の子がそばにいた母親に耳打ちする。
女の子「ねーねーお母さん。極楽ってなぁに？」
母親「極楽？うーん、そうだなー天国のことかなー」
女の子「天国っていいとこ？」
母親「そうだね、天国はとても良い所なんだよ」
女の子「ふーん、そうなんだ」
そう言うと女の子はおじいちゃんの近くへ行き声をかける。
女の子「おじいちゃん。良かったね。」
おじいちゃん「ん？何がだ？」
女の子「天国に行けて」
おじいちゃん「なに!？」
母親が慌てて女の子の元へ駆け寄り
母親「こら、あかり！おじいちゃんに何て事いうの！」
女の子「だっておじいちゃん極楽極楽って言ってたんだもん」
NA「まるで天国のような座り心地。快適過ぎるソファーＹｏｇｉｂｏ」

横村 貴之　埼玉県　ラジオCM

【立つんだジョー】編
段平「立て～立つんだジョー!」
ジョー「おっちゃん・・・」
段平「立て～立つんだジョー!」
ジョー「いや、ずっと座っていたいから無理」
段平「ジョーーーー!」
NA「衝撃の座り心地、ｙｏｇｉｂｏ」
SE：カンカンカンカン（ゴングの音）

塩見 勝義　東京都　ラジオCM

女性「♪ドレミファソ～

ソファ～

ソファ～

ソファ～」

気持ちよすぎるソファ。
Yogibo

高渕 裕成　東京都　ラジオCM

「立て〜立たんか！ジョー」
「・・・」
一度座ると、立ち上がれない。
Yogibo。

早坂 あゆみ　東京都　ラジオCM

丹下段平：立て、立つんだ、ジョー！
丹下段平：どうした、ジョー！立て、立てったら！
NA：立ち上がれなくなる心地よさ。
Yogiboのビーズソファ。

町田 香苗　東京都　ラジオCM

女：もう我慢できない。帰る！
男：勝手にしろ！
（間）
男：…帰るんじゃなかったのかよ。
女：ダメ。やっぱり離れられない…
NA：体は正直です。離れられないソファ、yogibo。〟

石関 恵子　神奈川県　ラジオCM

女：Yogiboってソファ、天国の座り心地なんだって。
男：俺、天国で座ったことないからわかんないや。
女：それなら、Yogiboに座ってみたら。
男：おぉー。天国！

NA：魔法のビーズソファ、Yogibo。〟

石関 恵子　神奈川県　ラジオCM

男1NA：今日もお隣さんが僕の部屋にやってきた。
男1：あのー、僕たち、友達でしょうか？
男2：いや、違うんじゃない。ただの隣人でしょ。
男1：部屋の間取りも一緒ですよね。
男2：だね。
男1：じゃあ、どうして毎日、僕の部屋に？
男2：これ。Yogiboがあるから。
NA：毎日、座りたくなる、魔法のビーズソファ。Yogibo。日本上陸！
男1：もう帰りたくないな。
男2：帰ってください。〟

鈴木 章仁　神奈川県　ラジオCM

「祖母と孫」篇
祖母：アユちゃん、おばあちゃんのこと好き？
孫：うん、大好き。
祖母：じゃあ、ちょっと・・・。
孫：やだ。
祖母：こないだ、お誕生日に、オモチャを買ってあげたよね。
孫：そう。あれ、欲しかったやつなの。
祖母：じゃ、少しだけ・・・。
孫：やだ。
祖母：そうだ。アユちゃんには、毎年、お年玉はもちろん、お盆玉だってあげてるわよね。それに、何でもないときのお小遣いだって、あんなにたくさん。
孫：おばあちゃん。いつも、ホントにありがとう。
祖母：なら・・・
孫：でも、やだ。
NA：アユちゃんが座っているのは、一度座ると、快適で立ち上がれなくなる魔法のビーズソファ「Yogibo（ヨギボー）」。大好きな人に頼まれても、決して譲りたくなくなる、天国のような心地よさが自慢です。
祖母：アユちゃん、「優先席」って、知ってるかしら？
孫：ギクッ。
NA：その格別の心地のよさは、家族みんなで味わいましょう。Yogibo（ヨギボー）

竹田 豊　神奈川県　ラジオCM

【コーヒーよりも編】
男子：この後、どうする？
俺の部屋に来て、コーヒーでも飲んでく？
女子：またにするわ。
男子：Yogiboも、あるけど。
女子：行く。
NA：Yogiboなら、話がはやい。
世界一のビーズソファ〝Yogibo〟

長縄 寛久　静岡県　ラジオCM

男：あー、仕事行きたくないなー。部長が厳しすぎてさー。
女：ねぇ、これ、プレゼントしてみたら？

女：ねぇ、最近仕事どう？
男：ああ、あれをプレゼントしてから部長
　が仕事に来なくなったよ。
NA：快適過ぎて動けなくな
　Ｙｏｇｉｂｏのビーズソファ

黒川 哲也　愛知県　ラジオＣＭ

とろけるソファー。

森本 芹奈　大阪府　ラジオＣＭ

男：（勇ましく）雨にも負けず！風にも負
　けず！丈夫ながら…
男：…
男：スースー（寝息）
NA：家にいるときくらい、ダメになりなよ。
　ビーズソファのＹｏｇｉｂｏ"

川路 直美　鹿児島県　ラジオＣＭ

娘：「よし！携帯持った、水も持った！」
母：「あら、どこか出かけるの？」
娘：「ううん、今から座ろうと思って。」
母：「え！？」
NA：座るとしばらく動けない
　Ｙｏｇｉｂｏ。それは魔法のビーズソ
　ファ。

よしもとクリエイティブ・エージェンシー

ジャルジャルという商品が更に活躍するCMのアイデア

［テレビCM］

協賛企業賞

野田 正信

（50歳）フリーランス

テレビCM

「爪あと」篇
ベッドで抱き合う男女
女が男の胸に爪あとを見つける
女：なによ、この爪あと。
誰のよ？
なんでこんなところにあるのよ！
男：さっきジャルジャル見たからかなあ。
S：あなたの心に、爪あと残します。
ジャルジャル。

▼協賛企業のコメント
ジャルジャル
後藤淳平さん
福徳秀介さん

お笑いでいう「爪あとを残す」という表現を上手く使っていますね。男の爪あとが実際ジャルジャルを観て出来た爪あとなのか、浮気がバレてとっさについた嘘なのか、想像してしまいますよ。どちらにせよジャルジャルは悪い気はしないですよね。男性の心に爪あとを残しているという点も、何か嬉しいですよ。（後藤）

男女の情事に「ジャルジャル」という音が洩れることが滑稽。また、この男女の愛の深さは知り得ないが、男の胸に残った爪痕を見て私傷を慮らず他の女の存在を疑う情景により、女は男に対し常に不安に取り憑かれ、決してこの男を離さないと情事に励んでいると汲み取れる。快楽ではなく、苦悶を払う情事が美しい。故に「ジャルジャル」という響きが何よりも美しい喘ぎである。（福徳）

中野 森 東京都 テレビCM

【時代の先を行く笑い篇】

幼稚園。園児たちの前で漫才をするジャルジャル。
しかし、誰も笑わない。
保育士「みんなには、ちょっと難しかったかな?」
女の子「……」
女の子、制服を着た中学生に成長する。
恋をして男子にラブレターを渡す。
結婚。出産。旦那の葬式。
やがて、高齢のおばあさんになり家族が見守る布団の中。
おばあちゃん「何だか、人生の楽しかったことを思い出すよ」
孫「何が一番楽しかった?」
おばあちゃん「子供のときに見た変なお兄さんたち。あの時はさっぱりわからなかったけど、後からじわじわくるね。ウフフッ」
笑顔で息をひきとる。
孫「おばあちゃんっ!」
福徳「いや、あん時に笑えや!」
後藤「じわじわ遅すぎやろ!」
NA:時代の先を行く笑い、ジャルジャル!

石原 佳典 愛知県 テレビCM

ジャルジャルが、
エゴサーチをしている。
後藤：ジャルジャルで、一度も
　笑ったことがないって。
福徳：鼻では笑ったことあるやろ。
NA：笑ったことに変わりはない。
　ジャルジャル。

二次審査通過作品

宇田川 和成 埼玉県 テレビCM

食卓にて
子1「ニンジンきらーい！」
子2「ピーマンきらーい！」
母「もー、好き嫌いはいけませんよ。せめて一口でいいから食べてみなさい。」
後日、リビングにて
母「ジャルジャルってあんまり好きじゃないからチャンネル変えようかしら……。」
子1、2「好き嫌いはいけませんよ！せめて一ネタでもいいから見てみなさい。」
ナレーション「食わず嫌いの先にある面白さ。ジャルジャル」

石井 雅規 千葉県 テレビCM

盛り上がらないジャルジャルの舞台。

それでも必死な二人。

回想：入院している少年とお見舞いに来たジャルジャル。

「俺らが爆笑とったら、絶対手術は成功するから安心しろ！」

盛り上がらないジャルジャルの舞台。

それでも必死な二人。

ナレ：「こんな心温まるエピソードはありません。単純にいつでも笑いに真剣なだけです。」

鶴岡 延正 東京都 テレビCM

太田光「オバハンのネタ、すごく笑った。あれは凄い。革命だよ」
内村光良「発想の仕方が独特。今までにはなかったコントをするコンビですね」
松本人志「あっはっはっはっはっはっ。おもろいわ〜」（コント映像を

観て笑っている）
NA：玄人受けはいい。あとは視聴者受けだ。ジャルジャルよ。

中野 森 東京都 テレビCM

【キミの人生を笑顔に篇】
病室で胎児のエコー映像を見ながら話す医者と母親。
医者「元気な、男の子みたいですね」
母親「男の子ですか！」
胎児、体を震わせている。
医者「……活発に動いてますね」
母親「なんだか、笑ってるみたい」
胎児、大きく体を震わせている。
医者「これは、ちょっと……異常に笑ってますね？」
母親「何か楽しいことでもあったのかしら？」
医者「う～む、不思議だ」
病室のテレビに、先ほどからジャルジャルのコントが写っている。
ジャルジャルNA「キミの人生を笑顔にしたい。ジャルジャル！」

廣本 嶺 東京都 テレビCM

「目のつけどころ」篇
楽屋で過ごす後藤。
そこにパンツ丁の福徳が楽屋入りする。
後藤：うわ、なんやねんお前！髪切った？
福徳：いやそこかい！
NA：目のつけどころが違う、ジャルジャル。

廣本 嶺 東京都 テレビCM

「しつこいジャルジャル」篇
舞台で漫才を披露するジャルジャル。
観客の多くは笑っているが、ひとり笑っていない男の子を見つけるジャルジャル。
漫才が終わり、帰ろうとしている男の子の元へ行くジャルジャル。
後藤：なあなあ、君、漫才中ぜんぜん笑ってなかったやん？
福徳：ちょっと、どこがおもんなかったか教えてくれへん？
男の子：うーん、なんかしつこすぎて飽きちゃって…
メモを取るジャルジャル。
後藤：なるほどなー。
福徳：他には？他の改善点ある？
その後も質問を繰り返すジャルジャル。家に帰る男の子にずっとついて行く。
帰り道。家でご飯を食べているとき。お風呂に入っているとき。寝ているとき。
ずっと男の子について行き、ひたすら改善点について質問しているジャルジャル。
NA：しつこく、笑いを追求する。ジャルジャル。

土屋 憲佑 山梨県 テレビCM

のび太：「ドラえも～ん！
ジャイアンにいじめられた～!!なんか出して～（泣）!!!」
ドラえもん：「そんな時は…」
SE：チャチャチャチャン♪（お決まりのあの効果音）
ドラえもん：「ジャルジャル～!!!」
四次元ポケットからジャルジャルが出て来る。
コントを始める二人。大爆笑の、のび太&ドラえもん。
NA：国民的アニメがあるなら、国民的コントも、きっとある！
二人NA：オレらが、やるやる！オレらは、ジャルジャル！

石原 佳典 愛知県 テレビCM

パソコンをいじるジャルジャル。
後藤：「ジャルジャル つまらない」
って、出えへんな。
福徳：「ジャルジャル 面白くない」

って、出えへんな。
二人：「ジャルジャル 嫌い」
　って、出てくるのにな。
NA：嫌われてるのに、
面白いと認められている
すごいコンビ、
その名は、ジャルジャル。

一次審査通過作品

斗内 邦裕　北海道　テレビCM

大阪の街頭、ジャルジャルの宣材写真を通行人に見せるインタビュー。
レポーター：この2人の名前、分かりますか？
おじいさん：おお、チュルチュルやんか。
それぞれ丼を持ち、ラーメンの麺をすすり顔を見合わせるジャルジャルの2人。
レポーター：この2人の名前、分かりますか？
おばさん：あ～あれよ。ギャルギャルよ。
黒ギャルの格好で、憮然とするジャルジャルの2人。
レポーター：この2人の名前、分かりますか？
おじさん：知ってるがな！ジョリジョリやろ！
ヒゲモジャで、互いの髭を激しく擦りつけ合うジャルジャルの2人。
レポーター：この2人の名前、分かりますか？
おばあさん：この顔は…。ヌルヌルとか何とか…。
ローション相撲で、滑りまくるジャルジャルの2人。滑り続けながら、
2人：た、頼むから覚えてや…。
画面に「笑いは滑りません！ジャルジャル」の文字

三上 智広　北海道　テレビCM

「妖怪」篇
荒俣宏先生とアナウンサーがスタジオで対談。
AN「荒俣先生は、妖怪評論家でもいらっしゃいますとのことですが」
荒俣「えぇ、まぁ。そういうこともやってます」
AN「そこで、今日、お聞きしたいのは、こちらの妖怪なんですが」
（フリップにジャルジャルの写真）
荒俣「あぁ、これは『ジャルジャル』という妖怪ですね」
AN「どんな妖怪でしょうか？」
荒俣「えぇ、人に取り憑いてですね、笑わせると。まぁ、それだけなんですけども」
AN「それだけですか？」
荒俣「それだけです」
AN「害とかは？」
荒俣「ないですね」
AN「はぁ」
荒俣「あ、あと」
AN「な、なんでしょう！」
荒俣「こっちの後藤くんは音楽鑑賞が趣味で、福徳くんは山登りが趣味みたいです」
AN「恐ろしいほど、普通ですね」
荒俣「普通ですね」
NA＆SP「笑いのセンスは普通じゃない」
NA＆SP「いつかはお笑いモンスター！ジャルジャル」

及川 真理子　福島県　テレビCM

目の付け所篇
見るからに悪そうなお兄さんが歩いてくる。
ジャルジャル2人（後姿）。
前から来たお兄さんと、後藤の肩がぶつかる。
お兄さん、振り返る。

お兄さん「どこに目ぇ付けて歩いとんじゃ、
　ワレぇ!」
振り返るジャルジャルの2人。
2人とも目がない。
後藤、首筋に付いてる目を指さして、
後藤「ここです」
福徳、膝を上げて、膝に付いてる目を見せながら、
福徳「僕はここです」
ナレーション「目の付け所が違う。そう、独自の視点で笑いを生み出す。それがジャルジャル。」

柴田 賢一　茨城県　テレビCM

大阪・東京で街頭インタビュー。
S：吉本のお笑いコンビで、「ジ」ではじまって「ル」で終わるコンビといえば?
OL：ジダウンタウンル!
男子生徒：ジナインティナインル!
カップル：ジチュートリアル!
その様子を楽屋のテレビでを見る福徳と後藤。
福徳：なんやねんこれ。わざとやで。
後藤：ええやん。コントの練習しようや。
S：笑ってもらえれば、嫌われてもいい。ジャルジャル。

大沢 裕巳　埼玉県　テレビCM

ジャルジャル。(ジャルジャルが登場)
じゃないじゃない。(他の芸人が登場)
※繰り返し、最後に
ジャルジャル。(ジャルジャルが登場)

大谷 翔　埼玉県　テレビCM

離陸前の飛行機の中…

CA「当機は間も無く離陸いたします。」

CA「その間の暇つぶしを設けましたので当機右の翼をご覧ください。」

翼の上を見るとジャルジャルの2人が漫才をしている。

もちろん何も聞こえない。

そうこうしている間に飛行機は離陸態勢に入り、風でジャルジャルの2人は吹き飛ばされ、翼に設置されたマイクのみが残される。

最後にコピー
マイクスタンドがあれば、ジャルジャルは出現する。

丸山 佑介　埼玉県　テレビCM

(記者会見場にて)
インタヴュー「ジャルジャルのお二人に質問です。スバリ、『コント』に大切なものとは?」
福徳「『しつこさ』を大切にしています。関西でいうなら『くどさ』ですかね。繰り返しの展開を永遠にやり続けることで、独特の空気感を演出するようにしています。例えば、日常の一部を切り取ってそれを、むっちゃズームしたり、世間一般では普通と考えられていることに疑問を持ってみたり、ある人物の癖だけに注目したりすることで、ある種の狂気性やシュールさがある展開を作っています。そして…」
後藤「長っっ!!コメント長っっっ!!長すぎて神戸市と淡路市をつなぐ全長3911mでギネス記録にも認定され、別名パールブリッジとも呼ばれる、世界最長のつり橋、明石海峡大橋かと思ったや!!」
福徳「長っ!!!ツッコミ長っっ!!!長すぎて…(会話の途中でブツ切り)」
ナレーション「味のあるクドさ、ジャルジャル」

宇井 英喜　千葉県　テレビCM

○教室（授業中）
少女A「ねぇ、ねぇジャルジャルって自分の事○○だと思ってない?」
小声で少女Aが少女Bに話しかける。
少女B「全然、全然ジャルジャルは○○だなんて思ってないよ〜」
少女Bも周りを気にしながら小声で答える。
少女B「だって〜ジャルジャルが○○だったら、みんなはどうなっちゃうんだよ〜」
教師「ほら、そこ!この答えは?」
黒板に書かれた方程式の空欄の○○を指す。
少女B「言えません…」
教師「どうしてこんな簡単な問題が分からないんだ」
少女B「分かります、でも言えません…」
教師「しょうがないな〜はい、みなさん、ちゃんと覚えてくださいね……
慌てて立ち上がり教師に走り寄る少女B。
以下スローモーション
手を伸ばす少女。
教師の答えの発声と同時に画面は暗転し音声も切れる。

黒板（顔の部分だけ丸く顔が出せるように二つ、くり抜かれている）
○から顔を出すジャルジャル。
全くジャルジャルに気づいていないような興味ないような生徒達。
黒板指示棒でジャルジャルの頭を突く教師。
教師「はい、今日はここまで。ちゃんと復習してくるように」
ジャルジャルの顔のアップ。（チャイムが鳴り響く）
N　ジャルジャル。

真子 千絵美　千葉県　テレビCM

【ファン】篇
白い空間に100人くらいの人がいる。その中で、1人の男性だけ笑っている。
笑い続けている。
まだその人は笑っている。
お腹まで抱え出している。
もう止まらなさそうだ。
NA「これがジャルジャル」

伊藤 嵩　東京都　テレビCM

『味に自信のありすぎるラーメン屋の店長』篇
ラーメンを食べていると、
急に店長が話しかけてくる。
店主「うちのラーメンうまいだろ？
なっ？なっ？なっ？なっ？なっ？
うまいだろ？
なっ？なっ？なっ？なっ？なっ？
どう？うまいだろ？なっ？」

NA「ジャルジャルって、こんな感じです。
絶対的なネタへの自信。だから面白い。
ジャルジャル。」

岩本 恵美子　東京都　テレビCM

福徳「ジャ！」
1拍置く
後藤「ル！」
1拍置く
福徳「ジャ！」
1拍置く
後藤「ル！」
1拍置く
この1拍をどんどん短くしていく
速くなったら、パッと画面を切り替えヌード写真を映す。
2人が最後にニッと笑う

緒方 雄樹　東京都　テレビCM

舞台上。
ジャルジャルの2人が漫才をしている。
マイクスタンドの前、スーツ姿。ベーシックな出で立ちだが、
喋っているのはアルジェリアで使われるズールー語。
画面が客席に映る。様々な世代のアルジェリアの人びと。
ものすごいウケている。
楽屋。
福徳：めっちゃウケたけど…
後藤：むちゃくちゃ限定的やな
2人：もっとたくさんの人にウケたい！

お茶の間に愛されるコンビへ。
ジャルジャル

神谷 周作　東京都　テレビCM

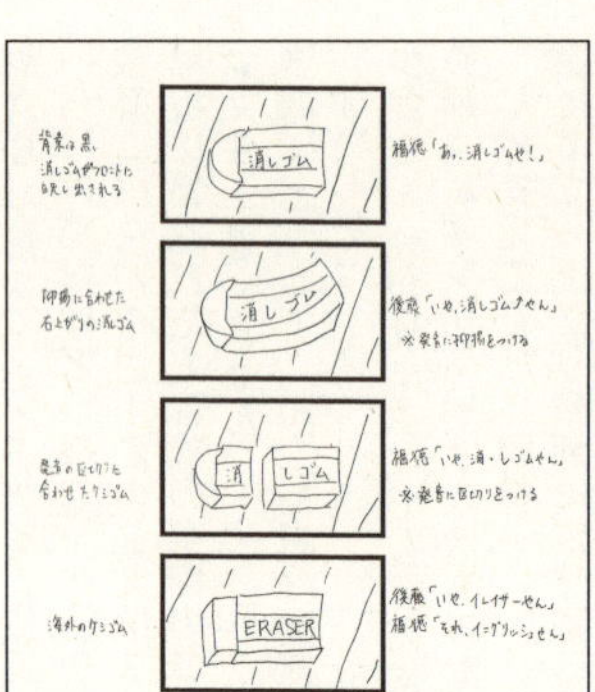

神谷 周作　東京都　テレビCM

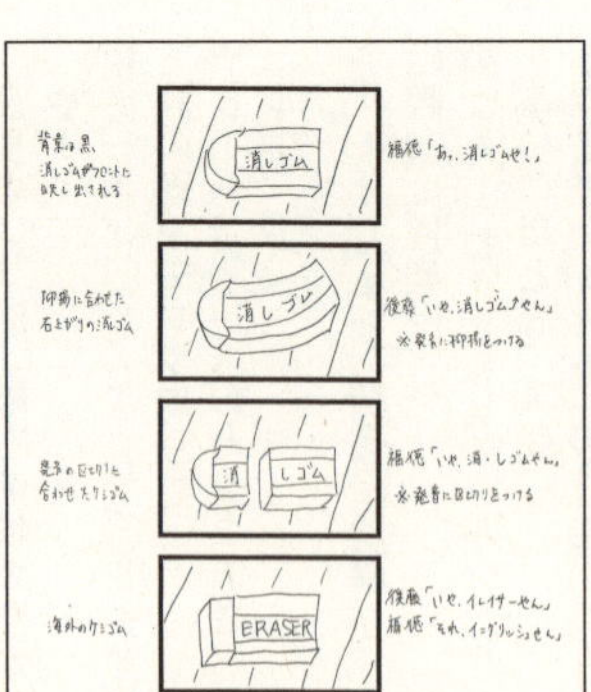

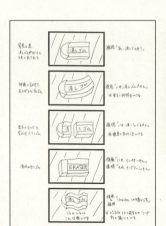

草場 良平 東京都 テレビCM

【アイデア】
ジャルジャル…本当は実力があっておもしろいのに、なぜかそこまで売れていない
CM内容…本当はすごい製品なのに、そこまで知名度がない、売れていない、良さが伝わっていない製品。
上記について、ジャルジャルを起用してコマーシャルする。

齋藤 明衣 東京都 テレビCM

ギャルA「この動画マジでジャルいんだけど」
ギャルB「それな。てかこれもジャルいんですけどー」
ギャルA「たかし（確かに）。ジャルいし、むしろガチめに（本気で）エモい（感動した）」
ギャルB「ガチで神ってる（あまりにも素晴らしい）。ジャルジャル、鬼（すごく）ジャルい」
S：ジャルい＝面白いの意。
NA：ジャルジャルは、ギャル語になりたい。

佐藤 日登美 東京都 テレビCM

夏。セミが鳴く音が「ジャルジャル」になっている。
セミ「ジャールジャルジャルジャル ジャールジャルジャルジャル…」
ファーストフード店にいるギャルっぽい二人。スマホをいじりながら、けだるそうに話している。バックにはずっとジャルジャルのセミの声。
女子1「暑いねー」
女子2「うん、あつーい」
女子1「なんかおもしろいことないかなー」
女子2「ないかなー」
NA：ジャルジャルのおもしろさ、気付いてください。

佐野 克弥 東京都 テレビCM

【オーディション】編
（とあるオーディション会場。審査員のプロデューサー、監督、そして最終審査まで残った3人の子役が会場にいる）
プロデューサー：はい。今から、小学1年生の男の子「じゅん」くんの役を決める最終オーディションを始めます。よろしくお願いします。
子供達：よろしくお願いしますっ！
プロデューサー：はい、いい返事です。では、今から審査を始めますね。今から「ジャルジャル」っていう言葉を気持ちを込めて言って下さい。
子供達：ジャルジャル…？気持ちを込めて…言う？？
プロデューサー：そう。「ジャルジャル」は「じゅん」クンにとって、とっても重要なキーワードになる言葉です。あと、怒っている気持ちだとか、この言葉に込める気持ちは何でもいいです。じゃ、君から。お願いします。
子供①：「…ジャルジャル」
プロデューサー：分かりました。はい、次は…ん？どうしたの？
子供①：ありがとうございました。えっとぼくは…ジャルジャルって…悲しいな、とっても悲しいなって思いながらジャルジャルっていいまし…
監督：あ、そんなん言わんでええよ。見たらわかるから。次。
（場が凍る）
子供②：「ジャ…るじゃ…ル」（噛む。）
プロデューサー：…はい、ありがとう。じゃぁ最後は…。
監督：ちょ、まて。自分、今わざと噛んだんか？噛んで恥ずかしい気持ちを表現しようとしたんか？それともジャルジャルって言うんが恥ずかしいんか？
子供②：「…」（絶句する）
（ますます、場が凍る）
監督：もぉ、ええ。次。
（この最悪の雰囲気にもかかわらず満面の笑みで）
子供③：「ジャルジャル〜♪♪♪」
監督：（驚く）ちょまて、自分、何でこの雰囲気で笑えるねん？
子供③：えっと、ぼくは、「ジャルジャル」って言おうと思ったら、なんか、とってもたのしく…。
監督：決まりやっ！
SE：みんなを笑顔に。ジャルジャル！
（後藤・福徳・そして男の子の声で）

瀬戸 ヒロノリ 東京都 テレビCM

【夢中になれるもの篇】
高校球児、マラソン選手、颯爽と働くビジ

ネスパーソン、バンドのライブ風景など…
様々な頑張っている人の姿が流れている。
NA「夢中になれる人は、かっこいい。
　時間も忘れて、何か夢中になった経験が、
　あなたにも…」
途中でナレーションが切れる。
テレビの前でおばさんがジャルジャルのコントを見ているシーンに切り替わる。
おばさん「あははは！」
NA「夢中になれる笑い、ジャルジャル」

髙木 守　東京都　テレビCM
地方の営業。
「ジャルジャル握手会」と看板がかかっている。行列の先頭にカメラが向かうと、ジャルジャルの後藤と福徳がかたい握手を交わしている。
それを見つめる群衆。
コピー「常にボケます。ジャルジャル」

鷹巣 仁哉　東京都　テレビCM
【やっぱり一番篇】
ジャルジャル後藤とギャルが並んで立っている。
NA「ジャルギャル」
サルとジャルジャル福徳が並んで立っている。
NA「サルジャル」
ジャルジャル後藤と福徳が並んで立っている。
NA「やっぱりこの2人」
抱きしめ合うジャルジャル後藤と福徳。
NA「ジャルジャル」

辻野 史俊　東京都　テレビCM
ボクシングの試合中継
パンチを入れられているのに、笑っている世界チャンプ。
ディフェンスしながらも笑っている。
視線の先へカメラがパンすると、赤コーナーに扮した福徳がきわどい変顔をしている。
NA：はらはらする、面白さ。ジャルジャルです。

冨田 有沙　東京都　テレビCM
（リビングでテレビを見る少年）
少年「あっ学校行くの忘れてた！」
NA：ずーっと見ちゃう。ジャルジャル。
少年「いや今日休みなの忘れてた！」

長井 謙　東京都　テレビCM
○選挙演説篇
選挙演説の声が聞こえる。
「私たちは、笑顔があふれる日本を作っていきたいと思ってます」
通行人A「また綺麗事いってるよ」
通行人B「笑顔なんて、もう聞き飽きたわ」
よく見ると、ジャルジャルが演説をしている
通行人A「…意外と、本気で言っているの
　かもね」
通行人B「そうだね」
NA「笑いに真面目です。ジャルジャル」

長井 謙　東京都　テレビCM
○好きな芸人篇
家でジャルジャルのコントを見る男。大笑い。
場面が変わり、合コンで質問される男。
女「へぇーお笑い好きなんだ！」
男「そうそう！」
女「好きな芸人だれ？」
男「……サンドイッチマンだよ！」
女「分かる！面白いよね！」
NA「人には言いたくないが、本当は好きな
　お笑い芸人。ジャルジャル」

長井 謙　東京都　テレビCM
○トーク番組篇
お笑いのトーク番組で盛り上がる司会と共演者。
ひな壇の端の方でほとんど顔が映らないジャルジャル。
NA&コピー「コントなら、自信あります」
隅っこのジャルジャルを指す矢印が出てくる。
NA「ジャルジャル」

長井 謙　東京都　テレビCM
○いないいないばぁ篇
□いないいないばぁをする父
父「いないいない、ばぁ〜」
赤ちゃん「…」
父「いないいない、ばぁ〜」
赤ちゃん「…」
父「いないいない…」
赤ちゃん「…どうせ、ばぁ〜やろ」
□驚く父
□つまらなそうな赤ちゃん
NA「ベタな笑いに飽きたあなたに。ジャルジャルがオススメです」

浪岡 沙季　東京都　テレビCM

□広告会社の会議室にて

A：今回のクライアントはあのよしもと。ジャルジャルという商品が更に活躍するCMのアイデアを考えてほしいとのことです。

B：ジャルジャルってあれだろ？お笑い芸人の。更に活躍するって…今活躍してんの？

C：さぁ。大体お笑い芸人なんだから、お笑いをそのままCMでやればいいんじゃないんですかね。…あ、これですね、ジャルジャル。

（パソコンで動画を見始める）

（会議室一同 プッと笑う）

A：ハハッ、これはネタをCMにしないわ。こんなおもしろいのCMでタダで見せるのもったいない。

NA：このおもしろさ、タダごとではない。よしもとクリエイティブ・エージェンシー

ジャルジャル

「このおもしろさ、タダごとではない」という文字とジャルジャルのアップが映し出される）

西田 峻也　東京都　テレビCM

取調室にて。若手刑事と容疑者がいる。

「ガチャッ」

扉が開いてベテラン刑事登場。

若手刑事「佐藤さん、こいつ全然吐かないっす。」

容疑者「だから、俺はやってないっすって。」

ベテラン刑事「任せろ！でわ、聞こう。犯行時刻である、8日の夜7時から8時まで何をやっていた。」

容疑者「その時間は部屋で、ジャルジャルの動画見てました。」

ベテラン刑事「なんのネタだ？」

容疑者「…高木ってやつです。」

ベテラン刑事「おーっ、あれめちゃめちゃ面白いよな。」

容疑者「はい、後は野球部のやつです。」

ベテラン刑事「はははっ最高だよな！！ジャルジャルは、コントもいいけど漫才もいいんだよなー。」

容疑者「いやっ本当そうなんすよねー！！」

若手刑事「いやいや、ちょっと何の話してんすか！！」

ベテラン刑事・容疑者「え？？」

NA：ハマると抜け出せない面白さ、ジャルジャル。

西田 峻也　東京都　テレビCM

楽屋に急いで入ってくるマネージャー。

マネージャー「遂に、見付かりました！後藤さんと福徳さんの、それぞれが1位になれる芸人ランキングを！！」

後藤「まじか！！」

福徳「なになに、教えてや！」

マネージャー「まず、後藤さん。一般人が似てるって言われる芸人ランキング第1位です。」

後藤「誰が量産型やねん。」

マネージャー「次に福徳さん、縁起がありそうな苗字の芸人ランキング第1位です。」

福徳「全然嬉しないねん。」

マネージャー「ただ毎回、コントの面白い芸人ランキングでは常に10位以内に入ってます。」

後藤「それぞれパッとせんけど、おもろいってことやな。」

福徳「個性くれ。」

NA：あとは個性だけ。ジャルジャル。

野田 正信　東京都　テレビCM

（テレビ15秒 爪あと篇）

ベッドで抱き合う男女

女が男の胸に爪あとを見つける

女　なによ、この爪あと。誰のよ？なんでこんなところにあるのよ！

男　さっきジャルジャル見たからかなぁ。

S　あなたの心に、爪あと残します。ジャルジャル。

東 成樹　東京都　テレビCM

二人：コントー、ファミレス。

福徳：お待たせいたしましたー、スマイルでございます。

後藤：いや注文とれや。

NA：笑顔を届けます。ジャルジャル。

廣本 嶺　東京都　テレビCM

「滑りにもマケズ」篇

ローションの坂をのぼるジャルジャル。

NA：すべってたまるか、ジャルジャルです。

廣本 嶺　東京都　テレビCM

「楽しむジャルジャル」篇

巨大滑り台を楽しむジャルジャル。

NA：滑っても楽しむ。ジャルジャル。

廣本 嶺　東京都　テレビCM

「ジャルジャルあるある」篇

舞台に立つジャルジャル。

福徳：ショートコント！漢字テストあるある！

机でテストを受けている後藤。途中でえんぴつが止まり、悩んでいる。すると教室内の張り紙や黒板を見渡す後藤。

福徳：わからん漢字があると、教室の中から探す！

福徳・後藤：はい！

後藤：つづきまして、ジャルジャルあるある！

何もしないジャルジャル。

NA：決まった笑いはありません。常に新しい笑いを。ジャルジャル。

廣本 嶺　東京都　テレビCM

「フュージョン」篇

後藤・福徳：フュージョン！

合体して一人になる後藤と福徳。

合体した姿で一人漫才を行う。しかし、全然面白くない。

NA：二人がそろうと、面白い。ジャルジャル。

松尾 栄二郎　東京都　テレビCM

テレビでジャルジャルがネタを疲労している。

それを見ている20代前半の男子二人。

男子A「ジャルジャル、おもしろいよな」

男子B「もう売れるって」

男子A「いや、もう売れてるでしょ」

男子B「まだブレイクしてないでしょ」

男子A「あぁ、ブレイクね…」

男子B「もうブレイクするよ」

男子A「うん、ブレイクするね」

男子B「もう、すぐね」

男子A「うん、もうすぐ」

ジャルジャルの二人がテレビの向こうで叫ぶ。

福徳「いつやねん！！」

後藤「だからもうすぐやて！！」

男子A「…」

男子B「ほら」

NA「偶然でもいいから、ブレイクさせてください。ジャルジャル。」

松尾 賀久雄　東京都　テレビCM

司会：お笑い芸人のお二人です！！

SE：（拍手）

後藤：いやいや、コンビ名で呼んでくださいよ！

司会：まぁまぁ。

福徳：まぁまぁって、僕らゲストですよ！はるばる冬の沖縄まで来て。

後藤：沖縄は冬来てもいいとこですけどね。

司会：そういえば、お二人はどうやって沖縄までこられましたか？

福徳：いや、そりゃ飛行機でしょ。泳いではこないし。

司会：以上！お笑い芸人のお二人でした！

二人：えーーー。

テロップ：「大人の事情でございます。申し訳ございません。」

ナレーター（女性）：冬の沖縄には、全日空でお越しください。

二人：てそういうことかい。

森本 祥司　東京都　テレビCM

いつもの衣裳で並んで正面を向く2人。

福徳「タレントがこうやって自分のCMをしているということがどういうことか、わかりますか？」

後藤「たとえばダウンタウンさんが、自分たちのCMをするでしょうか」

福徳「そういうことです」

後藤「たとえば、さんまさんがこれ以上仕事を増やそうとするでしょうか」

福徳、食い気味で「もういい。もう言わんでいい。直接的な表現は避けろ」

（1秒程度の間）

福徳「察していただきたい」

後藤「察したいただきたい」

福徳「察したうえで、何らかのアクションを起こしていただきたい」

後藤「察したうえで、オファーを」

福徳、食い気味で「直接的な表現は避けろ」

2人で「察してください。ジャルジャルでした」

山内 昌憲　東京都　テレビCM

定食屋で丼をかき込む一人の男。店員に扮したジャルジャルの2人。

男「おかわり！」丼を差し出す。

ジャルジャル「はい、おかわりいっちょう!」
男「おかわり!!」丼を差し出す。
ジャルジャル「はい、おかわりいっちょう!!」
男「おかわり!!!」丼を差し出す。
ジャルジャル「はい、おかわりいっちょう!!!」
男「おかわり!!!!!」丼を差し出す。
ジャルジャル「って何回すんねん!」
NA:「おかわりしたくなる笑い。ジャルジャル」

横田 歴男 東京都 テレビCM
【ポスター】篇
渋谷の街をゆく男。

なぜか、人とすれ違う度にクスクス笑われる。

若い子にも、子供達にも、おばあちゃんにも。

服装も、髪型も、歩き方も、ごく普通なのに。

109の足元まで来て、ビルの高さの巨大ポスターを見上げた瞬間に、初めてその理由がわかる。

「オ、オレ、ジャルジャルってヤツに激似じゃん!」

NA:知らないと、笑われる。

ジャルジャル

吉本 正春 東京都 テレビCM
殴り合うジャルジャル
30秒それが続くだけ。

渡邉 拓也 東京都 テレビCM
楽屋にジャルジャルのふたりがいる。
福徳「なぁ、宣伝会議賞のよしもとの課題、今年もオレらしいで」
後藤「おぉ。ありがたいなぁ」
福徳「いやいやいや。もしオレらが去年爆発的に売れてたとしたら?」
後藤「2年連続はないな」
福徳「やばいやろ?」
後藤「やばいなぁ」
ジャルジャル「売れたいんやない。爆発的に売れたいジャルジャルをお願いします」

工藤 明 神奈川県 テレビCM
リビングで夫婦が向かい合って座っている。
妻の後ろにはテレビがあってジャルジャルが漫才をやっている。
夫は気になってチラチラとテレビを見ている。
そんな夫を睨む妻。
夫はジャルジャルの面白さに思わず吹き出してしまう。
妻「浮気しておいて笑ってんじゃないわよ!」と言って夫に思いきりビンタする。
夫「すいませんでした!」と土下座する。
テレビのアップ。
ジャルジャル「つっこみは控え目に!ジャルジャルです!」

栗田 一平 神奈川県 テレビCM
インタビューに答えるジャルジャルの二人。
インタビュアー:お二人は、家で動物とか飼われてますか?
後藤:うちは小さい子がいるんで。
福徳:おれはネコかってますよ。
インタビュアー:ネコですか。いいですね。名前は、なんて言うんですか?
福徳:チーターです。
インタビュアー:え?結構珍しい名前ですね。
福徳:名前って言うか、チーターですよ。
インタビュアー:え?さっきネコ飼ってるって。
後藤:ああ、ネコ科って言ったんちゃう?
福徳:そやで。なんやと思ったんですか?
NA:日常もネタで満載、ジャルジャルです。

三枝 峻宏 神奈川県 テレビCM
【何でもヤルヤル】篇
ジャルジャルの二人の顔が画面に並んでいる。
無表情で唱える言葉にそって、二人の髪の毛の色が変わったり、特殊メイクが施されていく。
♪「ジャルジャル ヤルヤル なんでもやる。」
♪「ジャルジャル ヤルヤル 金髪になる。」
ふたりの頭が金髪に。
♪「ジャルジャル ヤルヤル 坊主になる。」
ふたりの頭が坊主(特殊メイク)に。
♪「ジャルジャル ヤルヤル 子供になる。」
ふたりが小学生を模したメイクに。
♪「ジャルジャル ヤルヤル 老人にやる。」
ふたりが老人を模した特殊メイクに。
♪「ジャルジャル ヤルヤル 何をやる?」
ふたりが元の顔に戻り、悩んだ表情に。
テロップ:「次は何する?ジャルジャル。」

篠崎 淳　神奈川県　テレビCM

男：知ってる。
男：知らない。
男：きいたことない。
男：見たことない。
男：興味ない。
男：見たいとは思わない。
NA：それがジャルジャル。

竹田 豊　神奈川県　テレビCM

【バンジージャンプ編】

〈内容〉バンジージャンプ前で、漫才。

二人が、スーツを着て、バンジージャンプの装具、ヘルメットにはCCDカメラをつけて、「どうもー。」と言って、バンジージャンプの舞台に出てくる。

恐々、二人で、高い所が好きという漫才をした後、
最後の最後で、「もうええわ。」と、後藤が突っ込むと、福徳が落ちる。

後藤が上から、福徳を恐々見ている姿で終わる。

（後藤セリフ）「いい落ちやったなやな、あいつ。」

よしもとクリエイティブ・エージェンシーのロゴ

手塚 慎太郎　神奈川県　テレビCM

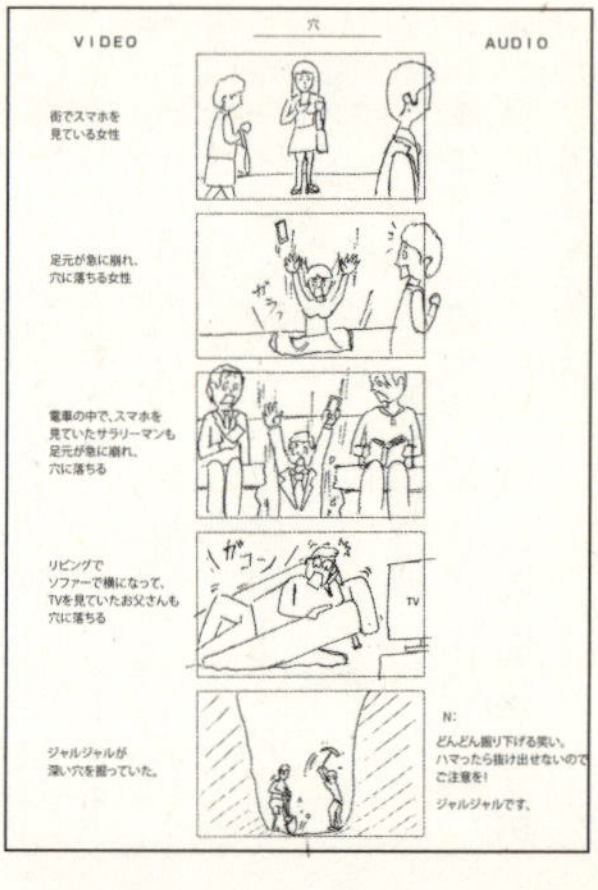

手塚 慎太郎　神奈川県　テレビCM

「型」編
ジャルジャルのコントや漫才の映像がスローで流れる。
以下ナレーション。
「型にハマらない」って、叩かれる。
「型にハマらない」って、誤解されやすい。
「型にハマらない」って、不安だ。
「型にハマらない」って、孤独だ。
「型にハマらない」って、偉大だ。
型にハマらないジャルジャル。きっとあなたはハマるはず。

宮村 亮大　神奈川県　テレビCM

深夜、静まり返った家にひとり疲れて帰ってくるサラリーマン。
自分の部屋に直行し、部屋の電気もつけずパソコンを開く。動画サイトを開く。
「カテゴリー」をクリックし、「お笑い」を選ぶと、お笑いのジャンルが画面に並べられる。
漫才
コント
リズムネタ
ピン芸
：
最後までスクロールすると現れる「ジャルジャル」というジャンル。
「ジャルジャル」をクリック。クリック音が部屋に響く。
ジャルジャルのネタが画面の中で始まる。
（音は小さい）
必死に声を押し殺し静かに笑うサラリーマン。
静かにブラックアウト。
ナレーション「唯一無二の、ジャルジャル」

安井 岳　石川県　テレビCM

「なんでもできるで編」
漫才形式で並ぶジャルジャル。
後藤「小説書きます！」
福徳「書けへんやん！」
後藤「DJできます！」
福徳「曲知らんやん！」
後藤「絵本も作れますよ！」
福徳「絵ヘタやんけ！」
後藤・福徳「俺ら笑わすことしかできへんやん…」

NA「お笑いの腕しかありません。笑わせたいなら、ジャルジャル」

奥嶋 一剛 岐阜県 テレビCM

「激白」篇
よしもとクリエイティブ・エージェンシー社長が壇上で語り出す。
社長「このたび、よしもとクリエイティブ・エージェンシーは、
これまでのジャルジャルにつきまして…
コホンッ（咳払いを二つ）
何やほんまよう分からん方向に売ってしまいましたことを、
深くふかくふか～～～く、お詫び申し上げます。」
後藤・福徳「しゃ、しゃちょ～～～～～～！」
N：どうしたらええんや！ジャルジャルよしもとクリエイティブ・エージェンシー

石原 佳典 愛知県 テレビCM

不動産屋と男性が、
マンションの内見をしている。
男：なんで、こんなに
家賃安いんですか？
不動産屋：出るからですよ、
おばけが。
男：えっ。
不動産屋：大丈夫ですよ。
ジャルジャルさえ
見なければ、
出ないですから。
NA：霊にも人気がある。
ジャルジャル。

石原 佳典 愛知県 テレビCM

楽屋で、
後藤が険しい顔をしている。
そこに、福徳が入ってくる。
福徳：どうした？
大事な話って。
後藤：頼む。ジャルジャルが
更に活躍するために、
何も聞かずに協力してくれ。
ライブ会場で、
ジャルジャルとして、
星野源とNMBの山本彩が登場する。
ものすごい歓声が上がる。
後藤：ジャルジャル、
すごい人気やろ。
福徳：ええんか、これで。
NA：後藤と福徳は、
初代のジャルジャルです。

石原 佳典 愛知県 テレビCM

はさみを見て、目を閉じる女性、
鉛筆を見て、目を閉じる女性、
針を見て、目を閉じる女性、
ナイフを見て、目を閉じる女性に、
ジャルジャルのコントを見せる。
女性：おもしろ～い。
NA：業界のみなさん、
ジャルジャルは、
決して、尖ってないので、
安心して使ってください。

石原 佳典 愛知県 テレビCM

ジャルジャルが、
とんがりコーンを食べている。
後藤：CMやらせてや。
福徳：俺ら、尖ってるで。
NA：ハウス食品様、
よろしくお願いします。
ジャルジャル。

石原 佳典 愛知県 テレビCM

病室で、見舞い客が患者に、
ジャルジャルのDVDを渡している。
見舞い客：暇だと思って。
患者：うん、ありがとう。
見舞い客：あんまり
嬉しそうじゃないけど、
ジャルジャル嫌いだった？
患者：いや、
盲腸の手術の後だから、
笑っちゃダメなんだ。
NA：笑いを絶対に届ける。
ジャルジャル。

石原 佳典 愛知県 テレビCM

三代目JSBのパフォーマンス映像。
後藤：三代目JSBのJは、
福徳：ジャルジャルのJ。
NA：人気に便乗させてください。
ジャルジャル。

石原 佳典 愛知県 テレビCM

スケート場で滑るジャルジャル。
後藤：気持ちええわ。

福徳：ホンマやな。
NA：プライベートくらい、
　滑らせてください。
　ジャルジャル。

今泉 香奈　愛知県　テレビCM

【おつまみ 編】
ソファで缶ビールをあけてくつろぐ夫
キッチンで作業している妻にむかって声をかける
夫「ごめん、適当におつまみもってきてくれない？」
ジャルジャルのDVDを机におく妻
妻「お酒とよく合うわよ」
NA：頑張った1日に、ジャルジャルの笑いを。
　ちなみに、ノンカロリーです。

今泉 香奈　愛知県　テレビCM

【ヤケ食い 編】

（ケーキの箱をもって、仕事から帰宅した女性。箱をテーブルの上におく）

女「今日はヤケ食いしてやる！」

（箱をあけると、ジャルジャルの二人の顔がこちらをむいている）

ジャルジャル
「そこは、ジャルジャルじゃないですか？甘いものの食べ過ぎは、後で後悔するかもしれませんよ。

ジャルジャルは、どれだけ摂ってもノンカロリー。

たくさん笑えば、気分もスッキリ！」

女「箱の中にむかって、ぼそりと）面白くなかったらどうすればいいんですか」

（ひきつった笑顔で固まるジャルジャルの二人）

福徳「そしたら・・・ケーキ食べたらええんちゃう？」

後藤「そやな、ケーキ、美味しいからな・・・」

NA：気分転換に、笑いを。ジャルジャル。

鈴木 謙太　愛知県　テレビCM

どーもー福徳です。

後藤です。

3人合わせてジャルジャルです。

S：3人目のジャルジャルはあなた。

鈴木 謙太　愛知県　テレビCM

表彰式の会場
司会：それでは、栄えある第1位の発表です。
SE：ドラムロール
司会：第1位は…ジャルジャルです。
アシスタント：おめでとうございます。さぁ
　前へどうぞ
客席から拍手
照れくさそうにステージに上がる
司会：今の心境は
福徳：そうですね、僕らなんの努力もして
　ないんで。正直微妙ですね。
司会：相変わらず尖ってますねー。後藤さんは？
後藤：なんとも思ってないです
司会：そうですか。それでは、「近所の公園
　が似合う芸人」第1位に輝きましたジャル
　ジャルに今一度、大きな拍手を
ジャルジャル：次は、笑いでナンバーワンや

坪内 孝真　愛知県　テレビCM

安っぽいフラットな水色バックを背景に、ジャルジャル二人、間隔あけて棒立ち。
次の瞬間、顔に迫ってガリガリ君をカリッとかじる。
ガリガリ君キャラクターとジャルジャルを交互に、
NA「ガリガーリ君」
NA「ジャルジャール君」
NA「ガリガーリ君」
NA「ジャルジャール君♪」
NA「ガリガーリくーん♪」
ここで、水色バックのジャルジャルに画面が戻り
「ガリガリしてる？」

細川 俊　愛知県　テレビCM

『お笑いはライブで』

終始、画面は白一色で
「ジャルジャル」というテロップのみ。

ジャルジャルの様々なコントのオチの音声と客席の笑い声だけがヒット曲メドレーのように流れてくる。

ジャルジャルのNA：続きはライヴで。

お笑いはライブで。

NA：ジャルジャル
　ｂｙよしもとクリエイティブ・エージェンシー

村上正之　愛知県　テレビCM

真剣な面持ちで話すカップルの男女
男：プロポーズの返事、聞かせてくれる？
女：ごめんなさい、私…。
男：えっ、そんな！
女：これ、返すね…。
（と婚約指輪のケースを差し出す）
男：考え直して…プッ、アハハッハッー。
（と突然、なぜか笑いだす男）
女：えっ、何？
男：ワッハッハッ、アハハッハッー。
NA：この男は15分前にジャルジャルの動画を見ていたのだった。
テロップ：ジャルジャルの笑いはゆっくりと感情を破壊する。
（場違いに笑い続ける男。不気味がる女）

村上正之　愛知県　テレビCM

殿様が食事をしはじめる場面
殿様：うぐっ、毒じゃ、毒をもられた…
家来：殿っ、誰か、早く、早くジャルジャルを持てぃ！
（殿様にジャルジャルのDVDを見せる家来）
殿様：なんじゃ、これは。オェー、ウゲェエエ。
家来：殿が毒物をお吐きになられたぞー。
殿様：おおっ、すっきりしたわ。
NA：今日も毒を吐いています。ジャルジャルの笑い。

村上正之　愛知県　テレビCM

ジャルジャルのお笑いライブの後のサイン会にて
ファン1：ライブ最高でした。小説もすごく面白かったですぅ〜。
ジャルジャル：小説、出してへんよ。
ファン2：ドラマにもよく出てますよね。
ジャルジャル：出てへんて…。
ファン3：今日はジャンガジャンガ〜♪出さなかったですね。
ジャルジャル：出すか！俺ら、ジャルジャルやて。
ファン4：逮捕されて、ワイドショーに出てた相方はどっちでしたっけ？。
ジャルジャル：どっちも出てないわ！
NA：そうじゃない前へ出ろ、ジャルジャル

山中彰　愛知県　テレビCM

黒のTシャツ白の短パンといういつもの服装の二人が向かい合って机に真顔で座っている。
ナレーション「そこにいるだけで、なにかおもろいことが始まる気がする。ジャルジャル」

入野隆治　滋賀県　テレビCM

ジャルジャルの二人が登場（背景：吉本興業本社玄関前）
福徳「人気、もうひとつやなぁ…フーッ」
後藤「ほんまに、もうひとつや、フーッ」
福徳・後藤（互いに顔を見詰め合い）「どないしょー、吉本にエライ苦労掛けてるデ。」
そこへ、吉本の社長登場
社長「どないしたんや、二人とも、エライ深刻な顔して？」
福徳・後藤「あっ、社長！」（二人逃げようとする）
社長「逃げんでもエエがなぁ。心配すんな、ようわかっとる。なんとかしたるで。」
福徳・後藤「えっ、ホンマですか！」
社長「今日から、君らとボクが組んで、ジャルジャル+α（プラスアルファ）で売り出しや！」
福徳・後藤「えっ、ホンマですか？」
社長「嘘に決まっとるやろ」
場面変わって、社長を真ん中に、ジャルジャルと三人が、横一列で登場。
三人深々と頭を下げて、三人同時に、「こんなジャルジャルですが、皆さん、どうぞよろしく願います。」と叫ぶ。
（完）

桂田圭子　滋賀県　テレビCM

教室で先生が出席をとっている。
先生　佐藤。
佐藤　はいっ。
先生　瀬戸。
瀬戸　はーい。
先生　つぁかーぎ。
高木　……
先生　つぁかーぎ？休みか？
高木　先生、俺タカギです。
先生　わかってるよ。つぁかーぎ。
生徒たちがクスクス笑う。
生徒1　また始まったよ。
生徒2　ジャルジャルのビデオ見すぎなんだ

よ、先生。
NA　詳しくは、ジャルジャルコント「TAKAGI」をご覧ください。

高津裕斗　京都府　テレビCM
スーパーで、よしもと芸人の顔が果物の様に山積みされている。
ジャルジャルは隅の方。
客A「あ、今が旬のトレンディエンジェルだ。」
客Aがトレンディエンジェルを1つずつ取っていく。
客B「あ!尼神インターかわいい!」
客Bが尼神インターを1つずつ取っていく。
店の人がトレンディエンジェルと尼神インターを補充する。
そして、売り場の様子が早送りされるが、ジャルジャルは誰も取らない。
店主「置き場所が悪かったかな……。」
ジャルジャルを目立つところに置く。
そして、また売り場の様子が早送りされるが、誰も取らない。
先輩芸人「あ!これジャルジャルやんけ!この店わかっとるな!」
ジャルジャルを3個ずつ取っていく。
NA:わかるひとにはわかる。ジャルジャル。

颯々野博　大阪府　テレビCM
客引き『今からカラオケどうですか?』
通りがかりの客A『……』足早に、振り切る。
通りがかりB、C、、、、複数の通行客に足早に振られる。
客引き『今からカラオケか、ジャルジャルどうですか?』
通りがかりの客『カラオケなら』と即答。
NA　すべったり、嫌われたりもしています。
これからのジャルジャルを見ていてください。

篠原篤将　大阪府　テレビCM
【ジャルジャルごっこ篇】
(小学校の教室にて、子供たちがジャルジャルごっこをはじめる。)
少年A:ジャルジャルごっこやろうぜ!
少年B:おう、やろやろ。
少年A:俺ジャルな、お前どっち?
少年B:ほな、俺ジャルやるは。
少年C:俺らも入れてやー。
(複数の少年が駆け寄る)
少年A:ええでー、どっちやる?
少年C:ジャルやる。
少年B:じゃ佐藤らジャルでええか?
(少し離れたところにいた女子たち。)
少女A:先生ー、ズルい男子だけ。
先生:おーい、女子も混ぜたれよー。
少年たち:えーできんのかー。
少女A:できるわ!わたしジャルね。
少女B:じゃわたしジャルやる。
(教室の扉を開けて入ってくる2人組、少年に扮した本物のジャルジャル)
ジャルジャル:僕たちも入れてや。
少年A:お前らまだ早いは無理やわ。
(頷く子どもたち)
NAとコピー:ジャルジャルはこれからだ。

向井正俊　大阪府　テレビCM
NA:人は他人の才能に嫉妬するとき、悪口を言う。
バッファロー吾郎A:ジャルジャル?あかんはあんな奴ら、つまらんわ。
NA:悪口言われてます。ジャルジャル。
よしもとクリエイティブ・エージェンシー

向井正俊　大阪府　テレビCM
男性:子供が出来たので、タバコとジャルジャルを控えます。
NA:変な影響がでそうだ。ジャルジャル。
よしもとクリエイティブ・エージェンシー

寺門眞一　兵庫県　テレビCM
福徳:ポーチにどんぐりを忍ばせるな。
NA(後藤):とかなんとか言うてます。ジャルジャル

寺門眞一　兵庫県　テレビCM
福徳:今日はずっと鼻垂らしていくんすか。
NA(後藤):とかなんとか言うてます。ジャルジャル

寺門眞一　兵庫県　テレビCM
福徳:どうすんの、カラス入ってきた。
NA(後藤):とかなんとか言うてます。ジャルジャル

萬正博　兵庫県　テレビCM
(シチュエーション)
街頭インタビュー、女性のインタビュアーとインタビューされる女性2人。

インタビュアー：お二人の好きな芸人さんを
教えてください。
女性A：私たち、ジャルジャルが大好きで、
二人でファンクラブにも入ってます。
インタビュアー：そうなんですか、どちらの
ファンですか？
女性A：わたしは、福徳さんで、
女性B：わたしは、後藤さんです。
その時、後ろに停まっていたワゴン車の扉がゆっくり開き本人登場、と思いきや、全然違う2人が「本人じゃないドッキリ、大成功！」のプラカードをもって登場。なのに、本人に会ったようなリアクションをいつまでも止めない女性たちに、立ち尽くすインタビュアー&仕掛け人。
NA：ファンまでシュール。
ジャルジャル
※ジャルジャル本人は出てきません。

酒井 孝太郎　岡山県　テレビCM

福徳の顔のアップが、画面いっぱいに映される。
福徳「エラは、あるけど、エロはない。」
ジャルジャルの二人が画面に映される。
後藤「青少年も安心して見られるコント。」
二人「ジャルジャルです。」

三吉 学　岡山県　テレビCM

【不徳の致すところ】篇
記者会見場にて
記者：今回のコトについて、お二人のどちらに問題があったとお考えですか？
福徳：…
後藤：…
福徳：…
後藤：（小声で）不徳の致すところです…
記者：えっ、聞こえません！もっと大きな声でお願いします。
後藤：（大声で）福徳の致したコトです！！
福徳：えっ！？
NA：良いコトも、悪いコトも、コンビで分かち合う。二人で致す。ジャルジャル。

重盛 教志　広島県　テレビCM

ビートたけし：なんだこのやろう！（たけしさんの顔面アップ）
※3人がフレームイン
後藤：なんだ（←イントネーション）この（→イントネーション）やろう！
福徳：イントネーションがおかしいやろ！
「なんだこのやろう！」やろ！
ビートたけし：オレになんか文句でもあんのか？！
ジャルジャル：たけしさん、すみません！こんな芸風なんです！（必死に謝る）
ビートたけし：ばかやろう！もっとテレビに出て芸風をみがけ！
※画面に「ジャルジャルを使ってくれるスポンサーを募集中、地方も海外も大歓迎」を表示し、アナウンサーが読み上げる。

江副 佑輔　福岡県　テレビCM

【愉快現象】篇
車のライトが前方を照らし、真夜中の道路を進んでいる。

急に幽霊のようなものが現れ、通り過ぎると、今度は車の窓に無数の手垢がべたべたと出現する。

車は1時停車をするが、再び何事もなかったように発進する。

運転手の横顔が映ると、その表情は笑っている。

車内に流れている音が、ジャルジャルの漫才だとわかる。

カーナビの画面にジャルジャルの姿。

S：きょうもどこかで、愉快現象。

車の窓にへばりついた幽霊が無視しないでとジェスチャー。

ロゴ：よしもとクリエイティブ・エージェンシー

江副 佑輔　福岡県　テレビCM

【出産】篇
爆笑している女性の顔。
女性の目線の先には、
ジャルジャルが映ったテレビ。
「オギャー」と産声が聞こえてくる。
医師と助産師が女性を囲んでいる。
そこが分娩室だとわかる。
S：夢中になる、おもしろさ。
赤ん坊の産声が笑い声になっている。
テレビの画面にジャルジャルの二人。
ロゴ：よしもとクリエイティブ・エージェンシー

る?!
NA：何回見ても面白い。ジャルジャル

江副 佑輔 福岡県 テレビCM

【夢の仲】篇
真っ暗闇。いびきが聞こえる。
おならの音が「ぷう」と鳴る。
一旦置いて…おならの音が「ぷう」と鳴る。
福徳：なんでやねん。
「ペチン」とはたく音が鳴る。
一旦置いて…おならの音が「ぷう」と鳴る。
後藤：なんでやねん。
「ペチン」とはたく音が鳴る。
一旦置いて…おならの音がWで「ぷう」と鳴る。
二人：なんでやねん。
S：24時間、おもろくありたい。
一旦置いて…おならの音が「ぷりん」と鳴る。
失笑する二人。
ロゴ：よしもとクリエイティブ・エージェンシー

前田 香織 福岡県 テレビCM

（男が職場で残業している）
男：ハァ、疲れた（ビールを開けて、TVをつける）
（ジャルジャルのコントで大爆笑）
（男が職場で残業している）
男：ハァ、疲れた（ビールを開けて、TVをつける）
（ジャルジャルの同じコントで大爆笑）
（男が職場で残業している）
男：ハァ、疲れた（ビールを開けて、TVをつける）
（ジャルジャルの同じコントの同じところで大爆笑）
男：…もしかして俺、タイムリープして

■ 主催社特別課題

課題:

「防災意識」について、日ごろからの意識を喚起させるコピー

日ごろから災害への対策意識を持つことが求められる現在。
しかしながら、必ずしもすべての人々が「防災意識」を高く持てているわけではありません。

いつ来るか予測がつかない災害。
だからこそ、日々「防災意識」をもつことの重要性が伝わるコピーを募集します。

ジャンル:コピー

宣伝会議賞　実行委員会

協賛企業賞

大野 忠昭（31歳）アイプラネット

いまは、震災前です。

▼協賛企業のコメント

第54回宣伝会議賞実行委員会

平時を「震災前」という言葉で表現。これは恐怖アプローチかとも思いましたが、言われてみれば確かにその通り！ 平易な言葉ながら、ストレートなメッセージで防災を強く意識づけている点を評価させていただきました。

三次審査通過作品

星合 摩美 東京都

1年後、何もなかったら缶詰パーティーをしよう。

二次審査通過作品

宍戸 里美 東京都

災害大国が、防災大国だと、かっこいい。

中野 花心 東京都

今、もしかして「忘れた頃」ですか?

平間 麻友子 東京都

寝てても起きる、地震は。

藤曲 旦子 東京都

「忘れてた!」は最後のチャンスです。

星合 摩美 東京都

あの日のわたしから救援物資が届いた。

佐々木 瞭 宮城県

災害発生確率は、発生するまで上がり続けます。

秋山 恵介 埼玉県

あと5秒で災害が起きなくはない

池田 順平 東京都

考えられないことを、考えながら、生きていこう。

遠藤 紅実 東京都

あなたって、宝くじは買うのに、防災はしないのね。

松村 圭太　東京都
傘は、降りそうだから持つんです。

南 忠志　東京都
1億3千万人が狙われている。

伊藤 史宏　愛知県
助けるために、助かってください。

木村 寿伸　愛知県
あなたは、
万が一を考えて生きてきた人の子孫です。

鈴木 寛未　愛知県
防災を意識することも防災である。

関谷 知加　愛知県
助かる方法、揺れてからではググれない。

嘉藤 綾　大阪府
せっかく、長生きできる国なのに。

小谷 和也　大阪府
そもそも、
日本列島の生みの親は自然災害です。

一次審査通過作品

北澤 愛　北海道
生きるには、準備がいる。

寺坂 純一　北海道
いつかくる日は、今日かもしれない。

三上 智広　北海道
あなたを最初に救うのは
「救助」ではなく「備え」です。

三上 智広　北海道
今日、災害に遭わなかったのは「偶然」です。

三上 智広　北海道
部屋の中でも遭難できる。

牛込 健介　宮城県
30年以内は、30年後ではない。

佐々木 瞭　宮城県
そのうちは、そのうち今になる。

星野 正太　宮城県
起こってからでは死ぬほど遅い。

池内 健太　埼玉県
自然と、引き分けよう。

石井 亮　埼玉県
「ありえない」なんて、ありえない。

石井 亮　埼玉県
もしもの答えは、多い方がいい。

末繁 昌也　埼玉県
100年に一度は、一秒後かも知れない。

長嶺 壮悟　埼玉県
地震雷火事、無関心。

勇 充則　千葉県
命がけの本番、一発勝負でいいのかい？

和泉 紘子　千葉県
1時間の準備が、あなたの7日間を作る。

横溝 裕一　千葉県
みらい、みない？

石川 知弘　東京都
被災者は、自然よりも、
あの時の自分を責めていた。

伊豆 真由美　東京都
備えあれば、嬉しいな。

泉 良樹　東京都
万が一っていうけれど、
もう9999回目かもしれないよ？

伊藤 均　東京都
災害はたいてい、万全を超えてくる。

入江 亮介　東京都
災害大国は、防災大国でなければいけない。

鵜川 将成　東京都
この国には、
命のかかった抜き打ちテストがある。

内山 彩花　東京都
災害は予防できないが、防災はできる。

内山 彩花　東京都
災害は、予防できません。

遠藤 紅実　東京都
予知はできないけど、想像はできる。

遠藤 太美雄　東京都
大事なことは、たいてい面倒くさい。

大石 将平　東京都
日本から地震はなくならない。

大石 将平　東京都
心まで揺れないように。

大庭 万季　東京都
意識を変える。それがいちばん、未来を変える。

奥村 明彦　東京都
一寸先は悔み。

小原 美和　東京都
大変だ！意識がない！

梶浦 公靖　東京都
あなたが助かれば、
だれかを助けることができる。

河津 清一　東京都
この国は、防災の先に未来がある。

木田 秀樹　東京都
天災に備えないのは、人災です。

郡司 嘉洋　東京都
世界一安全な国は、
世界一危険な国でした。

郡司 嘉洋　東京都
大きな地震から私を守ったのは、
小さな固定金具でした。

慶本 俊輔　東京都
助けられる人より、助ける人になりたい。

小坂 悠来　東京都
地震は天災。
過信は人災。

小塚 竜　東京都
今のあなたが未来のあなたを救うヒーローだ

小宮山 玄　東京都
さようならは聞けない。
ありがとうなら聞ける。

佐々木 千春　東京都
「いつか」が遠い未来じゃないと知っている。

佐々木 学　東京都
地球の攻撃！
勇者は毛布と非常食の盾で防いだ・・・

佐藤 和久　東京都
準備して後悔する人は絶対にいない

佐藤 日登美　東京都
揺れている時間より、
避難している期間のほうが長い。

佐藤 日登美　東京都
震度3では驚かないのは、日本人ぐらいです。

四戸 菜々子　東京都
昨日の僕が、今日の僕を見殺しにした。

島田 尚子　東京都
余裕がないと、人は人に厳しくなる。
地震があったときに、
わたしは誰かに優しい人でいられるだろうか。

鈴木 正昭　東京都
昨日も、今日も、3月10日。

髙橋 智史　東京都
防災意識のない人は、恥ずかしい人です。

高見 大介　東京都
備えておこう、揺れない心。

滝本 時生　東京都
私たちは3月12日を生きている。

滝本 時生　東京都
未来のあなたを、生存確認させてください。

田中 智仁　東京都
現実世界で課金しよう。

玉木 洲太　東京都
「ヨーイ」がないと、「ドン!」に遅れる。

玉熊 文乃　東京都
逆に、備えていない理由は何ですか?

田村 峻哉　東京都
不幸中の幸いはつくれる

筒井 花梨　東京都
地震はくる。未来もくる。

鶴岡 延正　東京都
ちゃんと不安になろう。

手代森 修　東京都
無視できない事ですが、直視できない事でした。

長井 謙　東京都
トイレが流せる幸せ。

長井 謙　東京都
未来の自分が、叫んでる。

中島 優子　東京都　IFを考える力は、
LIFEを守る力になる。

中島 優子　東京都
想定外なことが起こる瞬間は、想定外。

中辻 裕己　東京都
保険には入るのに?

中野 花心　東京都
あのときの防災意識、賞味期限切れ。

浪岡 沙季　東京都
防災には、デメリットが無い。

西野 知里　東京都
不幸は、偶然。
不幸中の幸いは、必然。

原 おうみ　東京都
ぼくらはみんな生きていく。

原 学人　東京都
「俺についてこい」が口癖の彼は、一人で逃げた。

原 学人　東京都
本番で落ち着けるだけで、価値がある。

久武 正直　東京都
悪い事を想像するのは、誰だって嫌です。

廣本 嶺　東京都
想定外を、想定内に。

藤田 篤史　東京都
父さんは、走れるだろうか。

船木 俊作　東京都
備えあれば、
生きられる。

本田 敏也　東京都
ある日、家は凶器になった。

本田 玲奈　東京都
助けられるより、助ける人になろう。

松尾 栄二郎　東京都
ノーリスク、ハイリターン。

松野 卓　東京都
今は震災後じゃない。震災前だ。

宗政 朝子　東京都
災害に会わない日本人はいません。

主催者特別課題

今、あなたは死なないチャンスを得た。
吉木 大知 東京都

防災で、いちばん防げるのは、不安です。
石井 倫太郎 神奈川県

日本はマグマの上にある。
石井 倫太郎 神奈川県

想定内だった災害はない。
加藤 映子 神奈川県

その時の、不安を消すのは、今日の自分。
工藤 明 神奈川県

その努力が無駄になりますように。
玄田 裕隆 神奈川県

杞憂に終わるってのは、幸せな事なんだ。
玄田 裕隆 神奈川県

災害は、いつだって無茶ぶりだ。
柴田 尚志 神奈川県

まず、危機感を備えよう。
鈴木 寿明 神奈川県

4人家族なら、命4つと4人分。
館脇 啓徳 神奈川県

私の頭の中の家族は、
いつもひどい目にあっている。
中野 大介 神奈川県

料理を作れるようになっておくことも、
防災です。
三富 里恵 神奈川県

この国には、
災害のことを相談できる先輩がたくさんいる。
三富 里恵 神奈川県

人に迷惑をかけないようにしておくことも、
人助けです。
三富 里恵 神奈川県

想像したくない未来こそ、
想定しておかなければならない。
宮坂 和里 神奈川県

生き残る方に賭けるのではなく、
生き残るための努力をしよう。
宮坂 和里 神奈川県

何かを始めるのに遅すぎるということは、ある。
山下 英夫 神奈川県

きっかけは、きっといつまでも来ない。
山下 英夫 神奈川県

準備で助かる命があります。
油井 千明 神奈川県

タイムマシンは、まだない。
吉田 極 神奈川県

想定していますか、
想定外のこと。
二羽 富士夫 石川県

災害が起きた後よりも、
起きる前にやれることが、
私たちにはもっとあると思う。
門 智之 福井県

最悪のシナリオを変えるのは、
あなたの準備です。
土屋 憲佑 山梨県

家族の無事を、準備しよう。
土屋 憲佑 山梨県

脅したいんじゃない、
守りたいんだ。
土屋 憲佑 山梨県

死んでも守りたいものは、
死んだら守れない。
土屋 憲佑 山梨県

あなたの油断が、人の命を奪う。
檜谷 廉太朗 静岡県

絆は命綱
石川 貴 愛知県

家具を固定するだけで、
今も生きられるはずだった命がある。
伊藤 史宏 愛知県

想定外かどうかは自分次第。
伊藤 美幸 愛知県

災害で辛いのは、救えないこと。
萩原 雄樹 愛知県

主催者特別課題

萩原 雄樹　愛知県
備えることで、救える命がある。

飛田 哲志　愛知県
占いはあんなに気にするのに。

見田 英樹　愛知県
防災とは、逃げることではなく、
受け入れることである。

村上 正之　愛知県
ペットボトルには3通りの使い方がある。
①水を飲む ②火を消す ③体を浮かす

伴 俊和　三重県
未来のあなたは生き残っていますか。

武内 咲樹　京都府
金はある。水がない。

浜窪 拓海　京都府
もしもの時、心まで揺らしたくない。

安田 直広　京都府
防災男子を流行らす。俺が。

宇戸平 典和　大阪府
一番役に立つ予習をしよう。

嘉藤 綾　大阪府
何もやってない人ほど、
災害時はデマに流される。

嘉藤 綾　大阪府
復興は、ドラマではない。

災害は、フィクションではない。

川村 公也　大阪府
ゲームだとこんなに薬草買うのに?

坂本 文　大阪府
お父さん、
エンディングノートの前に!

竹中 裕貴　大阪府
「分かってる」から、「備えてる」へ。

田中 明夫　大阪府
平穏無事に生を終えられたらそれでいい?
君はなんて厚かましい奴だ。

塚本 和樹　大阪府
私たちは、地球という生き物の上に乗っている。

西岡 あず海　大阪府
被災前しか、対策はできません

速石 光　大阪府
災害は、今日もたまたま来ませんでした。

福井 あゆみ　大阪府
「いつか」のためには、「いつも」。

山崎 亮　大阪府
「いざ」は、すぐかもしれない。

岡田 上　兵庫県
神様は安心してるヤツが大キライらしい。

沖中 輝雄　兵庫県
千年に一度を何度も目にする現実。

唐川 洋一　兵庫県
「助けられたかもしれない命」なんて言葉、
もう使いたくない。

田中 克則　和歌山県
プレートの上に立っています。

三吉 学　岡山県
安心じゃないから、安心したい。

三吉 学　岡山県
365日が9月1日

高橋 誠一　広島県
責任も背負えるリュックを作る。

井手 宏彰　福岡県
諦めが付くまで、準備しよう。

岡本 英孝　福岡県
命は買えないが、命を守るものは買える。

嶋田 研人　福岡県
一日の大半を、家族はバラバラに過ごす。

嶋田 研人　福岡県
生きのびることは、
生きることより、ずっとずっと難しい。

前田 香織　福岡県
ヒーローは助ける道具を常備している。

大城 昂　佐賀県
人間の想像力は、命をまもるためにある。

松本 亮　長崎県
悪いけど、やったもん勝ち。

西 香穂里　鹿児島県
保険で命は守れない。

瑞慶山 明　沖縄県
支援が届くまでは時間がかかる。

鶴田 光介　沖縄県
これほど学んできた国が、
あっただろうか。

審査講評

仲畑 貴志

ナカハタ　★審査員長

コピーライター／クリエイティブディレクター。1947年京都市生まれ。広告企画・制作、マーケティング戦略、新製品開発などが専門。数多くの広告キャンペーンを手がけ、カンヌ国際広告祭金賞のほか数々の広告賞を受賞。代表作は、サントリートリス「雨と仔犬」、TOTOウォシュレット「おしりだって、洗ってほしい。」など。東京コピーライターズクラブ会長、東京アートディレクターズクラブ会員。事業構想大学院大学教授。また、毎日新聞紙上で「仲畑流万能川柳」の選者も務める。

今年の受賞作は、ストライクゾーンへ、きっちりと直球で投げ込んだ作品になった。平山瑞帆さんの作品「子どもが苦手なものは一度揚げてみる。」も、速石光さんの作品「日付を書き込むだけで、余り物は作り置きになる。」も、商品特性をよく理解したうえで、視点を利用者価値に置き換えた手堅い表現が評価された。広告賞にはウエーブがあって、その表現は、商品に近づいたり離れたりする。今年は、それが商品近くで語る言葉になった。やがてまた、イメージの飛翔からなるクリエイティブ・ジャンプに向かうだろう。

石川 英嗣

石川広告制作室

クリエーティブディレクター／コピーライター。1959年生まれ。電通を経て、2006年独立。主な仕事に、ENEOS「エネゴリくん」シリーズ、ダイハツ「第3のエコカー」シリーズ、キリン淡麗「淡麗侍」シリーズ、トヨタ「こども店長」シリーズ、旭化成ヘーベルハウス、朝日新聞、ユニクロほか。TCC賞、ACC賞、朝日広告賞ほか受賞多数。

受賞作品に共通しているのは「鮮やかな切れ味」です。切れ味を出すには何が必要か。それはけっして言葉のレトリックでないことは皆さんもお分かりだと思います。大切なのは「視点の発見」です。宣伝会議の講義でも伝えてきたことですが、消費者インサイトの中に、また見方をちょっと変えてみる中に、新しい「視点の発見」があると思います。「日付を書き込むだけで、余り物は作り置きになる。」この発見は主婦の心をとらえています。「『ソフトドリンク』とは言いにくい。」この発見も商品の魅力を際立たせています。ただ、うまいコピーは多かったけれど衝撃的なコピーが少ない印象でした。あとは意外性にどこまでたどり着けるか。これが難しいですけど。

磯島 拓矢

電通

クリエーティブディレクター／コピーライター。1990年株式会社電通入社。主な仕事に、旭化成企業広告「昨日まで世界になかったものを。」、旭化成ヘーベルハウス「考えよう、答えはある。」、本田技研工業オデッセイ「いいクルマが好きだ。男ですから。」、KIRINのどごし〈生〉「ごくごく、幸せ。」、大塚製薬ポカリスエット「自分は、きっと想像以上だ。」などがある。TCC賞グランプリ、ADC賞グランプリなど受賞歴多数。

受賞された皆さま、おめでとうございます。三次審査くらいから感じていたのですが、今回は素直なコピーが多かったように思います。「どうすれば強い言葉になるだろう」ではなくて、「この商品でどんなふうに毎日を変えられるだろう」という発想で考えられたコピーたち。コピーの基本を改めて学ばせてもらいました。その時、「毎日」を「世の中」くらいにスケールアップすることもできるわけで、そのような「やや無理目だけど構えは大きい」コピーもあったと思うのですが、最終審査には残らなかったようで、そこだけがやや残念です。お疲れさまでした。

一倉 宏

一倉広告制作所

コピーライター。1955年生まれ。サントリー宣伝部から、仲畑広告を経て、一倉広告制作所を設立。代表作に、松下電工「きれいなおねえさんは、好きですか」、サントリーモルツ「うまいんだな、これがっ」、NTTデータ「ホーキング博士篇」、ファミリーマート「あなたと、コンビに」、リクルート「まだ、ここにない、出会い」、JR東日本「MY FIRST AOMORI」などがある。TCC最高賞をはじめ受賞多数。作詞家としても活躍中。著書に『ことばになりたい』ほか。

今年は優等生が多かったかな、と思います。もちろん、優秀だからこその受賞、ですけど。腕白な個性派のコピーたちは惜しくも予選で敗れ、決勝の虎ノ門には届かなかったようでした。多くの審査過程で得点できた、偏差値の高いコピー。特にグランプリ、コピーゴールド、眞木準賞は、どれもいい仕事をした、甲乙付けがたい秀作です。また、数年前から話題になっているのですが、注目すべきは協賛企業賞のレベルの高さでしょう。参加された企業の意識度、本気度を感じます。セメダイン、テンピュール・シーリー・ジャパン、トッパンフォームズ、トヨタマーケティングジャパン、日清オイリオグループ、パナソニック、ＦＩＸＥＲ、などなど、どれもうまい！宣伝部、えらい！いや、ほんと。今年も感心しました。

岡本 欣也

オカキン

コピーライター／クリエイティブディレクター。1969年生まれ。1994年岩崎俊一事務所入社。2010年オカキン設立。代表作は、オリンパス「撮るという、アイラブユー。」、WOWOW「目の前を、おもしろく。」、住友生命1UP「リスクについて考えないのが、いちばんのリスクだと思う。」、AOKI「いい服には、いい話がある。」、日本たばこ産業「あなたが気づけばマナーは変わる」など。『「売り言葉」と「買い言葉」』『大人たばこ養成講座1・2・3』出版。テレビ番組やフリーペーパーのディレクションも。

キャッチフレーズを書くのは、楽しい。あのあり得ないくらい夢中になって、時間を忘れてしまう時間（長年やってると、その感覚は徐々に薄らいでしまうけど）。宣伝会議賞の応募者はみな、そんな苦しいけれど喜びに満ちた時間を悶絶しながら楽しんだのだと思う。「見えないものは、かくせない。」「俺に大金を持たせるのは不安だ。」「『ソフトドリンク』とは言いにくい。」私が好きなこれらのコピーをつくった人たちも、たぶん一発で答えにたどり着いたわけではないだろう。これからもこれに味をしめて、どんどんコピーを書いていってほしい。数を書くことを、当たり前のクセにしてほしい。量は、質だと思うから。

門田 陽

電通

クリエーティブ・ディレクター／コピーライター。1963年福岡市生まれ。福岡大学人文学部卒業後、西鉄エージェンシー、仲畑広告制作所、電通九州を経て現在に至る。ＴＣＣ新人賞、ＴＣＣ審査委員長賞、ＦＣＣ最高賞、ＡＣＣ金賞、広告電通賞他多数受賞。2015年より福岡大学広報戦略アドバイザーも務める。

受賞者の皆さん、おめでとうございます！40万以上の応募総数というのは異常ですよね。コピーがブームなわけでもなく、コピーライターにスポットが当たってることもないのにこの人気。コピーではなく１００万円のチカラな気もしますが、いやいやコピーもまだまだ捨てたもんじゃないです。僕は個人的にはファイナルで落ちた「髪の汚い美人を、見たことがありますか？」が納得感があり好きでした。でも最終では僕以外1票も入りませんでした。いいのになぁ。

児島 令子

児島令子事務所

今年のグランプリは、「こう言いました！」的ないわゆるグランプリっぽいコピーじゃないですね。きわめて平熱で納得感ある提示をしてる。この実質的な良作が、40万点の頂点になるというのは興味深いです。宣伝会議賞も成熟してきたということかな、たまたま今年はそうなっただけかな。個人的には、いいなと思ってたコピーが最終審査に残ってなかったのが寂しかったです。なのでここにて発表。私のグランプリ候補は、フジテレビジョン「おじいちゃん、鬼平犯科帳はじめるよ」、キッコーマン「和食を、平和食に。」キヤノンマーケティングジャパン「スマホも子どもで重くなる。」でした！

コピーライター。主な仕事に、TOYOTAクラウン「COOL or HOT? ニッポンって、飽きないね。」、LINEモバイル「愛と革新。」、earth music&ecology「あした、なに着て生きていく?」、パナソニック「私、誰の人生もうらやましくないわ。」、STAND BY ME ドラえもん「すべての、子ども経験者のみなさんへ。」、日本ペットフード「死ぬのが恐いから飼わないなんて、言わないで欲しい。」、JR東日本「大人は、とっても長いから。」、ANA別冊ヨーロッパ「別ヨ」、など。TCC最高賞など受賞多数。

澤本 嘉光

電通

コピーについての興味の広がりを感じる審査でした。最終的にはコピー作品の評価が高い結果になりましたが、途中段階では今年はＣＭも力作が多いなという印象でした。来年はぜひ更にＣＭ作品に上位入賞が増えると良いなと期待しています。

CMプランナー／エグゼクティブ・クリエーティブ・ディレクター。東京大学文学部国文学科卒業、電通に入社。ソフトバンクモバイル「ホワイト家族」、東京ガス「ガス・パッ・チョ！」、家庭教師のトライ「ハイジ」などのテレビCMに加え、乃木坂46、T.M.RevolutionなどのPVも制作。著書に『お父さんは同級生』、『犬と私の10の約束』、映画『ジャッジ！』の原作脚本。クリエイター・オブ・ザ・イヤー、カンヌ国際広告祭銀賞、クリオ賞金賞など、国内外で受賞多数。

谷山 雅計
谷山広告

コピーライター。1961年生まれ。主な仕事に資生堂「TSUBAKI」「UNO FOGBAR」、東京ガス「ガス・パッ・チョ！」、新潮文庫「Yonda?」、日本郵便「年賀状」、東洋水産「マルちゃん正麺」、OCEDEL「Firefly Man」、モバゲー、サイボウズなど多数。著書に『広告コピーってこう書くんだ！読本』。1987年、TCC新人賞を受賞。TCC部門賞、朝日広告賞、新聞協会広告賞、アドフェストグランプリ、カンヌライオンズシルバーなど受賞多数。

シルバーを受賞したＹｏｇｉｂｏ ＪａｐａｎのラジオＣＭとクレディセゾンのコピーが、個人的にぼくの1、2位でした。もちろん賞に選ばれたものはどれもすぐれていますが、ちょっと優等生的すぎたような気も。自分が同じ課題で何十本か書いたら、まあここには目をつけるよな…という「想定内」にとどまっていたかもしれません。それも含めて「プロの技量」として評価すべきでしょうが、「よくもこんなヘンなこと考えるよなー」と驚かせてほしかった思いも強いですね。ただ、これは審査する側の冒険心が欠けていたことが理由という可能性もじゅうぶんにあり。来年に向けて、ちょっと考えてみたい課題です。

中村 禎
フリーエージェント・コピーライター

コピーライター／クリエイティブディレクター。1957年生まれ。JWトンプソン、サン・アド、電通を経て2016年フリーエージェントとして独立。主な仕事に、とらばーゆ「プロの男女は差別されない。」、KDDI「がんばれNTT がんばるKDDI」、星野仙一「あ～しんどかった（笑）」、資生堂「夕方の私は何歳に見えているだろう」、ペア碁W杯2016「最近、アタマを使って遊んでいますか？」ほか。TCC最高新人賞、TCCグランプリ、TCC賞ほか多数。Twitter : @baccano21

ファイナリストの顔ぶれは優等生揃いだった。それはそれでいいことなんだろうけど、もっとやんちゃな、金髪リーゼントの転校生がいてもいい。正直、そう思う自分がいる。40万点以上ものコピーから５０００点弱に絞る一次審査。その後、審査員が何回も審査すると、どうしても優等生になってしまうのかなぁ。入賞を逃した人は悔しい思いをしていると思う。でもね、いいコピーは多数決だけで決まるのか？入賞したけど仲畑さんが票を入れてないコピーと、入賞を逃したけど仲畑さんが票を入れたコピー、どっちがいいか？と考えてみる。票数を狙うのではなく、「あの人」に褒めて欲しい、とだけ思って書いたほうが強いんじゃないかな。

三井 明子
アサツー ディ・ケイ

コピーライター／クリエイティブディレクター。中学校教員、コーセー宣伝部、マッキャンエリクソンなどを経て現職。最近の仕事に、宝島社「あたらしい服を、さがそう」、TOKYO FM「見えてくるラジオCMキャンペーン」ほか。TCC賞、TCC新人賞、ACCゴールド、アドフェスト・グランプリ、クリエイターオブザイヤー・メダリストなど受賞。東北芸術工科大学非常勤講師。著書に『マイペースのススメェー』がある。

今年も、悩みながら、楽しみながら、審査させていただきました。賞というものは、ゴールドの方はグランプリを獲れなかったと悲しみ、シルバーの方はゴールドが獲れなかったと悔やみ、ファイナリストに選ばれなかった方は絶望したりするものですが、今回の審査はとにかく僅差（最終審査ではほとんどが一票差）でした。ですので、目標にかなわなかった方もショックを受けすぎず、来年またトライしてください。ちなみにわたしは公募ならではのエッジの立った作品を応援していました。例えばシルバーのＹｏｇｉｂｏ Ｊａｐａｎ「ダメな人を、ちょっとマシにする」篇のような、自分には思いつけないアイデアにハッとさせられました。受賞された皆さま、おめでとうございました！

山崎 隆明
ワトソン・クリック

クリエーティブディレクター／CMプランナー。1987年電通入社。2009年ワトソン・クリック設立。ホットペッパー（アフレコシリーズ）、金鳥（つまらん）、サントリー（細マッチョ）をはじめ、日清、TOTO、マンダム、KING（キャンディ家族）、シマホなど数多くのCMを制作。関ジャニ∞の女子ユニット「キャンジャニ∞」がCDリリースした『CANDY MY LOVE』の作詞・作曲も手がける。クリエーター・オブ・ザ・イヤー、TCCグランプリほか受賞多数。

今回の最終審査。最後にコピーで投票したのは、ニチバンの「日付を書き込むだけで、余り物は作り置きになる。」という作品。派手さはないですが納得感があったので、そこを評価しました。ＣＭは1票差でＣＭゴールドを逃しましたが、Ｙｏｇｉｂｏ Ｊａｐａｎの「ダメなひとを、ちょっとマシにするソファ。」という切り口がユニークで好きでした。個人的には1行目のナレーションはないほうがシャープになってスッキリしたかな、とは思いましたが。全体的に素直なコピーや企画が多かったような気がします。いま若い制作者の企画をみてもそう感じることが多いので、そういう時代なんでしょうかね。素直が悪いとは思いませんが、どこかでびっくりする飛躍のある表現を望む自分が、いたりします。

山本 高史

コトバ

クリエイティブディレクター／コピーライター。1961年生まれ。TCC最高賞、TCC賞、クリエイター・オブ・ザ・イヤー特別賞、ADC賞など受賞多数。著書に『案本』、『伝える本。』、小説『リトル』、『広告を ナメたらアカンよ。』、『ここから。』（共著）など。

毎回審査員の中では少数派なので（つまり推したものが上位に入らない）あまりあてにならないのだが、今回のファイナリストには久しぶりにワクワクさせられた。想像力をえらく掻き立てられたからだ（そういうコピー好きなの）。CMはもちろんのこと、コピーを読んでも絵が浮かぶ、音が聞こえる、雰囲気まで察知できる。これまでともすれば抽象的な一般論による説得を試みるものが多かった中（それも悪くない）、アタマではなくハラに直接落ちるもの。ネットの影響と割り切るのはあまりのあまりで強弁はしないが、ぼくもライトとはいえネットユーザーとして同期を感じる。おもしろい局面が来るかもしれないな、参加しなくちゃな、いろいろ気づかせてくれてみんなありがとう。

横澤 宏一郎

BORDER

クリエイティブディレクター／CMプランナー。主な仕事に日野自動車「ヒノノニトン」、リクルート「SUUMO」「リクナビNEXT」、PS4「山田孝之キャンペーン」他。博報堂、タンバリンを経て、2016年7月BORDER設立。

自分がCMプランナーだから、CM贔屓になるかなと思っていたのですけど、いざ審査となると全然そうでもなくて、パッと一瞬で目に入ってくるキャッチフレーズは強いと思いました。CMも、実際の映像で審査するわけではないので、ストーリーがシンプルで筋肉質な字コンテが圧倒的に強い。CMゴールドの福島工業「鮮度実感」篇、シルバーの霧島酒造「挨拶」篇やファイナリストのエステー「きょうだい」篇は、模範のような企画・字コンテだと思いました。

赤城 廣治
赤城廣告

コピーライター、クリエイティブディレクター。1966年生まれ。最近の仕事に、熊本市「新しく生きよう。NEO ONE KUMAMOTO」、熊本市漱石来熊120周年PR「SOSEKI, SO COOL. 時には草の枕も、またよし」、宮城県産地魚市場協会「オレでも食らえっ」、京王電鉄 TAKAO PR「高尾山だけじゃないTAKAOへ」、パイオニア「私たちパイオニアに、自動運転のクルマは、つくれない。自動運転の未来は、つくれる」他、TCC新人賞他受賞。

何百本ものコピーを書き、応募できるのも、すごい才能ですが。そのコピーがあることで…商品やサービスが、この世になくてはならない、かけがえのない存在だと、人々に気づかせ、期待させられる。そんな仕事を成し遂げる、きちんと働くコピーをたった1本でもいい、書けたら&受賞できたら…どんなに素晴らしいでしょう！

阿部 光史
電通

クリエーティブディレクター。神戸出身。武蔵美建築卒。主な仕事に、アイフル「どうする？アイフル!」、家庭教師のトライ、キリン、P&G、ネスレ、「豆しば」CD、コロプラ、ソニー、「YASKAWA BUSHIDO PROJECT」など。2004年CM好感度1位/Cannes/OneShow/NYFes/Spikes/Adfest/EPICA/TCC/ACC/電通賞/メディア芸術祭/Yahoo!/BOVA/コードアワードなど授賞。Twitter：@galliano

来年応募する皆さんへ。選ばれるためにはまずブリーフを5回読むこと。いくら面白くても訴求点がズレていては選ばれません。また長編は大抵良くない。余分を省いて短めに。それと毎回言ってますが、ダジャレ案が上に行くことはほぼないです。最後に、よくできた！と思った企画でも、もう一回ひとひねりを。良い案待ってます！

池田 定博
電通関西支社

クリエーティブディレクター。1968年生まれ。大日本印刷、ガルデザインシステムを経て現職。主な仕事に象印マホービン、京阪電気鉄道、サントリー、エディオン、ベルメゾンなどがある。ACCラジオグランプリ、TCC部門賞、ADC賞、OCCクラブ賞など受賞。

今年の作品はまとまっていて、審査しやすかったような気がします。でもその分、これは新しいぞ！って驚くのも少なかったです。せっかく新しい人を応援する宣伝会議賞ですから、思い切ったコピーも見たいなと思います。

生駒　達也

大広

シニアクリエイティブディレクター。1968年生まれ。主な仕事に積水ハウス、近畿日本鉄道、新関西国際空港他。ACC賞、TCC新人賞、毎日広告デザイン賞グランプリ、NYフェスティバル銀賞など多数受賞。

一次審査では膨大な数のコピーがチェックされ、落選していきます。通過作品には選ばれる理由があるのです。自分の書いたコピーを見て、選ばれる理由を想像できるかどうか。そういうことも大切です。コピーの書き手の視点と、選ぶ側の視点。情報の送り手の視点だけでなく、受け手の視点にも立ってみるということですね。

石田　文子

電通

コピーライター／CMプランナー。最近の仕事にユニクロ・ブラトップ「100人の胸。100の美しさ。」、シチズンxC「なにかを始める時が、その人の春だと思う。」、明治「POWER!ひとくちの力」、JR青春18きっぷなど。宣伝会議賞金賞、ACCジャーナリスト賞、アドフェスト、スパイクスアジア金賞など受賞多数。『映画の天才』運営。著書に『小さなキミ』(小学館)。

人と話していて、ハッとさせられることってありますよね。考えたことなかったけど確かにその通りかも、とか。この人面白いこと言うなぁ、とか。宣伝会議賞で残るコピーはそれに近い気がします。今年もハッとさせてくれたコピーを選びました。

岩崎　亜矢

サン・アド

岩崎俊一事務所、パラドックス・クリエイティブなどを経て、サン・アド入社。主な仕事に、JINS「私は、軽い女です／軽い男です」、村田製作所「恋のドキドキだって、いつか、電気をおこすだろう」「この奥さんは、介護ロボットかもしれません」、スーツカンパニー「映画の中に、あなたは生きない」など。作詞業や「僕はウォーホル」「僕はダリ」(パイインターナショナル)など翻訳本の監訳も手がける。京都精華大学非常勤講師、コピーライター養成講座先輩コース講師。

似たようなものがたくさんありました。中に、キラリと光るものがいくつかありました。コピーは、容易ではない。そのことを改めて思いました。視点をどう見つけるか。言葉遊びではない本質の探求に、すべてはかかっていると思います。

岩田 純平
電通

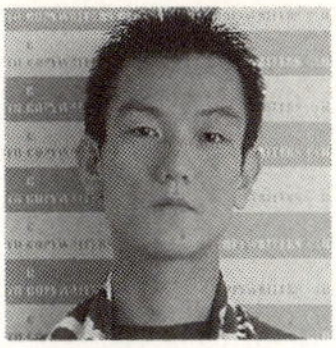

1974年生まれ。養命酒を経て電通。主な仕事に養命酒新聞広告、JT「ルーツ」「ひといきつきながら」、サントリー「角」「トリス」、東芝「10年カレンダー」、公文「くもんいくもん」、SOYJOY「空腹をチャンスに」「誘惑に負けろ」、フォルクスワーゲン「ゴキゲン♪ワーゲン」、高橋書店「未来がはじまるよ」、三井住友海上企業広告など。05、08、09、14年度TCC賞、カンヌゴールド、アドフェストゴールドなど受賞。著書に「それでも前を向く」「ルーツ飲んでゴー！」がある。

来年また応募されるときの参考になりそうなことを書いておきますと、ダジャレはかぶる・長いコピーは不利・短けりゃいいってものでもない・具体的な方が面白い・本音は強い。コピーって難しいですね。お疲れさまでした。

岩田 正一
新東通信

新東通信スケッチ 代表取締役。プロデューサー／クリエイティブディレクター。1959年大阪生まれ。「企業・団体・個人のビジョンを描く」ということをテーマにした「スケッチ」という会社を設立。企業のコミュニケーションにおけるコンサルティング、各種ブランディングを中心にしたクリエイティブ・ビジネスに携わっています。消費者のためになった広告コンクール金賞、中日新聞広告賞最優秀賞ほか。

最近の学生や若い人は「仕組み」「仕掛け」のコミュニケーションがとても得意になってきているように感じます。一方で「一行のチカラ」への執着心が薄くなってきているようにも感じます。たったひと言の言葉で商品がイメージできたり、気持が動いたりする。そんなことにも、今こそ気づいてほしいと感じました。

上田 浩和
電通

コピーライター。1975年生まれ。主な仕事に、JCB、静岡新聞SBS、JAL、ダイハツ、JR東日本など。TCC最高新人賞、ACCゴールド、電通賞など授賞。

短いとはいえ人の念がこもった何千という言葉をまとめて相手にすると、ぐったりしてしまいます。5日くらいかけて全部に目を通して、残ったコピーたちを頭のなかのリングにあげて戦わせ、何度も敗者復活戦を繰り返し、そうやって頑張って選んだコピーたちなので、僕が書いたことにさせてほしいと心から思います。

上野 達生
BBDO J WEST

コンテンツ開発局局長、クリエイティブディレクター／CMプランナー。1972年生まれ。沖縄ファミリーマート、フンドーキン、JR九州、オーストラリア政府観光局、歴女サミット、琉球ポーター制作など。K-ADCグランプリ、FCCグランプリ、CCNグランプリ、TCC賞受賞。

僕は、定番商品担当でした。定番は切り口が難しいだろうと思っていましたが、すみません、侮っていました。今の時代にあった切り口の数々。勉強になりました(笑)。実感をヒントに掘り下げていく作業は慣れてても非常にしんどい。皆さん、本当にお疲れさまでした。今度は仕事でお会いしましょう！僕も頑張ります。

植原 政信
電通九州

コピーライター／CMディレクター。九州・関西の約20社のクライアントを担当。朝日広告賞。毎日広告デザイン賞グランプリ。TCC・OCC・CNN賞・FCC賞。電通賞。ギャラクシー賞優秀賞。ロンドン・釜山・各広告賞受賞。アジア・太平洋広告祭（アド・フェスタ）CD/グランプリ。その他多数。

コピーを書く上でとても大切なこと。それは、コピーの名作を見ること。一流の良いものを、知らないと、一流にはなれません。もうひとつは、諦めないこと。「これぐらいで良いかな」という気持ちになるあなたを、無数のライバルが期待しています。

梅沢 俊敬
モメンタムジャパン

1969年北海道生まれ。高校卒業後、店頭販売員からクラブの店員まで、さまざまな職業を転々とする。その後、求人広告でコピーライターのキャリアをスタート。1997年のTCC入会をきっかけに商品広告に携わるようになり、広告代理店に入社。現在に至る。

ズラッと並んだ大量のコピー。見ていると、書いた人の気持ちが伝わってきました。ちょっと力みすぎちゃったり、ドヤ顔が想像できたり。そんな中で光っているコピーに出会うと、すごくうれしくなりました。「お、きた！」という感じで。自分で書いている時と同じですね。

占部 邦枝

西鉄エージェンシー

コピーライター／プランナー。最近の仕事にソラリア西鉄ホテル京都プレミア、かしいかえん、天神CLASSなどがある。福岡広告協会賞、FCC賞、TCC新人賞、TCC審査委員長、ACC賞、宣伝会議賞銅賞など受賞。

通過作品を決めるのに、今年はあまり迷うことがありませんでした。平均して良いコピーが多かったと思います。個人的には、突出してコレ！というコピーを発見できなかったことがすこし残念でした。

呉 功再

O

コピーライター／クリエイティブディレクター。千葉県生まれ。博報堂を経て2013年、O設立。主な仕事に、スズキ ワゴンR「あたらしいたのしいが、R。」、トヨタ VOXY「男旅」「俺。父。俺。」、アサヒビール スーパードライなど。TCC賞、クリオ賞など受賞。

世間にはいろいろな広告の賞がありますが、宣伝会議賞はコトバだけ。フォントもいっしょ。たった1行での勝負です。コトバから逃げずにやりきるストイック。コピー、上等。なめんなよ。コピーってやっぱりアツイです。

大岩 直人

モノ・カタリ。

クリエイティブディレクター／キュレーター／ライター。1984年一橋大学卒、同年電通入社。受賞歴は、2005年NYワンショー金賞、2007年カンヌ銀賞、2015年カンヌ銅賞他。カンヌ、NYワンショー、アドフェスト、東京インタラクティブアドアワード他、国内外の審査員を歴任。2015年電通を退社し独立。最近は各分野のアーティストとのコラボ、キュレーション＆ディレクション作業やクライアントとの継続的なクリエイティブコンサルティング業務に携わることが多い。

宣伝会議のコピーライター養成講座では、「これからのコピーライターの姿を未来の側からバックキャストしてみる」というタイトルでお話ししています。今回の宣伝会議賞も、そういう視点で選んだつもりです。文脈の面白さだけではない何かを「広告で」思考した、２０１７年の名コピーを探しています。

大八木 翼

SIX

クリエイティブディレクター。2013年SIX設立。“広告は、ひととひととをつなぎ、世界を良き方向へと向かわせる、最大のメディア・アートである”という考えのもと、自分なりのソーシャルグッドを探し求める。主な作品に、「TAMAHOME: 1 more Baby応援団」「Mori Building：TOKYO CITY SYMPHONY」、「Samsung：SPACE BALLOON PROJECT」夢は、ボリス・ヴィアンのカクテルピアノのような装置をつくること。プラダのショーと村上春樹の新作を楽しみにしながら毎日を生きている。

ソーシャルネットやインタラクティブが、空気のように当たり前になって。その中で、きっとことばの役割はもっともっと大切になってきていて。でも、シェアされることばや感情は、広告の外に星の数ほどあって。だからこそ。ことばという誰にでもわかりやすいツールを使って伝える「コピー」には、ハッとするような発見や、その商品にまつわるグッとくる幸せな風景を描きださないと物足りないんだろうなぁ、と、強く思いました。

岡崎 数也

電通クリエーティブX 関西支社

1983年に電通入社。主な仕事に、ロート製薬。任天堂、シャープ、P＆G、カネテツデリカフーズ。電通関西支社クリエーティブ局を経て2014年より現職。TCC新人賞、OCCクラブ賞、朝日・読売・毎日広告賞など受賞。

熱意や野心が、コピーの強さに繋がることは健全であると思いますが、自分の技術披露が優先されているコピーが多数でした。残念！コトバを捻り出すのではなく、商品と社会との「良き関係性」を描くことが大切です。

尾形 嘉寿

電通九州

1965年生まれ。ACC金賞、福岡広告協会賞、2001年クリエイター・オブ・ザ・イヤー特別賞、2006年クリエイター・オブ・ザ・イヤーメダリストなど受賞多数。

きちんとプロセスを踏んでつくられている、レベルの高い作品が増えているように思います。反面、そこで提示される「シーン」のバリエーションは減っているようで、広告コピーとしては？なのだけれど、「この人は、いったいどんな人生を送って来たのか？」への興味で、審査の手を止められることがあまり無くなって、そこは、ちょっと寂しい気もします。

岡部 将彦
電通

クリエーティブディレクター／CMプランナー。1978年生まれ。TCC最高新人賞、ACC金賞・銀賞・銅賞・コピー賞、ラジオ広告電通賞、タイムズアジア・パシフィック シルバー、FCC賞、CCN賞など受賞。

「うーん。よく分からないです」という「落とす」コピーがあって。「なるほど！」という共感・発見のある「残す」コピーがあって。さらにその中に「それを言われると、この商品・サービスを欲しくなってしまう！」という文句ナシの「通す」コピーがあって。その割合は、不思議と毎年同じくらいなんだよなあと思いました。

岡本 達也
電通中部支社

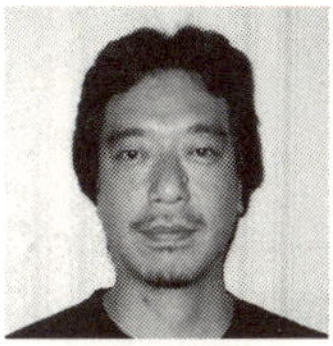

統括・戦略クリエーティブディレクター。1959年生まれ。1987年度朝日広告賞入選、1990年度読売ユーモア広告大賞受賞、1991・1998年度準朝日広告賞他、消費者のためになった広告コンクール、愛知広告協会賞、コピーライターズクラブ名古屋優秀賞、ACC奨励賞など受賞。

今年もいろいろな表現に出会えました。ハッとするもの、笑えるもの、感心させられたものｅｔｃ。でも、似たような表現のためまとめて没にせざるを得ないものも多数ありました。他人が考えつかないものを書いてやる！という強い意思とこだわり、それこそが膨大な数の中から生き残れる、唯一のエネルギーかもしれません。来年も期待しています。

小川 英紀
フルボリューム

コピーライター。主な仕事にコスモ石油、アデランス、トステムなどがある。TCC新人賞、TCC広告賞など受賞。

今年も一次審査を担当させていただきました。毎回応募した方々の膨大な熱量に圧倒され、こちらも身が引き締まります。なにしろコトバだけですから、完成度より勢いかと個人的には感じております。

尾崎 敬久

電通中部支社

クリエーティブディレクター／コピーライター。1970年生まれ。主な仕事に、愛知県（モノスゴ愛知でマツケン）、愛知県（人権週間）、パルコ、平安閣（マリエール）ほか。リクルート、大広を経て2005年より現職。受賞歴はTCC新人賞、CCN賞、FCC賞、OCC賞、ACC賞、広告電通賞、アイチアドアワード、カンヌライオンズ、アドフェスト、ワンショー、ロンドン国際広告賞など。

「どうやって上手く言ってやろうか」が透けて見えるコピーは、商品やサービスの素晴らしさより先に、書き手の欲や自己満足が感じられてしまう。驚きや共感を伴うコピーは「どういう視点を見つけたか」で勝負しているからこそ、心を揺するのです。今年もいくつかの「あ！」と「わかる！」なコピーに出会えて嬉しかったです。

笠原 千昌

サン・アド

クリエイティブディレクター／コピーライター。SUNTORY山崎蒸溜所GIFT SHOP「山崎からの贈り物」、福岡空港「greenblue」、UNITED ARROWS「あしたも あしたのあしたも そのまたあしたも」、金吾堂「食べてみなけりゃ、わかりませんべい」などなど。TCC新人賞、ACC賞、NY ADC賞、朝日広告賞、日経広告賞など。

たくさんのコピーの中でも、気になるコピーはキラーンと光ります。似ているようでも、確実に違いがあるんですね。なんでか？自分で書いたコピーをもっと大事にしてください。書いた後に、本当にそれでいいのか？他に言い方はないのか？よーくそのコピーと話し合って、１本のベストコピーを見つけてください。

川島 章弘

博報堂

クリエイティブディレクター／CMプランナー。1971年生まれ。主な仕事に、J:COM「ざっくシリーズ」、近畿大学「ぶっ壊すシリーズ」、大日本除虫菊「ゴイスー」、フェニックスプラザ摩耶、ダスキン「環境くん」、ブルボン、森永乳業、明星食品など。2012年度佐治敬三賞受賞。他に、TCC新人賞、毎日広告デザイン賞最高賞、ACC、新聞広告賞など多数受賞。

投稿者がどのコピーを書いたのかは分からないのですが、続けてどれくらいの数を応募しているかは、コピーの意図を書く欄の書式で、なんとなく分かります。案数が多過ぎるひとは、ひとつくらい引っ掛かるイメージがあります。ごく稀に複数残る方は、応募数は10から20程度のようなイメージがあります。コピーの意図を読んで、気持ちが変わったことは、今までありません。次回以降の参考にしてください。

神田 祐介

博報堂

CMプランナー／コピーライター。ダイハツMOVE「法廷シリーズ」、マンダム「LUCIDO」、リクルート「SUUMO／最後の上映会」、jms「WEB動画／HOT DRIVE」、森永製菓「ハイチュウ」、トヨタ、日本コカ・コーラ「Fanta」など。ACCグランプリ、TCC賞、TCC新人賞、タイムズアジア・パシフィック広告祭ゴールド、電通賞、文化庁メディア芸術祭マンガ部門など受賞。

同じクラスの中でちょっと変なことをしてる人が注目を浴びるのと一緒で、たくさんの応募作品の中で一際目を惹かれるのは普通とは違うちょっと変わった切り口で書かれたコピーでした。この「ちょっと」が大切で奇をてらうのではなく「ちょっと」だけ普通とずらした切り口の発見が心をくすぐるコピーなのだと感じました。

神戸 海知代

かんべ笑会

大広、広瀬広告事務所、アサツー ディ・ケイを経て2016年、かんべ笑会を設立。ヤマサ醤油「ふたりの関係が冷めたと思ったらまず、台所で火をつける。」「ちょっと言い過ぎたかなと思った夜は、そっと煮物を出す。」シロノクリニック「人は人生の半分以上を、年齢とたたかっている。」ごちクル「会議の出席率は、お弁当が決める。」などを制作。TCC新人賞、日経広告賞、日本雑誌広告賞、消費者のためになった広告コンクール、ロンドン国際広告賞などを受賞。

コピーを審査するときの感覚は、ふわふわと水中を漂うダイビングに似ています。適度な緊張感とリラックスを大切に、アタマのなかで中性浮力を保ちながら、一つひとつに向きあいました。良いコピーに会うたびに、ぶわっと流れを感じます。そんな潮流を生みだすチカラのあるコピーを私も書きたい、と何度も思いました。

絹谷 公伸

電通関西支社

クリエーティブディレクター／コピーライター。セキスイハイム、NTT西日本、大関、UHA味覚糖などTCC賞、OCC賞、ACC賞、電通賞、フジサンケイ広告賞、海外広告賞など。

「年収、学歴、見た目、身長、トーク、過去の栄光、血管年齢、ミシュランの星数、毛髪の本数、TOEICのスコア」。まあ、世の中で目立つ方法はいろいろあるけど、コピー一発で目立つのが一番かっこいいぞ。だろ?

國武 秀典

大広九州

シニアクリエイティブディレクター／CMプランナー／コピーライター。主な仕事に、トヨタ自動車、江崎グリコ、トワイニング、マスメディアン（宣伝会議）、九州電力、ワイドレジャー楽市楽座、行政関連他。TCC新人賞、ACC賞、広告電通賞、消費者のためになった広告コンクール、ギャラクシー賞、JAAAクリエイター・オブ・ザ・イヤーメダリストなど受賞。

良い企画やコピーは、ダラダラしていない。短いコトバで、射抜く力を持っている。長～い文字数のグランプリを見たことありますか？

倉成 英俊

電通

電通総研Bチーム代表／クリエイティブ プロジェクト ディレクター。主な仕事に、JAPAN APEC 2010総合プロデュース、東京モーターショー2011/2013再復活戦略プロデュース、IMF世銀総会2012総合プロデュース、有田焼400年ARITA EPISODE2事業など。カンヌ国際広告祭、NY ADC、キッズデザイン賞、グッドデザイン賞他受賞。Twitter：@kuranary

アドタイの審査員リレーコラムに書いた「無名の、僕の最初の、コピーの師匠」西川氏。僕が新人時代に賞を頂いた時、彼から電話がかかってきました。「神さまは見とったんやなあ」と。今回賞を取れた方、おめでとうございます。今回取れなかった方も、やった分だけ、きっとどこかで良いことあると思いますよ。

黒田 康嗣

博報堂

シニアクリエイティブディレクター／コピーライター／CMプランナー。主な仕事に三井のリハウス「みんなの声鉛筆」シリーズなど。第一回ACC小田桐昭賞、2013年クリエイター・オブ・ザ・イヤーメダリスト、TCC賞、TCC審査委員長賞、TCC新人賞、ACC賞ゴールド、FCC賞グランプリ、JAA賞web最優秀賞、ギャラクシー賞、海外ではADFEST、NYフェスティバル、タイムズアジア・パシフィックなど受賞。

やっぱり鍵は、想像力ですよね。課題のまわりにあるちょっとベールのかかった物語を、ペロンと見つけ出す想像力。この言葉で、見た人の気持ちがホントに動くかなというリアルな想像力。情報に埋め尽くされて、その力を豊かに保つのが難しい時代だからこそ。僕も頑張ります。

忽那 治郎

電通

1972年生まれ。主な仕事に、mmbi「NOTTV」、リクルート「じゃらん」、ダーバン、NTTドコモなど。2000年TCC新人賞、日経広告賞、朝日広告賞、JR交通広告グランプリなど受賞。

しゃべり言葉が強いです、やっぱり。

小林 麻衣子

POOL

コピーライター／クリエイティブディレクター。「一風堂」ブランディング、ロート製薬「SUGAO」ネーミング、パッケージ開発〜CM、「ロペピクニック」ブランディングなど。受賞歴にTCC、ACCなど。

コピーらしいとか、広告らしいとかの枠に縛られずに、今の時代を驚かす気持ちで考えたアイデアが良いと思いました。

こやま 淳子

こやま淳子事務所

コピーライター／クリエイティブディレクター。2010年博報堂を経て独立。最近の仕事は、LIONボディソープ「hadakara」、ロッテ「乳酸菌ショコラ」、プラン・インターナショナル・ジャパン、NHKスペシャルなど。著書に「ヘンタイ美術館」「しあわせまでの深呼吸。」「choo choo日和」ほか。TCC会員。Twitter：@JUNKO01002

これだけ応募作があると、同じようなコピーが多くなります。そのなかで「おっ」と思うようなコピーって、きっと自分の内側から出たもので、ネットで調べるだけではなく、普段からたくさん体験して考えて感じて生きる一次情報の積み重ねが必要だなあと、当たり前のことに気づきます。私もそんなコピーを書かなくちゃなあ。

斉藤　賢司
ホンシツ

博報堂を経てホンシツ設立。主な仕事に、キリン淡麗プラチナダブル「内村課長のつぶやき」シリーズ、ANAメキシコシティ「情熱に、翼を。」ヤンマー「最大の豊かさを、最少の資源で実現する。」等。TCC賞、TCC審査委員長賞、カンヌ、NYフェスティバル等で受賞。

けっこう長いこと審査をやらせていただいていますが、毎年毎年どんどん応募点数が増えてきています。本当に驚くほどです。何十万点の中で際立つ、ということは、やはり何か明らかに人と違う着眼があるということ。恐ろしく難しいことです。でも、もう新しい切り口なんてないんじゃない？と思っても、毎年必ずいるんですよね。見つける人が。頑張りましょう。僕も頑張ります。

坂本　和加
コトリ社

コピーライター。OLを経て、一倉広告制作所に。2016年よりコトリ社主宰。主な仕事に、ＳＥＩＹＵ「やっぱ、コスパ」、カルピス「からだに、ピース」、JR東日本「行くぜ、東北」。ネーミングにワコール「ＧＯＣＯＣｉ（ゴコチ）」、イオン「ＷＡＯＮ」など。チャーミングなコミュニケーションが好き。著書に『あしたは８０パーセント晴れでしょう』『ソックモンキーは君が好き』。ＴＣＣ会員。２児の母。

似たような切り口の多い中でどう目立っていくか、よりも、たいせつなのは書いているあなたが「信じられる言葉かどうか」です。そこに、クライアントやコンシューマーを本気でハッピーにしたいという熱量が合わさると、そこに強いコピーが生まれるのだと思います。たのしい審査でした。

佐々木　洋一
博報堂

第２クリエイティブ局局長。コピーライター、博報堂C&D取締役、エグゼクティブクリエイティブディレクターを経て現在に至る。自動車、ビール、テーマパーク、通信、不動産などのブランディング活動に多く携わる。

コピーが思いついた瞬間は脳がホットになっているので、素晴らしいものに思えてしまうものです。本当にこれで伝えたいことが伝わるか。これくらいのことは他の人も考えつくのではないか。…と、冷静に「初見の目」で見直す作業を、プロは必ずやっています。

サトー 克也

ダイコク

クリエイティブディレクター。コスモ石油「My COSMO 日記」他、東京メトロ「すすメトロ！」ドラえもんシリーズ、大阪ガス「ガ、スマート！」他、三井不動産「和が街、和が故郷」、各地方自治体などを担当。「おしゃれなカッパーフィールド！」などアニメーション制作。ACC、カンヌ他多数受賞。

書き終わって読んでみて、ジブンの心が動くかどうか?感じてみてください。

紫垣 樹郎

インサイトコミュニケーションズ

クリエイティブコンサルタント／コピーライター。1965年生まれ。主な仕事にリクルート、ナイキ、三菱東京UFJ銀行、GAP、ドリームゲートなどがある。TCC最高新人賞、朝日広告賞、ベスト・コピー・オブ・ザ・イヤー、読売広告賞など受賞。

毎年、8割以上の作品は同じような数パターンの視点からコピーがつくられています。コピーをまず書いてみたら、そのコピーを第三者になったつもりでもう一度見直してみる癖をつけるとさらに気づきがあるはずです。もうひと踏ん張り、違う見方はないかなと視点を探す。きっと入賞作はそんな努力から生まれているのでしょう。

篠原 誠

電通

クリエーティブディレクター／コピーライター／CMプランナー。1972年生まれ。最近の仕事に、au三太郎、家庭教師のトライ、UQモバイル、ホットペッパービューティー、リクナビ、写プライズ、森永DARS、エステー、ソイジョイ、賢者の食卓、ジャンボ宝くじ、湖池屋、パイロット、キリンのどごしALなど。2015クリエイター・オブ・ザ・イヤー、アドフェストゴールド、TCCグランプリ、ACCグランプリ、ADC賞など受賞。

自分自身も課題を読み込み、ライバルの案を見るようなつもりで審査しました。これは俺も思いついたな。とか、課題から外れすぎてるな。とか、思っていたら、時々、「あ、やられた」に出会うときがありました。そういうものを残させていただきました。俺ももっと頑張ろう!そう思えたことに感謝です。

渋谷 三紀
アサツー ディ・ケイ

コピーライター。主な仕事に、早稲田アカデミー「へんな生き物」「走れメロス」「変わるよ」「ぼくの好きなこと」、シチズンwicca「コイリンガル」「どうぶつ恋図鑑」「かわいくはたらく有村さん」、味の素ラジオCMなど。TCC新人賞、ACC賞、広告電通賞、ギャラクシー賞など受賞。

課題（商品）を選べるのが宣伝会議賞の良いところです。これなら楽しんで書けそうだなあとか、まだこの世にないコピー書けそうだなあと思える、良い課題を見つけること。それもクリエイティブセンスだと思います。

島田 浩太郎
フロンテッジ

クリエイティブディレクター／コピーライター。主な作品に、WALKMAN「オンガクには、オンガクの音」キャンペーン、freebitmobile「自由の先を、見に行こう。」キャンペーンなど。

切り口のいいコピーは、キャリアに関係なく驚きがあります。今年もそういうコピーに出会えました。その反面、同じようなコピーも多かった印象です。切り口を見つけられた人と見つけられなかった人の差が一歩リードできるかどうかなんだと思います。

下東 史明
博報堂

コピーライター。1981年生。主な仕事に、MINTIA「俺は持ってる」、エアーサロンパス「スポーツが好きだ、大好きだ」、アクオス「活きる力を起動する」、一本満足バー、イエローハット、カルピスウォーター「絶対いい夏にしよう」、JALカード。コーセーFasioなど。著書に『あたまの地図帳』。TCC審査委員長賞・新人賞・ファイナリスト、ヤングカンヌ日本代表など受賞多数。

こう言われて、嬉しいだろうか。という姿勢は、人を目の前にすると私たちは無意識でも持ちえますが、企業・商品となると途端に忘れてしまいがち。僕もよく忘れます。けれど、想いやりを持って書かれたコピーは、言い方やトーンが一見キツくても何故か暖かい。当たり前なことを今更ですが、思い起こさせてくれる良い審査でした。

薄 景子

電通

コピーライター／CMプランナー。これまでの主な仕事は、資生堂、キユーピー、ＪＡＬ、ハウスウエルネスフーズ、ツムラ、ユネスコ世界寺子屋運動、ラヂオえほんの制作など。クリエイター・オブ・ザ・イヤー特別賞、ACCグランプリ、ベスト企画・演出賞、TCC新人賞、広告電通賞、ACC RCM殿堂入りなど、受賞多数。

ＳＮＳで自由につぶやかれたドキュメンタリーな言葉の強さに打ちのめされる日々です。どれだけリアルに自分ゴト化してみたかが、コピー力の大きな差になるのだなぁとしみじみ実感した審査でした。

多賀谷 昌徳

グレイワールドワイド

クリエイティブディレクター、コピーライター、CMプランナー／TCC最高新人賞、ACCゴールド、クリエイターオブザイヤー・メダリスト、交通広告グランプリ企画賞、消費者のためになった広告コンクール金賞、広告電通賞最優秀賞、ほか海外広告賞の受賞も多数。最近の仕事は「ファブリーズで洗おう。」「ファブタク」「半径30cmのハピネス」「アマゾン・オーディブル」など。Twitter：@tagaya_masanori

商品特性をそのまま書いているコピーが、ほんとうに多いです。例えば、商品をどう売ろうか考えるのではなく、その商品と関わる前や後の、人間のおかしみを見つけるほうが、一次通過の確率は格段にアップすると思います。

田島 洋之

パラドックス

ブランディング・ディレクター／コピーライター。人や企業の「志」の実現を応援することで、志あふれる元気な日本の実現をビジョンとして掲げる。リクルートを経て2001年にパラドックス・クリエイティブを設立。2014年にパラドックスへ社名変更。より幅広い切り口 でビジョン実現を目指す。TCC審査委員長賞、BtoB広告賞など受賞。

フルスイングの言葉たちの審査は、とても楽しい時間でした。私自身が宣伝会議賞に応募していた20代。ここからどうにかして未来を拓きたい一心でした。同様に「自分にとっては遊びじゃないぞ」というパワーを感じる言魂も多々あり。自分が生んだ言葉に乗って、未来へとはばたいていく人が、続々と出てきてほしいと思います。

玉山 貴康

電通

コピーライター／クリエーティブディレクター。SP局に配属後、32歳でCR局に転局。最近の主な仕事に、セコム「スーパーグレート」、ネオファースト生命「○○の妻」、オリコカード「俺LOVEオリコカード」、第一生命「RISK BATTLE」、三井住友銀行「TOKYO2020」、島根県自虐カレンダー、西武そごう、キリンビール、味の素、JXホールディングス、日本ハムなど。2005年TCC新人賞、2007・2010年TCC賞など受賞多数。

こんなにも短文を毎日頻繁に書き、送りあっている、いわば総コピーライター時代なわけですが、本当の意味でのコピーライティングの技術は、案外多くの人が会得していないような気がします、僕も含めて。言葉は書けるんです。でもコピーは簡単には書けないんです。むずいんですよ。やればやるほどそう思います。

都築 徹

電通中部支社

コピーライター／クリエイティブディレクター。主な仕事に、東海テレビ報道部、マキタ充電式草刈機、FMぐんま特殊詐欺対策キャンペーンラジオCMなどがある。2015年クリエイター・オブ・ザ・イヤー・メダリスト、ACCグランプリ・、TCC賞、ADC賞、ギャラクシー大賞、消費者のためになった広告コンクール金賞、民間放送連盟優秀賞など受賞。

数えきれないエントリーの中で、明らかに存在感の違う一行があります。思考の足跡を感じさせない、軽やかなジャンプ。テキストではないコピーの力を再認識させてくれる瞬間に、もう少し出会いたかったというのが素直な印象です。

辻 毅

アサツー ディ・ケイ

コピーライター／クリエイティブディレクター。1974年生まれ。テレビスポット部から、メディアプランナーを経て、コピーライターに。IKEA日本ローンチキャンペーンや武田薬品工業アリナミン錠剤シリーズ、ヤマサ鮮度の一滴など。

コピーって、むずかしいなぁ。と改めて思い知らされました。これだけの数が集まると、やっぱりコピーがかぶるケースも多くなるものなんですね。視点が新しいかどうか。表現が面白いかどうか。僕はこの2つの基準をクリアできているものを選出させていただきました。

手島 裕司
利助オフィス

コピーライター。1958年生まれ。アドパスカル熊本支社、熊日アドセンター、私立手島事務所を経て利助オフィス入社。主な仕事は、JR博多シティ、西酒造、タカギ、ホテル・イルパラッツオ、山田養蜂場などがある。宣伝会議賞金賞、TCC新人賞、ACC賞、FCC賞など受賞。

年々、レベルが上がってきているように感じます。でも、それと比例して、とんでもないものが減ってきているかもです。もっと、もっと、思いっきり背伸びして、誰も見たことのない世界を見渡した上で、とんでもない発見をしてほしいと願います。

道面 宣久
TUGBOAT2

コピーライター。1972年生まれ。主な仕事にキユーピー、大和ハウス工業、NTTドコモ、キヤノンなどがある。TCC新人賞など受賞。

数多い中でもいいコピーは輝いて見える。毎回この審査をすると、そう感じます。そして、自分自身にもとてもいい刺激を受けています。ありがとうございました。お疲れさまでした。

富田 安則
リクルートコミュニケーションズ

執行役員／エグゼクティブクリエイティブディレクター／コピーライター。1976年生まれ。主な仕事に、日本郵政グループ、東京都、朝日新聞社、経済産業省、日本商工会議所、リクルート、NTTドコモ、ブックオフなどがある。TCC賞、TCC審査委員長賞、FCC賞、毎日広告デザイン賞、宣伝会議賞銅賞など受賞。
Twitter：@ys_tomita

どんなにＩＴが進化しても、メディアを信じられなくなったとしても、ＳＮＳで人を監視したり攻撃することが当たり前になっても、本が売れない時代になったとしても、ＡＩが人の脳を超えたとしても、言葉を紡ぐのは人間にしかできない。結局、言葉のチカラを信じている者だけが、言葉を生業にできる。どんな時代であっても。

中尾 孝年

電通

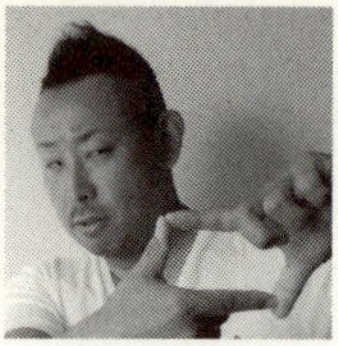

CDC統合ディレクションルーム、クリエーティブディレクター。江崎グリコアイスの実「江口愛実登場」、パピコ「大人AKB48」「間違い探し」「パピコドッキリ」、サノヤス造船「造船番長」、トヨタマークX「Artistic Performance」、日清のどん兵衛×M-1グランプリコラボなど。カンヌ銀賞他受賞多数、OCC副会長。

表現が多様化しさまざまなソリューションが存在する今だからこそ、たった一行でソリューションする「コピー」と向き合う経験が凄く大切だと思います。デジタルを中心とする今時の若いクリエーターにこそ宣伝会議賞に挑戦してほしいです。

中村 猪佐武

マッキャンエリクソン

クリエイティブディレクター／コピーライター。1969年生まれ。主な仕事にモンデリーズ・ジャパン「クロレッツ」「HALLS」、MasterCard「Priceless」、AGAなど。TCC新人賞、クリエイター・オブ・ザ・イヤーメダリスト、D&ADイエローペンシルなど国内外受賞多数。

宣伝会議賞一次審査の醍醐味は、膨大なコピーの山からキラっと光る原石を見つけること。いくつの原石が本物の宝石になるのか、楽しみです。うっかり見落としていなければいいなあ。

西島 知宏

BASE

クリエーティブディレクター／コピーライター。電通を経て、BASE代表。デジタルメディア「街角のクリエイティブ」編集長。最近の仕事はJINS「見つめているすべてが、人生だ」、スバル「MINICAR GO ROUND」など。New York Festival、Spikes Asia、Adfest、TCC賞、TCC新人賞、OCC最高賞、インターネット広告電通賞、日本プロモーショナルマーケティングプランニング賞金賞など受賞。Twitter：@t_nishijima

皆さま、お疲れさまでした。今年もクスッと笑ったり、この切り口はすごいと驚いたり楽しく審査させて頂きました。実際に仕事では通りにくい発想や切り口もいつか仕事で生きてくると思うので、真剣に宣伝会議賞と向き合った経験を忘れず今後も良いコピーを書いていってください。

西脇 淳

タイガー タイガー クリエイティブ

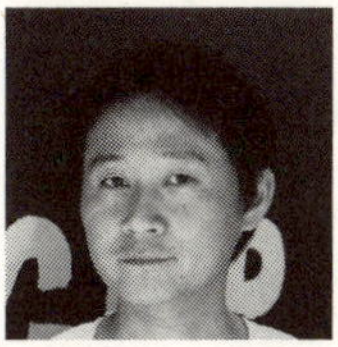

1970年生まれ。大広を経て、2007年「風とランディ」設立。2013年「タイガー タイガー クリエイティブ」に社名変更。主な仕事にSUZUKI「SOLIO」、阪神電鉄「阪神沿線物語」、朝日新聞「こども広告」など。ACCグランプリ、TCC新人賞、佐治敬三賞など受賞。広告業界の悲喜交々を描いた書籍「広告四字熟語」を編集。

見たことのない言葉の使い方、なのにちゃんと商品におちている。歴史ある広告の世界で、それを発見するのは至難の技だ。だからこそ、その宝物を探す無謀な冒険には好感が持てる。例えそのチャレンジが失敗に終わっていたとしても。いやチャレンジしないことが、唯一の失敗だ。自戒を込めて。

野原 ひとし

アサツー ディ・ケイ

クリエイティブディレクター／コピーライター。1964年生まれ。主な仕事にヤクルト本社、山崎製パン、ロート製薬、味の素他。TCC新人賞、ACC賞、広告電通賞、朝日広告賞、毎日広告デザイン賞、ロンドン国際広告賞など受賞多数。

皆さまお疲れさまでした。審査をしていて、皆さまの情熱がひしひしと伝わりました。その情熱を持ち続けていけば、コピーはきっと上達していくでしょう。ひとつアドバイスするとすれば、コピーはいきなり書かないこと。書く前に考える。ターゲットは？競合商品は？ ｅｔｃ……。考えないで書いたコピーはすぐわかります。頑張ってください。

野原 靖忠

電通

クリエーティブディレクター。1963年生まれ。主な仕事にパナソニック、セキスイハイム、NTTコミュニケーションズなどがある。朝日広告賞、毎日広告デザイン賞、TCC新人賞、新聞広告電通賞、読者が選ぶ読売広告大賞など受賞。

毎年、何千本ものコピーを審査することが結構辛くって、毎回「来年は審査員やめたいなあ」と思います。でも、その「コピーもどき」というべき膨大なことばの束の中に、まれに、「あ、なるほどね」と思える、きらりとしたコピーを見つけると、心がはればれとして、ちょっと嬉しくなって、審査員を「来年もやっていいかも」と思えてくる。そんなとき、コピーの力を実感します。

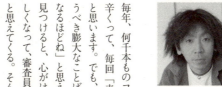

萩原 ゆか

シンガタ

CMプランナー。1972年生まれ。博報堂を経て2003年シンガタに。最近の仕事は、明光義塾、サントリー金麦のオフ、イオンカード、WOWOWなど。

最近、がむしゃらって大事だなと思うようになりました。ずっとがむしゃらだと疲れちゃうので、ここぞというところだけ、ぐぐっと、やってみようと。それで、当たり前なんですが、がむしゃらの度合いはできの度合いに影響するなと感じています。宣伝会議賞に応募するというのは、がむしゃらになる良い機会ですね。

濱田 雄史

電通

クリエイティブディレクター／コピーライター／CMプランナー。1975年生まれ。主な仕事に、日本コカ・コーラ「アクエリアスビタミン」SOMPO「グローバルキャンペーン」、KONAMI「ウイイレ　クラブマネージャー」、キヤノン「EOS Kiss」「PowerShot G7X」「iVIS miniX」、セブン＆アイホールディングス、日本即席食品工業協会、日本マクドナルド「夏のデザート」ほか。TCC新人賞、TCC賞、ACC銀賞、カンヌ国際広告祭銀賞、朝日広告賞グランプリ、ギャラクシー賞、広告電通賞優秀賞など受賞多数。

一次審査を通っているコピーと、自分が提出したコピーを見比べてみてください。きっと、何が違うのか発見があると思います。その違いを意識して、また、来年書いてみると、きっと、一次を通る数も増えるし、上手くなっていると思います。頑張ってください！

林 尚司

電通

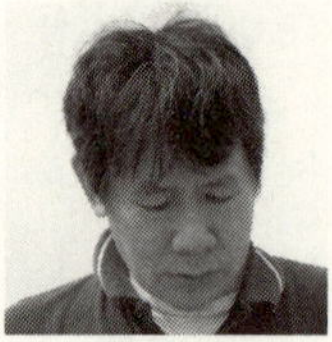

クリエイティブディレクター。1963年生まれ。電通関西を経て、2001年より本社。TCC最高賞、ACC賞グランプリ他、受賞多数。1998年ACC殿堂入り。主な仕事に、ロッテ「フィッツダンスCMシリーズ」など。モスクワ国際広告祭審査委員長、グラマド国際広告祭審査委員長、など歴任。

林修先生によれば、東大の上位学生は変わらずに超優秀であるものの、中位下位の学力はこのところガタンと落ちているそうです。宣伝会議賞の審査の印象もこれと良く似ています。面白いものは、相変わらず面白い。でも、数が随分と減っている。つまらないもの、平凡な発想が、年々増えていると感じます。

原 晋
シカク

コピーライター／クリエイティブディレクター。1974年生まれ。東急エージェンシー、パイロンを経てフリーランスに。2008年クリエイティブユニット・シカク結成。主な仕事にフジテレビ「LIFE !S LIVE」キャンペーン、JR東日本「のもの」、UACJ「ある日、アルミは」、アイトピア、毎日新聞、ロッテ「cafca」、岡本「SUPER SOX」、マンシングウェア、arenaなど。TCC新人賞など受賞。

今年の審査は楽しく見させてもらいました。応募数の上限が決まったからか、昨年までより応募作が精査された印象を受けました。良い応募作の中から、良いグランプリは生まれるはず。そのコピーが応募に値するか、戦えるコピーかを判断する目を養うためにも、一度自分のコピーを客観視する時間が大切だと思います。

稗田 倫広
夢の稗田

クリエイティブディレクター／プランナー／コピーライター。電通九州、すき あいたい ヤバい、を経て、夢の稗田設立。最近の仕事に、オロナミンC「ハツラツタワーのある街」、NHKアニメ「ムズムズエイティーン　」、TOYOTA「G's」「NEW TOYOTA 86」、TamaHome「ハッピーソング」、など。Twitter：@hiedatomohiro

CMの審査では、だらだらと絵の説明をしたり、意味のないセリフのやり取りを延々続けたり、そういう案がよくあります。「CMだから」と違うスイッチが入るのでしょうか。でも、セリフもナレーションも、勿論タグラインも、全部コピーです。ハッとする、ぐっとくる、どきっとする、そんなセリフを一つ見つけるだけで、いいCMはできてしまいます。CMだからこそシンプルに考える。それが大切なのかもしれません。

左 俊幸
電通九州

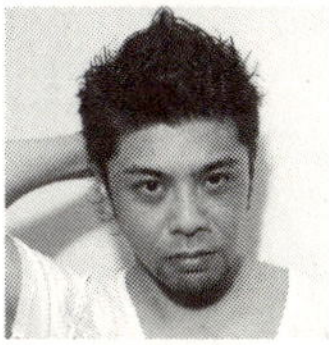

コピーライター／CMプランナー。1975年生まれ。主な仕事に「別府競輪の男達」「五ヶ瀬ハイランドスキー場」「別府温泉の男達」「髙山質店」「三好不動産」など。TCC賞、FCC最高賞、CCN最高賞、OCCクラブ賞、クリエイター・オブ・ザ・イヤーメダリストなど受賞。

宣伝会議賞は応募数がハンパないので、良いアイデアなのに他とかぶってるケースも結構あります。なので、良いアイデアが思いついてもそこで油断せず、もっともっと粘ってブラッシュアップさせることがとても大切だと思いました。

蛭田 瑞穂

writing style

コピーライター／クリエイティブディレクター。1971年生まれ。サン・アド、電通を経て、2017年にwriting style設立。主な仕事にキリン淡麗グリーンラベル「どんなビールより、気持ちいい。」、東京ミッドタウンブランディング、三菱電機「東京2020キャンペーン」、日本コカ・コーラ「ジョージアヨーロピアン」など。TCC新人賞、朝日広告賞、日経広告賞、OCCグランプリなど受賞。

カンヌ映画祭の「ある視点」賞を選ぶ気持ちで、今年も一次審査をしました。「オリジナルの視点で書かれた言葉」「鋭い視点で書かれた言葉」を優先する、というのを審査基準にして。その中からグランプリが選出されることを願いながら。

藤本 宗将

電通

コピーライター。1972年生まれ。1997年電通入社。主な仕事に、ベルリッツ・ジャパン「ちゃんとした英語を。仕事ですから。」、本田技研工業「負けるもんか。」、からだすこやか茶W「おいしいものは、脂肪と糖でできている。」など。TCC最高新人賞、TCC賞、ACCグランプリ、ADCグランプリ、ギャラクシー賞グランプリ受賞。

受賞者の皆さんおめでとうございます。惜しくも受賞を逃した皆さんも、ぜひまたチャレンジしてください。皆さんが思っている以上に同じ切り口のコピーが膨大にあるので、「人とは違うことを考えよう」という意識を持つだけでも書くものは変わってくると思います。

古川 雅之

電通関西支社／電通

クリエイティブディレクター／CMプランナー／コピーライター。1969年生まれ。大日本除虫菊（キンチョール・虫コナーズ・タンスにゴンゴン、コバエがポットンなど）、赤城乳業（ガリガリ君・値上げ広告、BLACK、ミルクレアなど）、日清紡（ドッグシアター）など。ACCテレビグランプリ、佐治敬三賞など受賞多数。TCC、OCC会員。Twitter：@furuchinman

これからコトバはますます大事になると思います。「なにを言うか」に集約される届くコピーの基本態度は、つまり「独自の」発見であり、欲求であり、共感であり、はみだすことであり、寄り添うことであり。正解よりもオリジナリティを求めている時代のコトバは、さらに楽しいと思います。

細川 美和子

電通

コピーライター。1976年生まれ。最近の仕事に、東京ガス「家族の絆」シリーズ、「Smile.Glico」キャンペーン、リラックスサーフタウン日向市PR「ヒュー！日向」、味の素企業広告「日本のお母さん」、ライオン企業広告「タイムスリップ家族」など。TCC賞、ACC賞、ギャラクシー賞、フジサンケイグループ最優秀賞、消費者のためになった広告コンクール経済産業大臣賞、広告電通賞、アドフェスト銀賞、カンヌ国際広告祭金賞など受賞。

クライアントのことも、オリエンも、何も知らずに突然この広告を見て、ほんとに自分はおもしろいと思うのだろうか？友達にシェアしたりするだろうか？そういう客観的な視点で、自分の案を見ることができるようになってください。これはいける！と思ったものをぜひ、応募してください。プロでも難しいのですが。

細田 高広

TBWA\HAKUHODO

博報堂、TBWA\CHIAT\DAYを経て、TBWA\HAKUHODO所属。カンヌ金賞、クリオ賞グランプリ、スパイクスアジア金賞などの海外賞の他、国内ではクリエイター・オブ・ザ・イヤー・メダリスト、ACCグランプリ、TCC新人賞などを受賞。著書に「未来は言葉でつくられる」「物語のある絶景」などがある。

大半の応募作が「短めの商品説明」や「言葉遊び」に終始していたように思います。そんな中で思わず目を止めてしまうのは、風景の見える言葉です。コピーが「一行の映像」となり、その商品やサービスが使われることで生まれる新鮮な風景を見せてくれる。一握りとはいえ、そんな意欲的な言葉に出会えたのは収穫でした。

松下 武史

松下武史広告本舗

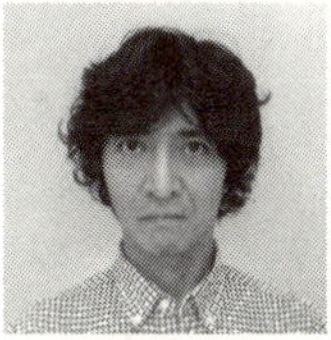

クリエイティブディレクター／コピーライター。1961年京都市生まれ。アド・エンジニアーズ・オブ・トーキョーにて、西尾忠久氏のもとでコピー修行。経験10年で独立し、フリーランスに。その後、CPU(コンセプトプランニングユニット)設立に参画。現在、TM - TM松下武史広告本舗を主宰。TCC新人賞、日経流通広告賞、日経産業広告賞、日本新聞協会新聞広告賞、消費者のためになった広告コンクールなど受賞多数。Twitter：@TAKEM31

表現するのは、コピーの最後の仕事です。まずは、切り口をたくさん考えてください。ユニークでチャーミングな切り口が見つかれば、コピーは8割方、できたようなものですから。

松村 祐治
電通

クリエーティブディレクター／CMプランナー。主な仕事に、サントリー、ヘーベルハウス、FRISK、銀のさら、SONY、西武鉄道、アイデム、NOVAうさぎ、テレビ番組「喝老人」「ど人生」、PUFFY、ASIAN KUNG-FU GENERATION、チャットモンチーなどのPV。TCC、ACC、ギャラクシー、NY フェスティバル、アドフェスト、SPIKES、CRESTA、LIA、MVAなど受賞。

CMの審査は、文字コンテのものがほとんどなので、ここはあえて絵コンテで出してみるのも目立つ気がしました。絵コンテのコツは、なるべく少ないカット、少ない描き込みで、伝えたいセリフやコピーをデカく書く、といったあたりでしょうか。あるいは、その真逆か。

眞鍋 海里
BBDO J WEST

1982年、宮崎市生まれ。タワーレコード、WEBプロダクションを経て現職。"コンテンツ発想"を軸に、映像、インタラクティブ、体験型コンテンツと幅広いアイデアで話題を生み出す。AUTOWAY「雪道コワイ」からのシリーズは1500万再生を超え、最近は、KIWI「ハイパーキックOL」、スキンガード「SCARY SUMMER」、ドラマ「ガチ星」スマホ連動企画、SUNTORY「集中リゲインキャンペーン」等を手がける。

広告は、ただ「企画として成立してる（言いたいことが言えている）」というだけだと不十分で、その上で面白い表現、納得が増す表現、目を引く表現が必要になってきます。そこがクリエイターとしての個性やスキルに直結しますので、「言えた！」で安心せずに、そこからの〝粘り〟がもっと見たかった！

溝口 俊哉
6B（ロクビー）

クリエイティブディレクター／コピーライター。マッキャンエリクソンを経て独立。ブランド・ビルディングなど。主な仕事にコカコーラ、ダイエットコーク、アクエリアス、ＩＢＭ、エグザス、スカパー！、ＮＥＣエコ、アリコ、ＡＧＡ、いつのまにか骨折、ネスレ、オムロンなど。ＴＣＣ会員、ＡＣＣ賞、日経本賞、ＮＹ ＡＤＣ賞、メダリストなど。

「だれもが分かっている商品」だったので、新しいイメージを提示するのが難しく、言葉遊びのようなコピーが多かったです。とはいえやはり「あたらしいイメージ」を発信したい。可能性を感じるものもありました。考えてみればほとんどの商品は「既視感」のなかにある時代なので、コピーも進化する必要があると感じました。

森 俊博

電通名鉄コミュニケーションズ

クリエーティブディレクター／コピーライター。中日アド企画、新東通信（当時はAD）などを経て2004年に現在の会社に入社。2006年あたりから本格的にコピーライターに転向。TCC新人賞、CCN賞、OCC賞、FCC賞、ACC賞、広告電通賞、ギャラクシー賞、日本民間放送連盟最優秀賞、ADFEST、D&AD、NYADCなど受賞。広告デザイン専門学校非常勤講師。

受賞者の皆さん、おめでとうございます。そして、仕事のあと、毎日寝る時間を削って、飲み会の誘いも断り、土日も出かけず、孤独に耐えながら、苦しんで、もがいて、必死にコピーを書き続けた皆さん。その時間は受賞より価値があると思います。数年後に必ずそう思えるはずです。本当にお疲れさまでした。

森田 直樹

電通

クリエーティブディレクター。1963年生まれ。マッキャンを経て電通。コカコーラ、ナイキ、マイクロソフト、GM、アディダス、パナソニック、アサヒ飲料、ユニクロなどを担当。TCC賞、ACC賞、カンヌ、クリオ、アンディアワード、ロンドン広告賞、アジアパシフィック賞、NYフェスティバル、消費者のためになった広告賞、クリエイターオブザイヤーノミネートなど受賞多数。

予測可能で予定調和なコピーを書かない、と決めよう。ここは新しいなにかを見つける場、チャレンジの場だから。じゃないといつか、ＡＩにコピーライティング業を奪われる。

安谷 滋元

博報堂

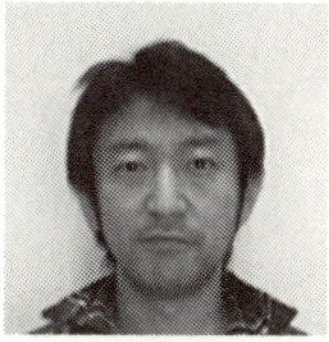

クリエイティブディレクター。1968年生まれ。主な仕事にKDDIAndroid au、トヨタ自動車「シエンタ」「ポルテ」、コクヨ、JT、センチュリー21ほか。TCC新人賞、ACC賞、ACC銀賞、ACCジャーナリスト賞など、毎日広告デザイン賞、電通賞、日経広告賞、NYフェスティバル ブロンズ、ロンドン広告賞、NY ADC賞ファイナリスト、ベストコピー・オブ・ザ・イヤー他多数。

多様化が進んで、一つの言葉でコミュニケーションを統合するのが難しくなっている今。審査する側もかなり〝複眼〟が必要です。だけど、一つの言葉でみんなの心をぶち抜くものはあると信じるし、それを求めてしまうのです。

山口 広輝

ジェイアール東日本企画

コピーライター／クリエイティブディレクター。主な仕事にJR SKISKI、大人の休日倶楽部、北陸キャンペーン、マイナビ、ららぽーとなど。TCC新人賞、TCC賞、朝日・読売・日経・毎日広告賞・交通広告グランプリ優秀賞・新聞協会賞など受賞。

他の誰かでも簡単に思いつくようなコピーでは、見た人に気づきや驚きを与えられない。だから、感情も動かせない。正しいだけではダメ。誰かのマネではダメ。という基本の大切さをあらためて感じた審査でした。

山﨑 博司

TBWA\HAKUHODO

Disruption Lab クリエイティブチーム、コピーライター。1983年生まれ。博報堂に入社後、TBWA\HAKUHODOに出向。主な仕事に、日本新聞協会「ボクのおとうさんは、桃太郎というやつに殺されました。」、日産自動車、Nestle、COGY「あきらめない人の車いす」など。TCC最高新人賞、ACCラジオシルバー、新聞クリエーティブコンテストグランプリ、毎日広告デザイン賞奨励賞など受賞多数。

審査するにあたり、自分だったらこう書くかな、というのを考えてから審査に挑みました。良いなと思うコピーは、僕も含めみんなが考える先を行っています。切り口にしても、言葉使いにしても、深く考えられている。ちょっと立ち止まってからコピーを書く。それってとても大事なことだと思います。

山田 慶太

電通

コピーライター／CMプランナー。主な仕事にYKK AP「窓と猫の物語」シリーズ、武蔵野銀行「ウソ発見器」、スカパー！松山黒沢夫婦、三井不動産レジデンシャル「三井に住んでいます」、映画『さらば愛しの大統領』『いぬのえいが』脚本など。TCC、ACC金賞、アドフェスト金賞など受賞。

審査で似たようなコピーをたくさん見ている中で、ごくたまに新鮮なアイデア、クスッと笑える切り口に出会うと、とてもうれしくなります。テレビでCMを見ている人も、こういう感じだと思います。似たようなCMがたくさん流れる中で、見ている人をうれしくするようなもの、つくらないとなと思いました。

山田 尚武

電通

1966年生まれ。マッキャンエリクソンを経て電通。主な仕事に明治製菓企業広告、キッコーマン企業広告、IHI企業広告、リコー企業広告などがある。1989年に第26回宣伝会議賞金賞受賞。

一次審査の通過作品は、全体の１・２％。１００本書けば一本通過するかもしれない。しかし実際はそうではない。一人の応募者が複数の一次通過作品を並べることが多い。その人は１・２％のコピーを書くコツを知っているのだろうか？いや、９８・８％の既成のコピー作法に埋もれないコツを知っているのだ。自分だけのルールで書いてみよう。

山本 友和

電通

CMプランナー／コピーライター。大学院で爆薬を研究後、なぜか電通に入社。主な仕事に、ダイハツWAKE「WAKE兄弟」、キリン淡麗極上＜生＞「淡麗侍」、docomo Galaxy「進化ヲ、恐レルナ。」、午後の紅茶「あいたいって、あたためたいだ。」「オール・マイ・ティー」、KAGOME「高性能爆薬でつくる野菜ジュース」など。TCC最高新人賞、ACCシルバー、広告電通賞最優秀賞、毎日広告賞最高賞など受賞。Twitter：@tomyamtomyam

一般部門と中高生部門を両方審査したのですが、圧倒的に中高生部門の方が面白かったです。上手じゃないのがよかった。「コピーってこうでしょう？」という先入観から自由でした。そして、一般部門で感じられた〝気負い〟のようなものからも自由でした。やっぱり、楽しんでつくられたコピーが一番強いですね。

横道 浩明

ヨコミチ

コピーライター／プランナー／クリエイティブディレクター。1963年東京生まれ。1987年博報堂入社。2008年フリーランスに。主なコピーに「ゼロゼロワンダフル！」（KDD）、「男の数だけ愛がある」（日本生命）、「NUDE OR LAFORET」（ラフォーレ原宿）などがある。TCCグランプリ、朝日広告賞、日経広告賞、ACC賞などを受賞。

コピー的な発想がしっかりしている広告表現はちゃんと刺さります。そこがテキトウな表現はフワフワと流れていくのみ。「考えた数」が経験値になります。タラタラと10年やってるヤツより、1年間ピッチリと考えた人の方が経験値は高い。人よりたくさん悩んで、人よりたくさん書いてください。

吉岡 丈晴

博報堂

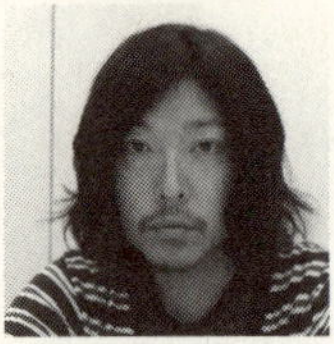

コピーライター/ディレクター。1978年大阪生まれ。最近の主な仕事に、旭化成ホームズ「2.5世帯ものがたり」「老後すごろく」、新潮文庫「この感情は何だろう。」、三越伊勢丹「あなたに、期待してください。」、JRA「友情、愛情、ケイバ場!」、トヨタ自動車「常識に尻を向けろ。」、サントリー「ザ・プレミアム・モルツ」等。TCC最高新人賞、日経広告賞グランプリ、ACC賞、アドフェストブロンズなど受賞。

コピーの役割は本当に広がっています。会社で先輩に「良いコピー書いてるか?」と聞かれ、「いやぁ難しいです」と笑います。が、「お前『良いコピー』の定義、死ぬほど考えとんのか?」と心で訴えます。僕は日々考えてます。死ぬほどじゃなくても。宣伝会議賞のコピーもひとつのゴールだと思います。どうにか一次を越えてください。それで充分エライ!願わくば協賛企業賞を獲ってください。それって現業につながるから。

芳谷 兼昌

電通

コピーライター。1970年大阪市生まれ。仲畑広告制作所を経て電通。近作に、オリコ「俺LOVEオリコカード」、積水化学「世界にまた新しい世界を。」、大塚製薬・賢者の食卓「好きな飲みものをWトクホに。」、持田ヘルスケア・コラージュ「肌人生を、すこやかに。」などがある。TCC最高新人賞、TCC賞など受賞多数。Twitter:@yoshiken777

斬新な視点から描かれたコピーは一次をするりと通過して行きますが、ありがち?な切り口のものは、残念ながら先へ進めません。ただ言葉の選び方で伝わり方が変わることもあるので、その方向性にピンときたなら、追求する先に何かあるのかもなと思ったりもします。受賞者の皆さま、おめでとうございます。

李 和淑

スプリング

コピーライター/クリエイティブディレクター。1967年生まれ。サン・アドを経て2008年より独立。最近手がけた仕事は、ナイキウーマン「女子サッカーワールドカップ」、無印良品、チョーヤ・ブランディングCM、なめらか本舗「もっちりボン!」CM、フィンエアー「近道する飛行機。」、チュチュアンナ・シーズンプロモーションなど。TCC新人賞、日経広告賞金賞、読売広告賞銀賞など受賞。

今回、私が審査した課題では、いつになく的外れなコピーが多かった。企業の意図をきちんと汲み取らなかったり、勘違いしたまま、コピーライティングに走った人がたくさんいました。そのようなことがないように、書いたコピーを客観的に見て、訴求すべきポイントをちゃんと捕まえているかどうか、確認することが大切だと思います。

中高生部門

第54回宣伝会議賞では、
応募資格を中学生・高校生に限定した
「中高生部門」を新設しました。
応募総数1287点の中から9作品が、栄えある受賞を果たしました。
受賞作品はどれも、中高生らしい瑞々しさがあり、
10代の等身大の思いが表現された作品ばかりです。
受賞作品のほか、各審査員による個別審査で3票・2票・1票を
獲得したすべての作品を掲載します。

渡辺潤平

渡辺潤平社

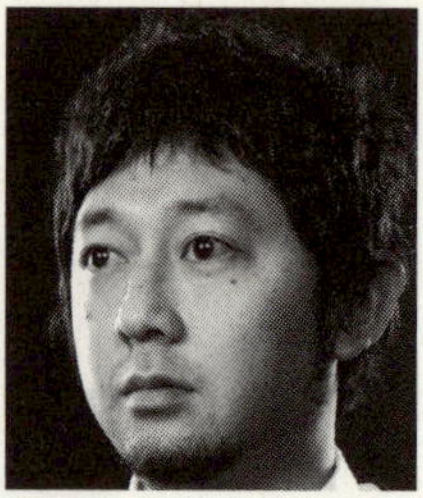

コピーライター／クリエイティブディレクター。1977年生まれ。早稲田大学教育学部卒業。博報堂を経て渡辺潤平社設立。最近の仕事に、リオオリンピック日本選手団壮行会「とどけ！勇気」、渋谷PARCO「LAST DANCE_」、日経電子版「田中電子版」、千葉ロッテマリーンズ「挑発ポスター」、三菱地所グループ「三菱地所を、見に行こう。」など。

一次審査の段階から、予想を完全に裏切られました。もちろん、良い意味で。みずみずしい発見と、迷いのないストレートな言葉。傾向と対策からは無縁の、純度の高い感性から生まれるコピーは、ときに鋭くて、ときに優しくて、しなやかで。この仕事に就いた頃の、書くことが楽しくて仕方なかったあの感覚を思い出して、思わず気持ちが引き締まりました。これから長く続く賞であって欲しい。そう強く感じました。

阿部広太郎

電通

コピーライター。1986年生まれ。2008年電通入社。「世の中に一体感をつくる」という信念のもと、言葉を企画し、コピーを書き、人に会い、繋ぎ、仕事をつくる。宣伝会議コピーライター養成講座「先輩コース」講師、BUKATSUDO講座「企画でメシを食っていく」モデレーター。初の著書『待っていても、はじまらない。―潔く前に進め』（弘文堂）を出版。

勉強しなくちゃいけない、部活もある、デートや遊びにだっていきたい。忙しい合間を縫って「どうしたら伝わるんだろう？」それを考え抜いてくれた中高生がたくさんいたことがすごく嬉しかったです。「このコピーを書いた人に会いたい」そう思える瞬間がたくさんありました。いつの日か、みなさんと仕事をできるよう、僕も書き続けますよ。

白岩 玄

作家

1983年生まれ。2004年『野ブタ。をプロデュース』で第41回文藝賞を受賞し、デビュー。2005年、同作は第132回芥川賞候補作になりテレビドラマ化され、70万部のベストセラーとなる。主な著書に『未婚30』『ヒーロー！』など。

単純にうまいなと思うものが多かったのですが、個人的には、荒削りでありながらも、「何かを伝えたい！」という熱量が溢れているものがたくさんあって、それが印象に残りました。いつかその熱量をきちんと注ぐことができる手段が見つかったら（コピーじゃなくても）、世の中がもっと面白くなりそうだなと思います。

山本友和

電通

CMプランナー／コピーライター。大学院で爆薬を研究後、なぜか電通に入社。主な仕事に、ダイハツWAKE「WAKE兄弟」、キリン淡麗極上〈生〉「淡麗侍」、docomo Galaxy「進化ヲ、恐レルナ。」、午後の紅茶「オール・マイ・ティー」、カゴメ「高性能爆薬でつくる野菜ジュース」など。TCC最高新人賞、ACCシルバー、広告電通賞最優秀賞、毎日広告賞最高賞など受賞。

一般部門と中高生部門を両方審査したのですが、圧倒的に中高生部門の方がおもしろかったです。彼らの応募作品からは「コピーってこうでしょう?」という先入観なく、自由に楽しんで書いていることが伝わりました。広告は楽しい、広告は自由だ。制作者がそう思うことが、広告を強くすることを改めて教えてもらいました。

グランプリ

読売中高生新聞

キャッチフレーズ

なるほど！ 10代が思わず新聞を開きたくなるキャッチコピーを、どうぞ。

本気で殴りたい政治家ができました。

田中 崇貴（17歳）東京学芸大学付属高等学校

僕がその知らせを受け取ったのは、友人と帰る東横線の中でした。突然の朗報へのあまりの喜びに、普段話すことのない遠縁の親戚にも電話をしようとしましたが、動揺のあまり電話番号を間違え、知らないおじいさんと5分間会話をしました。楽しかったです。コピーライターへの憧れ、言葉への漠然とした欲求。未熟でも熱い気持ちで、この賞に臨みました。２０１６年の秋、自分の創作力への、17歳最大にして最後の挑戦でした。今では友人との会話も、専ら進路の話。就きたい職業、大好きな物、もちろん僕にもあります。そこへ向かうための努力もしているつもりです。ですが、自分が「何者」になるのか、17歳の春らしく、悩んだりしています。今回このような栄えある賞をいただき、その答えが見えた気がします。いずれは表現することで、世の中と繋がることのできる人間になりたいです。この度は本当にありがとうございました。

選評

中高生部門は、宣伝会議賞が歩んできた長い歴史において初の試み。中学生・高校生らしいもの、つまり傾向と対策で書かれたものとは一線を画す、ちょっと〝暴れた〟感じのコピーを選びたいと考えていた。また、中高生部門ではこういうコピーが評価されるのだと、部門を方向づけるような作品を選びたいとも考えていた。最終審査会には、そういう作品が想像以上に多く残っていたように思う。企業の声を代弁するというより、荒削りでも、10代の若者の等身大の思いが強く表現されているものを。「わかる、わかる！」という共感を呼ぶより、猛々しく突き抜けていくものを。「中高生が書きました」と言ったときに、また「これがグランプリです」と言ったときに、世の中が一番ざわっとしそうなコピーを選んだ。巧いなと思うけれど、ピュアだなとも思う。いずれにしても、思わず引き込まれてしまうパワーがあった。熱量が飛び抜けて高いこのコピーに、懸けたいと思った。

準グランプリ

読売中高生新聞
キャッチフレーズ

なるほど！　10代が思わず新聞を開きたくなるキャッチコピーを、どうぞ。

スカート2回折って、新聞2回開く。

大澤 澪 （18歳） 早稲田大学本庄高等学校

宣伝会議賞で今年初めて設けられた〝中高生部門〟。若者の見えない未来と可能性に新しい道を創造させるこの部門において、準グランプリをいただくことができ非常に嬉しく思っています。ありがとうございます。今回の応募を通して、今まで何気なく流していた日常に紛れた人の言葉や行動に、心を動かされる何かが隠れているのだと実感させられました。この受賞をひとつの出発点として、「言葉」の持つ力を伝えていきたいと思います。

選評

新聞を折る、スカートを折る。なんだか〝朝のにおい〟がしてくるような、単純な動作を描写しただけのこのコピーが、面白いと思った。新聞を2回開くってどういうことだろう?なぜ2回なんだろう?審査会ではその答えは出なかったけれど、それを置いておいても、なんだか可愛らしくていいじゃないか。中高生のときにしか、スカートは折らない。「今」しかない表現に、一票投じたいと思った。「スカート2回折って」に清純さを求める審査員たちをどうか〝童貞臭い〟などとは言わないでほしい。

渡辺潤平賞

河合塾　河合塾に通いたくなる!!　～高校グリーンコース（現役生対象）の魅力について表現してください～

キャッチフレーズ

帰り道の風が、たまらない。

大庭　美咲（18歳）

中村学園女子高等学校

▼審査員からのコメント

渡辺潤平社

渡辺潤平さん

高校3年の頃、西千葉駅前の河合塾に通っていた。机に向かった記憶もボンヤリとはあるけれど、今でも鮮明に覚えているのは、授業後の解放感だったり、友達と頬張ったコンビニのおでんの味だったり。コピーを目にした瞬間、完全に忘れかけていた高校時代に、一気に引き戻された。リアルをまっすぐ言葉にしている。こういう言葉は、やっぱり強いと思う。

阿部広太郎賞

radiko
キャッチフレーズ

ラジオを聴かない人に、ラジオを聴いてもらうためのコピーを考えて下さい。

人との関わりは苦手。けど人の声は好きだ。

北山 夏凪（18歳）
学生

▼**審査員からのコメント**

電通
阿部広太郎さん

そのひと言があることで救われることがある。ああ、自分だけじゃないんだと、あたたかくてしゃんとした気持ちになれることがある。十代の頃の僕は、根暗で人とうまく関われなかった、それでも、人との気持ちのつながりに人一倍飢えていた。その頃の思い出を言葉にしてもらえた気がした。人の拠り所になれる言葉が、僕は好きだ。

白岩玄賞

読売中高生新聞

キャッチフレーズ

なるほど！ 10代が思わず新聞を開きたくなるキャッチコピーを、どうぞ。

「大人の事情」を解説中

石田 茉恵子（18歳）
東洋高等学校

▼審査員からのコメント

作家
白岩 玄さん

中高生が大人の事情を外から見ているという視点の持ち方が良かった。世の中には本当にたくさんの「大人の事情」があるが、それを仕方のないことだとあきらめずに、奇妙なものとしてずっと見続けることができたら、とてもユニークな人間になれると思う。作者には、ぜひともそういう視点を持ち続けてもらいたい。

山本友和賞

radiko
キャッチフレーズ

ラジオを聴かない人に、ラジオを聴いてもらうためのコピーを考えて下さい。

やーい、ラジオ童貞。

田中　崇貴（17歳）
東京学芸大学付属高等学校

▼審査員からのコメント

電通
山本友和さん

大人の真似してコピーを書こうとしていないところが良い。ターゲットの心を動かそうと必死なところが良い。嫌いになれない悪口というアプローチが良い。「童貞」と「ラジオ」という組合せが良い。なにより、楽しんで書いているところが良い。

radiko

ラジオを聴かない人に、ラジオを聴いてもらうためのコピーを考えて下さい。

協賛企業賞

北山 夏凪（18歳） 学生

究極のプレイリスト。

ラ

radiko

▼協賛企業のコメント

radiko 代表取締役社長

岩井 淳さん

このたびは協賛企業賞の受賞、誠におめでとうございます。「若年層のラジオ離れ」が叫ばれる昨今、弊社はラジオ業界の一員として、一人でも多くの方にラジオを聴いてもらえるよう日々業務に臨んでいます。そんな中、ラジオの魅力を知る皆さまの知恵やお力添えをいただき、一人でも多くのラジオリスナーが生まれることを願い、当企画に協賛しました。「究極のプレイリスト」は、「ラジオで聴く音楽は飽きがこない」という趣旨でご応募いただきました。「パーソナリティが音楽をおススメする」という、ラジオの持つ良さが端的に表現されていると感じました し、音楽以外のものもリスナーにおススメすることもラジオの持つ良さです。当コピーでそんなラジオの魅力を感じてほしいと選ばせていただきました。受賞者の方をはじめ、ご応募いただいた全ての皆さまには、勉学や部活などで忙しい中、弊社の課題へ回答いただき、深く感謝・御礼申し上げます。皆さまの今後益々のご活躍をお祈りしています。ありがとうございました。

個別審査2票

大友 翼瑳　宮城県
思ったよりパーソナリティが豪華な件について。

大友 翼瑳　宮城県
耳から広がる84の世界。

北山 夏凪　埼玉県
人との関わりは苦手。けど人の声は好きだ。

北山 夏凪　埼玉県
究極のプレイリスト

北山 夏凪　埼玉県
ごめん、今日はｒａｄｉｋｏと帰るから！

石川 実乃里　千葉県
孤独を制する者は、
青春を制す。

石川 実乃里　千葉県
深夜26時は、
笑い声をこらえるのに必死になる。

坂本 万優　千葉県
戦争だって、アイドルだって。
大切な発表はここでした。

坂本 万優　千葉県
最近「聞き上手になったね」と
言われるようになった。

坂本 万優　千葉県
鍛エヨ、妄想筋！

安 秀典　東京都
ほら、今だって。

鴨田 玲奈　東京都
顔が見えない。
だから
本音がこぼれる。

鴨田 玲奈　東京都
好きな人と
電話をしている
気分になる。

手塚 美楽　東京都
超かっこいい先輩のラジオネームが
超ダサいのは秘密だ

個別審査1票

工藤 宏匡　青森県
大好きなあの人が、電話に出ない夜の謎が
解けた気がする。

大友 翼瑳　宮城県
29時間３６５日。

野口 珠菜　茨城県
目をやすめましょうか…
耳を働かせましょう

大澤 澪　群馬県
父は無口な人だ。
だから塾の帰りの父の車は、
すごく静かで、
いつものように気まずくて。
ふと、父があるボタンを押した。
ラジオの明るい声が、
暗い車内を包んだ。
2人で同時にクスッと笑った。
「おつかれさま」
父がぽつんと言った。
父は、不器用な人だ。

北山 夏凪　埼玉県
「さて」より「ついでに」

北山 夏凪　埼玉県
人とのしがらみに悩んで、人の言葉に安心
する

北山 夏凪　埼玉県
ラジコ、カケル、ナニカ

松尾 佳奈　埼玉県
人を見た目で選ばなくなりました。

石川 実乃里　千葉県
イライラするのは、
昨日のよくわからないラブソングのせいだ。

石川 実乃里　千葉県
見えなくていいものって案外多い。

石田 茉恵子　千葉県
真夜中が面白くなる。

坂本 万優　千葉県
彼女に電話したら、俺の知らない男が
彼女の近くで話していた。

坂本 万優　千葉県
勉強しながらテレビを見てたら怒られた
(泣)

坂本 万優　千葉県
ラジオを当て字にするなら・・・。
羅字音、かなあ。

坂本 万優　千葉県
僕のスマホが喋りたがっている。

沼田 理央　千葉県
「どっぷり」

沼田 理央　千葉県
今さら、じゃない。「今こそ」ラジオ。

田中 崇貴　東京都
やーい、ラジオ童貞。

手塚 美楽　東京都
リクエストした曲が流れた記念に
コンビニでアイスを買った。

手塚 美楽　東京都
わたしが寝不足の理由、
友だちは知らなくていい

箭内 優輝　東京都
ラジオが、来てる。

百合岡 萌々　東京都
いいねも既読もいらないツナガリ。

吉倉 蒼　東京都
とりあえず、好きなアーティストで検索か
けてみませんか?

成見 薫　神奈川県
ひとりじゃないよ、ラジオがいるよ。

星 希優　神奈川県
一緒に夜を越えてくれる人がいる。
その世界でひとりぼっちになんて
誰もなれない。

村上 千紗　神奈川県
あなたとわたしの最短距離

林 怜実　石川県
どうして、わたしが泣きたいの
知ってるんだろう。

高橋 和也　静岡県
歩きスマホNO
歩きラジオSAFE

木野 穂乃香　京都府
彼女がふとイヤホンを渡してきた。

濱洲 弘毅　京都府
耳が閉じれないのは
何か訳があるんだと思う

米本 梅葉　京都府
ラジオはいつでも私に居場所をくれる。

志鷹 依蕗　兵庫県
音から想像する世界は
目で見える世界より広い。

中村 文　兵庫県
好きなあの子がくちずさんでた曲
聞く勇気がなかったら
ラジオが流してくれました
明日、話しかけてみようかな

里石 真留美　広島県
裏話、公開中!

河合塾

河合塾

河合塾に通いたくなる!!～高校グリーンコース（現役生対象）の魅力について表現してください～

協賛企業賞

石川　実乃里（17歳）

千葉県立長生高等学校

座りたい席が、どんどん前になる。

▼協賛企業のコメント

河合塾　進学教育事業本部
企画マーケティング部 部長
笹川浩治さん

協賛企業賞の受賞、おめでとうございます。今回、初めて設置された宣伝会議賞の中高生部門で、河合塾 高校グリーンコースの魅力を伝える言葉を募集いたしました。ご応募いただいた多くの作品の中から、河合塾の授業の魅力をうまく表現していただいたコピーを選ばせていただきました。「座りたい席が、どんどん前になる。」河合塾の授業は分かりやすく、勉強が楽しくなってどんどんやる気が出るという良さをストレートに表現していただいたと思います。私たちは、「自らを求め、学びつづける人」を支援し、一人ひとりの未来に貢献できるよう、これからも引き続きより良い教育サービスを提供してまいります。

個別審査2票

佐藤 瑠一　岩手県
いい先生に会うと、勉強が思い出になる。

石川 実乃里　千葉県
座りたい席が、どんどん前になる。

鴨田 玲奈　東京都
受かりたいと思って
来ないでください。
受かるんだと思って
来てください。

鴨田 玲奈　東京都
有名である
理由がある
河合塾

犬童 梨子　大阪府
予備校の、本命校。

大庭 美咲　福岡県
帰り道の風が、たまらない。

個別審査1票

佐藤 瑠一　岩手県
大切なのはベンキョー場所

sakuta rin　茨城県
河合れ。

鈴木 郁香　埼玉県
知らなかった。
私だってできるんだ。

池上 歩花　千葉県
私は負けない

石川 実乃里　千葉県
最前席に座りたくなる。

仲村 怜夏　千葉県
受験なんてみんな嫌いだ

仲村 怜夏　千葉県
夢を捨てるには、まだ早い。

仲村 怜夏　千葉県
まだ本気だしてないだけ？
そのまま大人になるつもり？

赤司 琴梨　東京都
「勉強しなさい」って、最後に言われたのは
いつだろう。

荒川 未帆　東京都
知らないことがあるってことは、私はまだ
まだ成長できる。

上田 貴大　東京都
オールマイティーな勉強法、教えます。

鴨田 玲奈　東京都
あなたの
「諦めない」
を形にしよう

久米田 健人　東京都
原石を磨いて宝石にする。そのお手伝いを
します

堀部 美玖　東京都
来年の入試だけは、
復習したくない。

堀部 美玖　東京都
天王山に登るのに、
自分1人じゃ心細い

百合岡 萌々　東京都
なりたいジブンを目指すのか。
なれるジブンに満足するのか。

百合岡 萌々　東京都
どうせなら、無敵になってから。

ワハバハニー　東京都
安心！安全！河合塾！

岡根 里奈　神奈川県
気づいたら、自分に勝って、春がきた

高橋 祐月　神奈川県
なぜ勉強するのか。前に進み続けるためだ。

星 希優　神奈川県
学校とも、家とも、違うわたしがそこにいた。

吉川 綾音　神奈川県
頭を爆発させよう。

藤垣 成汰朗　岐阜県
テスト返しが楽しくなる

荒井 七海　京都府
お前にはこの志望校は無理だ
ふさわしくないといわれた0。
その言葉を言ったことを後悔せて
志望校の合格をもぎ取ってやる

門野 凌　京都府
なあ・・俺先生ちゃうで・・・。

田中 菜乃香　京都府
嫌でも賢くなっちゃう塾

小川 莉久　兵庫県
強く、なれ

志鷹 依蕗　兵庫県
敵は自分自身一人。味方は講師1484人※
この戦い、圧勝。
※2010年4月30日時点

九嶋 遼一　愛媛県
トンネルの先を、見てみたい。

本田 真梨恵　福岡県
理想の自分になろう。

江本 しのぶ
通う動機は不純で良い。河合塾。

読売中高生新聞

なるほど! 10 代が思わず新聞を開きたくなるコピーを、どうぞ。

協賛企業賞

紙をめくるとオトナの音がした。

田中　雪菜（17歳）学生

▼協賛企業のコメント
読売中高生新聞 読売新聞東京本社 読売中高生新聞編集長
村井正美さん

素敵なキャッチコピー、ありがとうございます。とても短い言葉ですが、紙をめくる心地よい「音」が聞こえてくるようで、他の作品にはない立体感や奥深さを感じました。ところで、オトナって皆さんからみればどのような存在でしょうか？確かに新聞には、皆さんがオトナになるためのヒントが隠されています。と同時に、新聞は身勝手なオトナたちが引き起こした悲しい出来事がたくさん載っているのも事実です。世の中はオトナたちが解決できない問題であふれかえっています。そして、それらを解決するのは皆さん次世代の人たちです。心地よい音、悲しい音、すべてひっくるめ、オトナの音を次世代に伝える。この作品から、新聞の使命を再認識させられた気がします。

個別審査3票

石田 茉恵子　千葉県
「大人の事情」を解説中

田中 崇貴　東京都
本気で殴りたい政治家ができました。

個別審査2票

高橋 海人　福島県
モーニングコーヒーが、おもしろい

大澤 澪　群馬県
スカート2回折って、
新聞2回開く。

渡辺 由梨奈　京都府
手を黒く汚せ。君はもう大人。

田中 雪菜　熊本県
紙をめくると社会の音がした。

個別審査1票

阿部 栞里　北海道
大人のまねをすることで いっぽ足がかるく
なったようだ

工藤 宏匡　青森県
え?通信制限を気にしないで情報仕入れる
事ができるんですか?

工藤 宏匡　青森県
#新聞 #新聞読んでみた #意外と面白い
#ネットニュースよりなんかやばい #なん
か紙質が好き #アツイ #ヤバイ #おすす
め #明日も読む

佐藤 瑠一　岩手県
ニュースの意味を、
変える

大友 翼瑳　宮城県
新聞ってセロリみたい。体に良いのに、読ま
ないなんてもったいない。

大友 翼瑳　宮城県
あの人が勝つなんて面白い。選挙って面白い。
政治って面白い。新聞って面白い。

伊東 涼奈　茨城県
スマホは10年。
テレビは50年。
新聞は、150年。

榎本 彩海　埼玉県
勉学は私たちを
社会のヒーローにはしてくれない

北山 夏凪　埼玉県
あんな大人にはなりたくない。
そう呟きながら、君はスマホをいじるの?

鈴木 郁香　埼玉県
ねぇ。
私ね、知っちゃったの。

松尾 佳奈　埼玉県
校長先生のお話の正体がわかった。

石川 実乃里　千葉県
選択肢はすべて不正解だったりする。

坂本 万優　千葉県
世の大抵の流行は、JKが決める。

坂本 万優　千葉県
阿部総理?安倍総理?

赤司 琴梨　東京都
このままじゃ、大人になれない気がする。

金岡 翼　東京都
新聞だって、考えだって、
モノクロよりもカラフル。

鴨田 玲奈　東京都
人が喜んでいる
人が怒っている
人が哀しんでいる
人が楽しんでいる
私はそれを書いていて
私はあなたに読んでほしい

堀部 美玖　東京都
社会も日記をつけている

三宅 晃太郎　東京都
ミカタを増やそう

百合岡 萌々　東京都
「若い」は「知らない」理由じゃない。

佐治 亮祐　神奈川県
10分読めば、10点上がる。

清水 理司　神奈川県
親の信頼、高まります。

成見 薫　神奈川県
うちらをなめるな！そこの大人！

吉川 綾音　神奈川県
盛れるよ。

吉川 綾音　神奈川県
新聞ひらけばシュッと顔がかしこくなる

吉川 綾音　神奈川県
未来の予習をしよう

北村 拓也　石川県
父の背中に近づいた気がする

北村 拓也　石川県
ページをめくると知らない世界が
広がっていた。

林 怜実　石川県
新聞を読む俺の顔は
少し 父さんに似てるらしい

黒野 みなみ　愛知県
可愛いだけじゃ、ものたりないの。

木佐 一未羽　京都府
白黒だけど、カラフル。

近藤 愛理　京都府
最強の賢くなれる暇つぶし

安原 仁太　京都府
月額たったの780円で子供の将来に
投資しませんか？

芹川 雄太　広島県
社会の窓は、開いてる。

大庭 美咲　福岡県
嬉しい記事と悲しい記事、
今日はどっちが多いかな？

増永 乃璃　熊本県
いちめんに広がる「はじめまして」を
あなたに。

増永 乃璃　熊本県
ポチポチポチより、
ペラッの方が早いでしょ？

スペシャルトークセッション「最近、私が心を突き動かされた言葉」

3月に行われた贈賞式の会場で、特別トークセッションを実施しました。本賞のイメージキャラクターを務めたコムアイさんと、コムアイさん起用のメインビジュアルを制作した谷山雅計さん、秋山具義さんの3人が「最近、私が心を突き動かされた言葉」について語り尽くしました。完全版レポートは、SKATだけの限定コンテンツです。

谷山雅計

谷山広告
コピーライター

1961年生まれ。主な仕事に資生堂「TSUBAKI」「UNO FOGBAR」、東京ガス「ガス・パッ・チョ!」、新潮文庫「Yonda?」、日本郵便「年賀状」、東洋水産「マルちゃん正麺」大塚製薬 オロナミンC「ハツラツタワーがある街」、OCEDEL「Firefly Man」、モバゲー、サイボウズなど多数。著書に『広告コピーってこう書くんだ! 読本』。1987年、TCC新人賞を受賞。TCC部門賞、朝日広告賞、新聞協会広告賞、アドフェストグランプリ、カンヌライオンズシルバーなど受賞多数。

コムアイ

水曜日のカンパネラ
アーティスト

2013年から水曜日のカンパネラの主演・歌唱担当として音楽活動を始める。2015年、ヤフオク!のCM出演と楽曲「ツイッギー」の歌唱作詞も担当。同年11月リリースの『ジパング』では、CDショップ大賞2016で準大賞を獲得。ライブでも2016年3月に海外での音楽フェスティバルSXSWにも初出演するなど国内外問わず活動している。6月22日ワーナーミュージックからメジャーデビュー作品『UMA』をリリース。3月には日本武道館での単独公演を開催。その他、ラジオJ-WAVEでもレギュラー番組を持つなど幅広い活動をしているマルチなアーティスト。

秋山具義

デイリーフレッシュ
アートディレクター

1966年秋葉原生まれ。1990年日本大学芸術学部卒業。1999年デイリーフレッシュ設立。広告、パッケージ、装丁、写真集、CDジャケット、キャラクターデザインなどの幅広い分野でアートディ レクションを行う。主な仕事に、TOYOTA「もっとよく しよう。」キャンペーン、東洋水産「マルちゃん正麺」広告・パッケージデザインなど。イタリアンバル中目黒「MARTE」のプロデュースも手掛ける。2016年『秋山具義の#ナットウフ朝食 せめて朝だけは糖質を抑えようか』を出版。

3人　よろしくお願いします。

谷山　進行役を任された谷山です。3人でマイクを持って並んで、ラップとか始めたらいいのかもしれませんが……。

コムアイ　私、そういうの初めてです！

谷山　いやいや、さすがにそれはできないのでまじめな話をしたいと思います。今日のテーマは、最近心を突き動かされた言葉。単に「動かされた」ではなく、「突き動かされた」というのはずいぶん強い表現ですね。あまり時間もないので、事前にそれぞれに「最近こんな言葉に心動かされた」というのを挙げておきました。ここ（スクリーン）に映して、話していきたいと思います。大トリはコムアイさんにやってもらおうということで、まずはアートディレクターの秋山さんからお願いします。秋山さんと一緒に仕事をしていると、アートディレクターの方もすごく言葉のセンスを持っていると感じます、打ち合わせでのダジャレとか、僕より断然うまいですしね（笑）。それでは発表をどうぞ！じゃんっ！あ、いっぱいある‼❶

秋山　僕、回文が好きなんです。

コムアイ　え！全然気づかなかった！！回文だったんですね。

秋山　「イタリアでもホモでありたい」っていう回文を何かで見たときに心を突き動かされました。「なんて躾いい娘（こ）、いいケツしてんな」っていうのも素晴らしくて。それから小学生のとき、ガムの包装紙に「桜取るのにパパにのると楽さ」って回文が書いてあって、これはすごいと。僕は母子家庭で父親がいなかったので、なおさら心を突き動かされました。「小和田雅子様だ！わお！」っていうのも結構素敵な回文だなと思っています。

谷山　徹底的に回文ばっかりですね。

コムアイ　回文おじさんなんですね。昔から好きなんですか？

秋山　小学生の頃から好きですよ。不思議な組み立てで、なんかおもしろい。

コムアイ　語呂がよくて気持ち良いですね。

❶
「イタリアでもホモでありたい。」「なんて躾いい娘（こ）、いいケツしてんな」「桜取るのにパパにのると楽さ」「小和田雅子様だ！わお！」

秋山　コムアイさんの歌でも回文の歌とかつくったら？

コムアイ　やる！やります！めっちゃいいかも。

谷山　コピーライターでも、もう亡くなられましたが土屋耕一さんというものすごい巨匠の方で回文の名手がいらっしゃいましたよね。コピーライターは回文がすごく好きな方と、一方で言葉じゃなくてモノの売り方の仕組みで勝負するタイプに分かれるような気がします。そういう意味で言うと、秋山さんはアートディレクターだけどコピーライター的な能力がありますよね。こういうのを選ぶということは。

秋山　こういう言葉が好きなんです。土屋さんも、もちろん尊敬しています。じゃあ次の言葉をお願いします。❷

❷
「人を入れるのは、工場を建てるのと同じくらい重大なこと」

秋山　何年か前、スタッフをツイッターで募集したら糸井さんがリツイートしてくれたんです。その後、応募がたくさん来ていい人を採用できたので、糸井さんにお礼のメールをしました。そうしたら、「人を入れるのは、工場を建てるのと

同じくらい重大なこと」っていうメッセージをメールでくれて。涙しました。

コムアイ　すごく共感できる言葉ですね……。

谷山　でも「最近心を動かされた」って言う割には結構前のチョイスがありますね。

秋山　ちょっと色々思い出して。次、いいですか？これは最近、ツイッターで見たんですけど。❸

❸ 「日本語の『ぐっすり』は英語の『GOOD SLEEP』から来てる」

谷山　これ嘘じゃないですか？

コムアイ　嘘ですよね？

秋山　いやいや、本当らしいですよ。

谷山　いやいやいや、何かのジョークじゃないですか？

秋山　いやいや、本当です。「ぐっすり」は「GOOD SLEEP」からきているらしいですよ。

谷山　「へべれけ」もドイツ語かギリシャ語か。へーベー・エリュエケっていう神様がどうしたこうしたっていう。そういうのは僕も聞いたことあるんです。結構そういう、語源みたいなところから気になるんですね。

秋山　気になります。では、最後。❹

❹ 「一休さん　ありがとサンキュー」

秋山　僕、ダジャレ好きってさっき紹介してもらったんですけど、これすごくて。コムアイさんの歌ですけどね。「一休さん　ありがとサンキュー」は、「ありがとさん」と「サンキュー」で意味がつながっていて、さらに「サンキュー」が「一休さん」の「さん」と、「サンキュー」の「キュー」が「一休さん」の「休（きゅう）」に重なっている。すごく無駄のない言葉です。

谷山　無駄のないダジャレ。

秋山　この中にダジャレが詰まってて。

コムアイ　3つがレンズみたいに重なってる。
秋山　これは最初聞いたときにちょっと衝撃を受けました。
コムアイ　えー！嬉しい！
谷山　ちゃんとコムアイさんに気を遣ってるあたり、秋山さんは社交的ですね。
秋山　いやいや、そういうのじゃないですけど。ちゃんといいなぁと思ったんです。
コムアイ　ダジャレじゃないけど……、なんだろう。秋山さんが選ぶ言葉って、倫理とかじゃなくて、人の揚げ足をとったりとか、そういうの好きですよね。
秋山　そうですね。「え？」みたいな。そこに秘密があるのが好きかもしれないですね。
コムアイ　あとグラフィックデザイナーの人は無駄がないと先ほど言っていましたが、どの言葉もすごく簡潔で、先にイメージや構図がパンッて来て。そういう言葉が好きなのかなって思いました。私、後で紹介するんですけど、自分で選んだものがだらだら長い文章だったので、性格が出るなと思いました。
谷山　秋山さんの場合、ダジャレ好きって言ったけど、回文なんかも要するに見たときにビジュアル的に対照性の美しさみたいなものがあるわけですよね。そういうところもチョイスのポイントなのかなっていう気がしますね。
コムアイ　文章や言葉をカタチでとらえるのは珍しいですよね。
秋山　ありがとうございます。
コムアイ　次は……。
谷山　じゃあそろそろ僕なのかな。正直言いますと、僕今すごく緊張していまして。なんだろう…。普段秋山さんとはよく広告の話をしていて、そういうのは気楽なんですけど。真ん中にコムアイさんが入っただけで違う世界の話になって。
コムアイ　なんで？気を遣われています？
秋山　でも、客席の人たちのほうが緊張した顔していますよ。
谷山　だってあれですもんね。ファイナリストで、今日受賞するかどうかっていうところで。実を言うとどんなに僕たちが一生懸命しゃべっても、「そんなことはいいから自分たちの賞を発表してくれよ」って思っているよね。ごめんね、これは僕たち大人の事情があるからさ。と言ったうえで、次は私、コピーライター谷山の、最近……というのかな、去年あたり非常に心を動かされた言葉です。❺

❺ 「夢に手足を」

谷山　これ、秋山さんとかぶっちゃうんですけど、糸井さんの言葉なんです。糸井さんが、自分の会社「ほぼ日」のＨＰで社是っていうか社訓っていうか、自分たちはこういうことをしたいんだっていうのを、この言葉で書いていて。この言葉にボディコピー的な前置きが付いているんですけど、それも素晴らしくて。言っていることは、「夢には翼しかない」ということ。要するに、すべての夢には翼しかないんだ。でも翼しかないと実現できないから、それをちゃんと具体的に実現できるような手足をくっ付けていくことが、自分たちが仕事としてやりたいことなんだという風に書いていて。僕すごく感動したんです。たいていの人って「夢には翼がある」って言って、それが素敵なことだって思うじゃないですか。でもそれを、「夢には翼しかな

い。手足をつけるんだ」っていうモノの考え方、視点の変換の仕方をする。糸井さんはもともと素晴らしいコピーライターの方で、最近はあまり広告のコピーは書いてないんですけど、久しぶりにすげーコピー見たなって思って。正直糸井さんのコピー、色々好きなものはあるんですけど、ひょっとして、『想像力と数百円』以来?」っていうくらい、「夢に手足を」っていう言葉好きかもって思って。

秋山　僕も覚えています、これ。「ほぼ日」で見ているので。

谷山　TCC賞に応募してくれたらいいのに。応募してくれたらグランプリに投票したいっていう話を、山崎隆明くんって面白系のCMつくっている人間に言われたんです。「今日どういうのを選びますか」って言われて「これ出します」って言ったら、山崎くんも「あれはすばらしいです」って絶賛していて。ある種、プロのコピーライターだからこそ、よくこんなこと考えられるなって思っちゃうところはあるのかもしれないのですが、すごい。すばらしい。

秋山　コムアイさんどうですか?

コムアイ　「夢に手足を」ですか?ん―。

谷山　割と普通?

コムアイ　うん、普通。

谷山　そうかぁ〜。

コムアイ　私、普段こう思ってやっているから、別に普通と思って。

谷山　逆にコムアイさんにとっては当たり前のことだったんですか?なるほど、いやいやいや……。

秋山　実現しているからね。

谷山　実現しているからか。

コムアイ　毎日そればっかりやっています。でも言葉でこの5文字にするのは絶対できないなと思います。

谷山　やっぱり大概の人は実現していないわけであって、そこのところをもってくるのがすばらしいと思いました。これが今回主で紹介したい言葉なのですけど、もうひとつおまけがあって。❻

谷山　僕そんなに面識ないんですけど、電通関西に田中泰延さんっていうクリエイターの方がいて、最近電通をやめて無職になったらしくて。そのとき「無職だ」って言うのも微妙だから、何か肩書きが欲しいと思い「青年失業家」という肩書きを考えたという話をウェブで書いていたんです。これには思わず笑ってしまいました。実際世の中には青年失業家っていう人がたくさんいるとは思うけど、こういう名前をつけるのはさすがにコピーライター的でうまいなと思いました。では、大トリのコムアイさんが選んだ言葉を見せていただきましょう。

コムアイ　武道館公演の前に「言葉を選んでください」って言われて「ちっ、いま忙しいのにな」と思いながら選んだんですけど。

谷山　すみませんねぇ(笑)、正直ですね。

コムアイ　すみません(笑)。これは早川義夫さんっていうシンガーソングライターのおじさんの言葉です。

谷山　ジャックスですよね?

コムアイ　ジャックスです。

谷山　またすごいところから持ってきましたね。

コムアイ　『たましいの場所』という本があっ

❻ 「青年失業家」

て、それがダメな人をもっとダメなほうがいいんじゃないかって応援するような、背中を押す本で。そのなかに書いてあったんです。なんて言ったらいいのかな。これをコピーに置き換えて、今日来た人に見てほしいなと思って持ってきました。❼

コムアイ　コピーを書く人も、絶対言葉の前に自分が出ますよね。その時の状態とか、例えば恋愛がうまくいってない時は、それがにじみ出ていたら面白いと思うし。言葉のテクニックにふり回されないで欲しいと思っていて。自分でコピーをつくったあと、「これは上手いコピーだな」とか「もっとうまいコピーを書きたい」とか思うこともあると思うんだけど、それよりも人に響くのは、言葉にする前に「言いたいけど言わないほうがいいんじゃないか」ってもやもやした感覚とか気持ちとか、自分の中でタブーなものとかだと思うんです。そういうものを抱えながら、言葉にする手順を丁寧に探していけたらいいコピーライターになれるんだろうなと思って。

谷山　あまりにも深くて僕全然返せないんですけど。

コムアイ　深くないですよ！

谷山　コムアイさんはコピーライターではない、

❼

「恋をしたいから恋をするのではない。写真を撮りたいから写真を撮るのではない。写したいものがあるから撮るのだ。写したいと思うから撮るのだ。歌いたいから歌うのではない。歌いたいことがあるから歌うのだ。自分を歌うのだ。」

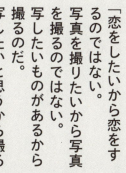

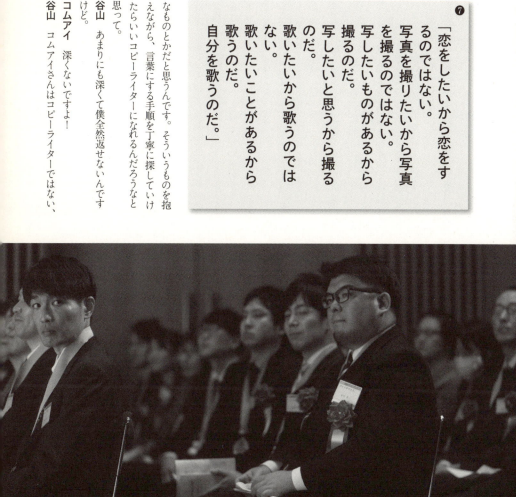

アーティストの方ですけど。今話されたようなことは、僕なんかはできてないかもしれないけど、ものすごくすばらしいコピーを書く方の、気持ちの流れを見ると、そういう部分は絶対あるんじゃないかなと思います。そこに座ってらっしゃる仲畑貴志さんとか絶対持っている気がします。秋山さんどうですか?

秋山　僕はこれをデザインに置き換えてこれから生きていきます。

コムアイ　なんか私、ぎりぎりの表現が好きで。ピタゴラスイッチの佐藤雅彦さんが、「ふちにあるものが一番人に伝わる」って言っていて。それが頭に残っているんですよね。音楽もそうだし、広告も絶対そうだと思うんですけど。なんかピッと気になるのって、落ちるか落ちないかぎりぎりのところっていうか。落ちちゃったら何を言っているかわからない崩壊しているものになるし。ぎりぎりを突いたものがもっと世の中に増えたらいいのにって思っています。

谷山　ここから話を広げていくと1時間くらい話さないといけないくらい深いことを言ってくださっている気がするんですけど。そんなに時間はないのでまとめていきたいと思います。コムアイさんの見方をすると、今日発表される作品のなかには、厳しく言うとそこまでぎりぎりを突いているコピーはないかもしれません。っていうか、そこまでぎりぎりを突いているコピーは本当のプロでもそうそう書けるものではないんですけど。確かにうまくまとまったものではないぎりぎりのところでできたものがすごく強くなるっていうのは、恐らく広告の世界にもあると思います。

コムアイ　あとクライアント側もそういうのが許せるようにならないといけないですよね。

谷山　そのへんはなかなか……。やっぱり僕らの場合仕事で、失敗はできないじゃないですか。失敗したら自分じゃなくてクライアントさんの損になっちゃうので。とは言え安全圏の中で仕事してしまうところは反省しなきゃいけないと思います。……ということで。

コムアイ　賞の発表があるんですよね、これから。裏にね、１００万円のパネルが置いてありましたよ。

谷山　さっきからコムアイさん、コピーゴールド、ＣＭゴールド、グランプリはどれが一番偉いのかとか、ものすごく興味を持って接してくれているんです。本当に、非常に興味を持ってくださっているので、逆に最後グランプリはぜひコムアイさんに批評していただきたいなと。

コムアイ　いや〜、無理です!

谷山　逆に言うとね、こんなの選ぶ審査員はちょっとおかしいんじゃないかみたいに我々が言われる可能性もあるんじゃないかなと思いつつ。

コムアイ　まぁでもそうですね。審査員が選んだものだから、落ちてもそんなにへこまないでほしいと思う。本当は一般の人に出したらもっとウケるものがあるかもしれない。だから通った人は万々歳だし。１００万円とか30万円とかゲットできなかった人は、これからもっと稼いでやると思ってくれたらいいかなと。

谷山　非常に前向きにまとめてくださった。

秋山　本当は谷山さんがまとめる予定だったんだけどね。

谷山　まとめるつもりだったんですけど、コムアイさんがまとめてくださったんで。トークショーはこれくらいにして、授賞式に入りたいと思います。今日は本当にありがとうございました。この後もお楽しみください。どうも〜。

皆さまの「書く」力を復興支援の力に

計404万2730円を、熊本地震の被災地へ寄付いたします

平成28年熊本地震で被災された皆さまに心よりお見舞い申し上げます。第54回宣伝会議賞では、応募作品1点につき10円を、被災地支援を目的に寄付いたします。この度、寄付金額および寄付先が決定いたしましたので、ご報告申し上げます。

大変多くの応募をいただき、集まった作品数は40万4273点（一般部門：40万2986点、中高生部門：1287点）にのぼり、寄付金額は404万2730円となりました。

特に震災により甚大な被害のあった熊本県に100万円、熊本市に100万円、大分県湯布市・別府市にそれぞれ50万円、熊本県のシンボルであり、同県の歴史・文化の発信拠点でもある熊本城の復旧・復元を目的とした制度「復興城主」に104万2730円を寄付いたします。

被災地の現状に合った支援につなげることを念頭に置きながらも、歴史を紡ぎ、文化を育む基盤となる「言葉」を扱うコンペティションとして、熊本の文化を象徴する存在である熊本城の復旧・復元を支援したいとの思いから、寄付先を決定いたしました。

被災地の皆さまの安全と、一日も早い復旧を心よりお祈り申し上げます。

第54回 宣伝会議賞 委員会

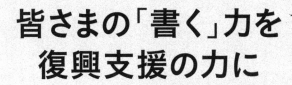

宣伝会議の書籍

ホントのことを言うと、よく、しかられる。
勝つコピーのぜんぶ
仲畑貴志 著

時代を象徴するコピーを生み出してきたコピーライター・仲畑貴志の全仕事集。これまで手掛けたコピーの中から1412本を収録した前著『コピーのぜんぶ』の改訂増補版。クリエイティブに携わる人のバイブル。

■本体1800円＋税　ISBN978-4-88335-209-8

広告コピーってこう書くんだ！読本
谷山雅計 著

新潮文庫「Yonda?」、「日テレ営業中」などの名コピーを生み出したコピーライター・谷山雅計。20年以上実践してきた〝発想体質〟になるための31のトレーニング法を大公開。宣伝会議のロングセラー。

■本体1800円＋税　ISBN978-4-88335-179-4

最も伝わる言葉を選び抜くコピーライターの思考法
中村禎 著

コピーライター養成講座　専門コースの講師に「コピーライティングの神髄」を学ぶ！言葉で物事を「伝える」ために必要なことだけでなく、伝え方を選ぶ時の「正しい悩み方」も身につける！ビジネスに求められるコミュニケーションの考え方を体得するための本。

■本体1700円＋税　ISBN978-4-88335-391-0

広告をナメたらアカンよ。
山本高史 著

「そうだ　京都、行こう。」など、名作コピーを紐解きながら、広告を読むことで見えてくる「時代／社会／人間」。そこにはいつもコミュニケーションの本質がある。言葉の専門家でもある著者が語る、渾身の広告・コミュニケーション論。

■本体1700円＋税　ISBN978-4-88335-353-8

詳しい内容についてはホームページをご覧ください　www.sendenkaigi.com

宣伝会議 の書籍

伝わっているか？

小西利行 著

「伝える」と「伝わる」は違う――サントリー伊右衛門などを手掛けるコピーライター・小西利行が「伝わる」メソッドを公開。人、そして世の中を動かす、言葉を生む方法論。言葉を変えれば、仕事が変わる。恋愛が変わる。世界が変わる。

■本体1400円＋税　ISBN978-4-88335-304-0

ここらで広告コピーの本当の話をします。

小霜和也 著

著者は、プレイステーションの全盛期をつくったクリエイター・小霜和也。多くの人が思い込みや勘違いをしている「広告」について、ビジネスの根底の話から、本当に機能するコピーの制作法まで解説。コピー一本で100万円請求するための教科書。

■本体1700円＋税　ISBN978-4-88335-316-3

日本のコピーベスト500

安藤隆、一倉宏、岡本欣也、小野田隆雄、児島令子、澤本嘉光、佐々木宏、仲畑貴志、前田知巳、山本高史 編著

日本の広告コピーの集大成となる一冊を目指し、10名のトップクリエイターが集結。ベストコピー500本を選出・収録した完全保存版。ベスト10には10名の編著者による解説を掲載。戦後60余年の名作コピーがこの一冊に。

■本体2000円＋税　ISBN978-4-88335-240-1

コピー年鑑2016

東京コピーライターズクラブ 編

この1年を代表する、ぬけのいいコピーや広告たちを、ソフトカバーで読みやすく編集。別冊の「ふろく」には、ここでしか読めない受賞者インタビューや審査委員座談会も収録。樹木希林さん扮する、とてもポップな〝コピーの神様〟が目印です。

■本体20000円＋税　ISBN978-4-88335-379-8

詳しい内容についてはホームページをご覧ください　www.sendenkaigi.com

宣伝会議 の雑誌

マーケティング&クリエイティビティ
『宣伝会議』
デジタル版で試し読み　http://mag.sendenkaigi.com/senden/

「マーケティング&クリエイティビティ」をテーマに掲げ、マーケティング・コミュニケーション、販促、PRと幅広い分野を扱っています。どの分野に関しても、時代の最先端を行く理論や手法、事例を紹介。売上の拡大、企業ブランド向上に役立つ知識と情報をお届けします。
■毎月1日発売／定価1300円(税込)

「商品を売る」「人を集める」
『販促会議』
デジタル版で試し読み　http://mag.sendenkaigi.com/hansoku/

「店頭・ECで商品を売る仕組み」や「イベントに人を集めるアイデア」をはじめ、旬な販促事例が満載のプロモーションの専門誌。販促の基礎知識、ウェブ・モバイルを活用した最新事例ほか、実際に使用されたプロの企画書情報も掲載。
■毎月1日発売／定価1300円(税込)

組織と社会の未来を拓く
『広報会議』
デジタル版で試し読み　http://mag.sendenkaigi.com/kouhou/

企業規模や歴史を問わず、必要な「広報」の力。「世の中に広く知らせる」PRによって、企業の成長に必ずつながります。メディア対応や危機管理、社内向けの広報まで。実践の基本・ノウハウを毎号お届けします。
■毎月1日発売／定価1300円(税込)

DESIGN／COPY／CM／WEB
『ブレーン』
デジタル版で試し読み　http://mag.sendenkaigi.com/brain/

広告を中心に、映像、デジタル、グラフィック、プロダクトなど、さまざまなクリエイティブの最先端について、ヒト、モノ、コトの切り口から誌面をつくっています。クリエイターのみならず、クリエイティブの仕事に携わる方にとって必要な知識と情報を提供しています。
■毎月1日発売／定価1300円(税込)

詳しい内容についてはホームページをご覧ください　www.sendenkaigi.com

宣伝会議 の雑誌

いま、挑戦を選ぶ会社へ。

『100万社のマーケティング』

初めてマーケティングを本格的に実践したいと考える企業の方を応援する専門誌。真に「お客様視点」を貫く、マーケティング実践の道筋を【理論】と【事例】でわかりやすく解説します。

■2・5・8・11月発売／定価1300円（税込）

「教養」「知性」を磨き、行動につなげる

『環境会議』『人間会議』

環境コミュニケーションについて考える、春と秋の『環境会議』。哲学を生活に活かし、人間力を磨く、夏と冬の『人間会議』。現代社会のあるべき姿を考える二冊です。

■「環境会議」3・9月、「人間会議」6月・12月発売／定価1000円（税込）

コンテンツ&パブリッシング

『編集会議』

現代における「編集」や「ライティング」のあり方を追求する雑誌です。メディアが乱立し、コンテンツがあふれる情報爆発時代において、「情報」はどのように〝編集〟されることで、価値が付加され、届けるべき人に届くのか。ビジネスとともに考えます。

■3・9月発売／定価1300円（税込）

企業活性、地方創生、イノベーション

『事業構想』

新しく事業を構想、実現するために、全国の経営幹部、新規事業担当者、行政幹部、起業家に読まれているメディア。イノベーションを実現しようとする方が求めるアイデア、ヒントを提供します。

■毎月1日発売／定価1300円（税込）／事業構想大学院大学出版部発行

詳しい内容についてはホームページをご覧ください　www.sendenkaigi.com

宣伝会議の教育講座

コピーライター養成講座

基礎コース・上級コース・専門コース

東京・大阪・名古屋・福岡・札幌・金沢

1957年、日本最初のコピーライター養成講座として開校、60周年を迎える。数多くのトップクリエイターを輩出し続ける名門講座。

CMプランニング講座＆ディレクション講座

第一線で活躍するトッププランナーが、アイデアの考え方、企画コンテの書き方、音と映像の演出など、CM企画の基礎から応用までを徹底指導。

アートディレクター養成講座

東京・大阪・名古屋・福岡

日本で唯一の、アートディレクションを教える養成機関。広告・コミュニケーションの舞台で活躍するための、アートディレクションの基礎から応用までを一流の講師陣が指導。

クリエイティブディレクション講座

今まで語られることのなかったクリエイティブディレクションという考え方を、ビジネスを成功に導くための技術として体系化。日本を代表するクリエイティブディレクター陣が登場。

最新の情報、その他の教育講座については、
宣伝会議Webサイトをご覧ください。www.sendenkaigi.com

編集ライター・養成講座

総合コース・上級コース

東京・大阪・名古屋・福岡・金沢

誰もが情報発信でき、メディアになれる時代。今やプロの出版人だけでなく、あらゆるビジネスパーソンに求められる企画力・取材力・文章力を身につける体系的なカリキュラム。一流・現役の編集長やライターが直接指導。

クリエイティブ・ライティング講座

人はただ情報を伝えるだけの説明では動かない。コピーライターの技術である、人が動く言葉の作り方を、ビジネスパーソン向け講座。読み手の感情の捉え方、反応を得られる文章表現技術、情報収集の仕方など、コピーライターのメソッドを学ぶ。

Ｗｅｂライティング講座

伝わるワード探し、簡単な言い回し、他社よりよく見せる表現など。紙とＷｅｂの違いを知り、効果のあるテキストをまとめるテクニックを学ぶ。

製品訴求ライティング講座

ＢtoＢのプロモーションやセールス活動における、訴求内容が伝わりやすい文章の書き方を身につける講座。一方的な開発目線から抜け出し、お客様の興味を引く言葉を生み出すセオリーを学ぶ。

企業内での研修も承ります。
詳細は特設サイトをご覧ください。www.sendenkaigi.com/corporate/

SKAT.16 SENDENKAIGI AWARD TEXT

発行日　２０１７年5月18日
編集　第54回宣伝会議賞実行委員会
発行者　東　英弥
発行所　株式会社 宣伝会議
東京本社
〒１０７-８５５０ 東京都港区南青山3丁目11番13号
ＴＥＬ ０３-３４７５-３０１０
ＵＲＬ http://www.sendenkaigi.com/
印刷・製本　中央精版印刷株式会社
ＩＳＢＮ９７８-４-８８３３５-３９６-５
© SENDENKAIGI 2017 Printed in Japan
無断転載禁止　乱丁・落丁はお取り替えいたします。
本書の無断複写・複製は、特定の場合を除き、著者・発行所の権利侵害になります。

歴代グランプリ受賞作品

第1回 62年

サントリー　サントリービール

最初のノドごしをお聞かせください

金内一郎　東京都

第2回 63年

栗田工業　企業広告

水・け・ナシでとどけられますが

柿沼利招　神奈川県

第3回 64年

タイムライフインターナショナル　タイム国際版

長さ28センチ幅21センチのICBM

脇田浩定　東京都

第4回 66年

該当者なし

第5回 67年

該当者なし

第6回 68年

アラ商事 ＡＲＡネクタイ

ときには、発言力まで強めます

駒井武夫 神奈川県

第7回 69年

東洋紡績 エステリーナ婦人服

エステリーナを着たらまず、お兄さんで試してみましょう

久保田忠男 東京都

第8回 70年

該当者なし

第9回 71年

ジャルパック ＪＯＹハワイ

8月37日——。

佐伯仁 神奈川県

第10回 72年

該当者なし

	V	O

①机に置かれた便箋。和服の男手紙を書く。
※全体にパッパパとばかり早いテンポでカットつなぎ
※この部分のみアニメーション。

※音は特に限定しない。近所の雑音人間が生きて生活を営んでいるという風な，無意味な音が欲しい。どれもこの画面ではない「近所」の雑音であり，「このCFを見ているその人」自身のまわりの騒音の増幅と考えられる。（例）
・子供がピアノを練習している。ヘタな音楽。
・テレビのメロドラマの音声（となりの家の）。
・かけって通りすぎる小学生。
・母親の小言。
・あまり品のよくない井戸端会議の笑い声。
etc。
※あくまでも，音に特別な注意をむけないような配慮で〝風景〟としてのAUDIOが必要なのである。
↓
以下同様

アニメ合成。
万年筆光り
「むかしの人の」スーパー入る。

CUT

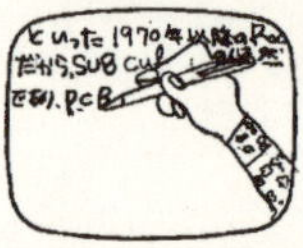

②若者の手。
数字，英文字まじりの横書き。

アニメ，音符とび出し。
スーパー「このごろの人の……」

CUT

③若者の手。
早書き，恋人への手紙。

アニメ，ハートとぶ。スーパー「モテてる人の……」

CUT

④ゆっくり，ていねいにペンを進める手。

アニメの涙おちる。
スーパー
「モテてない人の……」

CUT

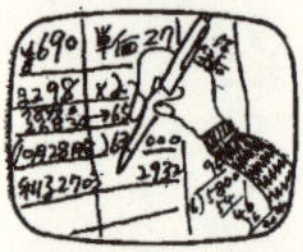

⑤こまかい，計算すばやく動くペン

アニメ合成，イナズマ！
スーパー
「がんばる人の……」

⑥マンガのラクガキ。なげやりに描く手。

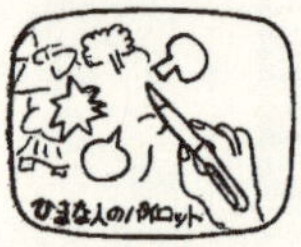

アニメ，マンガのシンボルがいろいろととびだす。
スーパー
「ひまな人の…」
CUT

25秒↓

DI
いままでの手いっせいに登場！
スーパー
「いろんな人のパイロット」

沈黙

DIS

ロゴタイプ（でっかく中央に！）
「人間だけの書くという行為」という文字がその上にペン字で書かれる。

糸井重里 東京都

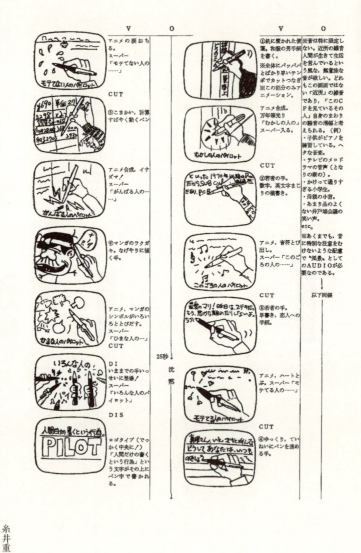

第12回 74年

該当者なし

第13回 75年

該当者なし

第14回 76年

アメリカ屋靴店　イメージアップ広告

25の靴ない？って
大声できける女の子はすてきだ。

佐藤裕子　東京都

第15回 77年

該当者なし

第16回 78年

松下電器産業　ホームビデオ マックロード55

さらば、視聴率。
こんにちわ、録画率。

伊藤裕康　岐阜県

第17回 79年

該当者なし

ソニー商事 ソニーウォークマンTPS-L2

V	A
満員電車の中をイメージさせるような人の過密集団。（回りはハイ・キーの状態とする）	NA（男） 彼は，今， 小さなステレオ カセット
〜	プレーヤー
その中に「ウォークマン」を楽しんでいる男が１人います。（絵柄として，彼が目立つよう工夫する）（ウォークマンのアップも映す）C.I	「ウォークマン」 で大好きな音楽 を楽しんでいる わけですが…
SEとともに，いきなりオーケストラが彼の回りに現われます。	SE—C.I ジャ・ジャ・ジャ・ジャーン♪
〜	NA ま，こういう状況にあるわけですね。 〜
C.I また，もとの絵にもどります。	何気なく人中で聴いているように見えますが…
が，しかし…	

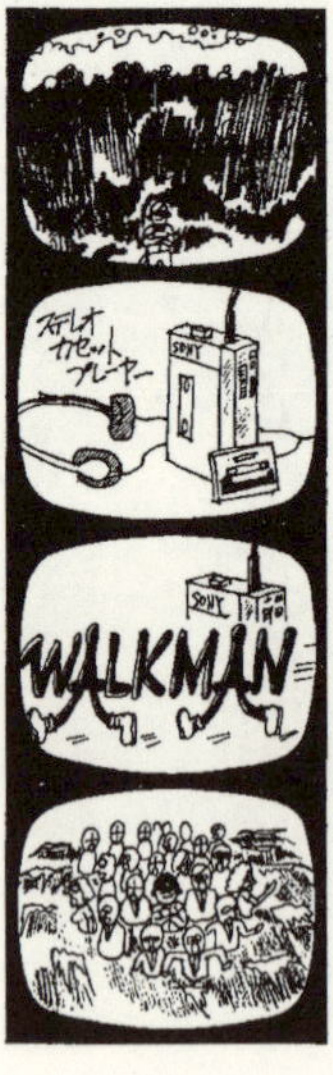

V	A
また，SEとともに，いきなり怒トウの大波が彼の背後に迫って来ます。 〜	SE—C.I ジャ・ジャ・ジャ・ジャーン♪ NA やはり，こういう状況を楽しんでいるわけです。
O.L そして， 商品ディスプレイ。 〜	〜 いつでも どこでも ステレオ音楽。
画面右から左へと「ウォークマン」のロゴタイプが走って行きます。 〜	SE・トットットッ…（ウォークマンのロゴタイプの走る音） NA ソニー「ウォークマン」
C.I 何故か，大波を現実的にあびてしまった人たち。みんなアッ気にとられています。 〜 END	SE ザ・ザー… （水の引く音）

児玉和彦 東京都

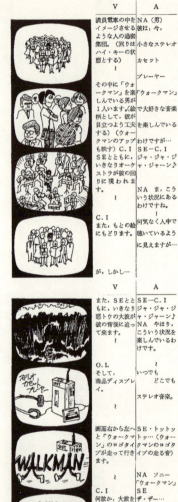

第19回 81年

デサント　デサントダウン

いいなあ いいなあ
たまるいっぽうのぬくもり

前田亨　神奈川県

第20回 82年

岡本理研ゴム　スキンレススキン

愛しあっているのなら、
0.03m/m離れなさい。

吉永雅樹　東京都

第21回 83年

鈴木自動車工業　スズキ マイティボーイ

はっきり言って、
おとうさんは、ほしがらない。
だから、自分で買いなさい。

児玉元秀　東京都

第22回 84年

カゴメ　KAGOME朝市

朝市は、「立つ」という。

中島博孝　千葉県

第23回 85年

NTT　電話利用促進

耳がカラカラです。
電話は、どこですか?

手島裕司　熊本県

シリーズ1

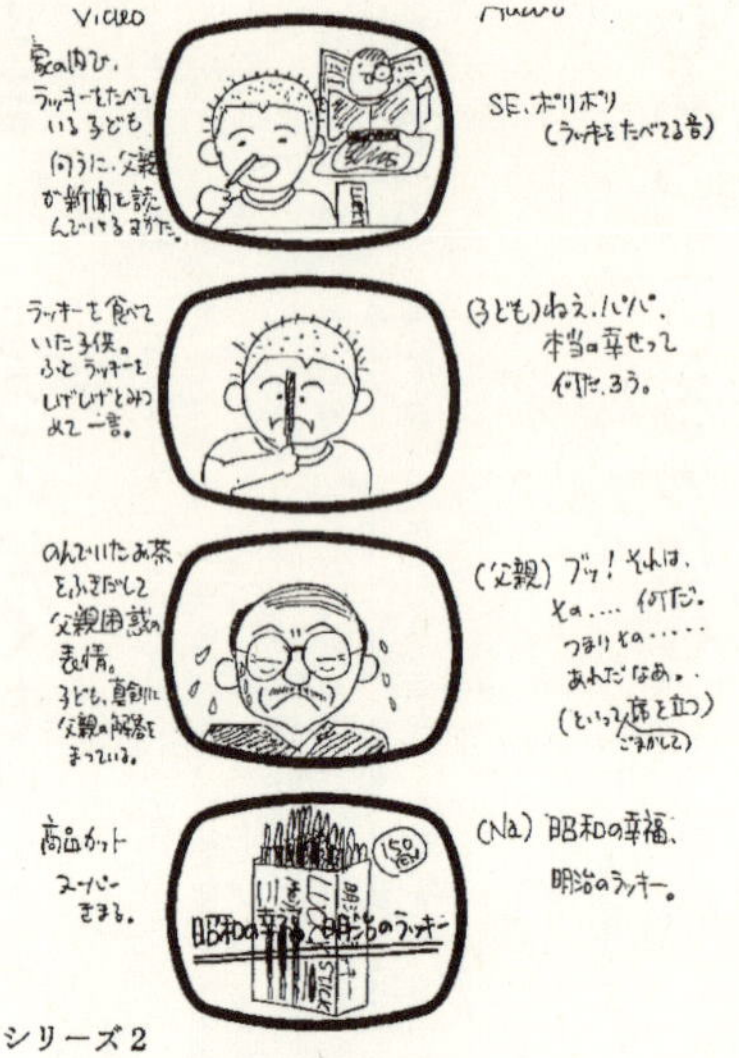

シリーズ2

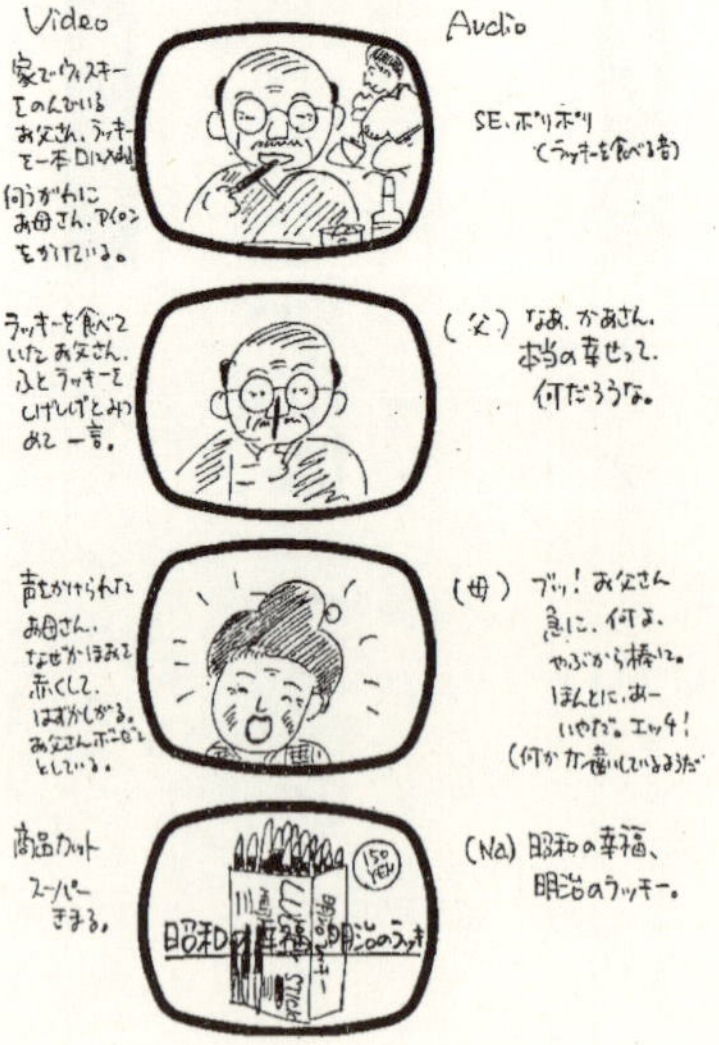

中村裕彦　東京都

第25回 87年

ローソン・ジャパン　どうせ行くなら楽しいローソン

女：私の下宿に毎晩かかって来る不幸の電話
SE：（電話のベル）ルルルル…
女：はい、山田です。
電話の声：（女の低く暗い声で）カラアゲくん、
フレンチドック、いなりずし、
あったか〜い焼きうどん、ラーメン。
SE：（よだれをすする音）ズッ　ズズズーー。
女：こうして私とサチコは
互いの足を引っぱりあいながら、
ブタへと化していくのであった。
SE：ブタの鳴き声。
NA：（男の低く落ち着いた声）開いている誘惑、
あなたのローソン。

尾関真理子　兵庫県

第26回 88年

フジテレビジョン　企業広告

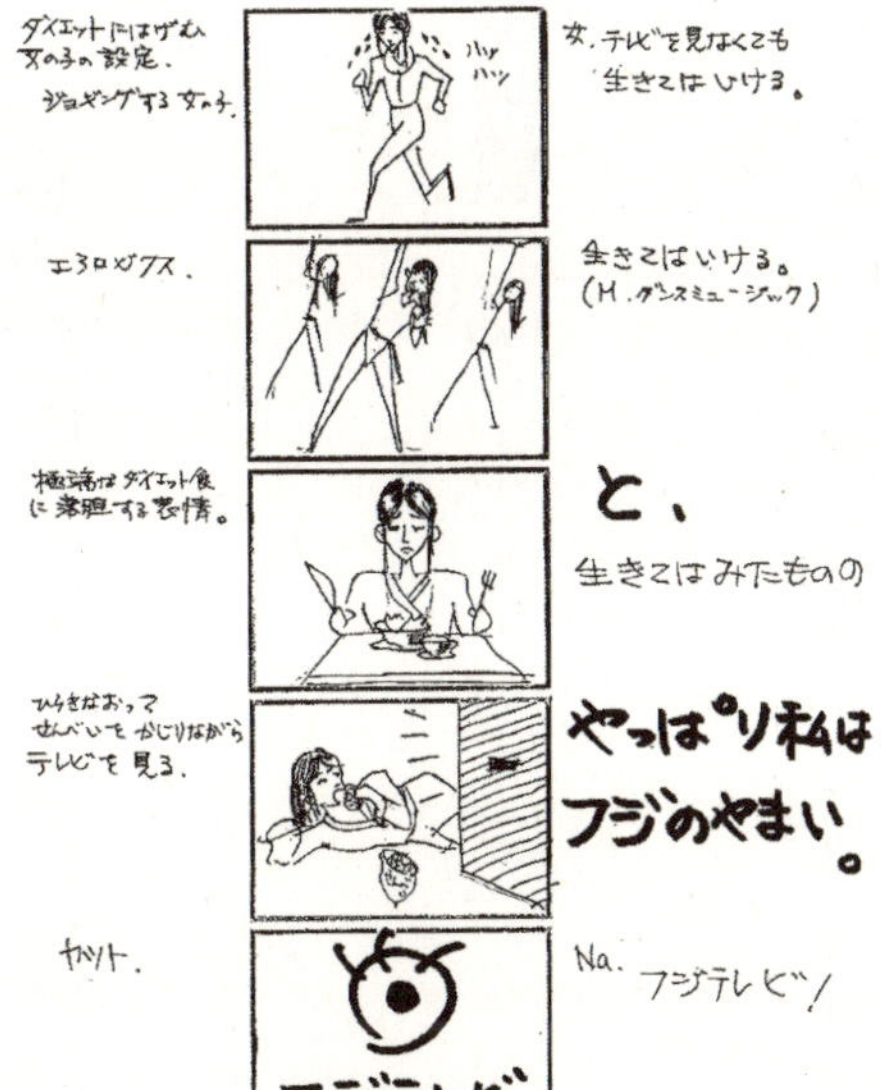

山田尚武　東京都

第27回 89年

松下電器産業　マックロード・ステレオムービー

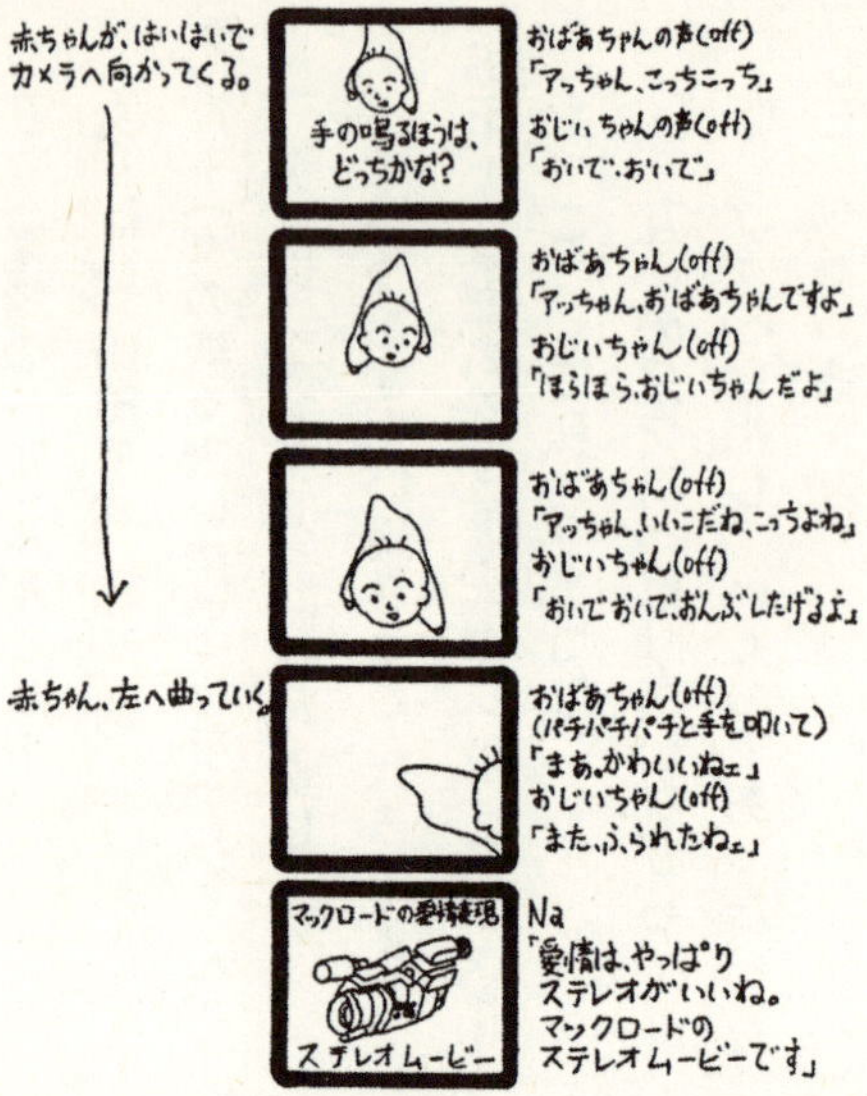

大野耕平　東京都

第28回 90年

アコム　アコムキャッシング

明日の自分に借りるのだ。

鎌田孝史

第29回 91年

アコム　アコムキャッシング

1番いいのは、借りないこと。

竹島靖

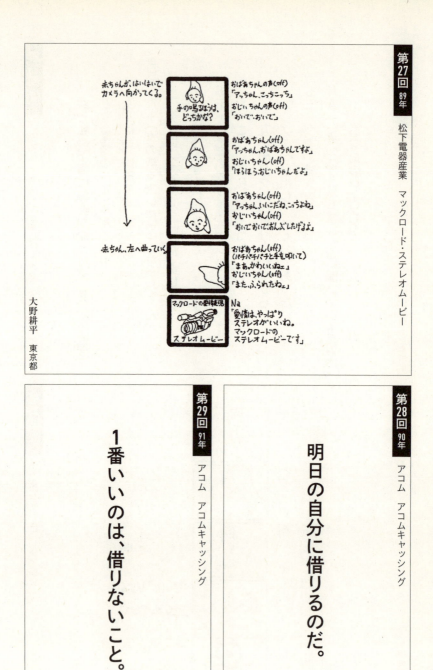

第30回 92年

サントリー　サントリークレスト12年

飲酒は30歳を過ぎてから。

大賀隆行

第31回 93年

文藝春秋　週刊文春

週刊文春は、訴えられました。

村上紀子　東京都

第32回 94年

コーセー　ヴィセ ルージュ アレーブル

女子トイレが
とっても混雑しているのは、
落ちやすい口紅にも
責任があると思います。

高橋邦明　東京都

第33回 95年

東京ガス　ガス温水床暖房システムＮＯＯＫ

家に帰ると、母が倒れていた。

石田文子　大阪府

第34回 96年

松下電器産業　ナショナル蛍光灯パルック

蛍光灯の暗い病院は、不安だ。

望月和人　東京都

第35回 97年

佐川急便　企業広告

歩いてる佐川のお兄さんを、
私は見たことがない。

武田晶彦　熊本県

第36回 98年

ペリエジャポン　ペリエ

本当は、
両手ですくって飲む水でした。

川越千栄子　東京都

第37回 99年

積水化学工業　セキスイツーユーホーム

有給とって家にいた。

大西あかり　大阪府

第38回 00年

宝くじ　LOTO6

精子だった頃の運をもう一度。

高浜瞳　兵庫県

第39回 01年

日本コカ・コーラ　森の水だより

田舎が発展しませんように。

石川久士　東京都

第40回 02年

学生援護会西日本　アルバイト発見マガジン アン

お母さん、
そのお皿の洗い方はなに？

田島洋之　東京都

第41回 03年

アメリカンファミリー生命保険会社　一生いっしょの医療保険EVER

死ぬ回数と病気やケガの回数、
どっちが多い？

大嶋紀雄　兵庫県

第42回 04年

キヤノン販売　キヤノンPowerShot S1IS

父親の席は、
花嫁から一番遠くにある。

近藤慎一郎　東京都

第43回 05年

アイシア　新社名「アイシア」の認知度アップのための広告表現

1度だけ話せるとしたら、
なんて言いますか？

小安英輔　東京都

第44回 06年

明治製菓　明治ミルクチョコレート

ずるいよ、
チョコ食べてるときに、
そんな話するの。

遠藤紀子　愛知県

第45回 07年

日本英語検定協会　英検

男が機嫌よさそうに歌っている。
男「イエスタディ～
wフンフンフンフ～フフ～ン
フフフンフフフ～ンフフ～ン
フフンフフ～ンフ
イエスタディ～」
男の映像に「英検」のロゴがオーバーラップ。

眞水徳一　神奈川県

第46回 08年

セコム　セコム・ホームセキュリティ

家は路上に放置されている。

志儀永二郎　東京都

第47回 09年

シービック　デオナチュレ男シリーズ

部長が目にしみる。

遠藤元宏　東京都

第48回 10年

朝日生命保険　保険王プラス

天国に遅れてやってきた妻が、
いきなり私にビンタした。

水谷俊次　大阪府

第49回 11年

森永乳業「プリンといえば森永乳業」と強く印象づけるコピー

プリンはひとを、可愛くする。

井上慶彦　東京都

第50回 12年

NTTドコモ　メール翻訳コンシェル

そうか、こういう内容の迷惑メールだったのか。

日野原良行　東京都

第51回 13年

旭化成　サランラップ

おかん、うまい。でも、多い。

高崎真梨子　東京都

第52回 14年

ゆうちょ銀行

人生の半分は無職です。

渡辺幸一　東京都

第53回 15年

ジェイティービー

【親子】
篇父親がリビングにて寝転がってテレビを見ている。
娘が掃除機をかけながら父親の前まで来る。
娘「お父さん、そこ掃除するから」
父「ああ」
娘「旅行でも行ってきて」
父「え？」
（娘の手から父親の手に商品を手渡されるカット）
驚く父親を尻目に掃除機をかける娘
NA「大切なあのひとに、ＪＴＢの旅行券を贈ろう」

今野和人　東京都

SKATのトリセツ

宣伝会議賞への応募、そして審査通過や受賞のために、
「SKAT」をもっと役立ててほしい！
そんな思いから「トリセツ」をつくりました。
コピーライター養成講座の受講生の皆さんへのアンケート、
宣伝会議賞の審査員の方々へのインタビューを通じて、
「SKAT」を最大限活用する方法を探りました。少しでもヒントになれば幸いです。

受賞までの道のり

START

SKAT購入

1 ひと通り読む

2 自分の審査審査通過作品や
気になる作品に
マーカーを引く・印をつける

3 審査通過作品や
受賞作品を写経してみる

4 全体を通して、
自分なりに
審査通過作品の
傾向を研究する

GOAL
グランプリ
100万円

締切まで
ラストスパート

SKATを教材に、
友人やコピー仲間と
共にひたすら
コピーを書く

☑応募者の内訳（第54回実績）

［性 別］

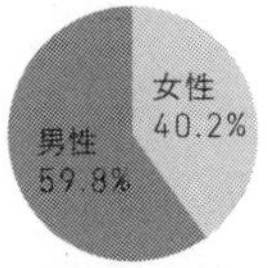

［職 業］

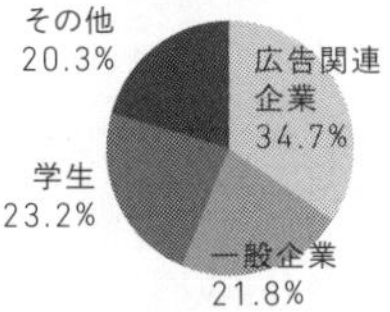

［年 齢］

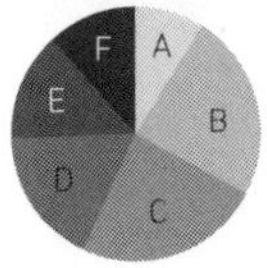

A.20歳未満　8.9%
B.20〜24歳　24.1%
C.25〜29歳　24%
D.30〜34歳　17.7%
E.35〜39歳　13.8%
F.40歳以上　11.5%
平均年齢　29歳

6

SKATと歩む

「宣伝会議賞」

「宣伝会議賞」
9/1
作品募集開始

5

課題別に、
自分なりに
審査通過作品の
傾向を研究する

MEMO　一般部門の審査通過率
（第54回実績）

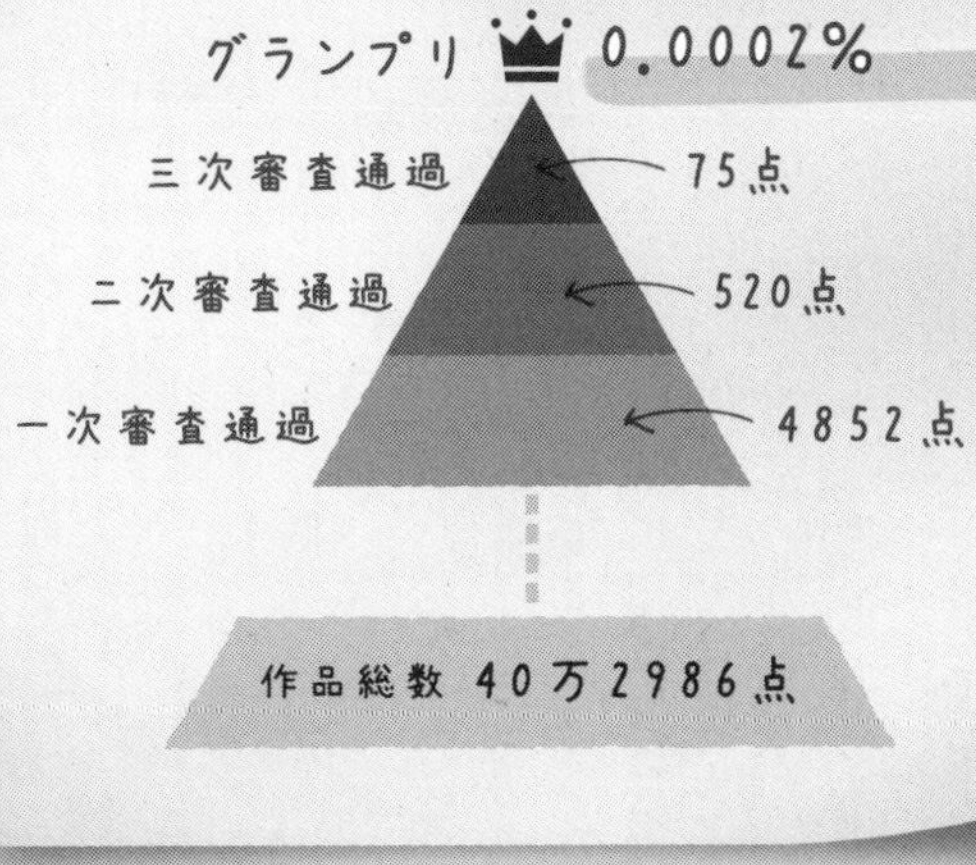

SKATは
全巻揃えた！

INTERVIEW 01

受賞への近道は「過去を知り尽くすこと」

阿部広太郎さん　電通

1986年生まれ。2008年電通入社。コンテンツビジネス・デザイン・センター所属。「世の中に一体感をつくる」という信念のもと、言葉を企画し、コピーを書き、人に会い、繋ぎ、仕事をつくる。宣伝会議コピーライター養成講座「先輩コース」講師、BUKATSUDO講座「企画でメシを食っていく」モデレーター。初の著書『待っていても、はじまらない。―潔く前に進め』（弘文堂）を出版。

2008年に電通に入社後、人事局に配属。宣伝会議賞に初めて挑戦したのは、その年のことでした。コピーライターとして生きていくからには、宣伝会議賞に挑戦しなければ……そんな気持ちで取り組んだ1年目は、応募数25本。1本も一次審査を通過できませんでした。

念願のクリエーティブ転向が叶って応募した2年目（2009年）は、応募数200本のうち一次審査通過がたったの3本。3年目（2010年）はぐっと応募数を増やして1800本出したものの、一次審査通過37本・二次審査通過1本と受賞にはまったく手が届かず。闇雲に応募し続けても意味がないと思っていたので、「これが最後」と覚悟して臨んだ4年目（2011年）に2223本を応募し、一次審査通過44本・二次審査通過4本、最終ノミネート1本、そして協賛企業賞を1本受賞することができました。夜な夜なコピーを書き続けて、ダンボール一箱分のコピーを郵送し、さらには締切直前まで郵便局で書き、小包を郵送したのを、いまでも覚えています（編集部注：2011年の第49回までは郵送での応募受付）。

なぜ「SKAT」を手に取ったのか

宣伝会議賞における「SKAT」は、大学受験における「赤本」です。過去を知らなければ、新しいものは生まれない。そう考え、2008年に応募を始めた際に「SKAT」は第1巻からすべて購入しました。過去にどんな課題が出て、それに対してどんなコピーが書かれたのかを知ることで、自分がこれから何を書くべきかが見えてくると思ったんです。そんな膨大な量の「Q&A」が、「SKAT」には詰まっています。それをできる限り多く知り、自分の中に吸収していくことで、どんな課題が出たときにも反応できる、反射神経が身につくと考えました。

具体的には、自分がいま取り組んでいるのと同一、あるいは近しいカテゴリーの課題で、過去にどんなコピーが書かれたのかを、巻をまたいで見ていきました。自分自身との距離があまりに遠い課題の応募作品をただ見ているだけでは何も身に付きませんから、取り組む課題を軸に過去を遡る形がおすすめです。いいなと思った作品には付箋を貼りながら、「こういう視点もあるんだ」「この切り口、被っちゃいけないな。これを超える視点はないかな」のように見ていました。

そして実際にコピーを書くときは、いいなと思った過去のコピーから得られる〝読後感〟を再現することを目指しました。切り口や細かい表現をそのままトレースしても意味がありませんし、それは単なる〝パクリ〟になってしまいますから。「どういう思考回路で、このコピーが考えられたのか」を考えることが一番の勉強だと思います。

宣伝会議賞の応募期間中は、とにかく暇さえあれば「ＳＫＡＴ」を読んで、コピーを書いて、読んで、書いて……を繰り返していました。ＴＣＣコピー年鑑のように〝写経〟こそしませんでしたが、休憩時間も、片手にはいつも「ＳＫＡＴ」を持っていましたね。こんなコピーが書けたらいいな、頑張らなきゃいけないなと「ＳＫＡＴ」から元気をもらいながら、取り組んでいました。

赤本と違うのは、優秀作品と合わせて、応募者の氏名が掲載されていること。コピーライター養成講座の同期や会社の先輩など、知っている名前がたくさん載っていますので、かなり刺激を受けました。「ここに名前を残したい！」と強く思えたことが、宣伝会議賞へのモチベーションを維持することにつながったように思います。

普段の仕事にも役立った

応募を始めてから協賛企業賞を受賞するまでの4年間、過去の作品を徹底的に見たことで、コピーの考え方や物事の捉え方といった作法が自分の頭の中にしっかりインストールされたので、最近は「ＳＫＡＴ」を見返すことはなくなりました。どんな仕事に臨むときも、これまでたくさん見てきたコピーの中から「あのパターンかな」と頭に浮かんでくるようになったんです。いいコピーを書くには、いいコピーをたくさん見なければいけないと、改めて実感します。自分を〝コピー脳〟〝コピー体質〟にするのに、これほどいい教材はありません。

「ＳＫＡＴ」は、宣伝会議賞への応募だけでなく、普段の仕事にも役立てることができます。まったく同じ課題でなくても、類似している課題を見るだけでも役に立つ。どんなに〝コピー体質〟になったとしても、仕事で行き詰まることは少なくありません。そんなとき、その仕事と近しいカテゴリーの課題に応募されたコピーを見ることで、切り口・視点をシャワーのように浴びることができます。実に多くの課題が出題されていて、幅広い業種が網羅されていますから、参考になることは多いです。自分一人で考えていると、どうしても視野が狭くなってしまうので、視野を広げるために大量の情報を浴びるのは有効だと思います。よく「アイデアに困ったら書店に行け」と言われるのと同じではないでしょうか。普段の仕事においては、「ＳＫＡＴ」は〝壮大なネタ帳〟という感覚ですね。

阿部さんのデスクのキャビネットには、「SKAT」のバックナンバーがぎっしり。過去の課題と応募作品を知り尽くしたことで、物事の捉え方・コピーの書き方の作法が身に付いたという。

コピーを選ぶ
目利きが重要

INTERVIEW 02

良い／悪いコピーを見極める訓練に最適

中村 禎さん
フリーエージェント・コピーライター

コピーライター／クリエイティブディレクター。1957年生まれ。JWトンプソン、サン・アド、電通を経て2016年フリーエージェントとして独立。主な仕事に、とらばーゆ「プロの男女は差別されない。」、KDDI「がんばれNTT がんばるKDDI」、星野仙一「あ〜しんどかった（笑）」、資生堂「夕方の私は何歳に見えているだろう」、ペア碁W杯2016「最近、アタマを使って遊んでいますか？」ほか。TCC再考新人賞、TCCグランプリ、TCC賞ほか多数。

3〜4年ほど前から、コピーライター養成講座 専門クラス・中村組のOB会を兼ねて、「SKAT反省会」というものを行っています。「自信はあったのに、一次審査すら通過できなかった」「一次は通ったけれど二次は落ちた」などと残念な思いをする人が毎年たくさんいます。「SKAT反省会」では、そんな〝無念〟のコピーをボクが見て、「ボクが一次審査員だったら通過させているよ」「これは全然ダメだね！」という具合に話をしています。まあ、一次審査を通過できなかったものは、ボクが改めて見てみても、大体やっぱりダメなんですけどね（笑）。

とは言え、一次審査で選に漏れたコピーの中にも、良いものは当然あります。大勢の審査員が徐々に作品を絞り込んでいくという審査方法の中では、概して平均点以上の作品が選ばれていくもので、「何だか変なヤツがいるぞ」という個性的な作品は落とされてしまいがちです。でも実は、そこにものすごい逸材がいるかもしれない。その可能性は否定できません。一次審査通過止まりだったコピーの中にも、良いものはある。これは、宣伝会議賞応募者・「SKAT」読者に対して改めて強調しておきたいと思います。

同様に、賞を獲ったから一番良いコピーかというと、そうではありません。大事なのは、三次審査を通過している、ファイナリストに選ばれている――そのゾーンに残っていることです。どうしても受賞作品にばかり注目が集まりがちですが、その一歩手前まで到達したコピーもある一定のレベルをクリアしていて、受賞作品と同様に「良いコピー」であるということ。それをもっと皆さんに分かってもらいたいですね。

「SKAT」を使って模擬審査をしてみる

長らく宣伝会議賞の審査員を務めていますが、一度に膨大な量のコピーを見ると、全然ダメなコピーがはっきり分かります。「このコピーはつまらない」ということが分かるようになるので、これはコピーの勉強になるなと、あるとき気が付きました。「良いコピーを選ぶ」目を養うことは一朝一夕には難しくても、「これはつまらない」ということに気付くことができれば、そうでないコピーを書けるようになりますし、「自分ならどう書くか？」を考えられるようになります。

他の人が書いたコピーを大量に見られる機会というのは、そう多くありません。その点、「ＳＫＡＴ」は他の人が書いたコピーが何千点も並んでいる。まさに〝ツッコみ放題〟です。ボクだったら、まず一次審査通過作品のページを見て、「自分だったら二次審査を通す」と思うコピーに印をつけておく。そして、印をつけたコピーが二次審査通過作品のページにどれだけ残っているか、答え合わせをします。残っているコピーの数で、自分の「コピーを見る目」がある程度明らかになりますよね。（※注）

中村組でも、「ＳＫＡＴ」を使ったテストをしてみようかなと思っているところです。一次審査通過作品の中から良いと思うものを１００本選んで、その中から三次審査を通過したコピーは何本あったかを見るというものです。先ほども言ったとおり、もちろん選考を漏れたものの中にも良いコピーはあるのですが、自分がコピーを選ぶ目と審査員のそれとの間にどれだけのズレがあるかを見る上では、いい練習になると思います。過去の「ＳＫＡＴ」を見て、一次審査通過作品の中から、例えばその年のコピーゴールドを見つけられたら大したものですよね。

コピーを書いたときの気持ち・思考に迫る

多様な切り口のコピーが大量に書けるようになっても、一番良いものを自分で選んで提案できなければ、コピーライターとしては不十分です。せっかくの良いコピーを捨て案にしてしまう可能性があり、捨ててしまったら、いくら良いコピーでも書いたことにはなりません。見る目・選ぶ目がなければ、コピーを書けたことにはならないのです。

コピーを学ぶなら、単に〝写経〟するより、「何が言いたかったのか」「なぜこういう表現になったのか」「なぜそこに気付いたのか」という、コピーの向こう側にあるコピーライターの気持ちや思考を深く考えたほうがいいと思います。

例えばボクは、秋山晶さんの「精神力だけでは、テープを切れない。」（大塚製薬 カロリーメイト）が、カッコ良くて好きだったのですが、このコピーをしゃぶり尽くす、秋山さんの思考に憑依するくらいの気持ちでこのコピーに向き合い、「〇〇だけでは、〇〇できない」という考え方を、その後の自分のコピーに生かしました（リクルートとらばーゆ「働いているだけでは、プロにはなれない。」）。

「このコピーは自分が気付かなかったことに気付いていて、すごい！」だけで終わらせていたら何も学べない。自分が思い付かなかったコピーが「良いコピー」とは限りません。優れたコピーを書いた人の気持ちや思考にまで迫ることで、自分のコピーライティングにも生かせるのだと思います。

※ＳＫＡＴ・16では、「二次審査通過作品」は「一次審査通過作品」の掲載ページから除外しているため、この活用法が実践できません。申し訳ありません…！

著書『最も伝わる言葉を選び抜く　コピーライターの思考法』でも、コピーを「選ぶ」訓練に「SKAT」が最適であることに触れている。